NATUREZA HUMANA

H118n   Hacker, P. M. S.
  Natureza humana : categorias fundamentais / P. M. S. Hacker ; tradução José Alexandre Durry Guerzoni. – Porto Alegre : Artmed, 2010.
  324 p. ; 23 cm.

  ISBN 978-85-363-2126-4

  1. Filosofia. I. Título.

CDU 1

Catalogação na publicação: Renata de Souza Borges CRB-10/1922

NATUREZA HUMANA
Categorias fundamentais

P. M. S. HACKER
Fellow of St. John's College – Oxford

Tradução:
José Alexandre Durry Guerzoni
Mestre em Lógica e Filosofia da Ciência
e Doutor em Filosofia pela UNICAMP.

Consultoria, supervisão e revisão técnica desta edição:
Maria Carolina dos Santos Rocha
Professora e Doutora em Filosofia Contemporânea
pela ESA/Paris e UFRGS/Brasil
Mestre em Sociologia pela Escola de Altos Estudos
em Ciências Sociais (EHESS)/Paris

2010

Obra originalmente publicada sob o título *Human Nature: The Categorial Framework*, 1st Edition
ISBN 978-1-4051-4728-6

© P.M.S. Hacker, 2007

This edition is published by arrangement with Blackwell Publishing Ltd., Oxford.
Translated by Artmed Editora S.A. from the original English language version.
Responsability of the accuracy of the translation rests solely with Atrmed Editora S.A. and
is not the responsability of Blackwell Publishing Ltd.

Capa
Tatiana Sperhacke

Foto da capa
© *iStockphoto.com/andipantz*

Preparação do original
Simone Dias Marques

Leitura final
Rafael Padilha Ferreira

Editora Sênior – Ciências Humanas
Mônica Ballejo Canto

Projeto e editoração
Armazém Digital® Editoração Eletrônica – Roberto Carlos Moreira Vieira

Reservados todos os direitos de publicação, em língua portuguesa, à
ARTMED® EDITORA S.A.
Av. Jerônimo de Ornelas, 670 – Santana
90040-340 Porto Alegre RS
Fone: (51) 3027-7000 Fax: (51) 3027-7070

É proibida a duplicação ou reprodução deste volume, no todo ou em parte,
sob quaisquer formas ou por quaisquer meios (eletrônico, mecânico, gravação,
fotocópia, distribuição na Web e outros), sem permissão expressa da Editora.

SÃO PAULO
Av. Angélica, 1091 – Higienópolis
01227-100 São Paulo SP
Fone: (11) 3665-1100 Fax: (11) 3667-1333

SAC 0800 703-3444

IMPRESSO NO BRASIL
PRINTED IN BRAZIL

Para Hans Oberdiek

PREFÁCIO

A filosofia é de pouca valia a menos que aspire a fornecer uma visão geral da totalidade de um domínio do pensamento, a expor a teia ramificada das relações conceituais que o caracteriza e a resolver problemas e intrigas que caracteristicamente acompanham a reflexão sobre ele. Ao atingir o fim de minha carreira acadêmica, senti o poderoso ímpeto de pintar um último grande afresco que figuraria, às vezes em largas pinceladas, às vezes com detalhes finos, temas que havia estudado e refletido nos últimos 40 anos. O domínio que me esforcei para retratar neste livro é o da natureza humana. Procurei oferecer uma representação perspícua dos conceitos e das formas conceituais mais fundamentais em termos pelos quais pensamos acerca de nós mesmos. Estes vão dos conceitos categoriais mais gerais de *substância, causalidade, poder* e *agência*[*] aos conceitos mais específicos e tipicamente antropológicos de *racionalidade, mente, corpo* e *pessoa*. Este livro, *Natureza humana: categorias fundamentais*, esboça o pano de fundo estrutural e traça os marcos centrais do panorama que tenho em vista. Pretendo continuar meus esforços em um livro intitulado *Natureza humana: os poderes cognitivo e cogitativo*, que adicionará mais detalhes ao afresco. Se o tempo e a sorte assim o permitirem, espero escrever um livro conclusivo, *Natureza humana: os poderes afetivo e moral*.

Para permitir que os leitores, especialmente os estudiosos, apreendam em um relance algumas partes de meu argumento e algumas das classificações elaboradas, introduzi diagramas em forma de árvore e listas comparativas ocasionais. Frequentemente, esses diagramas e essas listas não são mais que ilustrações do texto, e algumas vezes excessivamente simplificadores, para assegurar a possibilidade de uma visão de conjunto. São pensados para

---

[*] N. de T.: No original, *agency*. Apesar de pouco habitual, o uso do termo português "agência" para significar a capacidade de agir é consignado pelos bons dicionários e constitui a melhor tradução para o termo inglês na acepção em que ocorre muitas vezes ao longo da obra, para falar não da ação, mas da capacidade.

viii Prefácio

iluminar o argumento, assim como a figura ilustra uma história, e não para ser um substituto dele.

Muitos amigos e conhecidos me encorajaram e deram apoio moral no curso da redação deste livro. Um dos deleites da filosofia é a discussão com outros que labutam nos mesmos caminhos pedregosos e trilhas selvagens, e não apenas estendem a mão quando se escorrega e corrigem quando se toma o caminho errado, mas também ajudam a iluminar a trilha. Fui agraciado com tais amigos. Se, no curso dessas inúmeras discussões, a alegria tomava conta – como de fato ocorria – nunca achei que fosse um impedimento para a filosofia, mas a marca do deleite compartilhado na busca comum do entendimento.

Sou grato a Maria Alvarez, Erich Ammereller, Hanoch Bem-Yami, Stephan Blatti, John Dupré, Hanjo Glock, o finado Oswald Hanfling, John Hyman, Wolfgang Künne, Anselm Müller, Bede Rundle, Constantine Sandis, já falecido Peter Strawson e David Wiggins. Todos leram um ou mais (e alguns leram muito mais) capítulos e deram-me o grande benefício de suas críticas e sugestões. Gostaria de registrar minha gratidão a Anthony Kenny, cujo encorajamento neste empreendimento, como em outros no passado, impulsionou-me. Aprendi mais de seus brilhantes escritos e observações incisivas do que sou capaz de expressar. Tenho uma dívida especial com Hans Oberdiek e com Herman Philipse, que gentilmente leram o rascunho inteiro, e cujos comentários detalhados e sugestões foram inestimáveis. Estou, como frequentemente estive no passado, em grande dívida com Jean van Altena por sua transcrição e edição profissionais, bem como seus conselhos judiciosos.

Sou feliz em registrar minha gratidão à minha instituição universitária, o Saint John's College, que é generoso no seu apoio às atividades acadêmicas, à busca do conhecimento e à procura da compreensão.

O Capítulo 2 deste livro é uma versão modificada de um artigo intitulado "Substance: Things and Stuffs",* publicado no *Proceedings of the Aristotelian Society*, supl. vol. 78 (2004), p. 41-63. Uma versão muito mais curta dos Capítulos 8 e 9 foi apresentada, como uma conferência plenária, em Kirchberg, em agosto de 2006 e deverá ser publicada no *Proceedings of the 29th International Wittgenstein Symposiun* (Atas do 29º Simpósio Internacional Wittgenstein). Uma variante do mesmo trabalho foi apresentada como discurso de abertura do encontro em Oxford, em março de 2006, da Sociedade Britânica para a Filosofia da Educação. Uma parte do Capítulo 7 deverá ser publicada em *New Essays on the Explanation of Action*, de Constantine Sandis (Ed.).

P. M. S. Hacker

---

* N. de T.: Substância: coisas e materiais.

...les principes sont dans l'usage commun et devant les yeux de tout le monde. On n'a que faire de tourner la tête, ni de se faire violence; il n'est question que d'avoir bonne vue. Mais il faut l'avoir bonne, car les principes sont si déliés, et en si grand nombre, qu'il est presque impossible qu'il n'en échappe. Or l'omission d'un principe mène à l'erreur. Ainsi il faut avoir la vue bien nette pour voir tous les principes, et ensuite l'esprit juste pour [ne pas]* raisonner faussement sur des principes connus.

Os princípios são encontrados no uso comum e estão lá para todos verem. Tem-se apenas que olhar e não é necessário nenhum esforço; é apenas uma questão de boa visão, mas ela deve ser boa, pois os princípios são tão sutis e numerosos que é quase impossível que algum deles não escape à observação. Ora, a omissão de um princípio conduz ao erro; assim, é necessário termos a visão bem clara para ver todos os princípios, assim como uma mente acurada para evitar tirar falsas conclusões de princípios conhecidos.

Pascal, *Pensées*, I, 1.

---

* N. de T.: O original omitiu a negação (*ne pas*), o que torna a sentença final da citação sem sentido e incorreta.

SUMÁRIO

Prefácio vii

1 O projeto 15

1. Natureza humana 15
2. Antropologia filosófica 18
3. Investigação gramatical.. 20
4. Investigação filosófica 25
5. Filosofia e "meras palavras" 27
6. Um desafio para a autonomia do empreendimento filosófico: Quine........ 30
7. As tradições platônica e aristotélica na antropologia filosófica 34

2 Substâncias 42

1. Substâncias: coisas.. 42
2. Substâncias: materiais.. 47
3. Expressões referenciais substanciais.. 50
4. Conexões conceituais entre coisas e materiais............................. 54
5. Substâncias e suas partes substanciais 56
6. Substâncias concebidas como espécies naturais. 57
7. Substâncias concebidas como categoria lógico-linguística........................ 61
8. Uma digressão histórica: concepções errôneas da categoria de substância 63

3 Causalidade 70

1. Causalidade: humeana, neo-humeana e anti-humeana...................... 70
2. Sobre a necessidade causal 74
3. A causalidade de eventos não é um protótipo 76
4. A inadequação da análise de Hume: observabilidade, relações espaçotemporais e regularidade.. 78
5. A fissura no debate moderno.. 84
6. A causalidade de agente como protótipo.................................... 86
7. A causalidade de agente é *apenas* um protótipo........................... 90
8. Causalidade de evento e outros centros de dispersão...................... 92
9. Resumo 97

12 Sumário

4 Poderes 102
1. Possibilidade 102
2. Poderes do inanimado 105
3. Poderes ativos e passivos do inanimado 107
4. O poder e sua realização 109
5. O poder e seu veículo 113
6. Poderes de primeira e segunda ordens; perda de poder 116
7. Poderes humanos: distinções básicas 117
8. Poderes humanos: distinções ulteriores 124
9. Disposições 128

5 Agência 133
1. Agentes inanimados 133
2. Necessidades inanimadas 138
3. Agentes animados: necessidades e quereres 140
4. Agência volitiva: preliminares 147
5. Fazeres, atos e ações 149
6. Agência humana e ação 152
7. Uma visão histórica geral 154
8. A ação humana como causalidade agentiva do movimento 160

6 Teleologia e explicação teleológica 170
1. Teleologia e propósito 170
2. Quais coisas têm propósito? 176
3. Propósitos e axiologia 182
4. O benéfico 186
5. Digressão histórica: teleologia e causalidade 188

7 Razões e explicação da ação humana 206
1. Racionalidade e razoabilidade. 206
2. Razão, raciocínio e razões. 209
3. Explicando o comportamento humano 216
4. Explicações em termos de razões de agir. 225
5. Mitologias causais 230

8 A mente 239
1. *Homo loquens* 239
2. A mente cartesiana 244
3. A natureza da mente 250

9 O *Self* e o corpo 262
1. O surgimento do *Self* dos filósofos. 262
2. A ilusão do *Self* dos filósofos. 265
3. O corpo. 272
4. A relação entre seres humanos e seus corpos 278

Sumário **13**

10 A Pessoa 289

1. O surgimento do conceito 289
2. Uma trindade não sagrada: Descartes, Locke e Hume...........292
3. Mudando corpos e trocando cérebros: casos
   intrigantes e falsas pistas.......................................302
4. O conceito de pessoa.......................................309

Índice 319

1

O PROJETO

1. NATUREZA HUMANA

Seres humanos são animais com um domínio distinto de habilidades. Embora possuam uma mente, eles não são idênticos à mente que possuem. Embora tenham um corpo, não são idênticos ao corpo que possuem. Tampouco um ser humano é a conjunção de uma mente e um corpo que interagem causalmente um com o outro. Como outros animais, os seres humanos têm um cérebro de cujo funcionamento normal dependem seus poderes. Mas uma pessoa humana não é um cérebro encerrado em um crânio. Um ser humano maduro é um agente autoconsciente, com a habilidade de agir e de reagir em pensamento, sentimento e ato* por razões.

Animais, assim como os objetos inanimados, são espaçotemporais contínuos. Possuem uma localização física e traçam um caminho espaçotemporal contínuo através do mundo. Nesse sentido, tal como os objetos materiais familiares, eles são corpos localizados na face da Terra e que se movem nela. São substâncias, coisas individuais persistentes, classificáveis em diversos tipos substanciais, segundo suas naturezas e nossos interesses (o que leva em conta tal classificação será examinado no Capítulo 2). Animais são substâncias *animadas* – coisas *vivas*. Assim, diferentemente de meros objetos materiais, eles ingerem matéria de seu meio ambiente e metabolizam-na a fim de se abastecerem de energia para o próprio crescimento, para suas formas distintas de agir e para sua reprodução. Diferentemente das plantas, animais são seres sensitivos e todos, salvo as formas mais inferiores de vida animal, são também automoventes. A sensitividade deles se manifesta no exercício das suas faculdades sensórias (por exemplo, as faculdades perceptuais da visão, da audição, do olfato, do paladar e do tato) e na realização de seus poderes passivos de percepção (por exemplo, suscetibilidade à dor, sensação cinestésica e

---

* N. de T.: No original, *deed*, que significa a ação intencional. O termo "ato", em português castiço, também pode ser empregado nessa acepção estrita.

a vulnerabilidade a sentimentos corpóreos totais, tais como sentir-se fatigado, e sentimentos de condições totais, tais como sentir-se bem). As faculdades perceptivas são faculdades cognitivas. Elas são fontes de conhecimento acerca do ambiente perceptível. É pelo exercício dessas faculdades sensíveis, pelo uso dos órgãos sensórios, que são seus veículos, que os animais aprendem algo acerca dos objetos e das características de seu ambiente. Ser sensitivo e ser automovente são poderes complementares da agência animal. Pois um animal que pode aprender como as coisas são em sua vizinhança exibe o que apreendeu tanto ao achar as coisas que busca (tais como alimentos, ambiente protetor, um companheiro) quanto ao evitar obstáculos e perigos. O critério a respeito de se um animal percebeu algo repousa em seu comportamento responsivo – assim, percepção, conhecimento e crença, afeição, desejo e ação estão conceitualmente vinculados.

As habilidades distintivas dos seres humanos são as habilidades do intelecto e da vontade. As habilidades relevantes do intelecto são pensamento, imaginação (a imaginação criativa e cogitativa, mais que a faculdade de gerar imagens), memória pessoal (experiencial) e factual, raciocínio e autoconsciência. Os seres humanos têm a habilidade de pensar *em* (e imaginar) coisas que se situam para além de seu campo perceptual presente – pensar coisas como encontradas no passado e o encontro com elas, coisas aprendidas no passado e o seu aprendizado, pensar coisas futuras que ainda não existem e eventos possíveis que ainda não ocorreram ou ações que não foram ainda executadas. Uma vez que outros animais superiores possuem habilidades comparáveis, eles exercem-nas apenas sob formas rudimentares (pré-linguísticas). Os seres humanos podem pensar sobre o que existe ou ocorre e sobre o que não existe ou não ocorre, sobre o que foi ou não foi feito e sobre o que será ou não será feito. Podemos acreditar, imaginar, esperar ou temer que tal e tal seja o caso, independentemente de as coisas serem assim ou não. Em resumo, seja na forma rudimentar nos animais, seja na forma desenvolvida nos humanos, o pensamento manifesta *intencionalidade*. Não apenas podemos pensar *em* e acerca de coisas e pensar *que* as coisas são de tal modo como podemos *raciocinar* a partir de tais premissas para conclusões que decorrem ou são bem apoiadas por elas. E podemos avaliar tal raciocínio como válido ou inválido, plausível ou implausível. Porque o horizonte do pensamento humano é muito mais amplo que o do pensamento de animais não humanos, sendo também o horizonte dos sentimentos e emoções humanas muito mais amplo que o de outros animais. Ambos, humanos e animais, podem esperar e temer coisas, mas muitas das coisas que os humanos podem esperar (tal como a salvação ou um bom tempo na semana que vem) e temer (como a danação ou mau tempo na próxima semana) não são objetos possíveis de emoções animais correspondentes.

Como outros animais, somos criaturas conscientes. Quando conscientes (em oposição a adormecido, comatoso ou anestesiado), podemos ser *conscientes* daqueles itens de nosso campo perceptual que atraem e prendem nossa atenção. Diferentemente de outros animais, somos *autoconscientes*. Temos não apenas o poder de nos mover à vontade e perceber como as coisas são em nosso ambiente como também o poder de ser reflexivamente conscientes de nosso fazer ou como fazê-lo. Podemos não apenas pensar e raciocinar, mas podemos ainda refletir sobre nós mesmos como tendo pensado ou raciocinado de tal e tal modo. Podemos não apenas ter desejos arrazoados, além dos apetites animais, sentir emoções e adotar atitudes, deliberar sobre fins e propósitos, mas também podemos nos dar conta e refletir acerca desses fatos. Sendo criaturas autoconscientes, estamos sujeitos a uma variedade de emoções de autoestima, como orgulho, vergonha e culpa, que estão vedados para os animais não autoconscientes (veja a Fig. 1.1 a seguir).

Os seres humanos podem raciocinar desde premissas dadas a conclusões teóricas ou práticas. Podemos tomar tal e tal como sendo uma *razão* para pensar que as coisas são de tal modo. Podemos também tomar o fato das coisas serem de tal modo como uma razão para agir ou reagir de certa maneira. Pois não apenas nos comportamos e agimos segundo as inclinações de apetites e caprichos como muito daquilo que fazemos é feito *por certas razões*. Não temos apenas desejos animais e inclinações passageiras, como também fins racionais e propósitos enraizados não somente em nossa constituição biológica, mas na reflexão sobre a desejabilidade dos objetos e objetivos relativamente à concepção que fazemos de nosso bem e do bem. A racionalidade tem as faces de Janus,* incorporando razões retrospectivas e prospectivas.

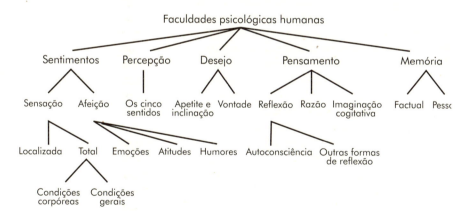

FIGURA 1.1
Uma possível ordenação das faculdades psicológicas humanas.

---

* N. de T.: Deus romano bicéfalo que representava os portais, os inícios, os finais e as mudanças. Seu nome deu origem ao mês de janeiro no calendário romano.

18 P. M. S. Hacker

Visto que possuímos uma memória articulada, podemos tomar fatos passados como razões para ações e atitudes presentes – como quando agimos expressando merecimento de gratidão, punição ou recompensa, quando guardamos indignação ou ressentimento ou, ainda, quando sentimo-nos envergonhados ou culpados. Já que podemos pensar acerca de verdades ou probabilidades concernentes ao futuro e vir a conhecê-las, podemos tomar fatos futuros ou eventualidades futuras plausíveis como razões para agirmos de certa maneira aqui e agora. E nosso comportamento pode ser avaliado, consequentemente, como racional ou razoável, assim como irracional ou não razoável. E assim também podem ser avaliadas nossas emoções e atitudes.

Essas capacidades e o exercício delas dão aos seres humanos o *status* de pessoas. Enquanto *ser humano* é uma categoria biológica, *pessoa* é uma categoria moral, legal e social. Ser uma pessoa é, entre outras coisas, ser sujeito de direitos e deveres morais. É ser não apenas um agente, como outros animais, mas ser também um agente moral, estando em relações morais recíprocas com outros, com capacidade de conhecer e fazer o bem e o mal. Uma vez que os agentes morais podem agir por razões e justificar suas ações por referência a elas, também são capazes de responder por seus atos. Ser um ser humano é ser uma criatura cuja natureza é adquirir tais capacidades no curso normal de maturação em uma comunidade de seres da mesma natureza.

2. ANTROPOLOGIA FILOSÓFICA

O esboço conciso apresentado anteriormente situa, em certo sentido, a natureza humana no quadro das coisas, mas o quadro no qual aquele a situa é o nosso quadro conceitual. Assim, o esboço é também uma descrição indireta da rede de conceitos com os quais articulamos a nossa natureza. Ele situa as formas de descrição da natureza humana no esquema conceitual geral em termos pelos quais descrevemos tudo o mais. A descrição metódica da estrutura dessa rede finamente tecida e o exame de alguns modos pelos quais ela foi e é costumeiramente malconstruída é o objetivo do estudo da *antropologia filosófica* que se segue. Esse termo técnico tem um âmbito maior que "filosofia da mente" ou "psicologia filosófica", embora, do modo como vou utilizá-lo, ele se incorpora a estes. Antropologia filosófica é a investigação das formas de explanação e dos conceitos característicos do estudo do homem. A descrição sistemática desta rede de conceitos nos habilitará a lançar luzes sobre uma multiplicidade de problemas filosóficos e controvérsias acerca da natureza humana e das formas de explanação do comportamento humano. Antes de começar a presente tarefa, são necessárias algumas reflexões metodológicas para caracterizá-la e defender os métodos que serão usados.

Seria errôneo supor que os conceitos invocados e suas complexas relações são os mesmos da rede conceitual de uma teoria de alguma espécie (ocasionalmente referida com desprezo como "psicologia popular"), a qual poderia ser abandonada, se fosse considerada defeituosa. De fato, conceitos teóricos podem ser abandonados com a teoria à qual pertencem, se tal teoria for radicalmente falha. Os conceitos de *flogístico* e *calórico* têm atualmente apenas interesse histórico. Os conceitos não teóricos incluem os numerosos conceitos que são empregados, *inter alia*, meramente para descrever fenômenos. O fenômeno assim descrito pode ou não necessitar de explanação. Em alguns casos, a explanação reclamada pode ser teórica, mas nem toda explicação o é. Conceitos não teóricos não são vítimas da falsidade de uma explicação ou da falsificação de uma teoria explanatória.

Os conceitos de ser humano, pessoa, mente e corpo, intelecto e vontade, percepção e sensação, conhecimento e crença, memória e imaginação, pensamento e razão, desejo, intenção e vontade, sentimentos e emoções, traços de caráter e atitudes, virtudes e vícios não são conceitos teóricos. Não poderíamos abandoná-los depois, tal como ocorreu com o *flogístico* ou o *calórico*. Eles são usados de maneira ateórica para descrever fenômenos que são o tema de inúmeras teorias no estudo de seres humanos, na psicologia, na antropologia, na sociologia, na história e na economia. Mas esse não é o único papel deles.

Esses conceitos antropológicos e psicológicos não permanecem apenas porque *podem* ser usados para meramente descrever, como representações para aquilo que é representado. Pois nosso uso de muitos desses conceitos e de seus congêneres moldam, eles próprios, nossa natureza como seres humanos, como criaturas autoconscientes, que empregam conceitos. Assim, seu uso é parcialmente constitutivo do que eles podem ser invocados a descrever. A disponibilidade desses conceitos *dá forma* à nossa experiência subjetiva, pois é pelo uso deles, na primeira pessoa, que somos capazes de *lhes dar expressão articulada*.

Ao aprender o vocabulário dos conceitos psicológicos, uma criança não está aprendendo uma teoria de algo. Ela está, por um lado, aprendendo *novas formas de comportamento* – aprendendo a substituir seus gritos de dor por "dói" ou "tenho dor" e seus gritos de indignação por "não!" e "não gostei"; a anunciar suas ações deliberadas por "eu vou" e, posteriormente, seus planos por "pretendo"; a prefixar um "eu penso" ou interpolar "eu creio" ou "pelo que sei" às suas asserções não confirmadas; a fazer suas descrições temíveis, mas falsas, serem precedidas de "eu sonhei", ao acordar de um pesadelo. Por outro lado, está aprendendo a descrever outras pessoas e a descrever e explicar seus comportamentos nesses termos. Mas não há nada de teórico em descrever outros como estando com dor, ouvindo isso, cheirando aquilo, querendo isso ou pensando naquilo, pretendendo, gostando, amando e assim por diante. O mental não está *escondido atrás* do comportamento; mas se pode dizer, metaforicamente, que ele o infunde. Não se deve confundir a possibilidade de não o exibir ou não o manifestar, ou suprimir suas manifestações e ocultá-lo, com a ideia de que é *inobservável* aos outros. Certamente, isso não é endossar alguma forma de comportamentalismo. Frequentemente, é possível *não* mostrar que se tem dor de cabeça, mas, quando se está ferido e contorcendo-se em agonia, a dor é patente. Isso é o que é *chamado* "mostrar sua dor". Pode-se pensar que algo seja o caso e não dizer o que se pensa, e é fácil manter seus pensamentos para si mesmo. Mas, quando alguém diz o que pensa, seus pensamentos são patentes, e, quando alguém sinceramente confessa a outrem seus pensamentos, estes ficam expostos. Nem devemos supor que o mental é *observável* pelo sujeito, como se cada um tivesse um acesso privilegiado ao seu próprio "domínio da consciência". Há algo como introspecção, mas não é uma espécie de percepção interna – é uma forma de autorreflexão. Tais confusões e suposições acerca dos conceitos psicológicos incorporam erros profundos e ramificados que infectam as ciências empíricas do homem, tais como a psicologia e a neurociência cognitiva.

Mais ainda, as formas características de explanação do comportamento humano, em termos de razões, não são encontradas nas ciências naturais e não são explanações protocientíficas. Certamente, a teleologia é invocada, com propriedade, também no estudo de fenômenos biológicos não humanos, bem como os conceitos de fim, propósito e função. No entanto, a explicação em termos de razões e motivos é distintiva do comportamento humano. Tampouco isso é parte de uma protociência, embora seja verdade que essas formas de explanação caracterizam o estudo do homem na História, na psicologia e nas ciências sociais. Mas, assim como os conceitos psicológicos e antropológicos envolvidos em tais explanações, as próprias explanações são, parcial e tipicamente, constitutivas dos fenômenos que elas explanam. Aprender, como todos os seres humanos fazem, a dar tais explicações na esfera doméstica das ações e relações pessoais não é aprender os rudimentos de uma ciência. É aprender a ser um ser humano racional e a participar da forma humana de vida que é um direito inato e fardo dos filhos de Adão.

3. INVESTIGAÇÃO GRAMATICAL

Assim, o tema das investigações filosóficas seguintes é a natureza humana. Mas também é, simultaneamente, a *gramática* da descrição do que é distintivamente humano. E esse tema é o primeiro porque é o último. Pois as investigações são puramente *conceituais*. Elas exploram os conceitos e as formas conceituais que empregamos em nosso pensar e falar acerca de nós mesmos e examina os relacionamentos lógico-gramaticais entre esses conceitos e as formas conceituais.

O estudo da natureza das coisas pertence, em certo sentido, às ciências empíricas. É tarefa da física, da química e da biologia, da psicologia, da economia e da sociologia descobrir propriedades e relações, regularidades e leis dos objetos que caem sob seus domínios. A observação empírica conduz à teoria explanatória, normalmente com poder preditivo e retropreditivo. As teorias envolvem a abstração e a generalização a partir de dados observados, e a confirmação ou infirmação das conjecturas pela experiência. As verdades descobertas e as teorias confirmadas são empíricas.

O estudo da natureza das coisas, em outro sentido, pertence à filosofia. Essa investigação foi, algumas vezes, caracterizada como a demanda pela natureza *essencial* das coisas e contrastada com as ciências empíricas, concebidas como estudando a natureza *contingente* das coisas. Em tempos passados, essa investigação era atribuída à Rainha das Ciências – a metafísica. As essências *de re*[*] ofereciam o tema de estudo da filosofia de cunho metafísico e desvelá-las era a sua tarefa sublime.[1] Isso era, no entanto, uma ilusão. Não há tal coisa como a metafísica *assim concebida* e nem há tal tema para a filosofia investigar.

Uma coisa é conceber que substâncias de uma dada espécie têm propriedades essenciais, bem como acidentais, que a instanciação de certas propriedades ou relações acarreta a instanciação ou exclusão de outras propriedades e relações. E é completamente outra sustentar que proposições que enunciam as propriedades essenciais de uma dada substância ou as relações de inclusão ou exclusão que vigem entre propriedades e relações descrevem *necessidades metafísicas da realidade, independentes da mente e independentes da linguagem.* O que aqui aparentam ser descrições de necessidades *de re* são, na realidade, normas de representação. Ou seja, não são descrições de como as coisas são, mas *prescrições* (regras) implícitas para descrever como as coisas são. Considere as quatro proposições seguintes:

1. Um objeto material é uma entidade tridimensional, que ocupa espaço, pode estar em movimento ou em repouso e consiste de matéria de um tipo ou outro.
2. Todo evento está temporalmente ligado a todo outro evento.
3. Nada pode ser simultaneamente vermelho em toda a superfície e também verde em toda a superfície.
4. Toda vareta tem um comprimento.

Tais proposições parecem ser descrições. Elas são o que consideramos *verdades necessárias*, pois, certamente, nada pode ser um objeto material que não ocupe espaço, ou que não seja formado de matéria; é inconcebível que haja um evento que não seja nem anterior, nem posterior, nem simultâneo a

---

[*] N. de T.: Expressão filosófica latina tradicional usada para fazer referência às próprias coisas, independentemente das maneiras como estas são concebidas ou referidas na linguagem.

outro qualquer e nem seja uma fase constitutiva de outro evento qualquer; ou que algo seja simultaneamente em toda a sua superfície vermelho e em toda a sua superfície verde; e não é matéria contingente que nunca encontraremos uma vareta sem comprimento.

As aparências são enganosas. Essas sentenças expressam, sob o *aspecto de descrições*, *regras* para o uso de seus termos constituintes. Se caracterizarmos algo como objeto material, então se segue, sem maiores dificuldades, que podemos caracterizá-lo como ocupando espaço e feito de alguma espécie de matéria. Não temos que conferir para ver se eventualmente *esse* objeto material *não* é feito de alguma matéria ou outra, ou se ele pode *não* ter uma localização espacial. Essas propriedades e relações *internas* (definitórias) são *constitutivas* do que é ser uma coisa material; elas são parte do que significamos por "objeto material". Se for feita referência a algum evento, podemos inferir imediatamente que é anterior, posterior ou simultâneo a outro ou, então, é parte constitutiva de qualquer outro evento. Se algo é descrito como sendo vermelho em toda a sua superfície, segue-se que ele não é verde em toda a sua superfície – isso é algo que não precisamos confirmar olhando. E se algo é dito ser uma vareta, segue-se que ela pode ser descrita como tendo um certo comprimento. O que parecem ser descrições de necessidades *meta-físicas* na natureza são normas (regras) para descrever fenômenos naturais. Não *chamaríamos* algo de objeto material se ele não ocupasse espaço ou não consistisse de matéria; não *consideraríamos* algo um evento genuíno se ele não fosse nem simultâneo, nem anterior, nem posterior a um dado evento e tampouco pudesse ser uma fase de outro; não *descreveríamos* algo como sendo vermelho em toda a sua superfície se quiséssemos descrevê-la como verde em toda a sua superfície e não *sustentaríamos* que algo carente ao qual faltasse comprimento fosse uma vareta. Essas não são descobertas acerca de coisas, mas compromissos decorrentes do emprego de certas formas de representação ou descrição.

Enquanto a verdade de uma proposição empírica exclui uma possibilidade, a verdade de proposições necessárias, tais como nada pode ser vermelho e verde em toda a sua superfície, ou nada pode ser uma vareta sem ter algum comprimento, ou todo objeto material deve estar localizado em algum lugar e em algum tempo, não exclui nenhuma possibilidade. Uma impossibilidade lógica ou conceitual não é uma possibilidade que é impossível. Assim, o que é excluído não é uma possibilidade que foi descrita por um arranjo de palavras, mas apenas o arranjo de palavras que parece descrever uma possibilidade. E o arranjo de palavras é excluído como sem sentido, uma vez que ele não descreve uma possibilidade lógica nem uma impossibilidade lógica. Pois *não há tal coisa* como descrever uma impossibilidade lógica, visto que *não há nada para descrever*. Assim, o que estamos fazendo é, *com efeito*, excluir um arranjo de palavras da linguagem porque ele carece de sentido.[2] Não tem sentido dizer que algo é tanto vermelho quanto verde em toda a sua superfície, ou que há uma vareta sem nenhum comprimento; ou seja, proferir as palavras "A é tanto vermelho em toda a superfície quanto verde em toda a superfície" ou "A é uma vareta, mas não tem comprimento algum" não é dizer algo inteligível, mas proferir uma espécie de *nonsense*. Estas aparentes verdades necessárias acerca do mundo – por exemplo, que nada *pode* ser simultaneamente vermelho e verde em toda a sua superfície, ou que toda vareta *deve* ter um comprimento – são, na verdade, nada mais que *proposições gramaticais* que versam implicitamente acerca do uso de palavras. Esses "podes" e "deves" são marcas de normas de representação.

Usar o termo "gramática" para fazer referência a quaisquer regras de uso de palavras que determinam o sentido ou o significado é uma extensão wittgensteiniana inócua do uso da palavra pelos gramáticos. Seguirei o uso de Wittgenstein e aplicarei o termo "gramática" e seus cognatos a regras que não são meramente sintáticas.[3] Neste uso extensivo, proposições aparentemente metafísicas acerca de necessidades *de re* são meramente *proposições gramaticais* – ou seja, proposições acerca do uso de expressões sob a forma de descrições de propriedades e relações de coisas. Assim como a descrição das propriedades essenciais e relações de alguma coisa (um F) é a especificação da gramática de "F". Tal gramática especificará as propriedades e relações de um F, cuja perda destas será o mesmo que a destruição de um F ou a sua degeneração (constituindo um caso fronteiriço ou limite de ser um F). Algo que carece de tais e tais propriedades ou não está em tais e tais relações não seria *chamado* "um F" (a menos que alteremos o significado da palavra "F"). Uma vez que comumente tais proposições não dizem respeito *especificamente* à linguagem em que são expressas, mas se aplicam igualmente a qualquer linguagem que contém expressões empregadas relevantemente da mesma maneira, diz-se também, correta e comumente, que elas expressam verdades *conceituais*. Assim, "vermelho é mais escuro que rosa" é uma proposição gramatical que diz, na realidade, que qualquer coisa da qual se possa dizer verdadeiramente vermelha pode também ser dita verdadeiramente mais escura que qualquer coisa da qual se possa dizer ser rosa. Ela caracteriza os *conceitos* de ser vermelho, rosa e mais escuro que (e não apenas as *palavras* do inglês).

No entanto, seria um erro supor que qualquer esclarecimento da natureza de um F, como oposta à essência de um F, deve aduzir marcas características do conceito de F – ou seja, condições necessárias e suficientes para ser um F (para a aplicação da expressão "um F"). Pois o conceito pode não ser assim moldado e o esclarecimento do que é ser um F pode proceder de maneira diferente, dado que há muitas formas distintas de explicar o que "F" ou "um F" significam. Algumas expressões são explicadas pela especificação de critérios para sua aplicação (evidências logicamente boas, ao invés de evidências indutivas). Outras podem ser explicadas por definição ostensiva pela referência a uma amostra, como quando apontamos para uma certa coisa e dizemos:

"Esta (cor) é verde musgo" ou "Este (comprimento) é de um metro" ou "Este (animal) é um elefante". Algumas expressões são explicadas tipicamente pela enumeração de exemplos, em conjunto com uma cláusula de similaridade; assim, se perguntado o que é um jogo (o que a palavra "jogo" significa), alguém pode responder dizendo que futebol, *bridge*, xadrez, esconde-esconde e coisas semelhantes são jogos. Sustenta-se, acompanhando Wittgenstein, que tais palavras expressam "conceitos de semelhança de família". E outras formas de explanação também são lícitas. Deve-se notar que formas diferentes de explanação não são necessariamente exclusivas; ou seja, algumas expressões podem ser corretamente explicadas por mais de uma maneira.

O estudo *filosófico* da natureza humana, contrariamente aos estudos psicológico, sociocientífico e neurocientífico, é *gramatical* ou *conceitual*. A antropologia filosófica, tal como estou empregando o termo, é uma investigação *do esquema conceitual* em termos pelos quais descrevemos a nós mesmos e nossas complexas relações morais e sociais, damos expressão à nossa vida interior, explicamos, justificamos ou desculpamos nossos pensamentos, sentimentos e ações como seres humanos. O seu produto será, direta ou indiretamente, a descrição de uma teia de palavras e a delineação de suas formas de conexão, bem como uma caracterização das formas de explanação apropriadas para o domínio e distintivas deste. Contudo, ela não produzirá uma *teoria* da natureza humana.

Este livro, *Natureza humana: categorias fundamentais*, investiga as categorias fundamentais por meio das quais pensamos acerca de nós mesmos: as duas categorias relacionadas de substância (pois *somos* uma substância de certo tipo e *somos feitos* de substâncias de vários tipos), a categoria de causalidade (pois somos criaturas com poderes causais para efetuar mudanças nas coisas do mundo que nos cerca e com suscetibilidades causais para sermos afetados por elas), a categoria de poder (pois temos um amplo espectro de diferentes tipos de poderes, passivos e ativos); a categoria de agência (pois somos agentes com a habilidade de agir ou refrear a ação e de agir sobre as coisas circundantes). Esses temas categoriais são comumente considerados como metafísicos. Se por "metafísica" entende-se não o estudo da "essência do mundo" *de re* – suas características necessárias alegadamente independentes da linguagem –, mas antes a investigação dos conceitos estruturais mais gerais que dão forma ao nosso pensamento, então esses temas de fato são metafísicos. *Nesse* sentido, nossa investigação pode ser considerada como metafísica.

Tendo esclarecido esses arranjos conceituais muito gerais, colocarei em foco a investigação das formas distintivas de entendimento e explicação que caracterizam nosso pensamento e discurso acerca de nós mesmos – as várias formas de explicação teleológica e as suas razões determinadas. Essa elucidação do arcabouço categorial é preparatória para uma investigação dos conceitos de corpo e de mente que se diz que os homens possuem, e da relação entre ser um ser humano e ser uma pessoa.

4. INVESTIGAÇÃO FILOSÓFICA

Não é tarefa da filosofia competir com as ciências psicológicas ou neurológicas. Não é seu negócio acertar as contas com teorias empíricas e conjecturas que carecem de confirmação experimental. Isso é negócio das ciências empíricas. Tampouco é tarefa da filosofia produzir teorias não empíricas – pois não há tal coisa para a filosofia produzir. A que se pareceria uma *teoria* filosófica não empírica? Como ela poderia ser confirmada ou infirmada? O que as ciências não empíricas da aritmética, da geometria e da lógica formal podem é produzir conceitos e relações conceituais para as ciências empíricas empregarem em *suas* teorias e raciocínios acerca dos fenômenos. Essas tarefas matemáticas e lógicas são as de *formação de conceitos por construções de provas* e *determinação de padrões formais de validade*. Certamente, o termo "teoria" é usado nesse domínio. Matemáticos falam em teoria matemática das funções, por exemplo, e lógicos falam em teoria quantificacional. Mas isso invoca o termo "teoria" em um sentido bem diferente daquele que ele tem quando falamos em teorias empíricas nas ciências naturais. Os conceitos formados pelas ciências matemáticas têm o seu uso *primário*, direta ou *indiretamente*, na transformação de proposições empíricas concernentes a magnitudes e atributos quantificáveis das coisas e na transformação da descrição de relações espaciais entre elas, e assim por diante. Mas a tarefa da filosofia não é gerar *novos* conceitos e conexões conceituais para uso nas ciências empíricas ou no discurso cotidiano. Mais propriamente, é *esclarecer* conceitos existentes e conexões conceituais, e é discernir os próprios padrões gerais que estes exibem. Certamente, isso não implica que, no curso do cumprimento dessa tarefa e na ordenação dos conceitos que ela investiga com o fim de evitar confusões, a filosofia não possa introduzir novas distinções entre conceitos ou classes de conceitos ou entre diferentes tipos de proposições para os propósitos do esclarecimento filosófico.

A filosofia é, obviamente, uma *atividade teórica* e não prática. Mas não há nada hipotético-dedutivo ou preditivo, à maneira das teorias da ciência natural, em seus métodos e resultados. Nem há a formação de novos conceitos para os propósitos da ciência natural, à maneira de muitas teorias na matemática. Mas isso não significa que a filosofia não seja, ou não possa ser, *sistemática*. Nem significa que ela não possa aspirar ao grau de generalidade que suas elucidações admitem, qualquer que seja esse grau.

A motivação para o esclarecimento conceitual filosófico pode ser dupla.

Em primeiro lugar, especialmente quando operando em um nível alto de generalidade, há um interesse intrínseco em detectar as características estruturais mais gerais de nosso pensamento. Pois os modos como pensamos acerca de nós mesmos e de nossos semelhantes humanos, os conceitos que usamos ao expressar ou relatar nossas vidas interiores e descrever as de outros e as formas distintivas que invocamos ao explanar nosso próprio comportamento e o de outros, têm características estruturais muito gerais das quais não somos habitualmente conscientes. Com efeito, não há razão para que devêssemos sê-lo, uma vez que a *observação* de afinidades e diferenças, analogias e dessemelhanças entre diferentes conceitos e tipos de conceitos não é uma condição para o domínio do uso desses conceitos. Mas obter um entendimento de tais características estruturais gerais é simultaneamente obter um certo tipo de entendimento da natureza humana. Pois o que logramos entender são as formas para o entendimento de nós mesmos.

Em segundo lugar, os conceitos psicológicos e antropológicos e as formas de explicação com as quais nos ocupamos são fontes de confusões conceituais perenes, disseminadas e profundas. Embora os conceitos sejam conceitos ordinários, cotidianos, que empregamos impensada e corretamente no curso de nossas vidas, a reflexão sobre eles gera embaraços. Ainda que as formas de explicação sejam familiares no conjunto e constantemente invocadas no discurso diário, elas estão sujeitas a interpretações equivocadas na filosofia, nas ciências humanas, na ciência cognitiva e na neurociência, sendo exemplarmente vistas como epifenomenais ou formas de explicação causal, e, desse modo, não diferindo em princípio das formas de explicação características das ciências ou como redutíveis a tais formas.

Muitos dos conceitos mais gerais e problemáticos, tais como *mente, alma, corpo, si mesmo (Self)* e *pessoa*, foram modelados e, em alguns casos, gerados no curso de séculos de reflexões filosófico-teológicas gregas, judias e cristãs, durante a Antiguidade e primórdios do mundo moderno. Algumas das concepções equivocadas resultantes ainda se apegam às nossas considerações acerca do que tais conceitos significam. O emprego de muitos conceitos psicológicos nas ciências zoológica e humana é caracteristicamente embaraçado e atravessado pela teoria científica, concebida equivocadamente e assumida como hipótese de maneira precipitada, sem o esclarecimento conceitual que deve preceder a construção de teorias. Tais incoerências e concepções equivocadas são mascaradas sob as rubricas, por um lado, de doutrina teológica e sua vulgarização na compreensão dos crentes religiosos, e, por outro lado, de teorias científicas e pseudocientíficas da psicologia, da mente e do cérebro. Pois os embaraços são frequentemente mascarados como mistérios aos quais não é possível ao homem compreender, ou como formas de ignorância empírica que alegadamente serão resolvidas pela marcha da ciência; ao passo que, de fato, os enigmas e aparentes mistérios são nós que atamos em nosso entendimento. Desatar tais nós, explicar como os atamos e por que eles nos mantêm cativos são os fins primários e uma justificação plena da atividade de esclarecimento filosófico. O que são esclarecidos são conceitos e formas de explicação. O que o esclarecimento visa é obter a dissolução das concepções equivocadas acerca de nossa natureza e alcançar uma concepção correta. O método de esclarecimento é, primariamente, embora não exclusivamente, um exame dos usos de palavras e de padrões de raciocínio.

5. FILOSOFIA E "MERAS PALAVRAS"

A investigação filosófica acerca da natureza humana, portanto, é primariamente lexicográfica? É apenas uma questão de linguagem? Certamente, estamos interessados na natureza da espécie humana e não em meras palavras! Sugerir de outro modo parece repulsivo – uma banalização de um tema profundamente importante.

É impróprio denegrir um tal interesse nas palavras. Não condenamos a investigação dos linguistas teóricos como trivial porque elas se tratam de "meras palavras". Então, por que a preocupação filosófica correspondente pareceria ter menor importância? Um interesse filosófico na linguagem é tudo, menos trivial. Obviamente, ele difere do interesse do gramático. A questão que ocupa nossa atenção não é de interesse para linguistas. Mas é possível estar interessado na linguagem e no uso de palavras por muitas razões diferentes. Mesmo a filosofia da linguagem não é um ramo da linguística, embora enfoque conceitos como *nome, expressão referencial, predicado, quantificador, sentença, conectivo lógico*. Antropologia filosófica e filosofia da mente, obviamente, também não são ramos da linguística, mas elas também estão interessadas na elucidação de um segmento da linguagem: o vocabulário antropológico e psicológico.

A elucidação filosófica de um segmento da linguagem não é, porém, uma forma glorificada de lexicografia. Não é necessário nos envolvermos com visões de conjunto sociolinguísticas para estabelecer como as expressões que nos interessam são usadas. Sendo falantes competentes da linguagem, conhecemos perfeitamente bem como usar as expressões relevantes e, no máximo, necessitamos recordar o que nos é familiar. Podemos assumir como certo o uso (ordinário ou técnico, conforme o caso), assim como o jogador de xadrez competente pode assumir sem maiores cuidados os movimentos do jogo e o matemático competente o uso de numerais. Mas podemos não ter *observado* similaridades entre diferentes tipos de expressão e diferenças entre tipos de expressão aparentemente similares. Tal fracasso em observar pode ser a fonte de perplexidades e erros de grande alcance. Comumente, construímos substantivos segundo o modelo dos nomes de substâncias e recaímos em confusões calamitosas acerca de "mente", "si mesmo" ou "substância". Construímos, em geral, verbos segundo o modelo dos nomes de ações e atividades e perdemos a compostura quando confrontados com "significar", "pensar", "intencionar". Assumimos sem reflexão que adjetivos nomeiam propriedades e ficamos confusos com "verdadeiro", "real", "bom".

As palavras e frases que usamos e a complexa rede de relacionamentos entre seus usos são, para invocar a metáfora de Kleist,[4] os óculos através dos quais vemos a nós mesmos e vemos o mundo. Certamente, seria tolice afirmar que apenas os polidores de lentes devem se interessar pelos óculos através dos quais olhamos, que apenas gramáticos devem se interessar pelas formas linguísticas através das quais articulamos nossa compreensão de nós mesmos e do mundo circundante. Se as lentes estão sujas e obscurecem a visão, se for muito fácil confundir reflexos na lente com coisas vistas, se a curvatura das lentes conduz a certas distorções, então é imperativo prestar atenção aos óculos com os quais vemos o mundo.

Para expressar o ponto de maneira menos metafórica, o que é pensável é o que é expressável. O meio primário de expressão do pensamento, e o único meio de expressão dos tipos de pensamento que nos concernem, é o linguístico. Se, de uma maneira sutil e imperceptível, usarmos equivocadamente as palavras, então falaremos, frequentemente de maneira sutil e imperceptível, sem sentido. Podemos apresentar problemas que não necessitam de solução, mas de dissolução (por exemplo, "Como minha mente está relacionada ao meu corpo?"); podemos fazer asserções que transgridem os limites do sentido (por exemplo, "Eu sou meu cérebro"); podemos cair em confusão (por exemplo, "Se eu possuo uma mente, um corpo, uma alma, um ego, o que é que possui todas essas coisas?"). Tais questões concebidas de maneira equivocada, asserções desencaminhadas e confusões desconcertantes são *conceituais*, não empíricas. Elas não podem ser erradicadas por descobertas empíricas, mas apenas pela investigação conceitual. Porém, essas transgressões dos limites do sentido não devem ser rapidamente desconsideradas como *nonsense*. Elas devem ser detalhadamente exploradas para expor as *raízes* do *nonsense*, que pode ser *então* extirpado. O interesse filosófico na linguagem – em nossas formas de representação – *é* um interesse em nosso esquema conceitual. Pois é a gramática de nossa linguagem que determina o que faz sentido dizer – o que podemos tornar inteligível para nós mesmos.

O uso, as regras ou convenções para o uso correto de expressões, determina o que faz e o que não faz sentido. E, ao assim determinar os limites do sentido, são igualmente fixados os limites do que é logicamente possível. O que tem sentido dizer e pensar acerca da natureza humana, da mente, da relação entre mente e corpo, da pessoa e da sobrevivência da pessoa após a morte depende do que significamos por essas palavras. O que significamos por elas e o que elas significam devem em geral coincidir. E o que elas significam depende das regras para o seu uso. Pois o significado de uma palavra é aquilo que é dado pela explanação de seu significado. E explicar o que uma expressão significa *é* dar uma regra para o seu uso. Assim, a espécie de investigação gramatical em pauta não é distinta de uma investigação da natureza *a priori* da espécie humana. Pois a natureza de uma coisa é, exatamente, o âmbito de atributos e poderes (possivelmente relacionados apenas por uma semelhança de família) que aquela coisa possui e em virtude das quais ela pode ser tomada pela espécie de coisa que ela é. Possuir esses atributos e poderes é uma base para caracterizar a coisa como sendo de tal e tal espécie.

Deve-se ter em mente que aquilo que atualmente julgamos ser a natureza de uma coisa pode ter se originado em uma descoberta empírica, a qual foi posteriormente solidificada numa regra.

Nossas investigações são conceituais. Isso não significa que elas não sejam *também* linguísticas. A investigação filosófica sobre a natureza humana é uma investigação sobre os conceitos gerais que empregamos para caracterizar a humanidade e os poderes distintivos do homem. Conceitos são mais bem pensados como nada mais que abstrações dos usos das palavras. Pois possuir um conceito *é* ter dominado o uso de uma palavra ou frase. (Não é uma habilidade meramente de reconhecer, uma capacidade de distinguir, por exemplo, F-s (ou coisas que são F) de coisas que não o são, habilidade que animais que não se utilizam da linguagem possuem.) As investigações conceituais em pauta *são* investigações sobre os usos daquelas palavras que empregamos para caracterizar nós mesmos e nossos poderes. Assim, elas são investigações gramaticais, no sentido lato. Estamos interessados nos conceitos de agência, mente, corpo, pessoa, consciência, autoconsciência e assim por diante; estamos interessados não nas palavras do português *per se*, mas no *papel* dessas palavras e qualquer palavra equivalente em qualquer outra língua.

Obviamente, culturas diferentes podem empregar um esquema conceitual distinto para falar e pensar acerca dos seres humanos e suas naturezas. Somos muito determinados a representar nós mesmos e nossas características na terminologia das faculdades que herdamos dos gregos, mas outras formas de representação podem abster-se desse modo de descrição e classificação, ou podem agrupar as faculdades humanas diferentemente. É fato notório que o alemão (como muitas outras línguas) não tem uma palavra que corresponda exatamente à expressão portuguesa "a mente", mas vale-se de *Geist* e *Seele*.[*] Tudo isso significa que as confusões e obscuridades que afligem os falantes do português nesse domínio *podem* diferir sutilmente daquelas dos falantes de alemão.

Estamos tentando elucidar *nosso* esquema conceitual, um esquema amplamente partilhado por muitas culturas e que se manifesta em muitas linguagens. Tal elucidação não é meramente uma cartografia conceitual com um fim em si mesma, por mais interessante que isso seja. Ela visa a ajudar a nos orientar quando nos deparamos com enigmas conceituais e caímos em confusões. O esclarecimento de nossos conceitos, de nossos usos de palavras, contribui para a erradicação de *nossas* confusões conceituais. Essas, em grande medida, enraízam-se nas gramáticas de nossas línguas. Mas isso não signi-

---

[*] N. de T.: Em uma tradução mais estrita, "espírito" e "alma", respectivamente.

fica que nossa investigação não seja realmente sobre a natureza humana nem que confusões conceituais não tenham outras raízes além das características enganadoras da linguagem.

6. UM DESAFIO PARA A AUTONOMIA DO EMPREENDIMENTO FILOSÓFICO: QUINE

Na segunda metade do século XX, alguns filósofos americanos, liderados por Quine, argumentaram que não há distinção entre verdades conceituais e verdades empíricas (verdades de razão e verdades de fato), que as proposições nas quais acreditamos, normalmente concebidas conjuntivamente a fim de formar uma teoria, confrontam a realidade na busca de confirmação como uma totalidade.[5] Todas e qualquer uma dentre as proposições de uma dada teoria, até mesmo aquelas que são concebidas (erroneamente, do ponto de vista de Quine) como sendo necessárias e *a priori*, podem ser abandonadas a fim de ajustar a teoria como um todo aos resultados da experiência e de experimentos. Se isso fosse correto, não haveria distinção categorial entre filosofia e ciência, e a reflexão filosófica seria uma parte da construção geral de teorias concernentes ao mundo – como, de fato, argumenta Quine. Assim, a reflexão filosófica sobre a natureza humana seria parte das ciências humanas, sujeita à sua jurisdição e confirmada ou infirmada com elas. No entanto, isso é incorreto.

A visão holística de Quine depende do repúdio da articulação de Carnap de uma distinção entre proposições analíticas e sintéticas (desconsiderando as construções diferentes de analiticidade de Kant, Bolzano e Frege). É certo que, a partir de suas reflexões sobre a sua própria distinção entre proposições analíticas e sintéticas, Carnap chegou à conclusão extraviada de que verdades analíticas *decorriam* de convenções. Mas é discutível se a sua distinção entre verdades analíticas e sintéticas é irremediavelmente defeituosa, como argumenta Quine. A acusação de Quine foi contestada pelo próprio Carnap[6] e evitada, com sucesso defensável, por Grice e Strawson.[7] Também é discutível se a possibilidade de rejeitar a distinção de Carnap entre proposições analíticas e sintéticas implica a possibilidade de rejeitar as diferentes distinções traçadas por Kant, Bolzano, Frege e outros. Mas, mais importante para o presente propósito, a distinção entre verdades conceituais *a priori* e proposições empíricas *a posteriori* não depende da viabilidade de qualquer distinção entre proposições analíticas e sintéticas. Entre as verdades conceituais *a priori* devemos distinguir verdades da lógica e da matemática e distinguir ambas das verdades gramaticais gerais, pouco importando se essas são verdades analíticas (explicadas de maneira apropriada em termos lógicos) ou outras verdades gramaticais não analíticas, (por exemplo, que vermelho é mais escuro que rosa, ou que nada pode ter simultaneamente apenas dois metros de comprimento e também três metros de comprimento). Deve ser evidente que a distinção entre verdades conceituais (inclusive gramaticais) e empíricas, ao contrário da distinção entre verdades *a priori* e *a posteriori*, não é epistêmica, ainda que verdades conceituais sejam, obviamente, *a priori*. É uma distinção entre diferentes papéis e usos de proposições. Tais diferenças de papel são, obviamente, vinculadas a diferenças nos fundamentos para a asserção e nos critérios de entendimento, desentendimento e entendimento equivocado. Mais ainda, a distinção entre verdades gramaticais e empíricas não é exaustiva, pois há uma classe de proposições variadas que constitui o pano de fundo herdado contra o qual distinguimos verdade de falsidade (por exemplo, "O mundo existe há muitos anos", "Gatos não crescem em árvores", "Meu nome é NN"). Tais proposições são empíricas – dizem respeito ao mundo e ao que há nele –, embora tenham um papel similar, sob certos aspectos, àquele das proposições gramaticais, uma vez que podem servir como regras para testar outras proposições. Elas não são autoevidentes nem manifestas aos sentidos ou à razão, nem são inferidas de proposições que são assim; no entanto, não são apoiadas por nenhuma evidência que seja mais certa do que elas próprias. Elas se sustentam pelo que as cerca, como a pedra angular de um arco*.[8] As espécies de proposições que vimos discutindo estão representadas na Figura 1.2 a seguir (muitas outras espécies de proposições, tais como as proposições éticas, estéticas e religiosas, estão excluídas).

Contrariamente à posição de Quine, verdades da lógica e da matemática não "enfrentam o tribunal da sensibilidade" para confirmação ou infirmação juntamente com as teorias empíricas nas quais foram utilizadas. A verdade delas é estabelecida por demonstrações dedutivas, e a aceitação de uma de-

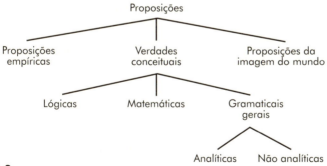

FIGURA 1.2
Tipos de proposições.

---

* N. de T.: No original, *keystone of an arch*. Trata-se da pedra que é posta no centro do arco de uma construção e que dá a sustentação a todas as demais.

monstração é o mesmo que isolar a proposição em questão de fatos empíricos. Nenhum teorema lógico ou matemático se mostra falso pela possibilidade de rejeição da teoria empírica no qual ele é empregado. Nem a confirmação de tal teoria (por exemplo, a teoria da gravitação universal de Newton) torna mais certa a matemática que ela emprega (por exemplo, os teoremas do cálculo diferencial não se tornaram mais certos pelo sucesso da física newtoniana).[9] De nenhum modo julgar-se-á como demonstração que uma proposição aritmética comprovada é verdadeira apenas na maior parte dos casos ou somente sob certas condições específicas. Mas isso, *contra* Quine, não é porque nós blindamos tais proposições mais que outras contra infirmações por considerações atinentes à simplicidade da teoria. Antes, um *papel* inteiramente diferente daquele das proposições empíricas é atribuído a tais proposições – elas são normativas, e não descritivas. O que mantemos rigidamente em face da experiência não é uma verdade acerca do mundo, mas *a expressão de uma regra* – por exemplo, uma regra para transformar descrições de como as coisas são no mundo. Dizer que uma proposição aritmética é verdadeira, tal como "25 x 25 = 625", é caracterizá-la como autorizada a transformar outras, em particular proposições empíricas atinentes a quantidades ou magnitudes de coisas. "25 x 25 = 625" autoriza-nos, por exemplo, a transformar a proposição de que na gaveta há 25 caixas contendo cada uma 25 bolinhas de gude na proposição de que há 625 bolinhas de gude na gaveta, sem ter que contá-las novamente.[10]

Verdades conceituais não matemáticas e não lógicas (i.e., verdades gramaticais) são igualmente *a priori*. Distinguir estas de verdades empíricas *a posteriori* não depende de uma distinção carnapiana (ou de qualquer outra) entre proposições analíticas e sintéticas. Depende de uma distinção entre enunciados implícitos de regras para o uso de palavras e aplicações de palavras de acordo com as regras assim enunciadas. Que raposos são raposas (o que é analítico, i.e., transformável em uma verdade lógica pela substituição por sinonímia definitória), que vermelho é mais semelhante a laranja que a amarelo (o que não é uma verdade analítica nessa acepção), que uma pessoa é um sujeito de direitos e deveres, que ter uma mente é ter um certo conjunto de habilidades, são especificações da *natureza de seus temas* e simultaneamente *expressões de regras para o uso de seus termos constituintes*. Estas autorizam descrições alternativas dos fenômenos e inferências a partir de suas descrições.

Verdades analíticas como "raposos são raposas" ou "solteiros são não casados" são uma subclasse das verdades conceituais. Foi um erro de Carnap e do positivismo lógico caracterizar tais verdades como verdadeiras em *virtude de* convenções, e alegar que a verdade delas segue o significado dos termos e das leis *apenas* da lógica. Elas não decorrem apenas dos significados dos seus termos constituintes (nada decorre do significado de uma palavra, mas apenas de uma proposição), mas são parcialmente *constitutivas do* significado desses termos. Assim, seria mais correto caracterizá-las como *convenções,*

Natureza humana **33**

como expressões de regras para o uso de suas palavras constituintes sob a aparência ilusória de descrições. Naturalmente, dizer que tais proposições são verdadeiras não é dizer que as regras que elas expressam sejam verdadeiras – pois não há tal coisa como regras verdadeiras ou falsas. É meramente confirmar seus papéis como expressões de regras. Semelhantemente, dizemos que a proposição "O rei do xadrez move-se uma casa de cada vez" expressa uma regra do xadrez e também dizemos que é verdade que o rei do xadrez move-se uma casa de cada vez. Expressar este último dito é meramente afirmar que essa é uma regra do xadrez para o movimento daquela peça. Para uma proposição empírica ser verdadeira, cabe às coisas serem tais como ela diz que são. Mas, para uma proposição gramatical ser verdadeira (pouco importa se analítica, como "raposos são raposas", ou não analítica, como "vermelho é mais escuro que rosa"), cabe à própria proposição expressar uma regra constitutiva do uso de seus termos constituintes. Uma proposição empírica falsa é inteligível: ela descreve um estado de coisas possível que de fato não ocorre. O que *chamamos* uma "falsa" proposição gramatical (por exemplo, que rosa é mais escuro que vermelho) não descreve uma possibilidade que casualmente não ocorre. Ela nada descreve. Nem enuncia uma regra falsa de uso dos seus termos constituintes, uma vez que regras não são verdadeiras ou falsas. De fato, ela conjuga palavras de uma maneira adversa às regras de seus usos. Assim, pode-se dizer que é uma forma peculiar de *nonsense*. As regras para o uso de palavras não são imunes, naturalmente, a uma revisão. Mas se as revisamos, então as palavras, cujo uso elas determinam, terão um significado diferente – isto é, serão usadas de uma maneira diferente.

Na sequência, não me apoiarei na distinção analítico/sintético. Mas lançarei mão constantemente da distinção entre proposições conceituais ou gramaticais e proposições empíricas, ainda que haja usos de sentenças em certas ocasiões cujo *status* é obscuro. Há sentenças cujo *status* mudou com o tempo ("Ácidos tornam o papel de tornassol vermelho" era antes usada para definir o que é um ácido, mas não é mais assim usada). Há também sentenças que podem ser usadas, em uma ocasião, para expressar uma proposição gramatical e, em outra, para expressar uma espécie inteiramente diferente de proposição (a canção de Doris Day "Que sera, sera" não era a celebração de um teorema da lógica temporal). Pois a distinção entre gramatical e não gramatical (incluindo a empírica) não é uma distinção entre sentenças-tipos[*], mas entre usos de sentenças.

---

[*] N. de T.: No original: *type-sentence*. O autor aqui recorre à noção envolvida na famosa distinção expressa pelo par de termos ingleses *type* e *token*; o primeiro dos quais de fácil tradução (tipo) e o segundo de tradução sempre problemática, podendo ser, conforme o contexto, espécime, ocorrência, instância, etc.

7. AS TRADIÇÕES PLATÔNICA E ARISTOTÉLICA NA ANTROPOLOGIA FILOSÓFICA

É frutífero ver a reflexão filosófica sobre a natureza humana como procedente de um ou outro dos dois grandes paradigmas: platônico e aristotélico. O paradigma platônico é dualista, ainda que suas formas pós-cartesianas sejam propensas a degenerar em um ou outro de seus duais (o idealismo, por um lado, e o comportamentalismo ou fisicalismo, por outro). O aristotélico é predominantemente monista (não degenerado).

O dualismo tem suas raízes na doutrina religiosa, no temor humano da morte, no anseio irracional de imortalidade, na natureza de experiências malcompreendidas, tais como sonhos e ilusões (fantasmas, experiências de estar fora do próprio corpo), e também em características da gramática dos pronomes pessoais, como a assimetria lógico-gramatical entre enunciados de primeira e de terceira pessoas, e nas peculiaridades gramaticais e idiomáticas do discurso acerca de mente, alma e corpo. O dualismo platônico toma o ser humano como uma criatura composta de corpo e alma. A alma é concebida como existente antes do nascimento e da incorporação, com capacidade de sobreviver à morte do corpo. A identidade de Sócrates liga-se à identidade de sua alma, e a sobrevivência de Sócrates, apesar da morte de seu corpo, é a sobrevivência de sua alma.[11]

A tradição aristotélica, como já se poderia esperar de sua origem, é inspirada primariamente em reflexões biológicas. O conceito aristotélico de *psique* (termo comumente traduzido, de maneira algo enganosa, como "alma") é um conceito biológico, não psicológico, e muito menos teológico ou ético. A *psique* é concebida como a fonte das distintas atividades de uma coisa viva – o princípio da vida, que faz com que ela seja a espécie de ser que é. A alma, como Aristóteles a concebia, é o conjunto de potencialidades cujo exercício é característico do organismo. Consequentemente, não são apenas os seres humanos que possuem uma *psique*, mas todas as criaturas vivas, incluindo as plantas. O que é próprio da alma humana é que ela incorpora não apenas os poderes vegetativos de crescimento, nutrição e reprodução e os poderes sensitivos de percepção, desejo e movimento, mas também as faculdades racionais unicamente humanas da vontade e do intelecto. A alma não é uma entidade anexada ao corpo, mas é caracterizada, no jargão aristotélico, como a "forma" do corpo vivo. *Grosso modo*, a alma está para o corpo de um ser humano como o poder de visão está para o olho. Os poderes de uma coisa não podem sobreviver à morte da própria coisa. No entanto, Aristóteles é ambíguo, argumentando às vezes que a alma racional, em particular a capacidade de refletir sobre verdades necessárias (posteriormente denominada de "intelecto agente") é ela própria imortal. Essa ideia, cuja coerência não é óbvia,

Natureza humana **35**

foi o gancho que Aquino empregou para acomodar a filosofia aristotélica à doutrina cristã.

A concepção platônica dos seres humanos como uma combinação de corpo e alma, concebidos como duas entidades separáveis, foi transmutada e transmitida por Plotino e sintetizada e combinada com a doutrina cristã por Santo Agostinho. A concepção de Agostinho viria a permear a filosofia do mais influente dentre os pensadores da era moderna: Descartes. Todavia, no ínterim, intervém um período duradouro e importante de domínio aristotélico na Alta Idade Média, como resultado da redescoberta e tradução, nos séculos XII e XIII, do corpo de obras aristotélicas que sobreviveram e da grande síntese tomista dos pensamentos cristão e aristotélico. O domínio aristotélico minguou com a ascensão do neoplatonismo renascentista que se seguiu à redescoberta e tradução do corpo de diálogos platônicos sobreviventes. Este foi destruído pela ascensão da ciência moderna no século XVII, que refutou um grande número de hipóteses aristotélicas empíricas e substituiu uma concepção normativa e teleológica da natureza por uma concepção causal e mecânica.

A filosofia de Descartes marca uma ruptura dramática no pensamento ocidental. Por um lado, ele, assim como Bacon, era o porta-voz ideológico dos princípios da revolução científica. As ciências naturais sofreram uma mudança qualitativa pela matematização da física, a sua extensão da esfera sublunar para o sistema solar como um todo (incluindo os cometas), e por sua aceitação da observação meticulosa, da experimentação e do teste de hipóteses por meio dos instrumentos então recentemente inventados. A metafísica cartesiana separa claramente o estudo da natureza do estudo do pensamento humano e da consciência. Em oposição à tradição aristotélica, Descartes defendia a unidade ontológica, nomológica e metodológica de todas as ciências naturais. *Todos* os fenômenos naturais (que não o pensamento humano e a ação humana) deveriam ser explicados em termos das leis mecânicas da matéria em movimento. Portanto, contrariamente ao pensamento aristotélico e escolástico, Descartes sustentava que as operações, concebidas antes como sendo a alma vegetativa e a sensitiva, são explicáveis em termos inteiramente mecânicos e não requerendo princípios separados em suas explanações. Enquanto Aristóteles pensava, acima de tudo, como um biólogo (e era, de fato, o maior biólogo até Darwin),[12] Descartes pensava como um físico. Foi um infortúnio significativo para a filosofia na era moderna que nenhum grande filósofo tenha sido um biólogo.

Descartes deu forma à concepção moderna da mente. Enquanto a tradição aristotélica concebia a mente humana primariamente em termos de intelecto e vontade (tudo isso pertence à "alma racional", que é distintiva da espécie humana), Descartes caracterizava a mente em termos de pensamento. Mas ele redefiniu *pensamento* para incorporar "tudo do qual estamos cônscios de que esteja ocorrendo dentro de nós, uma vez que temos consciência dele"*.[13] Ter uma mente, segundo Descartes, é ter a experiência e ser cônscio de si mesmo como portador da experiência. Assim, a mente é definida em termos de *consciência*, concebida estritamente como a consciência de "pensamentos" ou experiências "dentro de nós". Desta forma, ele nega que animais não humanos sejam conscientes ou que tenham alguma experiência, tomando-os por meros mecanismos biológicos. Ter uma mente, segundo Descartes, é ter sensações como se fossem no corpo, parecer perceber, sentir emoções, ter imagens mentais, desejos e assemelhados, bem como exercer os poderes do pensamento racional e da vontade. Essa concepção da mente e do mental ainda aflige o pensamento contemporâneo.

Com modificações, Descartes restaura a concepção agostiniana da mente e, assim, continua a tradição platônica. Um ser humano, sustenta ele, não é uma substância unitária – um *ens per se*, como afirmavam os escolásticos[14] –, mas uma entidade composta por mente e corpo. A alma, contrariamente à concepção aristotélica, não é o princípio da vida em suas várias formas, mas uma substância separada – um *res cogitans*. Embora unida ao corpo, ela é separável dele. A mente e o corpo interagem causalmente. O impacto de corpúsculos sobre o corpo gera sensação (sentir sensações como se elas fossem no corpo) e percepção (parecer perceber) na mente, e a mente causa o movimento do corpo pelo exercício da vontade. Mente e corpo estão intimamente "mesclados", pois não se está "em seu corpo" como um marinheiro em um navio – *sente*-se o impacto do mundo no seu corpo sob a forma de sensações e aparentes percepções; não se faz necessário examinar o próprio corpo como o marinheiro tem que examinar seu navio para descobrir como ele é afetado.[15] A pessoa humana, o *ego*, deve ser identificada por meio da *res cogitans*. A mente não tem partes e, uma vez que a destruição de uma entidade é a decomposição em partes componentes, a mente – a pessoa – é imortal.

O dualismo cartesiano proveu a Modernidade da estrutura de pensamento sobre a natureza do gênero humano, não apenas no sentido de que a tendência dominante era uma forma ou outra de dualismo (o que é verdade no que diz respeito ao pensamento popular ou ao pensamento científico, até meados do século XX), mas em um sentido muito mais profundo, no qual ele dispôs as categorias em termos das quais a reflexão teve lugar.

---

* N. de T.: No original latino, *Cogitationis nomine, intelligo illa omnia, quae nobis consciis in nobis fiunt, quatenus eorum in nobis conscientia est*, que os tradutores brasileiros traduzem por "Pelo termo 'pensamento', entendo todas aquelas coisas que, estando nós conscientes, ocorrem em nós, na medida em que há em nós uma consciência delas" (*Princípios de Filosofia*, Editora UFRJ, 2002). No corpo do texto, apresentou-se a tradução do texto em inglês oferecido pelo autor.

Locke, agnóstico sobre o homem ser composto por duas substâncias distintas, reclamava apenas a dualidade do corpo, por um lado, e um conjunto de propriedades psicológicas (ideias) anexadas a este, por outro. A identidade de uma pessoa, pensava ele, requeria apenas unidade psicológica e continuidade anexadas a alguma substância ou outra (e não necessariamente à mesma ao longo de toda a vida da pessoa). Berkeley abandonou a noção de substância material, mas reteve a ideia de uma substância espiritual. Hume alijou inteiramente o conceito de substância, negou a inteligibilidade de coisas materiais e sustentou que a pessoa humana nada mais era que um mero feixe de impressões e ideias unidas por relações causais e mnemônicas. Essa concepção idealista bizarra era uma *reductio ad absurdum* da imagem cartesiana do mundo, mas ela se mostrou com um poder duradouro inteiramente surpreendente, sobrevivendo até a metade do século XX. A tendência materialista exemplificada por Hobbes, La Mettrie, D'Holbach e Diderot, a qual envolvia alijar o outro lado da dualidade cartesiana, foi um movimento extremamente minoritário até o século XX. Seus herdeiros foram o comportamentalismo e as várias formas de fisicalismo.

O comportamentalismo do século XX também foi uma tentativa de abandonar a substância imaterial do dualismo cartesiano, retendo a substância material. O *comportamentalismo ontológico*, tal como esposado por Watson, foi uma assimilação dogmática do mental à posição de entidades míticas ou postuladas de maneira equivocada (tais como bruxas). Sua crueza é notável e infectou psicólogos empíricos com um deletério comportamentalismo metodológico até a revolução cognitivista dos anos de 1960. O *comportamentalismo lógico* foi um programa de redução *lógica* de todos os atributos psicológicos a atributos e disposições comportamentais. Adotado por alguns filósofos (p. ex., Carnap, no início de 1930[16]), salientou corretamente que certos conceitos psicológicos (p. ex. conhecer, crer, entender) foram frequentemente malconstruídos como se significassem estados, atos ou atividades mentais. Insistiu, com razão, no nexo conceitual entre atributos psicológicos e comportamento, mas o reducionismo cru era malconcebido e a natureza do nexo conceitual com o comportamento, malcompreendida.

Uma reação ao fracasso do programa comportamentalista foi a identificação do mental a estados e atividades do cérebro. Isso assumiu diversas formas fisicalistas. O materialismo de estados centrais sustenta que os padrões de estados mentais são idênticos a padrões de estados cerebrais. O monismo anômalo sustenta que "ocorrências"* de estados mentais são idênticas a "ocorrências"** de estados cerebrais. Avanços na neurociência cognitiva conduziram os cientistas (como Sherrington e alguns de seus alunos) a abando-

---

* N. de T.: No original: *tokens*.
** N. de T.: No original: *tokens*.

narem o cartesianismo de seus mestres e a concederem atributos psicológicos ao cérebro, a fim de explicar como seres humanos exercem suas faculdades perceptuais e cognitivas. Foi uma infelicidade que a revolução cognitivista em psicologia da década de 1960 tenha optado por uma concepção computacional e modular do mental, associando poderes perceptuais e intelectuais com o processamento de informações, que a mais recente tecnologia da época tornara familiar. Isso, por sua vez, encorajou a ideia de que é o cérebro quem processa informação, faz hipóteses, computa e assim por diante, e que a percepção humana deve ser explicada em termos de computação e hipóteses construídas pelo cérebro. Esse desenvolvimento da ciência cognitiva conduziu ao surgimento de várias formas de funcionalismo na filosofia da mente, como mostra a Figura 1.3 a seguir.

O que é mais digno de nota no desenvolver dessa história é até que ponto ela ocorre à sombra de Descartes. Pois, de maneira geral, as respostas a Descartes envolvem a rejeição de uma ou outra das faces do dualismo car-

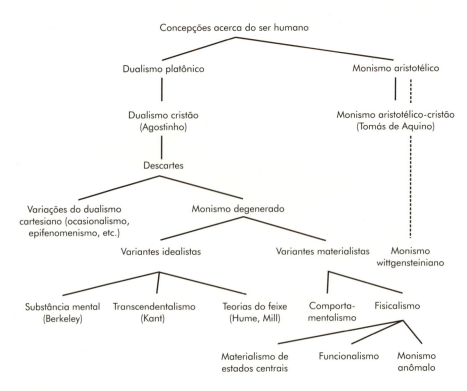

FIGURA 1.3
Um esquema básico das concepções de ser humano e sua constituição.

tesiano entre substância mental e corpos materiais, e a tentativa de reduzir um ou outro tipo de propriedade que Descartes havia atribuído à mente ou ao corpo. O que é mais importante acerca das perspectivas neocartesianas, esposadas por muitos neurocientistas cognitivos e autoproclamados cientistas cognitivos, bem como por muitos filósofos, todos eles concebendo a si próprios como indomitamente anticartesianos, é a extensão em que a concepção cartesiana da relação entre o interior e o comportamento permanece intacta, apesar do abandono da concepção cartesiana da mente. Pois o que se fez foi, marcadamente, conceder atributos cognitivos e perceptuais ao cérebro, no curso da tentativa de explicar as atividades e realizações cognitivas e perceptuais genéricas dos seres humanos.

O desafio mais profundo ao domínio da tradição cartesiana e as suas derivações degeneradas veio da psicologia filosófica de Wittgenstein, em meados do século XX.[17] Pois Wittgenstein não apenas rejeitou um ou outro dos princípios e das dicotomias cartesianas. Ele apagou completamente as doutrinas cartesianas do quadro. Em um sentido importante, ele reviveu não intencionalmente a tradição aristotélica (dando-lhe nova vida). Tal como Aristóteles, ele sustenta que atributos tais como consciência, percepção, cognição e volição são próprios do animal vivo, não de suas partes materiais, como o cérebro, muito menos de suas partes alegadamente imateriais, como a mente. Ele repudiou a *res cogitans* cartesiana, mas também negou que a mente seja apenas um aspecto do corpo ("Eu não sou assim, pobre de categorias", observou secamente).[18]

A gigantomaquia sem dúvida continuará, uma vez que cada geração luta para encontrar seu caminho através da selva da especulação metafísica e da criação de mitos científicos e religiosos acerca da natureza humana. Os capítulos seguintes não visam a contribuir com uma nova trilha, mas para limpar velhas trilhas do mato excessivo e arrancar sinalizações desencaminhadoras postas por viajantes recentes.

NOTAS

1. Uma concepção retomada, no fim do século XIX, por Husserl e o círculo de fenomenólogos de Munique, que abandonaram o psicologismo em favor da demanda pela *Wesensschau*. [Intuição de essência.]
2. Isso não significa que não possa ocorrer no discurso indireto para relatar as palavras de alguém. Nesse caso, a formação de palavras significa que, se nos for relatado que alguém falou assim, saberemos que aquilo que esse alguém havia dito era uma forma de *nonsense*.
3. O gramático diria que a regra segundo a qual *idêntico* não forma o comparativo ou o superlativo é uma regra gramatical, mas que a regra que exclui prefixar a expressão *nordeste*, a o *Pólo Norte* ou a o *Pólo Sul* não o é. Para nossos propósitos, essa distinção é desnecessária.

40   P. M. S. Hacker

4. H. von Kleist, *Geschichte meiner Seele*, Ed. Helmut Semdner (Insel, Frankfurt am Main, 1977), p. 174 ss. Em uma carta a Wilhelmine von Zenge (22 de março de 1801), Kleist usou tal metáfora para o idealismo transcendental de Kant.

5. W. V. O. Quine, *Two dogmas of empiricism* (1953), reimpr. em: *From a Logical Point of View*, 2. ed. (Harper & Row, New York, 1963) (trad. bras. *De um Ponto de Vista Lógico.* Coleção Os Pensadores. São Paulo: Abril Cultural, 1980).

6. R. Carnap, "Quine on Analyticity", in: R. Creath (Ed.), *Dear Carnap, Dear Van* (University of California Press, Berkeley, 1990), p. 427-32.

7. H. P. Grice e P. F. Strawson, "In Defense of a Dogma", *Philosophical Review*, 65 (1956), p. 141-58. É digno de nota que Quine, ele próprio, reabilitou ao menos uma versão da distinção carnapiana em *The Roots of Reference* (Open Court, La Salle, Ill., 1973), sec. 21.

8. Wittgenstein caracterizou tais proposições como proposições da "imagem do mundo" de alguém; veja-se *On Certainty* (Blackwell, Oxford, 1969). Para uma discussão esclarecedora, veja-se A.J.P. Kenny, *Faith and Reason* (Columbia University Press, Nova York, 1983).

9. Veja-se D. Isaacson, "Quine and Logical Positivism", in: R. F. Gibson, Jr. (Ed.), *The Cambridge Companion to Quine* (Cambridge University Press, Cambridge, 2004), p. 254.

10. Certamente, há muitas espécies de proposições aritméticas que não são, ou não são diretamente, regras para a transformação de proposições empíricas acerca de quantidades ou magnitudes, por exemplo, a proposição "Há mais primos entre 1 e 20 que entre 20 e 40". Não se segue disso que tais proposições não sejam normativas. Elas são o resultado da aplicação de técnicas aritméticas à própria aritmética, e forjam conexões constitutivas dentro do corpo da aritmética.

11. "... ou isso ou algo muito semelhante é o verdadeiro relato de nossas almas e de suas habitações futuras – uma vez que temos a prova manifesta de que a alma é imortal – isso, eu creio, é tanto uma alegação razoável quanto uma convicção pela qual vale a pena arriscar-se, pois o risco é um risco nobre.
Procuraremos dar o melhor de nós para agir como tu dizes, disse Critão. Mas como devemos enterrá-lo?
Como tu quiseres, respondeu Sócrates, ou seja, se tu conseguires me apanhar, sem que eu escape por entre teus dedos.
Ele riu gentilmente enquanto falava, e, voltando-se para nós, continuou: Não posso persuadir Critão de que eu sou esse Sócrates aqui que está lhes falando agora e ordenando todos os argumentos. Ele pensa que eu sou aquele que daqui a pouco verá deitado morto, e pergunta como deverá me enterrar!... Vós deveis lhe assegurar que, quando eu estiver morto, não permanecerei, mas terei partido, ido... Vós deveis manter vossos ânimos e dizer que é apenas meu corpo que estão enterrando, e podeis enterrá-lo como bem vos aprouver, da maneira que pensardes ser apropriada" (Fedão, 114d, 116a).

12. Ernst Mayr. *The Growth of Biological Thought* (The Belknap Press, Cambridge Mass., 1982), p. 87. (trad. bras. *O Desenvolvimento do Pensamento Biológico*. Brasília: Editora Universidade de Brasília, 1998).

13. Descartes, *Princípios de Filosofia*, I, 9.

14. Tomás de Aquino, em seu *Comentário à Primeira Carta aos Coríntios*, observa: "Minha alma – isso não é o que eu sou (*anima mea non est ego*)". Portanto, a exigência católica ortodoxa da ressurreição do corpo.

Natureza humana **41**

15. Ironicamente, a comparação é do *De Anima*, 413ª9 de Aristóteles, no que é aparentemente uma alusão a uma analogia platônica perdida.

16. Mas *não* Gilbert Ryle, a despeito da mitologia que grassava nos EUA. Ryle escreveu: "Para dizer coisas acerca da vida mental das pessoas, empregamos muitos verbos ativos que de fato significam atos da mente... lista[ndo] corretamente *calcular*, *ponderar* e *recordar* como atos ou processos mentais". A que Ryle objetava era adicionar verbos como *crer*, *conhecer*, *aspirar* e *detestar* à lista (veja "Phenomenology *versus* 'The concept of Mind'", reimp. em *Collected Papers*, vol. 1 (Hutchinson, Londres, 1971, p. 189).

    S. Soames (*Philosophical Quarterly 56* (2006), p. 430) argumenta que "Ryle era manifestante um comportamentalista lógico. Uma vez que não era nem um dualista, nem eliminacionista, e rejeitasse a tese que estados mentais são estados cerebrais, suas posições não deixam nada para [ós estados mentais] salvo serem disposições comportamentais". Isso é semelhante a argumentar que se alguém não é republicano, nem democrata, então deve ser comunista.

17. Mas também, ainda que menos perspícua e sistematicamente, de Heidegger em *Being and Time* (*Ser e Tempo*).

18. Wittgenstein, *Remarks on the Philosophy of Psychology*, v. 2 (Blackwell, Oxford, 1980, §690. Aqui ele estava especificamente objetando a uma observação de Nietzsche em *Assim falava Zaratustra*, 1, cap. 4, com esse teor.

2

SUBSTÂNCIAS

1. SUBSTÂNCIAS: COISAS

Os seres humanos são substâncias animadas – seres contínuos de uma certa espécie de animal, espaçotemporais, localizados e sensitivos. Possuem uma série peculiar de poderes, alguns característicos da espécie animal em geral e outros próprios de naturezas racionais. Seus poderes de ação incluem um amplo espectro de poderes causais eficientes para produzir ou prevenir mudanças pela ação sobre os objetos em seu meio ambiente, assim como poderes para fazer outras pessoas realizarem coisas, oferecendo-lhes razões compulsórias (que obrigam). Os conceitos categoriais de *substância, causação, poder* e *agência* fornecem uma grande parte do arcabouço geral de nosso pensamento acerca do mundo e sobre nós mesmos. Pois os conceitos de substância, os conceitos atinentes a poderes ativos e passivos de agentes inanimados e animados e os conceitos causais constituem uma grande parte da rede, intrincadamente tecida, que forma nosso esquema conceitual. A primeira tarefa é esclarecer esse arcabouço geral. O presente capítulo se ocupa do esclarecimento do conceito, ou, mais acuradamente, dos conceitos de substância e da eliminação de seus ramos degenerados. (Nada há de novo nesse último projeto, todavia, a tarefa de capinar os jardins da filosofia nunca acaba.)

Concebemos o mundo natural como algo povoado por coisas materiais, relativamente persistentes e de muitas espécies diferentes. Essas coisas são contínuos espaçotemporais formados de matéria, ocupam espaço, excluem outras coisas da mesma espécie do espaço que ocupam e estão em relações espaçotemporais umas com as outras. Surgem, existem por um tempo e então desaparecem. Nós as localizamos relativamente a marcos e a outras coisas materiais na paisagem que habitamos, caracterizando-as como coisas de uma certa espécie e, de acordo com isso, as identificamos e as reidentificamos, conforme mostra a Figura 2.1 a seguir. As expressões que tipicamente usamos para fazer isso são, na terminologia técnica derivada de Aristóteles, nomes de *substâncias*.[1] Certamente, Aristóteles perseguia uma caça diferente da nossa. Nós estamos preocupados em isolar uma categoria de nomes e frases no-

Natureza humana **43**

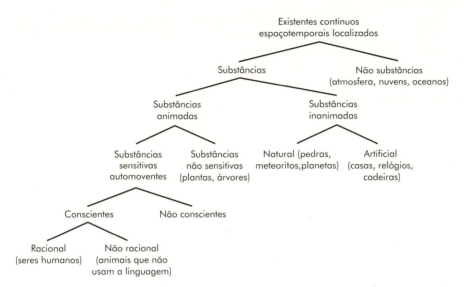

FIGURA 2.1
Categorias dos ocupantes de espaço.

minais que representam um papel importante e distinto no nosso esquema conceitual – e não em identificar a estrutura última e os constituintes da realidade, como era o caso de Aristóteles. Mas, exatamente porque Aristóteles deu início às suas reflexões marcadamente com observações meticulosas sobre "o que é dito", suas ideias lançam valiosa luz sobre *nossas* preocupações presentes e oferecem um ponto de partida conveniente para meus propósitos.

O termo "substância" tem dois sentidos distintos, porém vinculados de maneira importante. No sentido aristotélico, uma substância (mais acuradamente, "uma substância primária") é uma coisa individual concreta de certa espécie, tal como um ser humano particular (Sócrates), uma dada árvore (a árvore Bo de Gautama)[*], ou uma certa gema (a Kohinoor)[**]. A espécie geral (a "substância secundária", na terminologia aristotélica) a qual a substância individual pertence é especificada por um nome substantivo ("ser humano", "pipal" [*Ficus religiosa*], "diamante"). Em nosso esquema conceitual, substâncias individuais são os objetos básicos de referência e os sujeitos da predicação. Elas *são* coisas de uma espécie ou outra (especificadas por um nome substantivo, como ocorre quando dizemos que Sócrates *é um homem*). Elas

---

[*] N. de T.: A precisa árvore sob cuja sombra Gautama teria obtido o seu primeiro *nirvana*, uma figueira da Índia da espécie denominada pipal (*Ficus religiosa*).
[**] N. de T.: Um diamante atualmente pertencente às jóias da Coroa Britânica.

44 P. M. S. Hacker

são *qualificadas* por numerosas propriedades, especificadas por predicados não substanciais. Assim, podemos dizer, por exemplo, que Sócrates *está na ágora*, tem *o nariz arrebitado* ou *é um filósofo*. Mas Sócrates não pode ser dito para qualificar algo (contrariamente a ser *semelhante a Sócrates*, que é uma propriedade relacional que algumas raras pessoas possuem). Nem o nome próprio "Sócrates" pode ser dito para *ser verdadeiro de* algo (em oposição à frase identificadora "é Sócrates", que é verdadeira quanto ao professor de Platão e nos conta *quem ele é*). O nome próprio não significa uma qualidade de algo.

Caracterizar um indivíduo como uma coisa de uma dada espécie pelo uso de um tal nome de substância (secundária) responde à questão sobre *o que é a coisa*. Entender o nome substantivo implica conhecimento do que consiste *ser um tal e tal* desde que isso esteja logicamente (ou gramaticalmente, no sentido lato do termo) determinado. O nome substantivo provê um conceito de cobertura* para enunciados de identidade atinentes a coisas individuais da espécie relevante (Túlio é o mesmo *homem* que Sócrates; Héspero, o mesmo *planeta* que Fósforo; Zeus, o mesmo *deus* que Júpiter). Ter um entendimento adequado do que a coisa é – ou seja, que é uma substância tal e tal – é saber (com mais ou menos detalhes) como distinguir uma tal coisa de substâncias de outras espécies. É, tipicamente, mas de modo algum uniformemente, saber como contar tais coisas – e assim, diferenciar uma tal coisa de outras da mesma espécie. E, comumente, é também saber, algumas vezes como resultado de uma descoberta científica que acarreta uma mudança conceitual, que espécies de mudanças ou metamorfoses um indivíduo qualquer da espécie em questão pode sofrer e que são compatíveis com a existência continuada e sua identidade persistente (por exemplo, que larvas tornam-se mosquitos). A extensão de tal informação que cabe tomar como constitutiva do significado de um termo de substância é frequentemente indeterminada.

Substâncias conduzem, por elas próprias, à classificação hierárquica. Seres humanos são um tipo de macaco antropóide; macacos antropóides, um tipo de mamíferos; mamíferos, por sua vez, um tipo de vertebrados. Se um nome de espécie (tal como, "ser humano") é aplicado a uma substância individual e um nome genérico é aplicado à espécie (como "animal" é aplicado aos seres humanos), o nome genérico pode ser aplicado à substância individual (primária). Nomes genéricos, não menos que os nomes de espécies

---

* N. de T.: No original, *covering concept*, termo que parece advir da expressão dicionarizada *covering force*, proveniente da estratégia militar e que corresponde ao equivalente em português "força de cobertura" ou "força de retaguarda". Aquilo que na literatura filosófica analítica inglesa é denominado *covering concept* é um conceito que dá cobertura, no sentido próximo ao militar, à identidade, ou seja, substitui a variável no esquema, "ser o mesmo A (homem, corpo, animal, matéria viva, etc.) que".

subordinados, significam tipos de substâncias. Mas os nomes de espécies são mais específicos e, portanto, mais informativos que os genéricos. A diferença específica cujo significado é dado pelo nome de espécie caracteriza a natureza dos membros daquela espécie.

Nomes de substâncias são uma subclasse de substantivos contáveis concretos (em oposição aos abstratos), como mostra a Figura 2.2. Pois devemos distinguir entre "funileiro", "alfaiate", "soldado" e "marinheiro", que são nomes contáveis concretos mas não nomes de substâncias, e nomes contáveis concretos que são nomes de substâncias, tais como "homem", "cachorro" e "repolho". Uma diferença é que um substantivo contável não substancial pode deixar de ser aplicado a uma coisa individual sem que tal coisa deixe de existir, ao passo que um substancial não pode. Assim, por exemplo, NN pode deixar de ser um funileiro, ou um alfaiate, embora continue a existir e ser o mesmo ser humano; mas ele não pode deixar de ser um humano e continuar a existir. Outra diferença é que substantivos contáveis não substanciais que são aplicados a substâncias são, eles próprios, explicados em termos do nome da substância. Assim, um funileiro é um *homem que repara panelas e talheres*; um alfaiate, um *homem que faz roupas*; nenhum dos nomes significa uma espécie de homem, como "homem" (um nome de substância) significa uma espécie de animal. Substantivos como "funileiro", "alfaiate", "soldado" e "marinheiro" atribuem a uma substância – a um ser humano – a propriedade de exercer ou estar qualificada a exercer uma certa atividade. Alguns substantivos contáveis não substanciais que são aplicados a substâncias são, explicita ou implicitamente, relacionais – por exemplo, "ancestral (ou descendente) de X", "mãe de Y", "genitor", "avô". Porém, nomes substanciais não são, em nenhum sentido, relacionais. Substantivos contáveis concretos tais como "homem", "cavalo" ou "árvore" têm tanto singular quanto plural, aceitam numerais como adjetivos e

FIGURA 2.2
Variedade de substantivos contáveis.

46 P. M. S. Hacker

suas formas plurais admitem os quantificadores "muitos", "(alguns) poucos", "vários", bem como os quantificadores frasais como "uma grande parte de" e "um grande número de", conforme mostra a Tabela 2.1 mais adiante.

Os asrtefatos (se os admitirmos entre as substâncias, como eu recomendo e insisto que devemos) são classificáveis de maneira similar. Uma *chaise longue* é um tipo de poltrona; uma poltrona, uma peça de mobiliário feita para sentar-se ou reclinar-se sobre ela; peças de mobiliário são um tipo de artefato.

As classificações científicas pretendem ser sistemáticas, guiadas por princípios de classificação claramente enunciáveis e aplicáveis. Estes, sempre que possível, pretendem assegurar a exclusão de classificações cruzadas e determinar categorias que são frutíferas para os propósitos da explanação e da generalização científica. A classificação não científica normalmente é menos sistemática, guiada por uma multiplicidade de propósitos diferentes, frequentemente não explanatórios, característicos das sociedades humanas. Mesmo quando os propósitos são explanatórios, as formas de explanação podem não ser aquelas das ciências, mas pertinentes a uma ou outra forma de prática humana (cozinha, agricultura, manufatura, arquitetura, etc.) ou a preocupações e interesses sociais (incluindo aqueles da moralidade, criminologia e lei). Estas não recorrem menos à substância que o vocabulário explanatório das ciências.

No que diz respeito a qualquer substância, podemos normalmente distinguir entre propriedades que são essenciais para a coisa ser o tipo de coisa que ela é, e propriedades que lhe são não essenciais (os *acidentes*), ainda que possamos ser forçados a reconhecer um grau de indeterminação nas propriedades essenciais e, portanto, casos-limite de ser um tal e tal. Um gato ou um cachorro deve ser homeotérmico (ou, de maneira mais geral, mamífero) – essa é uma propriedade essencial. O animal pode ser grande ou pequeno em sua espécie, preto ou branco, ágil ou desajeitado – essas são propriedades acidentais. Uma árvore deve ser perene e ter um tronco lenhoso; ela pode ser caducifólia ou perenifólia, ter a casca macia ou áspera. Mas os limites do que é considerado como uma árvore e o que é considerado como um arbusto ou um frútice não é, nem precisa ser, claramente determinado. Quão alto precisa ser um espécime maduro? Deve ter ramos? Normalmente, nenhuma decisão é necessária. Certamente, o conceito de árvore não é parte da taxonomia botânica. Mas seria um erro supor que os nomes de substâncias das taxonomias científicas são *sempre* precisamente definidos. Dada a evolução das espécies, é evidente que as fronteiras que determinam uma espécie e diferenciam-na de espécies emergentes nem sempre são precisas e casos-limite são comuns. Retornarei a esse ponto na sequência.

Uma vez que os acidentes de uma substância podem variar sem que esta cesse de existir, substâncias individuais podem admitir acidentes contrários em tempos diferentes, como observou Aristóteles. Assim, por exemplo, uma substância cuja identidade não requer a posse de uma cor determinada pode ter uma cor agora e outra posteriormente, mantendo-se através da mudança. Uma substância viva pode ter tamanho e peso tais e tais agora e, posteriormente, tamanho e peso diferentes. Mas as substâncias vivas persistem ao longo de tais mudanças acidentais.

2. SUBSTÂNCIAS: MATERIAIS

Em um sentido diferente, mas ordinário e familiar, do termo "substância", uma substância é um tipo ou outro de material. É nesse sentido que falamos de substâncias colantes e de substâncias químicas, e dizemos que ferro e aço, areia e água, pão e manteiga são espécies diferentes de substâncias. Do mesmo modo como as substâncias, entendidas como espécies de coisas, podem ser classificadas em gêneros e espécies, também podem ser classificadas como espécies de materiais ou matérias-primas. Ferro, latão e cobre são espécies de metais; carne de carneiro, de veado e de boi são espécies de carnes; algodão, lã e nailon são tipos de tecidos.

Substâncias, no sentido de materiais, são nomeadas por uma subclasse de *substantivos não contáveis* concretos, conforme mostra a Figura 2.3 a seguir. Devemos distinguir entre substantivos não contáveis concretos, que são nomes de espécies de materiais, e aqueles que não o são. A última classe inclui substantivos massivos tais como "luz", "raio de sol", "sombra", "fogo", por um lado, bem como substantivos pseudomassivos como "mobiliário", "dinheiro" (moedas ou notas), "cutelaria", "vestuário", etc., por outro lado.[2]

Substantivos massivos concretos da classe que nos interessa, tais como "vinho", "metal" ou "vidro", não têm uma forma plural genuína, salvo quando

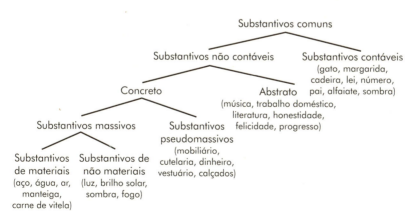

FIGURA 2.3
Variedades de substantivos não contáveis.

48 P. M. S. Hacker

usados genericamente para fazer referência a categorias gerais (como em "os vinhos da França" ou "os metais da terra"). Eles aceitam os quantificadores "muito" e "pouco" e quantificadores frasais como "uma grande parte de" e "uma grande (ou pequena) quantidade de". Eles podem ser transformados em expressões singulares referenciais por partitivos que conferem a enumerabilidade, tais como "pepita de", "grão de", prefixados de um artigo ou um dêitico para formar "a pepita de", "aquele agregado de", "esse grão de" que, quando afixados aos substantivos massivos concretos, formam expressões designadoras de coisas particulares. Uma transformação alternativa é por meio de partitivos que designam quantidades, tais como "litro de" ou "quilo de", que conduzem a um tipo diferente de referência particular, como em "o litro de leite na garrafa", "o meio-quilo de manteiga na geladeira". A referência quantitativa específica nesse caso permite a quantificação numérica, mas não contável. "Cinco litros de gasolina", ao contrário de "cinco pepitas de ouro" ou "cinco poças de água" não especificam um número de coisas, mas uma quantidade de material (líquido), como mostra a Tabela 2.1 a seguir.

O que assinala a categoria de substantivos de substância (material) menos formalmente que adjetivos de quantidade e os diferencia de substantivos pseudomassivos, como "mobiliário", "dinheiro" e "cutelaria" são três características adicionais que foram colocadas anteriormente.

TABELA 2.1
Substantivos contáveis comparados com Substantivos não contáveis

	Substantivos contáveis		Substantivos não contáveis
	Singular	Plural	
1. O possessivo (meu, nosso), cujo, qual, que, algum (enfatizado), qualquer, nenhum	✓	✓	✓
2. Nenhum artigo, algum (não enfatizado), qualquer (não enfatizado), bastante	X	✓	✓
3. Este, esse, aquele	✓	X	✓
4. Estes, esses, aqueles	X	✓	X
5. Um (algum), todo, cada, um ou outro, nenhum	✓	X	X
6. Muito	X	X	✓
7. Um(a)	✓	X	X
8. Cardinais maiores que 1	X	✓	X
9. Ordinais	✓	✓	X
10. Muitos, poucos, diversos	X	✓	X
11. Muito, (um) pouco	X	X	✓
12. Bastante	X	✓	✓
13. Abundância de, quantidade considerável de, uma grande quantidade de	X	✓	✓
14. Uma porção grande (boa) de, uma quantia grande (pequena) de	X	X	✓
15. Um grande número (bom, abundante) de	X	✓	X

Primeiramente, esses substantivos significam tipos de matéria da qual coisas que ocupam espaço são constituídas. Coisas materiais, sejam elas substâncias, partes de materiais (tais como pedaços, pepitas, torrões ou grãos) ou quantidades específicas de material (tais como galões, quilos ou litros) consistem de material (pelo menos até o nível dos átomos, que consistem de partículas, mas não de material).

Em segundo lugar, toda divisão arbitrária de uma parte ou uma quantidade específica de substância (material) produz uma subsequente partição desse material até o nível da *impossibilidade de dissecção*. Assim, por exemplo, qualquer divisão de um pedaço de ouro resultará em partes adicionais – pepitas, grãos, pó – de ouro até o nível atômico (ponto no qual a divisão cessa, uma vez que átomos de ouro não consistem de ouro). Semelhantemente, todo poço, poça ou copo de água pode ser ulteriormente dividido em quantidades de água até o nível molecular. Sangue, ao contrário de água, cessa de se dividir em quantidades ulteriores de sangue no nível molecular, uma vez que fluídos linfáticos, glóbulos brancos e vermelhos não são, eles próprios, sangue.

Em terceiro lugar, a quantidade específica de material que forma uma dada partição (a água que compõe o copo de água), bem como a quantidade específica de material do qual um objeto é feito (o ouro do qual um anel é feito) pode preservar a sua identidade *qua* quantidade, não obstante a mudança de forma especificada pelo partitivo (por exemplo, "copo de") ou a destruição do objeto feito do material (por exemplo, a fusão do anel de ouro). Assim, a poça de água no piso pode ser a mesma água que estava antes no copo, e o ouro do qual o broche é feito pode ser exatamente o mesmo ouro do qual o anel era feito. Quantidades de material são, no que diz respeito a suas identidades, *indiferentes à forma* (o ouro que era um anel agora é um broche), *fundíveis* (como ocorre quando despejamos dois copos de água em um mesmo jarro, que então passa a conter a mesma quantidade de água, embora não mais separável ou identificável de maneira separada) e *dispersáveis* (como ocorre quando espalhamos cinzas ao vento ou entornamos um litro de água no mar).

Partições* e quantidades específicas de materiais, assim como coisas, podem sofrer mudanças *qualitativas* (ou *acidentais*) e ainda assim permane-

---

* N. de T.: No original, *partitions*. O autor parece fazer um uso idiossincrático desse termo do inglês, não para designar as divisões, mas cada um dos membros das divisões, pois apenas essas podem sofrer mudanças, ser uma banana de dinamite (expressão que ocorre mais adiante), etc. Assim, a tradução por "partições" preserva o mesmo uso idiossincrático no português deste termo que é comumente empregado na matemática para designar a divisão de um conjunto em classes disjuntas. Na verdade, talvez o autor devesse ter usado *portions* ou *parts*, o que poderia ser então traduzido por porções ou partes, mas optou-se por manter as construções gramaticais do original.

cerem as mesmas. Do mesmo modo como uma planta pode se transformar de verde em amarela ou um animal gordo passar a ser magro, assim também *esta* quantidade de água fria pode ser aquecida e mudar para quente, e *esta* fatia de carne crua pode ser cozida. A mudança qualitativa contrasta com a mudança *substancial*. A mudança substancial envolve o deixar de ser da substância em questão – o que ocorre tanto com a substância individual, quanto com partições e quantidades de material. Quando um carvalho é derrubado e cortado em toras, ele sofre uma mudança substancial, pois o carvalho deixa de existir. Semelhantemente, quando o vinho se transforma em vinagre, ele sofre uma mudança substancial, pois o vinho não existe mais. No caso da destruição de coisas – por exemplo, o carvalho –, o material que o constituía (a madeira constitutiva) pode, e frequentemente continua, a existir. Mas no caso da transformação de materiais, como no caso do vinho convertendo-se em vinagre, é o próprio material que sofre uma mudança essencial.[3]

As características lógico-gramaticais de substantivos de substâncias (materiais) serão importantes quando chegarmos a refutar a alegação de que uma pessoa está para seu corpo em uma relação próxima à relação entre a substância (coisa) e o material do qual ela é formada; isto é, que uma pessoa, embora distinta de seu corpo, é constituída por seu corpo (veja o Capítulo 9).

3. EXPRESSÕES REFERENCIAIS SUBSTANCIAIS

Classificamos as coisas individuais de muitas maneiras. Para alguns propósitos, a classificação adjetiva é útil; por exemplo, ao classificar coisas pela cor, formato, tamanho ou peso. Para outros propósitos, é necessária a classificação nominal. Como já foi assinalado, nem todas as expressões nominais classificatórias são nomes de substâncias. Um ser humano pode ser uma criança ou um adulto, um genitor, um médico, um inglês, um colecionador de selos e assim por diante. O conceito de ser humano é um conceito de substância, ao passo que o de criança não é – este significa um ser humano *em uma certa fase*, ou seja, a infância do desenvolvimento natural dos seres humanos. Conceitos de fases de substâncias similares a esse são os de "jovem", "filhote", "broto", bem como os conceitos de fases metamórficas, tais como "pupa", "girino" "larva da mosca", conceitos que significam uma coisa de uma dada espécie em uma fase pela qual todas as coisas dessa espécie têm de passar, se sobreviverem por tempo suficiente para tanto. Um ser humano pode deixar de ser uma criança enquanto continua a existir e, embora o senhor Beltrano de Tal adulto não seja o mesmo menino que o pequeno Beltraninho, uma vez que não é um menino, ele outrora *foi* esse mesmo menino e *é* exatamente o mesmo ser humano que ele. "Genitor" e "doutor" não são conceitos de substâncias, uma vez que um ser humano pode se tornar um genitor sem perder a identidade e deixar de ser um doutor sem deixar de existir. Mas nada que não seja um ser humano pode se tornar um genitor, postos de lado avatares e deuses da mitologia e da religião. Desconsiderando-se a mitologia, os contos de fadas e a ficção surrealista, um ser humano não cessa de ser um ser humano (transformando-se em um cisne ou em um sapo) e continua a existir.[4] "Inglês", "francês" ou "alemão" são termos com os quais podemos classificar os seres humanos, mas não são conceitos de substâncias, uma vez que meramente significam o local de nascimento (ou o país de cidadania) de um ser humano. Podemos, é certo, dizer que eles significam uma propriedade de uma substância, seja a de ter nascido em certo país, seja a de ser o cidadão de certo país. De maneira similar, "estudante", "doutor" ou "apreciador de balé" não são conceitos de substâncias. Podemos dizer que o papel de tais termos, quando ocorrem predicativamente, é indicar o que uma pessoa faz, é qualificada a fazer, gosta de fazer, etc.

Termos substanciais certamente também ocorrem de modo predicativo e, obviamente, quando caracterizamos uma "substância primária", tal como Sócrates, como sendo uma "substância secundária", a saber, um ser humano. Se isso garante conceber um *ser um ser humano* como uma *propriedade* depende de como se escolhe moldar a categoria vaga de *propriedade*. Há pouco a ganhar e muito a perder com a falha em separar os predicados da categoria de substância de outros tipos de predicados que naturalmente concebemos como usados, direta ou indiretamente, para atribuir propriedades a coisas. Usar uma sentença na qual um nome próprio ocorre predicativamente (como em "O homem sentado no sofá é José Silva") não atribui a uma substância a "propriedade" de ser José Silva, mas diz *quem* é aquele homem. Semelhantemente, empregar uma sentença na qual um substantivo de substância ocorre predicativamente (como em "Sócrates é um homem") não é atribuir a Sócrates a "propriedade" de ser um homem, mas dizer *o que* Sócrates é (que *espécie de coisa* ele é).[5] Ao contrário, dizer que Sócrates é um filósofo é dizer o que ele faz; dizer que ele tem o nariz arrebitado é dizer como ele se parece; dizer que ele está na ágora é dizer onde ele está, e assim por diante.

Certamente, há muitas coisas e espécies de coisas encontradas no mundo que nos cerca, às quais nos referimos por meio de expressões singulares referenciais e pelas quais podemos explicar vários fenômenos que reclamam explicação e que não são substâncias. Referimo-nos ao arco-íris, a reflexões e sombras, a sons e odores, a buracos e fissuras, a nós e blocos, a ondas e correntes, a lagos e oceanos, a vales e passagens, a golfos e deltas, a atmosfera e estratosfera. Também nós referimos a montes e feixes, a grupos e times, a exércitos e a pessoas; e, obviamente, a uma variedade indefinida de eventos, estados e processos. Estes, claramente, *não* são substâncias, embora sejam objetos de referência singular normalmente com uma localização espaçotemporal grosseira.

Outras coisas (ou melhor, conceitos de outras coisas) são mais difíceis de classificar. Um rio perene é uma substância? Talvez não. E um rio intermitente

52 P. M. S. Hacker

(que flui a cada três anos)? Certamente, não. O que dizer de uma montanha? De um monte? De uma colina? Ou uma protuberância? Se uma protuberância é apenas um distúrbio na superfície de um sólido, então uma montanha não é nada mais que uma grande protuberância. Se o Kohinoor é uma substância, então as pedras no caminho do jardim também são, e se as pedras são, por que não blocos de gelo, e se blocos de gelo são, por que também não poças de água? Porém, seria infrutífero deixar o conceito de substância, o termo técnico filosófico, flutuar assim.

Nomes de substância (coisa) são substantivos contáveis, mas não é invariável o caso que critérios claros para contar indivíduos estejam implícitos no significado de qualquer nome de substância. Dadas as várias formas de reprodução assexuada vegetativa, é óbvio que não pode haver um modo claro e inequívoco de distinguir uma planta de uma dada espécie de outra da mesma espécie. Certamente, não há resposta para a questão de quantas plantas há em um gramado, mesmo se o gramado de alguém for nada mais senão grama; nem usualmente pode haver uma resposta para a questão "Quantas margaridas (não flores, mas plantas) há no campo de margaridas?". Não é claro como contar o número de árvores individuais em um bosque em que cresceram *suckers** e, embora seja fácil contar o número de narcisos (flores, não plantas) em uma dada moita na primavera, não é claro como responder a questão sobre quantas plantas há na moita.

O conceito de substância (coisa) é um dos conceitos categoriais *mais* gerais e, tal como outros conceitos, ele é excessivamente vago e flexível. Nossos conceitos categoriais gerais não são aparentados com as variáveis em um cálculo formal, as quais tomam valores em um domínio precisamente definido. Pelo contrário, tendem a ser elásticos, não rígidos, desgastados nas bordas, não precisamente circunscritos. Têm seus usos, certamente, mas não se deve esperar maior precisão do que aquela que eles são capazes de oferecer – e esta não é muito grande. Dada a multiplicidade de necessidades em respostas às quais nossas línguas refinadas e ricas evoluíram, e dado que línguas são dinâmicas, deve ser inteiramente não surpreendente que os limites entre diferentes classes de palavras estejam borradas, que as categorias de tipos de expressão não sejam frequentemente circunscritas de modo preciso.

---

* N. de T.: O Dicionário *Aurélio* consigna o próprio termo em inglês com a seguinte caracterização: "Bot. Ramo aéreo procedente de uma raiz gemífera, o qual, separado da planta-mãe, pode formar nova planta. [Não são raros os vegetais lenhosos que assim se reproduzem. No cerrado do Brasil central, há muitos exemplos; devastado o cerrado, numerosas raízes tornam-se gemíferas e emitem *suckers*, que, à primeira vista, parecem jovens plantas oriundas de sementes, mas estão ligadas subterraneamente a outra planta, adulta.]"

Dizer que um S é uma substância nos informa a característica lógica do conceito de um S, mais propriamente que expor características materiais ulteriores dos S-s. Repolhos e couves-flores, gatos e cachorros são espécies de coisas, assim como vinho e água, ferro e aço são espécies de materiais. Mas o conceito de uma substância (coisa) não é o conceito de ainda outra espécie de coisa, e o conceito de substância (material) não é o conceito de ainda outra espécie de material. Foi imprudência de Descartes sugerir que a matéria é uma espécie de substância e, na melhor das hipóteses, confuso sugerir que a mente é outra. *Matéria* é simplesmente o *summum genus* formal dos materiais. A totalidade da matéria não é, de modo algum, em nenhum sentido útil, uma espécie de substância, e a assimilação da matéria ao espaço (a negação da inteligibilidade do vácuo) foi um movimento em falso. "Mente", certamente, não significa uma espécie de material (nem, com efeito, Descartes pensava que significasse) – é um substantivo contável, não um substantivo massivo. Assim, diferentemente de "matéria", ele admite pluralidade. Descartes sustentava que matéria, por um lado, e mentes, por outro, eram sempiternos. A totalidade do espaço-matéria, dado o princípio de conservação, e as mentes individuais, dadas suas simplicidades absolutas, dependiam causalmente de nada mais senão do concurso de Deus para sua existências. A matéria é indestrutível, as mentes são imortais. Mas, independentemente do princípio de conservação da matéria ser ou não verdadeiro ou das mentes serem simples, caracterizar mente e matéria como duas espécies (as únicas duas espécies) de *substância* é, na melhor das hipóteses, desencaminhador. Pois, em primeiro lugar, "mente" e "matéria" não significam duas espécies de um gênero comum – um supostamente significa coisas individuais de uma certa espécie e o outro supostamente significa uma totalidade. Assim mesmo, em termos cartesianos, eles são *categorialmente* distintos, mesmo que tenham a propriedade em comum de ser sempiternos. Em segundo lugar, como veremos no Capítulo 8, "mente", embora seja um substantivo contável, não significa uma espécie de coisa, tanto menos uma substância, em *qualquer* sentido do termo, como mostra a Tabela 2.2 a seguir.

Ao procurar delinear os limites dos termos categoriais de "substância" (coisa) e "substância" (material), não estamos nos empenhando em classificar tudo o que há (como se o filósofo fosse um "metafísico"). Nossos propósitos são diferentes dos de Descartes como esses eram dos de Aristóteles. Visamos a diferenciar espécies de conceitos ou espécies de expressões. Procuramos lograr uma visão sinóptica de nosso esquema conceitual, dos modos pelos quais pensamos e falamos acerca de objetos de nossa experiência e de nós mesmos como sujeitos de experiência, e não tomar a dianteira da ciência natural. Obviamente, isso não significa que não estejamos *também* tentando obter uma visão sinóptica das características formais de substâncias e materiais constitutivos dos quais o mundo é formado.

TABELA 2.2
Matéria e mentes cartesianas e não-cartesianas

Matéria cartesiana	Matéria	Mentes cartesianas	Mentes*
Essencialmente extensa	Essencialmente ocupante de espaço	Essencialmente pensante (consciente)	Essencialmente a posse e o exercício de poderes racionais por seres vivos
Não distinguível do espaço	Distinta do espaço	Uma substância não espacial	Não substâncias
Infinitamente divisível	Não infinitamente divisível	Indivisível	Nem divisível, nem indivisível
Uma totalidade (o pleno), não uma pluralidade	Materiais de múltiplas espécies que consistem de partículas	Pluralidade; critérios de identidade não especificados	Pluralidade; identidade dependente da identidade do animal
Indestrutível (princípio da conservação da matéria)	Destrutíveis através de mudança substancial ou transformação em energia	Indestrutível porque indivisível	Destrutível com a destruição do animal

*Veja mais adiante, no Capítulo 8

4. CONEXÕES CONCEITUAIS ENTRE COISAS E MATERIAIS

Os dois sentidos do termo "substância" – ou seja, substância como uma coisa duradoura de um certo tipo e substância como material de uma certa espécie – estão relacionados sistematicamente. Pois uma coisa individual de uma dada espécie é um contínuo espaço-ocupante e espaçotemporal, e é feito de ou constituído de algum tipo de matéria, ou seja, uma quantidade de uma ou outra espécie de substância (material) ou substâncias (materiais).

É importante não confundir as relações entre uma coisa e o material que a constitui com a relação entre a coisa e suas partes. O material do qual uma coisa é feita não é maior nem menor, nem do mesmo tamanho, da coisa *per se*, embora tenha o mesmo peso. As partes de uma coisa são menores que o todo do qual elas são partes. Se uma coisa for integralmente feita de tal e tal material, então todas as partes da coisa consistem desse material. Mas, se uma coisa é feita de tais e tais partes, não se segue que suas partes sejam feitas de tais e tais partes. Pode-se destruir a coisa e suas partes sem destruir o material do qual esta é feita, mas não se pode destruir o material do qual uma coisa é feita sem destruir a própria coisa.

Para a identidade continuada da substância (coisa), não é necessário que ela consista da mesma quantidade específica de material durante toda a sua existência. Isso é mais óbvio no caso de seres vivos. Uma vez que podem metabolizar o alimento de seu meio ambiente, eles podem mudar toda sua matéria constitutiva no curso de suas vidas, permanecendo os mesmos seres vivos.

Artefatos geralmente não mudam a totalidade de sua matéria constitutiva, e se, sob o toque de Midas, eles assim o fizerem instantaneamente, a identidade continuada do artefato seria posta em questão, pois não é de modo algum óbvio que o vaso de porcelana, transformado em ouro, seja exatamente o mesmo vaso que era até então, assim como um vaso de ouro que fosse miraculosamente transformado em um de vidro transparente não poderia ser tido por exatamente o mesmo vaso. No entanto, algumas partes de um artefato podem ser, e frequentemente o são, substituídas, sem perda de identidade. Nessa medida, então, a mudança parcial do material constitutivo do qual um artefato é feito é compatível com a sua existência continuada. Se a gradual substituição de todas as suas partes no decorrer de um período prolongado de tempo (como no famoso exemplo do barco de Teseu)* é ou não compatível com a identidade continuada é algo controverso. Toda prancha apodrecida do navio, amorosamente reconstruído no cais, é idêntica a uma prancha do navio original, mas é clara qual seria a decisão da companhia de seguros marítimos, se surgisse a questão de qual navio é o navio segurado. Nesse caso, a identidade do artefato não é impugnada pela mudança completa de suas partes e, consequentemente, de seu material constitutivo específico (enquanto oposto ao genérico), no decorrer de um período longo de tempo.[6]

Entre os atributos de uma substância individual, há alguns que são atribuíveis ao material constitutivo da coisa – por exemplo, sua plasticidade, dureza, peso, solubilidade ou insolubilidade nesse ou naquele solvente e, comumente, também seu cheiro, seu sabor ou sua textura. Assim, por exemplo, que essa estátua seja solúvel em ácido hidroclorídrico, seja dura e pese mais de um quilo, deve-se ao fato do bronze, do qual é feita, dissolver-se em tal ácido, ser um material duro, e ao fato da quantidade específica de bronze da qual ela é feita pesar mais de um quilo. A cor de uma coisa é normalmente a cor de sua superfície externa (sua casca, sua pele, etc.), o que, no caso de muitos artefatos, pode não ser nada mais que uma camada de óxidos ou eventualmente uma cobertura decorativa ou protetora de pintura, de verniz,

---

* N. de T.: Famoso paradoxo acerca da identidade, cuja referência, provavelmente a mais antiga que chegou até nós, encontra-se na obra de Plutarco acerca de Teseu. Conta-nos Plutarco que o barco de 30 remos, no qual Teseu navegara com os jovens e voltara em segurança, fora mantido pelos atenienses até o tempo de Demetrius Phalareus; suas partes deterioradas eram constantemente removidas, e renovavam-nas com outras de madeira em bom estado, de modo que o navio se tornou uma ilustração para os filósofos da doutrina do crescimento e da mudança, visto que alguns argumentaram que ele permanecia o mesmo e outros, que não permanecia o mesmo (*Vita Thesei*, 23).

de alcatrão, etc., sobre sua superfície. Mas não julgamos que a mesa é *feita* de madeira e verniz ou de madeira e pintura. Antes, ela é feita de madeira e foi envernizada ou pintada, conforme mostra a Tabela 2.3 a seguir.

Outros atributos de coisas são determinados pela espécie de substância que a coisa é. Se for um artefato, por exemplo, seu tamanho, formato e partes são comumente determinados pelo propósito do artefato. Se for um ser vivo, seus traços morfológicos, seus órgãos característicos, seus padrões de desenvolvimento e seus modos característicos de comportamento são propriedades não derivadas da criatura determinadas pela natureza do organismo que ela é.

5. SUBSTÂNCIAS E SUAS PARTES SUBSTANCIAIS

As partes substanciais de uma substância individual viva, tal como uma folha ou uma flor, uma cabeça ou uma cauda, são substâncias? Não há necessidade de asserir isso. Obviamente, as partes podem ser destacadas da substância da qual elas são partes. Nesse sentido, as partes constitutivas de uma substância *podem* gozar de uma existência independente. Mas, em um outro sentido, elas *não podem*. Pois tais partes são definidas funcionalmente, e elas não preenchem suas funções definitórias uma vez que tenham sido destacadas. A perna amputada não é mais usada pelo animal para andar, e o olho removido de um animal dotado de visão não é mais um órgão da visão. (Mas não precisamos acompanhar Aristóteles e sustentar não ser este olho mais que uma pintura de olho é um olho, dado que, ao contrário do olho pintado, o olho removido fora antes um órgão da visão.[7]) Mais ainda, essas partes funcionais não mais sobrevivem por muito tempo à separação do

---

TABELA 2.3

Dependência das propriedades de coisas do material constitutivo ou da natureza da coisa

	Atribuível ao material constitutivo	Atribuível à coisa e à sua natureza	Pode ser atribuível à superfície da coisa e sua constituição
Plasticidade	✓		
Peso	✓		
Solubilidade	✓		
Odor	✓		✓
Sabor	✓		
Cor	✓		✓
Tamanho		✓	
Formato		✓	
Partes		✓	

organismo do qual elas foram partes. Independentemente da interferência humana, elas definham e deterioram-se. Obviamente, seres humanos podem enxertar brotos e transplantar órgãos. Mas isso não afeta, de maneira significativa, o ponto tratado, uma vez que, embora essas partes de um organismo *sejam* transferíveis, elas ainda não preenchem suas funções definitórias como partes constituintes de uma planta ou animal vivos.

O tema é menos claro quando se trata de partes de um artefato. Certamente, elas preenchem uma função no todo do qual são uma parte (embora, algumas vezes, distingamos partes que preenchem uma função das partes que são "meramente decorativas"). Mas, de modo diferente das partes de um organismo, estas são criadas independentemente do artefato do qual, montadas, tornam-se uma parte funcional. São destacáveis do todo do qual são partes, sem prejuízo da possibilidade de sua reutilização com o mesmo papel funcional no mesmo artefato devidamente remontado ou em um outro. Diferentemente das partes de um organismo que cresce à medida que este amadurece, e que decaem quando destacados do organismo, as partes de um artefato podem ser armazenadas sem decadência ou deterioração, independentemente do mecanismo pelo qual são feitas. Assim, é difícil ver alguma razão insuperável para negar que partes de um artefato podem ser consideradas substâncias – *se* resolvermos considerar artefatos como sendo substâncias não naturais.

Entre os atributos que uma substância, uma coisa concreta de certa espécie tem, alguns são ativos, tais como tamanho, formato, cor, localização; outros são potencialidades ou propriedades disposicionais, tais como mobilidade, dureza, fragilidade, solubilidade, inflamabilidade. Essas potencialidades incluem o amplo espectro de poderes ativos e passivos da substância. No caso das coisas vivas, em particular animais, os poderes ativos incluem suas numerosas espécies diferentes de habilidades para fazer ou evitar fazer aquelas coisas que *podem* fazer, pois muitos dos poderes ativos, diferentemente daqueles de substâncias não sensitivas, são poderes bidirecionais. Isso será discutido no Capítulo 4.

6. SUBSTÂNCIAS CONCEBIDAS COMO ESPÉCIES NATURAIS

Seria um erro tomar as duas categorias muito gerais de substâncias – ou seja, coisas e materiais – como duas supercategorias de *espécies naturais*, concebendo espécies naturais como devendo ser descobertas, mais apropriadamente que estipuladas, e sujeitas a leis naturais atinentes a essas espécies. Algumas vezes sustenta-se que as propriedades notórias de espécies naturais, assim concebidas, são causalmente determinadas por uma essência real, constituída de suas microestruturas ou propriedades microestruturais. É afirmado que a espécie natural é definida pela similaridade microestrutural a um paradigma ostentado ou de algum outro modo assente. Esse exemplo, em seu papel de paradigma da (frequentemente ainda a ser descoberta) essência real microestrutural, é concebido como constituindo parte do *significado* do nome da espécie natural. Consequentemente, a descoberta científica tem em suas mãos um cheque em branco da semântica, o qual pode preencher conforme a ciência progride.[8] Essa explanação do que significam os termos para espécies naturais é herdeira contemporânea da venerável ideia de "definição real". Ela se radica na distinção de Locke entre essência real e essência nominal, mas, diferentemente de Locke, sustenta que a essência real de uma coisa é tanto descobrível quanto é parcialmente constitutiva do significado de seu nome. Ela retira apoio da descoberta da tabela periódica dos elementos e, de maneira ainda mais questionável, da descoberta do DNA e de seu papel genético.

É duvidoso se as categorias tidas por úteis nas ciências naturais são, elas próprias, espécies naturais *assim compreendidas*. Pois essa concepção de espécies naturais é antes metafísica que científica, radicada em uma forma de essencialismo metafísico, por um lado, e em concepções errôneas acerca do significado e da explicação, por outro.[9]

É uma ilusão que descobertas científicas possam revelar o que palavras que usamos, tais como "ouro" e "água", "peixe" e "lírio", *realmente* significam, pois o que uma palavra significa é determinado por convenção, não por descoberta – embora, obviamente, descobertas possam ser promovidas a convenções pela concordância com uma nova regra de uso de uma palavra. O que uma palavra significa é especificado pela explanação aceita e comum de seu significado. Tal explanação do significado funciona como uma regra ou padrão de correção das aplicações do termo. Desse modo, nossos termos para espécies de coisas e de materiais não emitem cheques em branco para futuras descobertas – pois, se eles assim o fizessem, as explanações sobre o que significam não poderiam, consequentemente, funcionar como guias e padrões para o correto uso, como efetivamente fazem. A ciência pode descobrir qual é realmente a estrutura de um átomo de ouro ou de uma molécula de água, e porque ouro e água comportam-se como se comportam. Pode explicar como os habitantes vertebrados do mar evoluíram e pode distinguir muitas espécies diferentes dentre eles, ou o que lírios têm em comum com alhos, e pode aceitar ou rejeitar a utilidade dessas categorias (peixes, *Liliaceae*)* para os propósitos da explanação e classificação biológicas. No entanto, ao descobrirem que água pura, gelo, vapor e neve consistem de duas partes de hidrogênio e uma de oxigênio em combinação química, os cientistas não descobrem o que a palavra "água" *realmente* significa. Se químicos e leigos educados escolhem

---

* N. de T.: Tanto o lírio quanto o alho pertencem, pelo menos em classificações mais tradicionais, à mesma família (*Liliaceae*) de plantas.

agora definir "água" como "uma substância (sólida, líquida ou gasosa) que consiste de duas partes de hidrogênio e uma de oxigênio em combinação química", isso mostra apenas que "água" tem agora um significado inofensivamente flutuante, ou que aquilo que era uma prova indutiva para água, gelo (água em estado sólido) ou vapor (água em estado gasoso) foi promovido a parte do significado da palavra "água" no linguajar científico.

É um erro supor que termos para espécies naturais são definidos por referência a relações não específicas de similaridade microestrutural com um paradigma. Uma vez que paradigmas desempenham algum papel na explanação do significado de uma palavra, como de fato desempenham quando uma palavra é definida por meio de uma definição ostensiva envolvendo uma amostra, eles devem ser utilizáveis como objetos de comparação para guiar nosso uso de uma palavra. Pois o papel de um paradigma é o de um padrão para a correta aplicação do *definiendum* F; algo que é *isto* ☞ (e aqui apontamos para o paradigma) ou é *o que isto* ☞ *é* corretamente dito ser F ou um F. Assim, os traços relevantes do paradigma devem ser não só conhecidos como evidentes – de outro modo, o paradigma não tem papel normativo. Mas, se a "relação de similaridade" putativa diz respeito a propriedades microestruturais, o paradigma não pode desempenhar nenhum papel normativo, de estabelecer o padrão. Pois, se a microestrutura instanciada pelo paradigma é desconhecida, e está ainda à espera da descoberta científica, o paradigma não pode fornecer guia para aplicar ou evitar aplicar "F". Mas, se a microestrutura requerida *é* conhecida, o paradigma é redundante, pois podemos descobrir diretamente, pelos testes químicos apropriados, qual é a microestrutura da entidade sob investigação, e assim determinar, independentemente de qualquer paradigma, se é F ou um F.

Sem dúvida, somos propensos a ficar hipnotizados pelo exemplo da tabela periódica em química e seu importe para a determinação da natureza dos materiais. Mas ele não é representativo, e, mesmo que o fosse, seria errado supor que todas as propriedades essenciais são deriváveis do número atômico do que é classificado. O comportamento dos átomos de ferro, por exemplo, é muito diferente do comportamento dos íons férricos ou dos ferrosos, embora todos eles tenham número atômico 26 e sejam corretamente classificados como pertencentes à mesma espécie natural. Seria ainda mais absurdo supor que a natureza dos ovos mexidos ou do pastelão de *Yorkshire* seja algo determinado, independentemente de suas essências nominais, pelo número atômico de seus elementos constitutivos, ou que devamos esperar descobertas científicas para encontrar o que "carne bovina", "carne de veado", "papel" e "vidro" realmente significam ou realmente são (contrariamente ao que seria o caso de descobrir o que são suas análises químicas). Embora nomes de substâncias cozidas ou manufaturadas não sejam nomes de substâncias (materiais, matérias-primas) menos que de elementos químicos ou compostos que são encontrados na natureza.

Qualquer que seja a plausibilidade que essa concepção de essências reais de substâncias tenha com relação aos materiais, ela rapidamente evapora ao considerarmos coisas. Claramente, a natureza de um artefato não é definida por referência a sua matéria constitutiva, mesmo que o fato de ser feito de tais e tais materiais possa ser necessário para um artefato preencher suas funções definitórias. O que diferencia um anel de ouro de um relógio de ouro, uma estante de mogno de uma escrivaninha de mogno não são suas estruturas (moleculares) particulares. De maneira semelhante, embora o DNA de gatos difira do de cachorros, e o de repolhos difira do de couves-flores, não *definimos* substâncias animadas por referência as suas constituições genéticas. Podemos, de fato, explicar o que é um gato ou um cachorro por uma definição ostensiva, mas não por referência a alguma relação de similaridade microestrutural com o paradigma exibido. Mais ainda, a natureza de uma substância animada – ou seja, o que é ser um tal e tal – não decorre de uma descrição de sua constituição genética e das leis da física e da química. A relação entre o anel de ouro e o ouro que o constitui é completamente diferente da relação entre um organismo e o DNA que está contido em suas células – lembre-se de que nada é *feito de* (ou *consiste* de) DNA. Assim, também as relações, sejam lógicas ou causais, entre as propriedades dos objetos de ouro e a estrutura dos átomos que os constituem são completamente diferentes da relação entre as propriedades dos organismos e a estrutura das moléculas de DNA dentro de suas células.

Com o triunfo do darwinismo, a ideia de que espécies biológicas são determinadas por uma essência comum, como era suposto pelas concepções científicas aristotélicas, foi rejeitada, pois a teoria da evolução mostrou a impossibilidade de sustentar a ideia de fixidez das espécies, e a classificação filogenética avançou sem tal assunção – frequentemente dando resultados optativos e equívocos. Ademais, essa classificação filogenética não é, de modo algum, uniformemente a mais frutífera nas ciências biológicas e frequentemente se recorre a classificações morfológicas para satisfazer necessidades explanatórias. Mas classificações evolucionárias (históricas), por um lado, e classificações morfológicas (estruturais), por outro, podem gerar taxonomias de tipos diferentes. Não há um esquema classificatório que seja oniexplicativo e o único correto, e a antipática metáfora platônica de destrinchar a natureza em suas juntas é mais adequada na agenda do açougueiro que na da ciência. Obviamente, nem tudo vale; mas como devemos classificar coisas, quando envolvidos com uma dada ciência, depende de nossos propósitos científicos, das peculiaridades da coisa que estamos investigando e das características que queremos explicar. Não há razão para supor *a priori* que haja apenas uma única maneira cientificamente frutífera de classificar fenômenos naturais.

Pode-se conceder que a taxonomia científica é fecunda. Ela é subserviente às empresas explanatórias da ciência. A fecundidade de tal taxonomia é manifesta no alcance e nos poderes explicativos das generalizações resultantes. Assim, muitas das características das coisas e dos materiais, que são individuados em termos de conceitos comezinhos, são explicadas por teorias científicas que se apóiam em classificações mais especializadas e frequentemente muito diferentes. Todavia, em primeiro lugar, nem todas as coisas que nos interessam e para as quais cunhamos nomes gerais carecem de alguma explicação. Em segundo lugar, nem toda explicação é uma explicação científica. Assim, embora muitos fenômenos que nos dizem respeito reclamem explicações, as explicações requeridas podem fazer referência a atividades e interesses humanos, ao costume, à lei, à economia e à história, e podem empregar classificações bem distintas daquelas das ciências naturais, mas nem por isso menos úteis em seu domínio. Em terceiro lugar, não há tal coisa como Ciência, mas apenas uma multidão de diferentes ciências naturais, por um lado, e ciências sociais e humanas, por outro. O ideal reducionista da ciência unificada foi abandonado com razão pelos seus progenitores do século XX, os membros do Círculo de Viena. Não há um esquema classificatório final, absoluto, para todas as coisas que existem, mas apenas uma multiplicidade de taxonomias, que as várias ciências, naturais e sociais, acham frutíferas, e a multidão de termos de substâncias, nos dois sentidos da palavra, mais ou menos não-sistemáticos e que em geral achamos úteis para os variados propósitos que conformam nossas vidas.

7. SUBSTÂNCIAS CONCEBIDAS COMO CATEGORIA LÓGICO-LINGUÍSTICA

É evidente que nossas classificações ordinárias de coisas materiais e animadas em substâncias de diferentes espécies não foram projetadas para os propósitos da taxonomia científica ou para o poder explanatório da ciência, mas para os propósitos da monótona identificação e reidentificação relativas a uma multidão de diferentes preocupações humanas. Relativamente aos nossos propósitos e interesses, dificilmente se pode dizer que erramos ao distinguir cebola e alho, ou entre ambos e lírios, embora todos pertençam à família *Liliaceae,* ou que cometamos um erro ao segregar mariposas de borboletas,[10] embora Macrolepidóptera* inclua todas as borboletas e algumas mariposas. Nossos interesses e preocupações são numerosos e muito variados. O fato de que *árvore*

---

* N. de T.: Subordem da ordem Lepidóptera, a qual pertencem todas as borboletas, mas nem todas as mariposas. (Veja-se http://animaldiversity.ummz.umich.edu/site/accounts/classification/Lepidoptera.html#Lepidoptera.).

não tenha lugar na taxonomia botânica não significa que esse termo não seja um nome substancial de uma espécie natural de coisa (e podemos começar a ter dúvidas acerca da utilidade do termo técnico dos filósofos "uma espécie natural"). O fato de que *angiosperma*, que subsume margarida, cactos e carvalhos (uma vez que todos eles produzem sementes em ovários), mas exclui pinheiros, não tenha lugar em nossas classificações ordinárias não mostra nada, salvo que os interesses da botânica diferem daqueles que subjazem às classificações da linguagem ordinária.[11] A grande maioria dos animais de fazenda (vacas, ovelhas, cabras), dos animais domésticos (bichos de estimação como gatos e cachorros) e a vasta maioria das plantas de grãos e de flores que se encontram em nossos jardins não são espécies *naturais*, mas *não naturais* – o resultado da intervenção humana massiva de entrecruzamentos, inseminação artificial e fertilização, e, mais recentemente, de engenharia genética.

De maneira semelhante, é claro que a categoria lógico-gramatical de substantivos massivos concretos que significam materiais de uma ou outra espécie é indiferente a se o material designado é natural ou não. Vinho não é menos uma substância que água, embora seja manufaturada por seres humanos, e mel é tanto um material quanto hélio, embora seja feito por abelhas. Lã ou seda são espécies naturais de materiais, mas, com o tempo, acabamos com o material natural, e as lãs e sedas resultantes são muito diferentes de qualquer coisa que se encontra nas costas de uma ovelha ou que constitua a crisálida de um bicho-da-seda. Pão e manteiga não são menos espécies de materiais que trigo (ou de fato a farinha que é produzida deste) e leite. Os conceitos gerais de substâncias (materiais) que empregamos em nosso discurso diário não foram introduzidos como parte de uma taxonomia com propósitos científicos (por exemplo, da química); eles não envolvem uma hierarquia sistemática de espécies de materiais, e invocam princípios de classificação muito diferentes, adequados aos diferentes propósitos que temos. De um ponto de vista lógico-gramatical, no entanto, não há diferença significativa entre materiais naturais e manufaturados.

Nomes gerais de artefatos, como sugerido antes, não são menos nomes de substância que nomes gerais de coisas naturais. Artefatos são estruturas persistentes das paisagens naturais e urbanas que habitamos e que comumente sobrevivem a muitos de seus habitantes naturais. A maioria dos objetos proeminentes que nos circundam são, nesse ínterim, artificiais. Fazemos referência a artefatos, frequentemente nos localizamos através da referência a certas espécies de artefatos, algumas vezes traçamos a proveniência de outras espécies, identificamo-los e reidentificamo-los. Artefatos materiais (em contraposição a artefatos como peças da literatura ou da música) consistem do material do qual são feitos. Possuem poderes ativos e passivos e sofrem várias formas de mudanças compatíveis com suas identidades continuadas. Nomes de artefatos servem para identificar e reidentificar uma coisa persistente como *essa* coisa particular de tal e tal tipo; comumente, fornecem princípios para contar coisas da espécie relevante e determinam, como parte de seus significados, uma série toleravelmente clara de propriedades, cuja posse é essencial para a coisa em questão ser dita continuar a existir. A catedral de *Saint Paul*[*] é ainda o mesmo edifício, em que pese ter sido extensivamente remodelada, mas o *Winter Palace*[**] é uma meticulosa reconstrução do edifício destruído pelos nazistas. Uma mesa pode tolerar arranhões, descolorações e a substituição de uma ou duas pernas compatíveis com sua identidade continuada, mas não ser cortada em pequenos pedaços. Um carro motorizado pode ser repintado, mas não permanecerá o mesmo carro após ser esmagado em uma prensa, preparando-o para ser fundido. Obviamente, há um grau amplo de indeterminação nas fronteiras, mas o mesmo também é verdadeiro de conceitos de objetos naturais.

8. UMA DIGRESSÃO HISTÓRICA: CONCEPÇÕES ERRÔNEAS DA CATEGORIA DE SUBSTÂNCIA

Três traços da concepção clássica aristotélica foram seriamente malconstruídos no debate do século XVII a respeito de substância, com efeitos de longa duração sobre a reflexão filosófica. As substâncias aristotélicas primárias foram justamente concebidas como gozando de *existência independente* em um sentido em que propriedades não gozam. Elas eram corretamente concebidas como sujeitos de predicação, *portadores de propriedades*. E elas são corretamente tidas como sujeitos de acidentes mutáveis, capazes de portar

---

[*] N. de T.: A obra-prima da arquitetura barroca inglesa, projetada por Sir Christopher Wren, em 1673, situada no coração de Londres e que certamente dispensa apresentações.

[**] N. de T.: A construção mais conhecida sob esse nome é o palácio construído entre 1754 e 1762, projeto do arquiteto russo de origem italiana Francesco Bartolomeo Rastrelli, para a imperatriz Elizabeth, filha de Pedro, o Grande, em São Petersburgo, e hoje faz parte do conjunto arquitetônico que abriga uma das mais ricas coleções do mundo, o Museu Hermitage. Mas, se for a essa construção que o autor pretende se referir, ele opera em equívoco, pois, embora seu interior tenha sido muito remodelado, principalmente após um grande incêndio em 1837, ela sobreviveu à barbárie da guerra. Entre as diversas construções de São Petersburgo que de fato tiveram tal destino, a mais famosa é o assim chamado Palácio de Catarina, nas cercanias de São Petersburgo e este, com efeito, foi inteiramente reconstruído após a Segunda Guerra Mundial, como uma fênix de suas cinzas. O palácio em estilo rococó que chegou a nossos dias, rococó em sua versão final, pois a Imperatriz Elisabeth mandara demolir o palácio de verão original (construído por ordem de Catarina) em 1756, foi projetado pelo mesmo arquiteto do Palácio de Inverno.

64 P. M. S. Hacker

diferentes propriedades em diferentes tempos, e, portanto, *persistir através da mudança*. Os pensadores dos Séculos XVII e XVIII, cujos pensamentos em larga medida estavam focados na revolução científica em que viviam e à qual suas filosofias tentavam fazer justiça, embaralharam tais traços simples em uma confusão sem precedentes.

Como já observamos, a ideia de substância como existência independente foi drasticamente reinterpretada por Descartes, removendo-a de seu contexto aristotélico e de seu *status* categorial como uma forma geral de nosso pensamento acerca de objetos materiais, por um lado, e de suas matérias constitutivas, por outro. Pois Descartes entendia *existência independente* antes em termos causais do que lógicos.[12] Uma substância é, segundo ele, uma "coisa que existe de um modo tal que *não depende de nenhuma outra coisa* para sua existência (ênfase adicionada).[13] Ele sustenta que apenas Deus é completamente independente de todo o resto, e, portanto, é a única substância *stricto sensu*. Em um sentido derivado, mentes (uma pluralidade) e matéria (uma totalidade, o pleno, a totalidade de espaço-matéria) também são substâncias, uma vez que dependem para suas existências apenas do concurso de Deus (cuja atividade de preservação, pensava Descartes, era necessária para a existência continuada de todas as coisas). Mas, Deus à parte, o pleno é indestrutível, uma vez que Descartes acreditava que a quantidade de matéria do universo é conservada através de toda mudança. O sentido aristotélico de existência independente, ao contrário do cartesiano, era não causal. O sentido em que as propriedades de uma coisa, tais como seu movimento, formato ou cor, não são existências independentes é aquele (com qualificações para sombras, buracos, lacunas, raios de luz, etc.) no qual não pode haver movimento que não seja movimento de alguma coisa, nenhum formato a menos que haja alguma coisa que possua tal formato e nenhuma cor a menos que haja algo colorido. Dizer que uma substância particular existe é dizer que há uma coisa de uma espécie em algum lugar e em algum tempo. Dizer que uma qualidade existe é dizer que alguma coisa (ou coisas) em algum lugar, em algum tempo, é (ou são) qualificada (qualificadas) de algum modo. Assim, a existência de substâncias não era tida como sendo independente de *quaisquer outras substâncias,* menos ainda de *condições,* tais como calor e frio, chuva e neve, bem como outras circunstâncias atmosféricas e outros acompanhamentos ambientais. De maneira semelhante, a concepção aristotélica de persistência das substâncias através da mudança simplesmente significa que as coisas particulares podem mudar seus acidentes e ainda perdurar – que, contrariamente ao que Hume asseverou posteriormente, a mudança (acidental enquanto oposta à mudança substancial) é compatível com a identidade continuada. Isso *não* significa que há, através de toda a mudança, algo que permaneça sem mudar (*essa* doutrina é encontrada no hilemorfismo de Aristóteles, em sua [errônea] concepção de "matéria-prima").

O tema foi ainda mais exacerbado por Locke, que se apropriou da ideia de substâncias como portadoras de qualidades – uma concepção reforçada pela etimologia de "substância" (*substantia* – o que subjaz ou suporta). Propriedades de uma coisa são, no jargão de Aristóteles, "*em um sujeito*" (como poderíamos dizer que elas são "*tidas* por um sujeito"), uma concepção que foi transmitida pelo confuso jargão "*inerir em* um sujeito". Isso, nas mãos de Locke, resultou na concepção errônea de *substância em geral* como algo que possui propriedades, mas é distinto delas – um particular nu não qualificado, um algo "não sei o quê", no qual as qualidades se inerem.[14] Substâncias, longe de serem concebidas como espécies de coisas espaçotemporais perduráveis, eram tomadas como sendo *substratos* de propriedades – algo que "suportava", "unindo em conjunto" as propriedades que uma coisa possui, as carcaças do mobiliário do mundo às quais aderia uma camada de propriedades. "Todas as nossas *ideias* dos diferentes tipos de substâncias", escreveu Locke, resumindo sua concepção, "não são senão coleções de *ideias* simples, com a suposição de algo ao qual elas pertencem e no qual elas subsistem, embora de modo algum tenhamos alguma *ideia* desse suposto algo".[15] Sendo apenas *algo* no qual as propriedades se inerem, parece que a substância "em e por si mesma" deve *carecer de propriedades*. Locke confundiu a ideia nua de um sujeito de predicação com a ideia de um sujeito de predicação nu.[16] O primeiro é o pensamento perfeitamente coerente de algo ainda não especificado, que... O último é a ideia incoerente de uma coisa sem qualidades. A ideia de que qualidades são coletáveis[17] (em um outro sentido que não o pickwickiano*, por palavras) é uma metáfora totalmente desencaminhadora, como são os pensamentos de que elas possam ser, tais como ramos, unidas conjuntamente ou, tal como em um *outdoor, apoiadas*.[18]

Não é de se admirar que Hume lavara suas mãos da confusão, ao declarar a própria ideia de substância material como "quimera ininteligível" e a de substância espiritual como "absolutamente ininteligível".[19] Mas nada poderia estar mais longe da mente de Aristóteles que essa confusão lockeana. Uma substância aristotélica (primária) não era nada senão um mero particular –

---

* N. de T.: No original, *in a Pickwickian sense*. Expressão inglesa usada para indicar o uso idiossincrático de palavras, principalmente para evitar ofender. A expressão remete a uma passagem da obra de Charles Dickens, Pickwick Papers, em que Mr. Pickwick acusa Mr. Blotton de agir de maneira vil e caluniosa, ao que Mr. Blotton retruca, chamando Mr. Pickwick de um impostor; ao final, ficou claro para ambos que usaram as palavras apenas em um sentido pickwickiano e que cada um deles tinha, de fato, o outro em alta conta e estima. Assim, resolveu-se a afronta e ambos ficaram satisfeitos. Charles Dickens, *Pickwick Papers* (*As aventuras de Mr. Pickwick*, Cap. 1).

uma coisa persistente de uma dada espécie, com uma essência determinada por suas propriedades essenciais, um sujeito de acidentes que pode mudar sem afetar a identidade da substância. Especificar apenas as qualidades de uma coisa, Aristóteles insistia, conta-nos *como a coisa é* ou *em que condição ela está*. Mas, se queremos conhecer *o que ela é*, devemos contar, pela especificação de uma substância secundária, que espécie de coisa ela é.

Descartes, opondo-se à tradição escolástica aristotélica, declarou que há apenas duas espécies de substâncias. Berkeley sustentava que há apenas uma única espécie. Spinoza insistiu que há apenas uma única substância; Leibniz, que há infinitas. E Hume negou de maneira peremptória que haja alguma substância (a menos que se tome cada ideia e impressão como substância). Mais de um século de reflexão filosófica reduziu o tema à incoerência.

Kant, sabiamente, procurou reabilitar o conceito de substância. Ele enfatizou um ponto fundamental que nos preocupará na sequência, nomeadamente, que os conceitos de substância, agência e causalidade estão intimamente entretecidos.[20] Infelizmente, no entanto, ele casou o legado de Descartes às confusões de Locke, pois, tal como Descartes, ele associou substância à experiência com o que é "permanente em sua existência" e, de maneira equivocada, identificou-a não com as coisas familiares e relativamente permanentes que nos cercam, mas com a totalidade de matéria no espaço supostamente permanente (diferentemente de Descartes, ele diferenciava matéria de espaço). "Em toda a mudança de fenômenos", Kant escreveu, "a substância persiste e seu *quantum* na natureza não aumenta nem diminui [...] o substrato de tudo o que é real, ou seja, de tudo o que pertence à existência de coisas, é *substância*; e tudo o que pertence à existência só pode ser pensado como uma determinação da substância". Substância, ele sustentava, "como o substrato de toda mudança, permanece sempre a mesma"; é algo "*duradouro* e *permanente*, do qual toda mudança e coexistência são apenas muitas maneiras (modos do tempo) em que o permanente existe.[21] Assim, tal como Descartes, Kant pensava as várias substâncias individuais materiais (no sentido clássico do termo "substância") que nos circundam como não mais que modos passageiros do substrato subjacente de toda mudança. Em outra passagem, ecoando Locke e a confusão de composição, ele assevera que "em todas as substâncias, o verdadeiro sujeito – a saber, aquele que permanece após todos os acidentes (como predicados) terem sido removidos – e, portanto, o *substancial*, é desconhecido por nós.[22]

Há ironia em tudo isso, uma vez que, para minar o empirismo contra o qual ele querelava e estabelecer as condições de possibilidade de um arcabouço objetivo espaçotemporal no qual objetos da experiência possam ser distinguidos da experiência de objetos, Kant necessitava precisamente da noção aristotélica de substâncias como objetos independentes de nossa experiência, relativamente duradouros, mas não *permanentes*.[23] Tais objetos de referência

Natureza humana **67**

e sujeitos de predicação satisfazem adequada e perfeitamente os requisitos kantianos necessários para, por um lado, a unidade do tempo e, por outro, um pano de fundo estável contra o qual possamos compreender a mudança. Que tais objetos de experiência, eles próprios, venham a existir e deixem de existir não impugna a unidade do arcabouço espaçotemporal no qual os situamos, identificamos e reidentificamos – desde que nem todos deixem de existir simultaneamente. Tampouco a exigência de que em toda mudança algo persista requer que algo deva persistir através de todas as mudanças. Tudo o que é necessário é que haja substâncias aristotélicas entre os fenômenos, conforme mostra a lista 2.1 a seguir.

LISTA 2.1
Degenerações desde Aristóteles: as exigências crescentemente incoerentes
aplicadas à ideia de substância

---

1. Que substâncias sejam coisas existentes de modo independente
Que substâncias não dependem de nada mais para sua existência.
Que substâncias sejam indestrutíveis.

2. Que substâncias sejam sujeitos de predicação
Que substâncias sejam substratos de propriedades.
Que substâncias sejam substratos nus de propriedades.

3. Que substâncias sejam sujeitos de atributos mutáveis
Que substâncias sejam persistentes e imutáveis através da mudança.
Que substâncias sejam substratos permanentes de toda mudança.

4. Que a especificação de uma substância (segunda) responda a questão "O que é isto?"
Que a referência à substância responda a questão "O que liga essas propriedades fenomenais juntas a uma coisa individual?"

NOTAS

1. O exame mais acessível de Aristóteles da substância encontra-se em *Categorias*, cap. 1-5. Seu exame na *Metafísica* é muito mais problemático e seu hilemorfismo, questionável. O principal contribuidor para a discussão moderna desse difícil tópico é David Wiggins: veja-se, por exemplo, *Sameness and Substance Renewed* (Cambridge University Press, Cambridge, 2001); tenho uma grande dívida para com os seus escritos sobre esse tema.
2. "Pseudossubstantivos massivos" porque, ao contrário de substantivos massivos, que significam materiais, não é o caso que qualquer parte de uma peça de mobiliário (dinheiro, cutelaria, vestuário), até um certo nível limitante de dissecção, seja uma peça de mobiliário (embora possa ser uma peça – isto é, um fragmento – de uma peça de mobiliário – por exemplo, uma cadeira – nem é o caso que uma peça de mobiliário consista em mobiliário. Finalmente, dividir uma peça de mobiliário em partes arbitrárias não resulta em quantidades de mobiliário.

68 P. M. S. Hacker

3. Para um tratamento mais extenso, veja-se Hacker, P. M. S. "Substance: The constitution of Reality". In: *Midwsest Studies in Philosophy*, 1979, p. 239-61.
4. Seres humanos não se transformam em sapos. Mas, se um ser humano se transformasse em um sapo, isso seria uma mudança substancial. Não há nesse caso uma substância que seja inicialmente ser humano e depois um sapo.
5. Para uma discussão altamente esclarecedora desses temas e temas relacionados, bem como uma crítica da assimilação de Frege e Russell e dos substantivos comuns aos predicados, veja-se Hanoch Bem-Yami, *Logic and Natural Language: on Plural Reference and its Semantic and Logical Significance* (Ashgate, Aldershot, 2004).
6. É interessante que não diríamos, penso eu, o mesmo acerca da identidade continuada de uma pintura, se todos os pigmentos (e mesmo o gesso, o painel ou a tela) fossem gradualmente substituídos ao longo do tempo. Em algum ponto, pode-se supor, *A última ceia*, de Leonardo da Vinci, pode deixar de ser *A última ceia* de Leonardo da Vinci, ainda que uma pintura continue a existir na parede do refeitório de Santa Maria della Grazie.
7. Aristóteles, *De Anima*, 412b, 20-24.
8. Para a visão a respeito de que espécies naturais têm uma essência e são definidas por referência à similaridade a um exemplo paradigmático, veja-se H. Putnam, "The meaning of 'Meaning'", reimpresso em sua obra *Mind, Language and Reality* (Cambridge University Press, Cambridge, 1975), p. 215-71. Para uma esclarecedora refutação dessa concepção de espécies naturais, da qual a discussão que se segue é derivada, veja-se J. Dupré, *The Disorder of Things* (Harvard University Press, Cambridge, Mass., 1993), Parte 1, e a sua obra *Humans and Other Animals* (Clarendon Press, Oxford, 2002), esp. Partes I e II.
9. Para um exame das concepções semânticas errôneas, veja-se P. M. S. Hacker, *Wittgenstein's Place in Twentieth-Century Analytic Philosophy* (Blackwell, Oxford, 1996), p. 250-53, 329ss.
10. O inseto lepidóptero, não a sua fase final madura. [N. de T.: Essa observação do autor parece sem sentido, uma vez que também em inglês a palavra *butterfly* designa insetos da ordem lepidóptera em fase madura. Para designá-los em sua fase larval, o inglês oferece o termo *caterpillar* (que corresponde ao termo português "lagarta").]
11. Veja Dupré, *Disorder of Things*, cap. 1.
12. Há certa ambiguidade em Descartes sobre se a forma de independência ou relativa independência é causal ou ontológica. A primeira é evidente em sua asserção de que a matéria e a mente necessitam apenas da concorrência de Deus para existir; a última é proeminente em sua observação nas Respostas às Quartas Objeções que substâncias, mas não propriedades, "existem por si mesmas (*res per se subsistans*).
13. Descartes, *Princípios de Filosofia*, I, 51.
14. Locke, *Um Ensaio sobre o Entendimento Humano*, II, xxiii, 1-6, 15, 37; III, vi, 21. [O autor utiliza a convenção usual na citação de Locke, primeiro o livro (em romano maiúsculo), em seguida o capítulo (romano minúsculo) e, por fim, o parágrafo (em arábico); no entanto, o leitor deve se precaver, se quiser cotejar as citações, para as duas séries de edições que existem, as que seguem a edição Coste (as mais comuns e a cuja linhagem pertencem as traduções brasileira e portuguesa) e as que seguem ao original (como a edição crítica de Nidditch), pois há profundas diferenças na numeração de capítulos e parágrafos entre ambas (por exemplo, Coste tratara a

Introdução como um texto separado e servindo de introdução a toda a obra).]

15. Ibid. II, xxiii, 37; veja-se também I, iv, 18: "De modo algum temos uma ideia clara e, portanto, nada se significa pela palavra *substância*, salvo apenas uma suposição incerta do não sabermos o quê (i.e., de algo do qual não temos nenhuma distinção particular positiva; ideia que tomamos como o *substrato*, ou suporte, daquelas *ideias* que conhecemos".

16. Um ponto habilmente tratado por David Wiggins em seu texto "Substance", em A. C. Grayling (Ed.) *Philosophy – A Guide through the Subject* (Oxford University Press, Oxford, 1995), p. 227.

17. Locke, Essay, IV, vi, 7.

18. Ibid. II, xxiii, 4.

19. Hume, *A Treatise of Human Nature*, I, iv, 3 e I, iv, 4.

20. Kant, *Crítica da Razão Pura*, B 249-50. Para uma discussão útil das falhas no tratamento de substância em Kant, veja-se P. F. Strawson, "Kant on Substance", reimpr. em sua obra *Entity and Identity and Other Essays* (Clarendon Press, Oxford, 1997), p. 268-79.

21. Kant, *Crítica da Razão Pura*, B 224, 225,226.

22. Kant, *Prolegômenos a toda metafísica futura*, § 46.

23. Veja-se P. F. Strawson. *The Bounds of Sense* (Methuen, London, 1966), p. 128-32.

3

CAUSALIDADE

1. CAUSALIDADE: HUMEANA, NEO-HUMEANA E ANTI-HUMEANA

Substâncias primeiras, coisas individuais de uma espécie, são agentes paradigmáticos com poderes ativos e passivos. Os poderes ativos de substâncias animadas e inanimadas compreendem igualmente poderes causais. Tais agentes atuam sobre outras coisas, incluindo outras substâncias, e através disso provocam mudanças naquelas coisas que são suscetíveis a mudanças em resposta a tal ação. Essas mudanças, por sua vez, desencadeiam uma sequência ulterior de eventos que, frequentemente, podem ser atribuídos ao agente inicial, do qual se pode dizer, então, que os tenha causado. O que quer que algo ou alguém cause dessa maneira, ele causa fazendo alguma coisa.

Identificar a causa de algo é como dizer "Aquilo ☞ foi responsável por isto". Não é coincidência que a palavra grega *aition*, traduzida ao latim por *causa*, da qual advém a nossa palavra causa, significava originalmente "culpa", "censura", "acusação". Quando *aition* foi usada pela primeira vez em um sentido explicativo, era restrita a algo ou alguém fornecer a uma pessoa ou a pessoas uma razão para agir – como o mau tempo nos causa abandonar o piquenique ou o discurso do primeiro-ministro causou a suspensão temporária da Câmara dos Comuns.* O termo latino *causa* preservou essa associação com

---

* N. de T.: No original, *ajournement of the House*. Trata-se de um peculiar procedimento da Câmara dos Comuns, na Inglaterra, o término da reunião pela própria câmara (ou por moção ou seguindo uma Ordem Especial, adotada pela casa para regular seus assuntos por um período limitado de tempo, ou ainda seguindo uma Ordem Permanente, parte do conjunto das regras permanentes da casa) por qualquer período de tempo, podendo perdurar apenas alguns minutos ou mesmo diversos meses.

uma razão, um motivo ou indução e o mesmo ocorre com esse uso do nosso verbo "causar" e o nome cognato. O vínculo é manifesto no discurso jurídico, em que advogados falam em *tendo dado causa a* ou na exigência do autor da ação *mostrar a causa por que*.

Um uso do verbo e de seus cognatos imbuído hermeneuticamente de maneira semelhante é manifesto no uso mais comum de "causa" em descrições e explicações dos assuntos humanos, inclusive História, economia e sociologia, como acontece quando debatemos as causas da Segunda Guerra Mundial ou perguntamos o que causou a alta na taxa de inflação. É uma espécie de causa diferente das causas eficientes, mas não é óbvio que devamos pensá-la como um *sentido* diferente de "causa". Há uma conexão manifesta entre o fazer coisas acontecerem e provocar mudanças e condições *sine qua non*; entre explicação e entre ação e reação de agentes com poderes ativos e passivos. Salvo que aqui os agentes são tipicamente seres humanos, agindo ou reagindo por razões, frequentemente na busca de objetivos, frequentemente fazendo pacientes, que são outros seres humanos, fazer coisas ou induzindo-os a fazer coisas, por meio de ameaças e incentivos. Aqui também a identificação da causa ou das causas envolve comumente a atribuição de responsabilidade e de louvor ou censura consequentes.

A reflexão filosófica dos três últimos séculos acerca da causalidade tem sido, em larga medida, centrada na análise da causa eficiente. E tem sido guiada pelo relato de Hume no *Tratado*. Por um lado, Hume é tomado como tendo repudiado a concepção racionalista de causalidade enquanto uma forma de necessidade *de re*, ao criticar nossa ideia de uma conexão necessária entre causa e efeito como uma projeção ilícita de nossas próprias expectativas, geradas de maneira associativa, na realidade. Por outro lado, ele propôs uma análise da conexão causal singular em termos de instanciação de uma regularidade na sucessão de eventos emparelhados, ao tomar a causa como uma condição necessária e suficiente para a ocorrência de um evento.[1]

Alguns dos sucessores de Hume, incluindo Kant, procuraram defender a ideia de que causa e efeito *são* necessariamente conectados. "O conceito de causa", escreveu Kant, "envolve a nota de necessidade que nenhuma experiência pode dar".[2] Ele negava a correção da explicação projetiva humeana da necessidade imputada a uma sequência causal, insistindo que "O conceito de causa [...], que expressa a necessidade de um evento sob uma condição pressuposta, seria falso se repousasse apenas em uma necessidade subjetiva arbitrária, implantada em nós, de conectar certas representações empíricas segundo uma regra de relação causal".[3] Contra o relato humeano da regularidade, Kant era inflexível a respeito de que "o próprio conceito de causa [...] contém o conceito de uma conexão necessária com o efeito".[4]

O apoio atual para uma concepção anancástica* se encontra nas tentativas de Harré e Madden de articular uma concepção de *necessidade natural* não lógica que seja distinta da mera regularidade.[5]

Outros sucessores de Hume, tais como Mill, tentaram refinar seu relato. Mais cônscio que Hume da multiplicidade de condições causais, Mill sustentava que uma causa é *stricto sensu* a totalidade de condições *suficientes* do efeito, mais apropriadamente que *necessárias* e *suficientes* (como Hume havia sugerido). "A causa é, filosoficamente falando, a soma total de condições positivas e negativas, tomadas em conjunto; o todo das contingências de qualquer descrição as quais, se estas estiverem realizadas, a consequência segue invariavelmente".[6] Desse modo, ele reconhecia que a mesma espécie de evento pode ser produzida por causas independentes bem diferentes, cada uma das quais consistindo de uma pluralidade de condições, conjuntamente suficientes para o evento. A sequência invariável de condições antecedentes e consequentes, no entanto, é insuficiente para a conexão causal. Esta deve ser suplementada, insistia Mill, pela exigência da *incondicionalidade*, a fim de excluir causas agindo em contrário.[7] Mill sustentava que uma causa é "a soma total das condições" suficientes para a ocorrência de um evento, e afirmava que, "filosoficamente falando, não temos o direito de dar o nome de causa a uma delas em detrimento das outras".[8] Não obstante, observava que, no discurso comum, selecionamos uma condição dentre o conjunto total e denominamo-la "a causa", e Mill deu alguns passos preliminares em direção ao esclarecimento dos princípios de seleção que empregamos. Atualmente, John Mackie deu apoio a uma variante da concepção de Mill, na qual se presta atenção muito mais cuidadosa a nossa seleção da "causa" dentre um conjunto de condições, tidas por conjuntamente suficientes para um evento. Ele argumentou que uma causa é uma condição INUS,** ou seja, um componente necessário,

---

* N. de T.: No original, *anankastic*. Esse termo, adaptado da palavra grega para necessidade (*ananké*), tem um duplo emprego em inglês: na medicina, serve para designar certo transtorno de personalidade de tipo obsessivo-compulsivo e nas análises lógico-linguísticas da ação, certo tipo de condicional em que o consequente expressa uma condição necessária para que o agente logre o fim que tem em vista, por exemplo, "se o leitor quiser ter uma boa compreensão desta obra, deverá lê-la e relê-la atenta e cuidadosamente". Evidentemente, o A. não o emprega no seu sentido medicinal, cujo correspondente em nosso idioma já se encontra firmado na literatura médica. Porém, não parece certo que o use na acepção estrita da qualificação de certos condicionais; antes, parece usar o termo de maneira mais generosa, para qualificar o que quer que envolva, de algum modo, necessidade.

** N. de T.: Termo introduzido por John Mackie e é na verdade uma sigla para "**I**nsufficient but **N**onredundant part of a **C**ondition, which is itself **U**nnecessary", em português "Parte insuficiente mas não redundante de uma condição ela própria não necessária" (PINN).

Natureza humana **73**

mas insuficiente de um conjunto de condições que não são necessárias, mas conjuntamente são suficientes para a ocorrência do efeito.[9] E elaborou, em certo detalhe, os princípios – variáveis, dependentes dos contextos e relativos aos propósitos – pelos quais identificamos um fator como a causa.

Um relato bem diferente da causalidade foi sugerido por Davidson, o qual sustentava que todo enunciado singular causal implica em uma *lei* causal estrita (sem exceções).[10] Diferentemente da concepção humeana da regularidade, no entanto, essa concepção nomológica sustenta que a lei causal implicada pode ser desconhecida, uma vez que "E1 causou E2" implica apenas na existência de *alguma* lei causal conectando os dois eventos individuais, e não que haja uma lei segundo a qual sempre que um evento do tipo E1 ocorra, ele seja seguido por um evento do tipo E2. (O vento pode ter causado a queda da maçã da árvore, mas não há nenhuma lei da natureza conectando vento com maçãs caindo de árvores. Pode haver, no entanto, uma lei concernente à resistência dos materiais e a força necessária para rompê-los, que se aplica ao ramo de uma maçã e a força exercida pelo vento.)

Em reação a tais análises humeanas e neo-humeanas da causalidade, diversas tentativas têm surgido por parte de Collingwood, Gasking, Hart e Honoré, Anscombe e von Wright, entre outros, para vincular o conceito de causalidade não a sequências regulares de eventos *simpliciter*, tampouco a eventos conectados por leis *simpliciter*, mas antes, direta ou indiretamente, à agência humana ou à ação humana e à possibilidade de manipulação – de fazer com que eventos tenham lugar pela intervenção humana no curso normal de eventos. Essa concepção da causalidade descende de uma noção muito mais antiga, proeminente entre os platônicos de Cambridge, dominante na metafísica de Berkeley e na crítica de Reid a Locke e Hume de corretamente associarem causalidade com agência, de corretamente vincularem agência com atividade, mas negarem que "a matéria bruta" possa ser ativa ou possuir poderes. Berkeley negava que houvesse qualquer causa *in rerum natura*, e sustentava que a ciência descobre regularidades (leis) da natureza, mas não causas. "O verdadeiro uso e fim da Filosofia Natural", escreveu ele para Johnson, "é explicar os fenômenos da natureza; o que é feito pela descoberta das leis da natureza e pela redução das aparências particulares a elas [...]. Essa filosofia mecânica não atribui nem supõe nenhuma causa eficiente natural no sentido estrito e próprio." Nessa imagem venerável, a atividade é uma prerrogativa do espírito (pensamento e volição): "Não consigo conceber nenhuma causa eficiente própria, salvo o espírito; tampouco nenhuma outra ação, estritamente falando, senão onde há vontade".[11] Reid não negava que há causas eficientes na natureza, mas sustentava que nossa concepção da relação da causa ao efeito é modelada na relação entre nós mesmos e nossas ações. "Se for assim que a concepção de uma causa eficiente penetra na mente, apenas da convicção prévia que temos de ser os autores eficientes de nossas próprias ações voluntárias (o que penso ser o mais provável)", escrevia ele, "a noção de eficiência será reduzida a isso, que ela é uma relação entre a causa e o efeito similar àquela que se dá entre nós e nossas ações voluntárias".[12] *Essas* concepções errôneas, enraizadas na restrição tradicional de poderes *stricto sensu* a poderes de duas direções dos seres animados com uma vontade,[13] não está presente nas reflexões de filósofos do século XX, que vinculam causalidade à ação e manipulação. Deveremos examinar suas concepções a seguir.

2. SOBRE A NECESSIDADE CAUSAL

É muito tentador pensar que causas tornam seus efeitos necessários ou que, se a causa estiver presente, o efeito *tem que* ocorrer – ou seja, que haja uma conexão necessária entre causa e efeito.[14] Assim, Spinoza, por exemplo, sustentava que "de uma dada causa determinada o efeito se segue, necessariamente; e, inversamente, se não há nenhuma causa determinada, é impossível que dela um efeito se siga".[15] Foi contra tais concepções racionalistas que Hume argumentou, concedendo que a ideia de conexão necessária seja parte de nossa ideia complexa de uma relação causal, porém, imputando a ideia de conexão necessária não a uma impressão precedente de uma conexão anancástica objetiva mas à nossa propensão associativa resultante da observação prévia de tais sucessões de eventos emparelhados. "Ou não temos ideia de necessidade", escreveu ele, "ou necessidade nada é senão a determinação do pensamento em passar das causas aos efeitos e dos efeitos às causas, segundo a união experimentada deles".[16] A suposição de que o efeito E2 *deve* suceder a ocorrência de sua causa E1 é, segundo Hume, uma projeção na realidade de nossa propensão associativa sentida. Conexões necessárias *propriamente falando*, ele sustentava, são uma "relação de ideias" – uma relação conceitual entre conceitos, proposições ou juízos, não uma relação objetiva entre eventos.

Hume corretamente insistia que *relações* causais são contingentes. Mas disso não se segue que todos os *enunciados* causais sejam sintéticos. Essas pegadas na areia são causadas pelos pés, essa queimadura é causada pelo brilho do Sol, essas gotas na vidraça são causadas pela chuva, são todos exemplos genéricos de muitas proposições causais analíticas que podemos produzir. Em tais casos, a descrição de um fenômeno – de marcas na areia como pegadas, de gotas de água na vidraça como gotas de chuva – incorpora a especificação de sua causa, assim como descrever um ato, como o de manter uma promessa, implica um ato anterior de fazer uma promessa. Assim, há uma relação interna entre pegadas e sua causa, entre gotas de chuva e chuva, queimadura de Sol e brilho do Sol. Relações internas parecem ser relações objetivas entre coisas, mas essa aparência não é maior que a sombra lançada por relações lógico-gramaticais entre conceitos, pois relações internas são determinadas pela gramática – por regras para o uso de expressões. Assim, *essa* forma de co-

Natureza humana **75**

nexão, inteiramente não misteriosa, é *verbal* e é entre descrições. Mas *relações causais*, incluindo relações causais entre eventos, são externas, contingentes, e não necessárias.

A crítica de Hume da concepção racionalista anancástica de relações causais foi liberadora, mesmo que seu diagnóstico psicologista da fonte do erro na projeção certamente não seja toda a história e algumas vezes nem mesmo parte dela. Que tenhamos observado no passado um bom número de eventos emparelhados e causalmente relacionados pode bem nos conduzir a esperar que E2 suceda o evento correntemente observado E1, se as circunstâncias relevantes forem similares. Podemos, com efeito, dizer que, nessas circunstâncias, E2 *deve* ocorrer, que é *inevitável* que E2 deva ocorrer, dado o que sabemos acerca dos itens envolvidos, que *não há outra possibilidade,* com os dados disponíveis, senão que E2 deva ocorrer. A *necessidade natural* que imputamos à ocorrência não precisa ser derivada da projeção de nosso sentimento de expectativa na realidade. Pode bem ser derivada de nosso conhecimento das *naturezas* dos itens e mecanismos operativos envolvidos, nosso conhecimento das *circunstâncias* disponíveis e nosso conhecimento das *possibilidades* que estão (ou estiveram) abertas. Mas, se pensarmos que, ao falar sobre o que é naturalmente necessário, estamos descobrindo uma forma de necessidade *de re* na natureza, então estaremos sujeitos à ilusão.

Efetivamente, estamos inclinados a dizer que, se imergirmos esse bloco de zinco em um banho de solução de ácido hidroclorídrico, então o zinco *tem que* se dissolver, que se dissolverá *inevitavelmente,* ou que ele é *obrigado* a dissolver-se. E isso é, com efeito, verdadeiro, mas potencialmente desencaminhador. É desencaminhador uma vez que a necessidade não é uma característica do evento, da dissolução do zinco. Invocamos legitimamente termos modais em tais contextos, mas antes de saltar para a conclusão de que estamos cruzando com uma forma especial, não lógica, de necessidade objetiva, devemos refletir sobre o uso dos termos modais que assim invocamos. Que tarefa desempenha o "tem que"? Ele significa uma necessidade *de re* na natureza? Ou o seu papel é bem diferente? Esse é um dos casos nos quais, *mutatis mutandis*, a observação de Frege sobre juízos apodícticos era correta: "O que distingue o juízo apodíctico do assertórico é que aquele indica a existência de juízos gerais dos quais a proposição pode ser inferida – uma indicação que está ausente do juízo assertórico. Se expresso uma proposição "necessária", então estou dando uma indicação de meus fundamentos para o juízo".[17]

Se for verdade que sempre que determinada quantidade de zinco for imersa em determinada quantidade de solução de ácido hidroclorídrico esse metal se dissolve, então se deduz que se *esse* bloco de zinco estiver imerso (em tais circunstâncias), ele se *dissolverá*. Mais ainda, tal generalização não é uma generalização acidental, mas *que* esta não seja acidental não acarreta que seja necessária. Qualquer necessidade no caso está associada à inferência, e não à conclusão. Dadas essas verdades estabelecidas, então *se segue* (logicamente, necessariamente) que o zinco se *dissolverá*, mas não se segue que o zinco *necessariamente* se dissolverá.

Podemos continuar e insistir que o zinco *tem que* se dissolver, ou seja, que ele *não tem alternativa*, que *não pode evitar* dissolver-se. Mas isso é meramente antropomorfizar. Podemos licitamente dizer que o zinco tem que se dissolver, mas não porque ele *não tem outras opções*, pois blocos de zinco não são da espécie de coisas para as quais faz sentido atribuir opções. Assim, por que ele tem que se dissolver? Qual a tarefa que desempenha aqui o "tem que"?

Suponhamos que as únicas condições (pertinentes) pelas quais o bloco de zinco pode não se dissolver sejam as de que haja um inibidor no ácido, ou que o banho de ácido esteja a ponto de ser esvaziado ou que o bloco de zinco esteja prestes a ser removido. Suponhamos ainda que todas essas possibilidades, por uma razão ou outra, sejam excluídas. Então, podemos dizer que, na base dessas assunções, o zinco *deve* se dissolver – que não há outra possibilidade. Pois estamos em posição de excluir as outras possibilidades com bons fundamentos. O *tem que* é relativo às premissas. Não tanto que o *evento seja necessário*, mas antes que *a conclusão é inescapável*.

De maneira semelhante, conhecendo o que fazemos com a constituição interna dos átomos de zinco, podemos corretamente dizer que o zinco está *obrigado* a se dissolver. Dado que os íons de zinco têm uma afinidade maior com os íons clorídricos que com os íons hidrógenos, *segue-se* que irá se formar cloreto de zinco na solução. Não há nenhuma conexão *necessária* entre o evento da imersão do zinco no ácido e o evento de sua dissolução, mas, *pace* Hume, isso não significa que não haja nenhuma *conexão*. A conexão é inteiramente explicada pela teoria iônica, que descreve o comportamento invariável de tais e tais íons com tais e tais características.

Relações causais não são uma espécie de relações necessárias entre eventos. Não é nem mesmo como se o evento antecedente *fizesse* o evento decorrente ocorrer *por lhe fazer algo* – eventos não são agentes e não agem uns sobre outros. Se quisermos continuar a falar em "necessidade natural" (ao que, em princípio, não se pode objetar), então devemos fazer isso com plena consciência de que a distinção entre o que é naturalmente necessário e o que não é, mais apropriadamente do que ser a distinção entre o que é necessário e o que é meramente invariável, ocorre entre o que é invariavelmente assim, *dadas tais e tais condições e mecanismos operativos*, e o que é apenas coincidentemente e invariavelmente assim ou de modo algum invariavelmente assim.[18]

3. A CAUSALIDADE DE EVENTOS NÃO É UM PROTÓTIPO

Filósofos neo-humeanos tomam como o protótipo (aquilo que é básico na ordem do entendimento) da relação causal que cabe investigar proposições a forma geral "E1 causou E2"; por exemplo, a enchente causou o colapso das margens do rio, a erupção causou a destruição da vila, o choque da pedra contra a janela causou a quebra da janela. Aqui, duas expressões singulares designando eventos (que podem ser substantivos deverbais, nominalizações do gerúndio, etc.) são ligadas pelo verbo "causar", e a causalidade é tida por uma relação entre eventos individuais. Tomar como protótipo essa forma de proposições causais é desencaminhador e problemático.

É desencaminhador porque frases designando eventos singulares resultam *tipicamente* da nominalização de sentenças.[19] Descrevemos o efeito de uma operação causal por meio de uma sentença que enuncia o que ocorre como resultado ou consequência da operação da causa: o copo se quebrou, a vila foi destruída, a madeira se queimou. Podemos transformar, então, a descrição sentencial em uma frase nominal que designa o evento: por exemplo, "o quebrar do copo", "a destruição da vila", "a queima da madeira". Mas é evidente que a descrição do efeito é dada pela descrição sentencial, e que o designador de evento, sendo a transformação nominal do verbo nessa descrição, é parasitário dela. Obviamente, nem eventos nem substâncias gozam de prioridade *ontológica* um relativamente ao outro, pois, a menos que haja um mundo sem mudança (uma ideia duvidosa), não pode haver substâncias sem eventos. E, a menos que haja um mundo dinâmico sem quaisquer substâncias que mudem, não pode haver eventos sem substâncias. Certamente, em nosso mundo, substâncias e eventos são ontologicamente coordenados. No entanto, são as substâncias, antes que os eventos, que são os particulares primários em *nosso* esquema conceitual. Elas são os objetos primários de referência e sujeitos primários de predicação. É por referência a elas que determinamos o arcabouço espacial no qual nos referimos de maneira não dêitica a objetos e descrevemos o que lhes acontece. A referência a substâncias individuais por meio de descrições definidas ou indefinidas que incorporam nomes de substâncias é *lógico-gramaticalmente* anterior à referência a eventos por meio de designadores de eventos, exatamente porque designadores de eventos pressupõem, de modo característico, nomes de substâncias para serem gerados ou para serem explicados. Assim, é desencaminhador sugerir que a causalidade de eventos, tal como dada em enunciados da forma "E1 causou E2", sejam protótipicas, uma vez que seus dois designadores de evento são genericamente parasitários de expressões que fazem referência a substâncias e são transformações de descrições do resultado de operações causais.[20]

Tomar a causalidade de eventos como protótipica é problemático por numerosas razões, que vieram todas à tona na famosa discussão de Hume. Acima de tudo, a relação causal torna-se opaca. Se focamos os eventos como os *relata* causais protótipicos e os enunciados da forma "E1 causou E2" como os enunciados causais protótipicos, acharemos embaraçoso e difícil especificar *o que aquela relação é*. "Todos os eventos parecem soltos e separados", observava Hume; "Um evento se segue a outro; mas não podemos nunca observar algum laço entre eles. Eles parecem conjugados, mas nunca *conec-*

tados".[21] Como é notório, tudo o que Hume poderia encontrar seria a relação de prioridade temporal, a de contiguidade espacial (que ele abandonou no *Enquiry*) e a instanciação de uma regularidade (a conexão necessária tendo sido dissolvida em uma projeção psicológica ilícita).

Quando nossa mente se concentra em enunciados de causalidade de eventos, parece óbvio que a relação causal, ela própria, é inobservável. Não podemos *ver* que um evento causa outro, não podemos *ver o causar* – ou assim somos inclinados a pensar, em nossos momentos humeanos. Esse pensamento, certamente, não vem da observação de uma interação causal, quanto menos de engajar-se em tal, mas da reflexão sobre sentenças causais dessa forma e da intriga acerca daquilo que o verbo que liga os dois designadores de eventos *representa*. Quando refletimos sobre isso, parece que um evento ocorre e então o outro ocorre. O que faz de um deles causa do outro não é realmente visível no que é observado – o verbo "causou" na sentença "E1 causou E2" não representa nada observável na sucessão dos eventos designados. Pois tudo o que pode ser observado, parece (e pareceu a Hume), são relações de prioridade temporal e de contiguidade espacial.

Em virtude de que, então, um evento é causa de algum outro evento? A prioridade temporal não é suficiente para a causalidade (e nem necessária, como veremos a seguir). Contiguidade de eventos é uma noção questionável porquanto eventos não são ocupantes de espaço. Eles carecem de limites espaciais (podem necessitar do espaço no qual têm lugar, mas não preenchem nenhum espaço) e assim não podem se *tocar* reciprocamente. Desta forma, andamos às voltas com o tema com Hume e concluímos que o que faz a relação causal é que *ela instancia uma regularidade*. Essa ideia fortalece o pensamento bizarro segundo o qual não se pode observar que um evento causa outro, uma vez que não podemos observar que E1 seja seguido de E2, instanciando uma regularidade. Se seguirmos as pegadas de Hume até aqui, então o debate prosseguirá inevitavelmente sobre se a relação causal entre eventos é tal que a ocorrência da causa é uma condição necessária ou uma condição suficiente (Hume movia-se de uma para a outra no mesmo fôlego),[22] ou a soma total de condições conjuntamente suficientes para a ocorrência do efeito (como sustentava Mill) ou uma condição INUS (como propôs Mackie).

Dada a importância, aqui e na sequência, das categorias de objetos (materiais) e eventos, pode ser útil ter em mente as diferenças lógico-gramaticais entre eles, como mostra a Tabela 3.1 a seguir.

4. A INADEQUAÇÃO DA ANÁLISE DE HUME: OBSERVABILIDADE, RELAÇÕES ESPAÇOTEMPORAIS E REGULARIDADE

Talvez tenhamos iniciado uma conversa usando de "rodeios", mas acabamos fazendo queixas errôneas. Os escassos materiais à disposição são não

TABELA 3.1
Uma comparação lógico-gramatical dos objetos materiais e dos eventos

Objeto material	Evento
Existe	Acontece, ocorre, tem lugar
Persiste, dura	Persevera, continua, desdobra-se
Têm três dimensões espaciais	Carece de dimensões espaciais
Ocupa espaço	Tem tipicamente uma localização,* pode precisar de espaço sequencial para ocorrer, mas não ocupa (preenche) espaço
Tem partes, ordenadas no espaço	Pode ter fases ordenadas no tempo
As partes são menores que o todo	As partes são mais breves que o todo
Consiste de matéria de uma ou mais espécies	Não *consiste de* nada (exceto fases)
Comumente tem tamanho, formato, textura, cor e graus de solidez	Tem tamanho apenas no sentido em que o evento ocorrer ao longo de um espaço extensivo; não pode ter formato, textura, cor ou grau de solidez
Pode *emitir som* (se ativo ou agindo em) e *pode* ter um odor	Pode *produzir* sons ou odores
Pode se mover de um local a outro – um e o mesmo objeto ocupando lugares sucessivos	Pode mover-se apenas enquanto fases sucessivas, mas não o evento todo; pode ser localizado em diferentes lugares (como ocorre quando uma festa move-se do jardim para o salão de baile, ou uma batalha, da montanha para o vale)
Pode mudar nas propriedades acidentais	Pode mudar apenas no caráter de fases sucessivas (crescentemente barulhento ou feroz)
Tem poderes para agir em outros objetos para produzir mudança	Não pode *agir em* objetos, mas apenas afetá-los, e não pode *agir em* outros eventos, mas apenas produzi-los

* As assim chamadas determinações de Cambridge, como Xantipa se tornar uma viúva, não têm uma localização espacial como tem a morte de Sócrates. Semelhantemente, eventos legais e econômicos, tais como o aumento do preço da manteiga, a quebra de uma companhia ou o estouro da guerra, têm uma localização espacial apenas em um sentido derivativo.

apenas insuficientes para elucidar nossos conceitos de causalidade e de relações causais, como positivamente nos conduzem à direção errada. Devemos nos lembrar do óbvio: observamos e participamos constantemente de transações causais. Sentimos o calor do fogo em nossas mãos (por qual outra razão nos aproximamos da lareira?). Sentimos a rajada de vento que nos machuca e sabemos que é ela que nos faz cambalear. Movemos as coisas pegando-as e largando-as em algum lugar. Fatiamos o pão com a faca para pão, despejamos água para fora ou para dentro de um jarro, abrimos ou fechamos a porta, colhemos uma maçã da árvore, rasgamos um pedaço de papel na metade, escrevemos uma carta com uma caneta e riscamos um fósforo. Observamos a chuva encharcar a roupa, observamos um carro achatar uma lata, vemos uma pedra quebrar uma vidraça.

80 P. M. S. Hacker

Assim, observamos agentes atuando em pacientes e provocando mudanças. Algumas vezes, somos o agente e fazemos coisas acontecerem ao fazer algo ao paciente. Algumas vezes, somos o paciente e podemos sentir ou ver que um agente está atuando em nós e provocando uma mudança. Em outras ocasiões, não somos nem agente, nem paciente; podemos ser meros observadores. Podemos vigiar intencionalmente o resultado de um experimento, tendo engendrado a ocorrência com algum propósito. Em uma miríade de tais casos, observamos um agente provocar uma mudança em um paciente por *agir no* paciente, e podemos realmente ver o modo de operação pelo qual a mudança é produzida. Pode ser que a mudança instancie uma regularidade, mas a ideia de que não se pode observar uma transação individual ser causal é malconcebida; a ideia de que aquilo que torna uma transação causal é o que instancia uma regularidade está errada; e o pensamento de que sabemos que a transação é causal tão somente porque ela instancia uma regularidade é falso.

Com tais exemplos frente aos nossos olhos, podemos também observar que a ideia de que a causa deve preceder um efeito é errada. Neste sentido, há inúmeros exemplos de produção simultânea de efeitos. A lâmina de barbear corta o pedaço de papel – mas não é como se o movimento da lâmina sobre o papel precedesse o corte do papel. Se uma pedra cai no lago, ela causa respingos – mas não é como se o cair da pedra no lago ocorresse antes e *então* tivesse lugar o deslocamento da água. A locomotiva impulsiona o vagão antes dele (podemos desconsiderar os engates e assumir contiguidade) – mas a locomotiva não se move antes do vagão. Uma razão para a objeção é o pensamento que, a menos que o evento denominado a causa preceda o evento tido como sendo o efeito, seria impossível identificar o que causou o que – um pensamento que deve ocorrer àqueles que concebem uma causa como uma condição ou conjunto de condições, tanto necessárias quanto suficientes, para a ocorrência do efeito. Pois, se for assim, o efeito é tanto suficiente quanto necessário para a ocorrência da causa. Assim, como poderíamos distinguir causa e efeito de outro modo que não por referência a sua prioridade temporal? Mas isso apenas destaca a extensão pela qual focalizar primariamente a causalidade como uma relação entre eventos é distorcida, uma vez que não há nenhuma dificuldade em identificar o *agente* da mudança – por exemplo, a lâmina que corta o papel, a pedra que cai no lago e a locomotiva que impulsiona o vagão. Mesmo quando os eventos são simultâneos, como frequentemente o são, o agente que provoca a mudança comumente põe em movimento eventos antes de agir no paciente. A pessoa que corta o papel pega a lâmina antes de pô-la no papel, a pedra que desloca a água começa a cair antes de penetrar na superfície do lago, o maquinista dá a partida à locomotiva que impulsiona o vagão antes desta começar a mover-se. A impressão de que o evento que é a causa deva preceder o evento que é o efeito é parcialmente derivada desses casos de causalidade da ação humana, nos quais sabemos ou descobrimos *o que temos que manipular* a fim de provocar o efeito desejado: temos que pegar a faca de pão antes de pô-la sobre o pão e cortá-lo, lançar a pedra, engatar a alavanca, e assim por diante.

A demanda de Hume por contiguidade espacial é igualmente distorcida. Isso é óbvio quando falamos de causas de eventos, tais como o declínio da taxa nacional de natalidade, a alta da taxa de inflação ou o irromper da Segunda Guerra Mundial – aqui, qualquer referência à contiguidade espacial é patentemente descabida. Porém, está envolvido um ponto muito mais amplo. Como observado antes, a referência à contiguidade de *eventos* é, em geral, anômala, porque eventos não são contínuos espaciais e carecem de limites espaciais, como já mostrado na Tabela 3.1. Eventos podem precisar de espaço para ocorrer, mas não ocupam espaço, nem preenchem um espaço. Um casamento pode encher uma igreja, mas não como a água enche o copo – antes é como o público enche um teatro (tomando todos os assentos). Estacionar um carro precisa de espaço, mas não preenche um espaço – apenas o carro faz isso. Carecendo de limites espaciais, um evento não pode *tocar* outro. De fato, dois eventos distintos podem ocorrer no mesmo lugar, mas seria um erro pensar que eles são destarte contíguos. Um atiçador posto no fogo pode tornar-se vermelho e quente, mas o evento de tornar-se vermelho não é *contíguo* ao evento de tornar-se quente – não porque está distante, menos ainda porque é o mesmo evento, mas porque não faz sentido falar de contiguidade aqui. Assim, um evento pode realmente causar outro, embora eles não sejam, nem poderiam ser, contíguos. Não há, então, problema algum com a ação a distância? As preocupações de Newton eram sem fundamento? As marés, a subida e descida dos oceanos, não são causadas pela Lua exercendo força gravitacional *a distância*? Isso é desencaminhador. Descrever a Lua como "*exercendo* força gravitacional" é meramente mostrar preferência por uma *forma de descrição*, pois *exercer força gravitacional* não é uma ação da Lua sobre os oceanos. Aqui, nossa explicação causal distancia-se do paradigma, retendo a sua forma preferida. Podemos, de maneira menos desencaminhadora, dizer que a rotação da Terra na vizinhança da órbita da Lua causa as marés – um fenômeno que instancia e é descrito pela lei do inverso do quadrado. No entanto, o evento da rotação da Terra não é contíguo nem não contíguo ao orbitar da Lua em torno da Terra a uma distância de 400.000 quilômetros.

Qualquer conexão causal singular instancia uma generalização causal? Talvez devamos nos aproximar da questão de maneira oblíqua. Nosso conhecimento de que uma relação causal ocorre depende de nosso conhecimento de uma regularidade que ela instancie? É evidente que, diante dos muitos exemplos de nossa própria ação sobre as coisas e de nossa observação de outras substâncias agindo em coisas (inclusive nós mesmos), isso não precisa ser assim. Em inúmeros casos de ação sobre outra coisa, por contato mecânico e manipulação, vemos e sentimos nós mesmos mudando sua posição (empurrando, puxando, carregando, depositando, lançando), sua forma (dobrando, moldando, cinzelando), seu tamanho (espremendo, comprimindo, inflando, cortando), sua cor (pintando ou polindo), ou mesmo dando um fim à sua existência (quebrando, queimando, fundindo, comendo), e assim por diante. Claro, em muitos casos, inclusive em alguns da espécie de casos justamente mencionados, pode não ser óbvio, à primeira ocorrência, que foi a nossa ação voluntária que provocou a mudança em questão. Assim, podemos repetir a ação. Mas isso é feito a fim de *confirmar* que foi o nosso V-ndo* que provocou a mudança, não para tentar discernir uma regularidade da qual se seguiria que nossa ação foi causa da mudança. Semelhantemente, quando um agente inanimado age em um paciente e uma dada mudança se segue, pode não ser evidente que a mudança resultou da ação do agente antes que de alguma outra causa. Assim, podemos procurar uma repetição da ocorrência ou engendrar um experimento que a repetirá. Mas, novamente, a regularidade meramente confirma que é a ação do agente que causa a mudança no paciente. Certamente, o caso elementar de causalidade de agente observável não é senão uma forma de relação causal. Muitas conexões causais são descobertas apenas após laboriosa experimentação e tornadas inteligíveis apenas no quadro de uma teoria científica complexa. Mas o caso elementar basta para mostrar que, a fim de descobrir que uma relação causal ocorre em um caso individual, que um agente fez algo acontecer agindo em um paciente, nem

---

* N. de T.: Ao longo deste e dos próximos capítulos, o autor emprega algumas notações para designar diferentes formas verbais de um verbo qualquer, bem como para indicar o agente da ação expressa pelo verbo. A irregularidade dos meios para construir as correspondentes expressões em nossa língua, ao contrário do que se dá na língua inglesa, torna o esquema geral uma aproximação muito grosseira. Ainda assim, preferiu-se aqui manter o modo de construção da expressão usado pelo autor. As equivalências e significados emprestados são expressos pela seguinte tabela:

Notação do autor	Notação na tradução	Significado
To V	V-r	Infinitivo
V's	V*	Primeira pessoa do presente do indicativo
V-ing	V-ndo	Gerúndio
V-dDid He V	V-u	Terceira pessoa do passado do indicativo
Have V-ed	Ter V-do	Pretérito perfeito composto
V-er	V-dor	O agente do ato expresso pelo verbo V-r
V-d	V*	Primeira pessoa do passado do indicativo

sempre temos que estabelecer primeiro que tais e tais ações ou eventos são uniformemente seguidos de tais e tais outros eventos.

Uma causa não é uma condição necessária para a ocorrência do efeito? Hume certamente estava errado aqui, uma vez que um efeito pode ser produzido de muitos modos e maneiras. Não era necessária *nesta* ocasião? Não necessariamente assim; algo pode causar certo evento em uma ocasião sem ser uma condição necessária de sua ocorrência naquela ocasião. Em certas circunstâncias, podemos dizer confiantemente que, se *esse* evento não tivesse ocorrido, alguma outra coisa teria ocorrido exatamente com o mesmo efeito. De fato, algumas vezes *sabemos* (porque projetamos o mecanismo) que a ocorrência de C^1 realmente *impede* C^2 (que causaria E) de ocorrer, de modo que, se C^1 não ocorresse, então teria ocorrido C^2 e *ela* teria causado E (esse é o truque dos dispositivos à prova de falhas).

Uma causa não é uma condição suficiente ou uma condição suficiente nas circunstâncias? Se E acontece sempre que C acontece, a ocorrência de C não é a causa de E acontecer? Não, devemos ser cuidadosos para não confundir uma *condição suficiente* de uma dada mudança E com uma *condição suficiente para causar* tal mudança. Assim, alguma coisa pode ser uma condição suficiente para a ocorrência de E sem que o cause. Certamente, se C causa E, então C é uma condição suficiente para E. Mas a conversa não prossegue, uma vez que C pode ser um acompanhante invariável e não causal de E, que fornece um fundamento adequado (uma condição suficiente) para inferir que E ocorrerá ou está ocorrendo, sem ser a causa (assim como a incandescência é um acompanhante invariável de um bloco de ferro atingindo n graus centígrados, sem, contudo, causar que o ferro esteja quente).[23]

Não obstante, um enunciado singular causal não implica uma *lei* causal? Não assim. Tudo o que se segue é a pressuposição de que, em uma ocasião subsequente, se a mesma ação ou evento não produzir o mesmo resultado, então há uma diferença entre os casos que explicará os diferentes resultados. Assim, as generalizações que se seguem de uma proposição singular causal não são nômicas, ou não o são geralmente, e certamente não são necessariamente nômicas. Antes, pode haver, e comumente há, generalizações de baixo nível, qualificadas por cláusulas *ceteris paribus** e por condicionais abertos ("lançar pedras em janelas quebra-as, *se* são lançadas com força suficiente, *se* o vidro não é blindado"), mais próximas de receitas que de leis da natureza.[24] Tendo descoberto que fazer *isso* com *aquilo* provoca *p*, então, se você quer provocar *p, isso* é o que você deve fazer. Obviamente, quanto mais nos afastarmos do conhecimento causal cotidiano em direção às investigações científicas, mais perto provavelmente estaremos de movermo-nos para gene-

---

* N. de T.: Fórmula latina clássica que significa "tudo o mais sendo igual".

ralizações nômicas que hipnotizam filósofos e caracterizam *algumas* partes da ciência. Mas não são estas que são implicadas pelos enunciados causais comezinhos que impregnam nosso discurso. A ideia de que todo enunciado singular implica uma lei causal não é nada mais que um comprometimento sem fundamento com uma forma incipiente de determinismo.

5. A FISSURA NO DEBATE MODERNO

Schopenhauer insistiu que apenas eventos podem ser causas de algo.[25] Ducasse seguiu o exemplo, insistindo que "nada pode nem mesmo ser dito como uma causa ou um efeito, com propriedade estrita, exceto um evento [...] objetos eles próprios (no sentido de substâncias, por exemplo, ouro; ou coisas, por exemplo, uma árvore) nunca podem ser ditos propriamente como causas ou efeitos, mas apenas agentes ou pacientes [...]".[26] Mas isso não é verdade. Uma árvore pode causar o desmoronamento de uma parede, minando suas fundações. O Sol pode causar o escurecimento de uma placa fotográfica,[*] ao brilhar sobre ela. Substâncias (coisas) são agentes, e não eventos nem classes de eventos, mas isso não as impede de causar coisas. Não serão elas causa*doras* antes que causa*s*? Não, não *antes que*; um causador é um agente pelo qual ou por quem um efeito é produzido. De fato, são tais agentes que, paradigmaticamente, causam, provocam, sustentam, impedem ou suprimem mudanças em pacientes, e o fazem assim agindo neles. (Certamente, eventos também são causas, mas não causadores.) Seria, então, o caso de que, embora substâncias (coisas) causem mudanças nos pacientes sobre os quais atuam, elas não pudessem ser tomadas por *ser* as causas? Isso seria errado também. É verdade que falamos mais prontamente do agente como causador que como *a* (ou *uma*) *causa,* mas nada há de distorcido em dizer, acompanhando o OED,[**] que mulheres são a causa de muitos danos (e homens de mais ainda). O bacilo da tuberculose é a causa da tuberculose, a bactéria *Treponoma pallidum* do gênero espiroqueta[***] é a causa da sífilis e o bacilo de Hansen é a causa

---

[*] N. de T.: Uma das primeiras formas de um equivalente do agora também antigo filme fotográfico, constituído de uma placa de vidro coberta de uma fina camada de emulsão de prata, sensível à luz, ainda empregado por astrônomos.

[**] N. de T.: *Oxford English Dictionary*, o dicionário clássico da Inglaterra.

[***] N. de T.: No original, *spirocete*, embora a ortografia consagrada nos dicionários, em particular no OED, seja *spirochete*.

Natureza humana **85**

da lepra. E podemos descobrir que a causa de um incêndio foi uma válvula de gás defeituosa. Semelhantemente, não há nada de errado em identificar substâncias – materiais – como causas. Ouro, em uma fina camada sobre a superfície dos satélites, é a causa de seu grau muito alto de reflexão da radiação infravermelha incidente. O ácido na chuva urbana é a causa da erosão das pedras de construção. Em resumo, são substâncias e materiais particularizados ou em quantidades específicas que paradigmaticamente possuem poderes causais, e, de fato, substâncias, nos dois sentidos do termo, são parcialmente definidas por seus poderes causais. Seria curioso, de fato, se coisas e materiais fossem *a priori* excluídos da categoria de causas ou se lhes fosse negado o poder de produzir mudanças ao agir em outras coisas. Seria muito estranho *descobrir* que seres humanos *não pudessem* (logicamente) fazer coisas acontecerem ou impedi-las de acontecer, ou não pudessem ser identificados como as causas (ou os causadores) de vários desastres que provocam por suas ações. Eles são fazedores e quebradores, criadores e destruidores. Seria igualmente estranho supor que nosso rico e variegado vocabulário de verbos causais fosse aplicado *impropriamente* a nós mesmos e a outras substâncias.[27]

Como os filósofos chegaram a pensar de outro modo? Em parte, pela perda de controle sobre o conceito categorial aristotélico de substância, perda que, como vimos no Capítulo 2, começou no início da modernidade, com Descartes, é patente de maneiras bem diferentes, mas igualmente desastrosas, em Locke e Spinoza, é gritante em Hume e – apesar dos esforços para salvar o conceito – proeminente em Kant. O que nenhum desses grandes pensadores fez, em prejuízo deles próprios, foi retornar a Aristóteles e procurar recuperar da sua consideração da *ousia* um relato correto de uma das categorias mais básicas de nosso pensamento e fala. É digno de nota que essa confusão lamentável, de Descartes a Kant, tenha sido predominante exatamente na época em que foram iniciadas investigações filosóficas intensivas sobre o conceito da causalidade eficiente e explicações causais, como resposta aos avanços nas ciências físicas. Muito da confusão que sobreveio, de fato, brotou da excessiva preocupação com o que era concebido como os produtos da nova ciência da matéria em movimento, e também da pouca atenção às exigências da referência e da predicação, da identificação e reidentificação. Portanto, também foi concedida excessiva atenção ao caráter conceitual das leis da natureza e ao seu papel na explicação de fenômenos naturais e, por outro lado, pouca atenção ao uso de verbos causativos e a juízos e explicações causais comezinhos. Mas a filosofia não é criada da ciência. É o tribunal do sentido – para ambos, ciência e discurso comum. O conceito de causa é uma categoria pelo menos tão fundamental no pensamento e do discurso ordinário quanto o é no pensamento e no discurso científico. O primeiro é anterior ao último na ordem do entendimento.

86 P. M. S. Hacker

6. A CAUSALIDADE DE AGENTE COMO PROTÓTIPO

Im Anfang war die Tat ("No início era o ato"), escreveu Goethe* (e Wittgenstein gostava de citar). É para a ação e a paixão que devemos olhar, em primeiro lugar, a fim de esclarecer nosso conceito de causalidade. A razão para essa alegação é dupla. Em primeiro lugar, já observamos que conceitos de substância são empregados para significar os objetos básicos de referência e os sujeitos básicos de predicação em nosso esquema conceitual. Apenas assim um sistema de referência objetivo, público e espaçotemporal pode ser determinado. Poderes causais ativos e passivos são marcas características de nossos conceitos de substâncias. Substâncias são *agentes*, ou seja, coisas de certas espécies que agem em outras coisas. Uma vez que não pode haver agentes (empíricos) que não possam ser também *pacientes*, elas são também coisas que podem sofrer a ação. Assim, a primazia da causalidade de agente em nosso esquema conceitual é um correlato da primazia do conceito de substâncias.

Uma segunda razão de olhar, em primeira instância, para a ação e a paixão, tendo em vista a elucidação de nosso conceito geral de causalidade e da concepção de relações causais, é uma razão genético-analítica. Podemos conceder que não é tarefa da filosofia especular acerca da ordem empírica de aquisição de conceitos ou transpassar para o território da teoria psicológica da aprendizagem. Mas é perfeitamente lícito refletir acerca das necessidades que clamam pela existência desses conceitos e clarificar os papéis que eles desempenham nas transações de seres que usam linguagem. Para fazer isso, é proveitoso partir de um jogo de linguagem rudimentar no qual os movimentos são claríssimos. Não é coincidência que as duas razões sejam convergentes.

A maneira mais elementar pela qual os seres humanos, como pacientes, sofrem a ação é pelo impacto de objetos e, na infância, pela manipulação dos pais. Uma criança é erguida, abaixada, rodada, empurrada, puxada, banhada, secada, aquecida, alimentada e assim por diante – a vulnerabilidade aos cuidados causais de pais e de outros sendo parte da condição natural do neonato. A maneira mais elementar pela qual os seres humanos, como agentes, atuam sobre objetos em seu meio ambiente, tanto intencional como não intencionalmente, é por impacto e manipulação. Movemos, paramos, esticamos, comprimimos, suspendemos, abaixamos, deixamos cair, colocamos, substituímos, retiramos do lugar, arrancamos, levantamos, balançamos, rodamos, giramos, mergulha-

---

* N. de T.: *Fausto*, Primeira Parte (v. 1237). Na cena inicial, que transcorre na biblioteca, Fausto propõe-se a corrigir assim a famosa afirmação que abre o *Evangelho Segundo São João* ("No início era o Verbo"). Ao traduzir o termo alemão *Tat* pelo termo inglês *deed* (aqui traduzido por ato), Hacker introduz uma nota de intencionalidade não implicada pelo termo alemão. Sobre o significado do termo *Tat* em Goethe, veja-se, por exemplo, Haupt, Paul, *The Beginning of the Fourth Gospel*, *The American Journal of Philology*, Vol. 41, Nº 2 (1920), p. 177-180.

mos, imergimos, inserimos, extraímos, cobrimos, descobrimos, enterramos, desencavamos, abrimos e fechamos uma variedade infindável de coisas.

Entre as primeiras coisas que aprendemos estão os modos de fazer coisas acontecerem (e mantê-las acontecendo), de deter coisas de continuarem e de impedir coisas de acontecerem por nossa intervenção ativa. Observamos como agentes causais em torno de nós provocam mudanças, e comumente aprendemos como podemos intervir para as coisas pararem de acontecer ou para fazer as coisas acontecerem. O pano de fundo para o domínio infantil primordial do discurso causal consiste em suas atividades de reagir, frequentemente de maneira defensiva e supressiva, à causa (por exemplo, quando sente dor ou temor) e em suas vacilantes intervenções "experimentais" no curso das coisas (apalpando, empurrando, puxando, etc.). Quando a causa de um evento destacado não é patente, a criança naturalmente procura a causa, tenta rastreá-la e gradualmente aprende a experimentar, de maneira rudimentar, para encontrá-la. Isso habilitará a criança, em muitos casos domésticos corriqueiros, a descobrir como produzir ou evitar o efeito. O domínio dos rudimentos do discurso causal está entretecido, desde o início, ao *controle* produtivo e preventivo, à *expectativa* e, com ela, à *explicação*.

A iniciação da criança no jogo da linguagem de causa e efeito se dá pelo domínio do uso de verbos causativos elementares. Ela não poderia começar com formas como "o X-r do (agente) A causou o Y-r de (paciente) P". Apropriadamente, o vocabulário causal mais rudimentar consiste de verbos transitivos simples significando agir em um paciente, por verbos causais simples implicando um resultado da ação em um paciente e nomes de substância. "Execute" e "Faça...!" cabem aqui também. Do mesmo modo, também "Quem o fez?", "O que fez...?" e "Por que fez...?". "Causa" e "efeito", os conceitos genéricos, não. Pois, nos casos rudimentares de causalidade de agentes, causar a ocorrência de algo é paradigmaticamente provocar uma mudança em alguma coisa agindo nela. Portanto, conceitos específicos de ação e de mudanças efetuadas são pressupostos pelos conceitos gerais de "causar", "provocar", bem como "efeito", "consequência" e "resultado", pois os conceitos gerais são exemplificados e, portanto, também explicados, pelos conceitos específicos.

Impacto e manipulação – atingir, moer, empurrar, puxar, rebocar, pressionar, bater, apanhar, derrubar, rolar, apertar, esfregar, estirar, etc. – gozam de proeminência no jogo de linguagem primitivo de *ordenar alguém a fazer coisas acontecerem*, de *obedecer a ordens para fazer coisas acontecerem*, de *descrever alguém fazendo coisas acontecerem* e de *perguntar quem ou o que fez coisas acontecerem*. Pois somos agentes, cujo modo primário e mais primitivo de afetar outras coisas é por meio do impacto e do contato, pressão e tração. Não menos importante para os agentes intencionais, o que as criaturas que exercitam conceitos devem ser, é *evitar que coisas aconteçam, parar coisas que estão acontecendo*, bem como *manter a mudança*. Pois, justamente do modo como provocamos mudanças, por meio do movimento de várias maneiras e através disso agindo em outras coisas, assim também podemos interferir no que acontece ao redor de nós e impedir coisas de acontecerem, detê-las enquanto elas estão acontecendo ou mantê-las em marcha. Nessa conexão, um grande número de frases verbais causativas, tais como "parar P", "desacelerar P", "manter P aberto (fechado, firme)", "reter P no alto (embaixo, imóvel)", "manter P... (quente, frio, seco, molhado)" encontram um papel óbvio em ordens, questões e descrições.

Aqui, na forma mais básica de interação do ser humano com o meio ambiente, a própria ideia de que conexões causais sejam opacas, não observáveis – de fato, que causas e efeitos não estejam *conectados*, em si mesmos, de modo algum, mas sim soltos e separados, como escreveu Hume – é absurda. Não há nada opaco naquilo que causa nossa queda quando somos empurrados, e nada desconhecido acerca da causa quando derrubamos um jarro de água, lançamos uma bola, sopramos um apito, e assim por diante. As conexões entre ser empurrado e cair, entre derrubar um receptáculo cheio de água e a água derramar ou entre soprar um apito e produzir um som são evidentes. Pois esses não são senão uns tantos modos da operação de um agente (frequentemente um agente intencional, tal como nós mesmos) sobre um paciente pelo qual uma mudança é produzida, a mudança sendo o resultado da ação.

Frequentemente, o modo de operação de uma coisa sobre outra é evidente. Uma bola de bilhar faz outra bola mover-se ao atingi-la; um ramo quebra um arbusto ao cair sobre ele; uma pedra esmaga um caracol ao rolar sobre ele. Em outros casos, o agente é evidente, mas o modo de operação não é perspícuo: a água dissolve o açúcar, mas é necessária uma teoria para explicar como; o sal corrói o ferro, mas uma doutrina química desenvolvida é requerida para explicar o processo. Em alguns casos – por exemplo, de "agência não substancial" –, o modo de operação é inseparável do agente: o vento quebra a árvore soprando sobre ela (o vento, poderíamos dizer, é um evento em vestes de substância); o rio aprofunda o seu leito correndo sobre ele.[28] Ainda em outros casos, o agente causal *não* possui um modo de operação – como ocorre quando uma casca de banana é a causa de uma pessoa tropeçar e cair, ou o gelo na rodovia é a causa do carro deslizar, ou um nevoeiro é a causa da interrupção do trânsito. Mas, em tais casos, estamos afastando-nos do paradigma da causalidade de agentes, pois aqui o agente causal não *age no* paciente, através do que provoca uma mudança.[29] Antes, a presença do agente é mais parecida com uma condição causal.

Assim, o protótipo da causalidade é um agente substancial fazendo alguma coisa acontecer pela ação em um paciente. A causalidade de um agente substancial provê o *centro de dispersão*,* ou melhor, os *centros* de dispersão,

---

* N. de T.: No original, *centre of variation* (literalmente "centro de variação"). Essa expressão inglesa é frequentemente empregada em contextos biológicos ou antropológicos para designar o ponto a partir do qual se propagou uma espécie vegetal ou uma cultura, contexto no qual se costuma empregar em português a expressão "centro de dispersão" ou ainda "centro de irradiação".

em torno dos quais podemos ordenar a variedade de conceitos de conexões causais. Pois não há uma forma única de causalidade de agente, mas um número de formas diferentes. Até agora, enfatizamos a agência humana elementar, uma vez que é evidente que o jogo de linguagem com conceitos causais encontra nela a sua forma mais primitiva e perspícua. Mas nem todo agente é animado ou mesmo substancial.

Nem todos os agentes causais são substâncias primárias. Alguns são materiais fracionados – um grão, uma pepita, um bloco, uma poça, um tanque ou uma lagoa de tal e tal (material) pode ser um agente causal não menos que uma coisa de uma dada espécie. O mesmo pode-se dizer de quantidades específicas de material – este mililitro de ácido pode produzir um furo nesta toalha de mesa, assim como aquele litro de água removerá esta mancha, e estes poucos miligramas de ácido cianídrico são suficientes para matar alguém. Vamos ainda mais longe, escalamos para o papel de agentes da mudança coisas que não são substâncias nem partes ou quantidades específicas de materiais, pois falamos de maneira perfeitamente correta sobre o vento derrubar uma árvore, da luz escurecer uma placa fotográfica e do calor do verão azedar o leite, conforme ilustra a Figura 3.1 a seguir.

Agentes atuam sobre pacientes e por meio disso provocam uma mudança no paciente (ou evitam uma mudança que de outro modo teria ocorrido). Assim, agentes poderosos estão relacionados causalmente a pacientes sobre os quais eles atuam, mas, evidentemente, devemos ter o cuidado de esclarecer o que se entende por "uma relação causal" nesses casos: estamos nos referindo simplesmente à relação entre agente e paciente, que consiste na *ação* do agente sobre o paciente – ou seja, o que o agente faz ao paciente para produzir uma mudança? Ou estamos nos referindo à relação entre o agente e o paciente que é especificada pelo verbo causativo (por exemplo, A *quebrou*, *enrolou*, *moveu* P)? Ou estamos nos referindo à relação entre o agente e o evento ou estado de coisas que o agente produziu ou fez acontecer (como ocorre quando dizemos "ele causou a ruptura (a descoloração, o resfriamento)" ou "Ele causou P a V-r" ("o vaso a se quebrar", "o cômodo a se resfriar")

FIGURA 3.1
Espécies de agentes causais

ou "Ele fez P V-r" ("o latão brilhar", "o cômodo estar arrumado")? Todas as alternativas são legítimas, e a escolha está disponível. Devemos, contudo, ter clareza sobre o que temos em mente ao falarmos em relação causal nesse contexto.

Entre os agentes de mudança que são substâncias primárias, distinguimos as animadas das que são inanimadas. As primeiras incluem agentes voluntários, como nós próprios, com poderes bidirecionais de agir ou abster-se de agir à vontade. Mesmo no escopo da agência causal humana há uma importante diversidade, como foi anteriormente observado, pois distinguimos entre causalidade humana eficiente, como ocorre quando agimos em alguma coisa e provocamos (ou evitamos) a mudança, e causalidade motivacional interpessoal, como ocorre quando fazemos alguém fazer alguma coisa por ameaça, mentira ou induções. (Isso deixa de lado formas de causalidade, às vezes denominadas "causalidades mentais", tais como fazer alguém rir ou chorar, por um lado, e forçar alguém a fazer alguma coisa sob hipnose, por outro.)

Assim, mesmo nossos protótipos básicos são ricamente variados. As formas derivativas, que fornecem centros de dispersão ulteriores, são ainda mais ricamente variegadas.

7. A CAUSALIDADE DE AGENTE É *APENAS* UM PROTÓTIPO

A causalidade de agente, em suas várias formas, fornece o protótipo das relações causais. Desses protótipos gerais, que contemplam tanto a causalidade inanimada como a animada (a qual inclui a causalidade eficiente pela ação, bem como a causalidade intencional, racional-teleológica), ramificam-se as formas prodigiosamente diversas do discurso causal. Alguns filósofos anti-humeanos exageraram e distorceram o papel do controle em nossa concepção de causalidade. Collingwood foi tão longe a ponto de declarar que a causa é um evento ou estado por produção ou evitação, do qual *nós* podemos produzir ou evitar o efeito – abraçando alegremente a consequência de que seria uma contradição, em termos, falar da descoberta de causas não manipuláveis, tais como a causa das manchas solares, das supernovas, de cânceres incuráveis, de terremotos ou erupções vulcânicas.[30] Mas pode-se fazer justiça à natureza central da possibilidade de causas controláveis em nossos jogos de linguagem primitivos sem abraçar a conclusão que se choca com o uso do termo "causa" nos nossos jogos de linguagem totalmente maduros. Para estarmos seguros, portanto, almejamos explicações *causais* de infindáveis fenômenos incoercíveis, e muitos daqueles que não podem ser impedidos (terremotos, vagalhões) podem ser *evitados*, se adequadamente compreendidos, e, em casos particulares, previstos com base em uma compreensão etiológica correta. O que torna causal uma explicação ou uma predição não é o fato de que o fenômeno seja acessível ao controle humano.

Von Wright também argumentou que o conceito de causa pressupõe o de ação humana – de duas maneiras, epistêmica e logicamente. A única forma de estabelecer que uma sequência regular seja causal (nômica) não acidental, von Wright sustentava, é validar um enunciado condicional contrafactual. Devemos descobrir se, caso não tivesse ocorrido a causa putativa, então o efeito não teria ocorrido. Porém, a única maneira de estabelecer tais contrafactuais é pela ação – por interferência experimental no curso da natureza. Assim, nosso *conhecimento* das causas depende de nossa ação manipulativa e experimental. Mas a dependência que ele via era também *lógica*, entre o condicional contrafactual causal e a ação. Além da sequência regular, se pudéssemos produzir (ou tivéssemos produzido) o primeiro estado em uma ocasião em que este não se dá ou não se deu, deveríamos provocar (ou ter provocado) o segundo como consequência.[31] Assim, asseverava ele, "*p* é uma causa relativa a *q*, e *q* é um efeito relativo a *p* se, ao fazer *p*, tivéssemos provocado *q* ou, ao suprimir *p*, tivéssemos removido *q* ou impedido que ele acontecesse".[32] Mais genericamente, ele argumentou que, se um homem "ficasse inteiramente 'passivo' frente à natureza, se ele não possuísse a noção de que *ele* pode fazer coisas, de que pode fazer diferença no mundo, então, não haveria maneira de distinguir a regularidade acidental da causa [...] O homem não teria familiaridade com a noção de contrafactualidade, com a ideia a respeito de como poderia ter sido, se – *Esse* é o fundamento para dizer que o *conceito* de conexão causal repousa sobre o *conceito* de ação (humana)".[33]

Pode-se conceder que apenas um ser ativo adquirisse conceitos causais e no geral o conceito de causalidade, mas apenas um ser ativo teria adquirido uma linguagem de *qualquer* espécie, não importa se esta incluísse conceitos causais ou não. É duvidoso que o pensamento de que o *homem* possa ficar "passivo" frente à natureza seja inteligível. Entre outras coisas, tal ser não seria uma criatura que faz uso da linguagem autoconsciente (como nós fazemos). As condições prévias para a aquisição de um conceito geral não são evidentemente elementos constitutivos das regras para o uso de verbos causais. Mesmo que fosse verdadeiro que apenas agentes intencionais, possuidores de poderes causais, pudessem adquirir conceitos causais, isso não mostraria que todo uso de um conceito causal implica na possibilidade (lógica) de intervenção intencional ou manipulação.

Não é evidente que seja parte das regras para o uso de conceitos causais que a causa de uma dada mudança deva ser alguma coisa que "nós" possamos suprimir ou provocar. A investigação astronômica sobre as causas da explosão de supernovas não se torna incoerente simplesmente porque estas não são coisas que os seres humanos possam porventura gerar. A alegação de que o Golfo do México foi formado pelo impacto de um grande meteoro não é invalidada meramente porque nenhum ser humano poderia tê-lo impedido. Obviamente, podemos dizer que "se *pudéssemos* produzir o primeiro estado na ocasião em que ele não fosse obtido, nós provocaríamos o segundo como consequência", mas tudo isso é equivalente a, se E1 tivesse ocorrido, então, E2 teria ocorrido nessas circunstâncias (E2 não teria ocorrido "por si mesmo"). "Nós" somos estritamente supérfluos.

Finalmente, embora a hipótese de que a sequência regular de eventos do tipo E2 a eventos do tipo E1 não seja acidental, mas causal, e seja frequentemente validada por confirmação experimental ou um condicional contrafactual, esta certamente *não* é a única maneira. Pois, como foi observado, inúmeras generalizações causais são estabelecidas simplesmente como generalizações de sequências causais singulares observadas. Essas podem, de fato, não ser *nômicas*. Portanto, elas não são os resultados de teorias científicas, mas os dados para tal teorização. São generalizações causais, e não descrições de regularidades acidentais, baseadas em conexões singulares patentes, que observamos ao redor de nós. Observamos que pessoas ficam resfriadas por se exporem à corrente de ar; que o adubo é bom para a colheita; que o vinho intoxica e assim por diante. Frequentemente, sabemos que E1 causou E2 (observamos acontecer ou fazemos com que aconteça). Não assumimos que *sempre que* ocorre um evento do tipo E1 se seguirá um evento do tipo E2, não mais do que assumimos que *sempre que* agimos sobre P por *x*-r, P irá V. Assumimos apenas que, se E2 não se sucedeu, se P não produz V, então procuraremos alguma razão *por que* ele não se seguiu, procuraremos alguma diferença nas circunstâncias que pudesse explicar isso.

8. CAUSALIDADE DE EVENTO E OUTROS CENTROS DE DISPERSÃO

Se um agente A atua em um paciente por *X*-ndo e através disso provoca uma mudança em P, então, em inumeráveis casos, podemos redescrever a interação causal como A causando uma mudança em P ou fazendo P mudar ou provocando o evento de V-r de P. Assim, por exemplo, o fogão pode agir sobre a manteiga na frigideira aquecendo-a, e, através disso, derreter a manteiga – desta forma, o fogão causou o derretimento da manteiga, fez a manteiga derreter, provocou o derreter da manteiga. Semelhantemente, a pedra pode atuar na janela atingindo-a, e, por isso, quebrá-la – assim, a pedra causou o quebrar da janela, ela fez a janela quebrar, ela provocou a quebra da janela. Em tais casos, descrevemos um agente atuando sobre um paciente e causando a ocorrência de um evento. Mas, obviamente, podemos levar adiante as nossas transformações e engolfar a referência ao agente e a descrição de sua ação por uma nominalização ulterior: o *aquecer do fogão* causou o derreter da manteiga e o *bater da pedra na vidraça* causou o quebrar desta. Aqui, passamos do modo de descrição referido a agente (e, nesses dois casos, substancial) para o modo de descrição referido ao de eventos, no qual agente e paciente são engolfados nas designações de eventos, conforme mostra a Tabela 3.2 a seguir.

Aqui também encontramos um paradigma simples em torno do qual se agregam formas conceituais diferentes, porém, relacionadas. O centro de dispersão é o caso de um evento consistindo de uma substância agindo em outra substância e um evento decorrente consistindo de uma mudança em uma segunda substância. O primeiro evento é caracterizado como a causa do último, precisamente porque a substância constitutiva é o agente que realiza no paciente a mudança, aquilo em que consiste o segundo evento. Diversas características desse paradigma simples de causalidade de evento são dignas de nota.

TABELA 3.2
Transformações de descrições causais elementares

1. Duas descrições de eventos ligados por um conectivo causal		
A V P	do qual, como consequência	P X
O fogão aquece a manteiga		A manteiga derrete
A pedra atinge a janela		A janela quebra
NN abre a porta		O recinto esfria

2. Enunciados de causalidade de agente suplementado por uma especificação de um modo de operação
A X P por V-la(o) (A faz x por V-la(o); A provoca que P X
O fogão derrete a manteiga por aquecê-la
A pedra quebra a janela por atingi-la
NN esfria o recinto por abrir a porta

3. Uma descrição de evento ligada a uma descrição de efeito no infinitivo		
A V P	por isso causa	P a X
O fogão aquece a manteiga		A manteiga derreter
A pedra atinge a janela		A janela quebrar
NN abre a porta		O recinto esfriar

4. Causalidade de evento: duas designações de eventos ligados por um operador causal		
O V-r de A	causou	o X-r de P
O aquecer do fogão da manteiga		O derreter da manteiga
O bater da pedra na janela		O quebrar da janela
O abrir a porta de NN		O esfriar do recinto

94 P. M. S. Hacker

Primeiro, a causalidade é uma relação binária simples entre eventos. Isso contrasta com a variedade de relações causais exibida pela causalidade de agente, em que o agente *atua no* paciente e *por isso produz* uma mudança *nele*, ou, o que dá no mesmo, em que o agente faz algo ao paciente, *ao fazer aquilo* que provoca a mudança no ou para o paciente. Pode-se dizer que, se A V P (a pedra quebra a vidraça, o gato mata o rato, o homem acende o fogareiro), isso é uma relação binária causal entre duas substâncias, significada por um verbo e que acarreta uma mudança no paciente provocada pelo agente. Mas podemos também dizer que, nos casos em que A X P e através disso o(a) V (como ocorre quando a pedra atinge a vidraça e por isso a quebra), ou A V P por X-lo(a) (o gato mata o rato por quebrar o seu pescoço), temos uma relação mais complexa. Semelhantemente, A pode V P, e, desse modo, impedir a ação de P sobre B e, por isso, mudar B – assim, A impede o X-r de B por V-r P – uma relação ainda mais complexa.

Segundo, a responsabilidade causal pela mudança em questão é agora atribuída não a um "particular poderoso" – ou seja, uma substância com uma série de poderes causais que se manifestam em sua interação com o paciente –, mas a um evento individual.

Terceiro lugar, eventos não são *agentes*. precisamente porque eles não são particulares persistentes no tempo e espacialmente localizados; eventos não possuem poderes *latentes* explicáveis por referência às suas naturezas constitutivas, como as substâncias possuem. Como foi observado, eles são causas, mas não causadores.

Quarto, consequentemente, nas descrições de causalidade de evento, o peso explicativo da atribuição causal se desloca. Se E1 causou E2, não podemos perguntar de maneira inteligível o que E1 *fez* a E2 – pois um evento não *atua sobre* outro evento (embora possamos, obviamente, perguntar o que um evento fez a uma substância ou coisa – como ocorre quando perguntamos o que o aquecimento da solução lhe fez ou o que o terremoto fez com a cidade). Frequentemente, podemos perguntar *como* o primeiro evento causou o segundo – mas a resposta, quando pudermos dar uma, não é mencionar o que o primeiro fez ao segundo, e sim a especificação de um "mecanismo intermediário" ou passos intervenientes em uma "cadeia causal". Assim, se nos for perguntado como a inversão do interruptor de luz causa o ligar da luz, podemos responder explicando que ele fecha o circuito elétrico, o que faz a corrente fluir, o que aquece o filamento, o que...

Quinto, a relação causal entre eventos é formal, tendo o seu conteúdo sido absorvido pelas descrições de eventos. O que o agente faz ao paciente, e qual foi o resultado de seu assim fazer, foi incorporado nas descrições de eventos, deixando a relação causal sem conteúdo. Não é de se admirar que Hume achasse problemático dizer o que é para um evento causar outro meramente gesticulando, embora malogradamente, frente à prioridade espaçotemporal e à contiguidade, e sugerindo, erroneamente, que reside em algo não observável na sucessão individual dos dois eventos, a saber, na instanciação da regularidade. A perplexidade conceitual não é diferente da intriga sobre o que uma substância S pode possivelmente ser, dado que uma substância é um portador de propriedades, incluindo a propriedade de ser S. Então, tal como Locke, podemos nos surpreender com o que pode possivelmente ser o portador da propriedade de ser um S. Aqui ocorre algo de semelhante, se substituirmos a descrição simples "A pedra bateu na janela e a quebrou" (na qual o que a pedra fez à janela e qual foi o efeito de assim agir sobre a janela são evidentes) pela descrição de evento "O bater da pedra na janela causou a quebra da janela", podemos nos surpreender com o que consiste exatamente a relação causal entre eventos ou pelo que representa o verbo "causar" nesse contexto.

O paradigma simples do X-r de A causando o V-r de P é, ele próprio, um centro de dispersão ulterior para outra série de tipos de enunciados causais, visto que esse paradigma está obviamente sujeito a todas as variações que observamos no caso da causalidade de agente. Nem todos os agentes são substâncias e, do mesmo modo, nem todos os eventos que se qualificam como causas são mudanças em substâncias; por exemplo, o aguaceiro pode causar a inundação, assim como o clarão pode causar o escurecer da placa fotográfica. De maneira semelhante, nem todos os efeitos são transformações de substâncias: uma explosão pode causar um clarão e também um ruído.

Isso promove uma variedade conceitual muito mais extensiva, decorrente da polivalência do conceito categorial de evento, pois nem todas as designações de eventos indicam substâncias simples ou transformações de agente. "A destruição do *habitat* é a causa da extinção de espécies", "A diminuição da taxa de inflação deve-se à política monetária frouxa", "A queda do valor das ações da *Crook* causou o colapso do mercado" são todos enunciados causais respeitáveis (embora nem todos sejam instâncias de causalidade eficiente). São, contudo, instâncias que estão longe do protótipo simples de um "evento atômico" (a ação de uma substância sobre a outra) causando outro (a transformação daquela substância). Uma vez que a descrição causal e a atribuição são estendidas de agentes poderosos para eventos "atômicos" simples e, em seguida, para eventos de massa (tais como a Revolução Francesa, o colapso do padrão ouro, o irromper da Primeira Guerra Mundial, o aquecimento global, a extinção dos dinossauros), afastamo-nos cada vez mais da ideia de uma causa ativa que *atua sobre* uma coisa e a *faz* mudar.

Uma mudança ainda mais profunda em nosso discurso surge quando identificamos a causa de uma mudança como não sendo um evento (atômico ou outro) nem uma substância (animada ou inanimada), tampouco um mero agente não substancial, mas antes um estado, uma *condição*, uma *propriedade* ou até mesmo um *fato*. O estado gelado da rodovia pode ser dito como a causa do acidente, assim como a presença de oxigênio (uma condição recalcitrante que pode ter sido obtida acidentalmente em um laboratório livre de oxigênio) pode ser dita como a causa da explosão. O peso da abóbada pode ser dito como a causa do seu colapso, e a tensão da corda pode causar a emissão de certo som, quando tangida. Também podemos dizer que o fato de o rio transbordar faz com que a colheita apodreça. Aqui, afastamo-nos dos paradigmas, dos centros de dispersão da causalidade de agente, bem como da causalidade de evento. Se olhado da perspectiva da causalidade de agente ou de evento, pareceria bizarro falarmos em *estados* de coisas, *propriedades* de coisas, menos ainda em *fatos* como sendo causas. Com pode um estado *fazer* alguma coisa? Como pode uma propriedade *atuar sobre* uma coisa qualquer? Como pode um fato, que não é de modo algum um item espaçotemporal, *provocar uma mudança*? Mas é perfeitamente natural e inteligível que falemos desse modo quando mudamos nosso foco do agente ou do evento causal para uma *explicação* que não somente descreve o que aconteceu, como também torna inteligível *que* tal aconteceu. Se não fosse o estado gelado da rodovia, o carro não teria derrapado, se a abóboda fosse mais leve, o transepto não teria colapsado. Se a corda não tivesse sido assim tangida, ela não teria emitido um som. Se não fosse o fato de o rio ter transbordado, a colheita não teria apodrecido nos campos. Assim, *explicamos* um deles em termos do outro: "q", dizemos, "porque p", e a explicação que oferecemos é uma explicação causal. Mas os termos de uma explicação causal correta, o *explanandum* e o *explanans*, não precisam ser termos de uma relação causal e, quando citamos fatos ou propriedades, por exemplo, eles manifestamente não são termos de uma relação causal.[34] Podemos dizer que toda descrição causal é também uma explicação causal, mas nem toda explicação causal é uma descrição causal. Porém, isso é óbvio porque nossa linguagem deve ter se desenvolvido para acomodar ambas na rubrica de causalidade.[35]

Uma vez observado que nosso discurso causal incorpora esse grau de diversidade conceitual, incluindo na família das causas agentes substanciais, agentes não substanciais, eventos, processos, propriedades, estados, condições e fatos, é fácil ver por que devemos incorporar também entre as causas explanatórias as *não ocorrências* de eventos, a *ausência* de condições. A falta de chuva é a causa do fracasso da colheita, a deficiência de vitamina B é a causa do beribéri e a falha do sinaleiro em puxar a alavanca é a causa do acidente. Aqui, nosso uso do conceito de causa separou-se completamente da companhia da ideia de ação sobre alguma coisa, da noção de manifestação de poder ativo. Mas ele reteve sua conexão com o pensamento do que é, nas circunstâncias, uma condição *sine qua non*. Se não fosse a falta de chuva, a colheita não teria fracassado, e normalmente a chuva cai; se não fosse a deficiência de vitamina B, o paciente não teria tombado vítima de beribéri, e o ser humano normalmente obtém suficiente vitamina B para sua saúde; se não fosse a falha do sinaleiro em sinalizar, o trem não teria colidido, e é dever do sinaleiro sinalizar. Óbvio, muitas outras condições *sine qua non* poderiam ser citadas. Assim, por que escolher a ausência de uma condição ou evento e citá-la como a causa? Comumente porque, no caso particular, é isso que foi anormal, inesperado ou uma infração do dever – portanto, a referência à ausencia explica a ocorrência em questão e atribui responsabilidade causal (e também, outras dívidas pessoais).[36]

9. RESUMO

A discussão anterior não explorou a ideia de condições causais e não mencionou a ideia de uma lei causal. Essas, embora de grande interesse, não são pertinentes ao nosso empreendimento geral. O que eu procurei fazer foi fortalecer o caso da diversidade conceitual de nossa noção comum de causalidade. Devemos olhar para a causalidade de substância – ou seja, a ação de uma substância sobre outra e provocando-lhe uma mudança por sua ação – como um protótipo de nosso conceito geral de causa. Mas é apenas um entre uma variedade de centros de dispersão em torno dos quais podemos frutiferamente organizar as formas de nossas várias espécies de atribuições causais.

A causalidade de substância se amplia para incorporar agentes de mudança que não são substâncias primárias, tanto aquelas que são partições de material, quanto aquelas que são quantidades específicas de material, por um lado, e agentes não substanciais de mudança, tais como luz, eletricidade, chuva e vento, por outro lado. Transformações sintáticas de muitas espécies de enunciados de causalidade de agente resultam em enunciados de causalidade de evento que ligam designações de eventos. Aqui, perde-se de vista a noção de poder ativo atribuível à natureza intrínseca da causa e o modo de operação é comumente engolfado pelas designações de eventos. (Mas, como observado, a ideia de um agente atuando em um paciente e através disso provocando uma mudança já desapareceu, mesmo no caso de certas formas de causalidade de substância [como ocorre quando a casca de banana faz com que alguém escorregue].)

A causalidade de eventos fornece um centro de dispersão ulterior para outra série de formas de enunciados causais. A diversidade conceitual de nossas categorias gerais de eventos é, sem surpresa, espelhada na diversidade conceitual de causalidade de eventos.

Uma vez que a causalidade de eventos é adicionada às formas mais simples de causalidade de agentes, é natural estender enunciados causais a várias espécies de condições causais, determinando causas dentre tais condições, de acordo com vários princípios de seleção. Neste sentido, claramente, qualquer caso de causalidade de eventos pressupõe um conjunto de condições *sine qua non* para a ocorrência do efeito. Consequentemente, não apenas eventos são denominados causas, mas também estados, propriedades e outras condições que aparecem em explanações causais. Entre as condições antecedentes de um acontecimento específico, que circunstância nós chamamos de causa é [algo] altamente relativo ao seu propósito e dependente do contexto, deter-

98 P. M. S. Hacker

minado por nossos interesses, por aquilo que é normal e anormal nas circunstâncias, por aquilo que é esperado, e assim por diante.

Uma vez que se permita que espécies categorialmente variadas de condições sejam citadas em explicações causais, não há razão para excluir a ausência de eventos, processos e condições esperados ou normais, ou para omitir atos ou atividades que poderiam ter sido esperados ou requeridos.

A armadilha destacada no escrutínio filosófico de nosso conceito de causalidade e das formas de nossos enunciados causais é supor que o uso seja conceitualmente homogêneo, e, portanto, procurar reduzir todas as formas a uma única forma. Mas nossa categoria geral de causalidade é recalcitrante, multifacetada e chanfrada nos cantos como nossos outros conceitos categoriais característicos. Em resumo, é bem-adaptada às condições de nossa vida.

O conceito de substância, de ação e causalidade, e, portanto, de poder para agir e agir sobre outras coisas, estão entre os suportes categoriais dos andaimes de nosso pensamento e nossa fala. Assim, o próximo tema ao qual deveremos nos voltar é o das potências, vulnerabilidades, tendências e disposições de agir.

NOTAS

1. Recentemente, a interpretação tradicional de Hume foi questionada por Galen Strawson em sua obra *The Secret Connection: Causation, Realism, and David Hume* (Oxford University Press, Oxford, 1989). Ele argumentou que Hume era um realista privado acerca da causalidade anancástica e meramente expressou ceticismo acerca de nossa capacidade de descobrir a necessidade objetiva que é intrínseca à causalidade. Dadas as nossas faculdades limitadas, devemos ficar satisfeitos com a regularidade da sucessão e permanecer ignorantes das causas necessitantes e escondidas das coisas. Contra essa interpretação, veja-se Jonathan Bennet, *Learning from Six Philosophers*, vol. 2 (Oxford University Press, Oxford, 2001), §§ 273-5. Não há razão para que tomemos partido nessa controvérsia exegética. O que importa é que, por mais de dois séculos, Hume foi geralmente compreendido como tendo analisado a causalidade em termos de conjunção constante, contiguidade e prioridade temporal, e tentado explicar constantemente a ideia de conexão necessária.
2. Kant, *Crítica da Razão Pura*, A 112.
3. Ibid., B 168
4. Ibid. B 5
5. R. Harré e E. H. Madden, *Causal Powers* (Blackwell, Oxford, 1975); veja-se também R. Harré, *Laws of Nature* (Duckworth, London, 1993).
6. J. S. Mill, *System of Logic*, Livro 1, cap. v, seç. 3.
7. Ibid., Livro III, cap. v, seç. 6.
8. Ibid., Livro III, cap. v, seç. 3.
9. J. L. Mackie, *The Cement of the Universe* (Clarendon Press, Oxford, 1974).
10. D. Davidson, "Causal Relations", reimp. em *Essays on Action and Events* (Clarendon Press, Oxford, 1980), p. 149-62.

Natureza humana **99**

11. Berkeley, carta a Johnson, 25 nov. 1729, reimp. em *The Works of George Berkeley*, Ed. T. E. Jessop, vol. 2, p. 279; veja-se também *The Principles of Human Knowledge*, seções XXX-XXXI.

12. Thomas Reid, *Essays on the Active Powers of Man*, Essay I, em *The Works of Thomas Reid*, Ed. Sir Willliam Hamilton (Maclachlan & Stewart, Edinburgh, 1863), vol. 2, p. 524. Locke evitou a questão "se a matéria é ou não totalmente destituída de *poder ativo...* e se o estado intermediário de espíritos criados não é o único capaz de ambos, *poderes ativos e passivos*" (*An Essay concerning Human Understanding*, II, xxi, 2), mas sustentou que "corpos não nos fornecem, pelos nossos sentidos, uma *ideia* tão clara e distinta de *poder ativo* quanto a que temos da reflexão sobre as operações de nossas mentes (ibid., II, xxi, 4), uma vez que corpos transferem, mas não iniciam movimento, e assim não nos dão senão uma "*ideia* muito obscura de um *poder ativo* de mover". Reid foi adiante, sustentando que "da consciência que temos de nossa própria atividade, parece ser derivada não apenas a mais clara, mas a única concepção que podemos formar de atividade, ou de exercício do poder ativo" (*Essays*, p. 523).

13. Assim, Reid: "Poder produzir um efeito qualquer implica poder não produzi-lo. Não podemos conceber um modo no qual o poder possa ser determinado a um deles antes que ao outro, em um ser que não tem vontade", portanto, "não podemos ter nenhuma concepção da maneira pela qual uma causa pode exercer seus poderes ativos que não seja a consciência do modo pelo qual nosso próprio poder é exercido" (*Essays*, p. 523). Certamente, causas inanimadas não *exercem* seus poderes, mas antes os manifestam quando prevalecem as condições apropriadas para suas realizações. Tampouco seres animados *exercem* seus poderes causais, mas eles os exercitam. Se somos causas de nossas próprias ações ou movimentos é questionável, e será questionado no Capítulo 4.

14. As duas seções seguintes devem muito às conferências de Bede Rundle sobre causalidade em Oxford, 2003, a qual forneceu o estímulo para este capítulo.

15. Spinoza, *Ética*, Parte I, Axioma 3.

16. Hume, *Treatise of Human Nature*, Parte III, seç. XIV, ed. L. A. Selby-Bigge, rev. P. H. Nidditch (Clarendon Press, Oxford, 1978), p. 166.

17. G. Frege, *Begriffsschrift – A Formalized Language of Pure Thought Modelled upon the Language of Arithmetic* (Halle, 1879), §4, trad. P. F. Geach.

18. B. Rundle, *Why there is Something rather than Nothing* (Clarendon Press, Oxford, 2004), p. 50-5.

19. Não há *necessidade* de ir além dessa asserção qualificada. Mesmo que haja nomes de eventos que sejam originais, antes que derivados, não podemos acolher coerentemente o pensamento de uma linguagem na qual fosse possível a referência a um domínio objetivo e na qual uma distinção entre mundo objetivo e nossa experiência dele pudesse ser traçada, que fosse despojada de expressões que fazem referência a substâncias e consistisse, em vez disso, apenas de expressões que originalmente fazem referência a eventos.

20. Obviamente, podemos dizer que "o V-r de A causou o X-r de P" é derivada de "P X'u *porque* A o V'u". Mas a última forma sentencial é uma explicação de por que P X'u e podemos dar essa explicação porque sabemos que o agente A X'u ao paciente P por V-r-lo.

21. Hume, *An Enquiry Concerning Human Understanding*, seç. VII, Part II, ed. L. A Selby-Bigge, 2ª Ed. (Clarendon Press, Oxford, 1902), p. 74.

100 P. M. S. Hacker

22. Podemos definir uma causa como sendo *um objeto, seguido por outro, e quando todos os objetos semelhantes ao primeiro são seguidos por objetos semelhantes ao segundo. Ou, em outras palavras, quando, se o primeiro objeto não estiver, o segundo jamais existiria* (ibid., seç. VII, Parte II, p. 76).
23. Rundle, *Why there is Something*, p. 57-60.
24. Veja-se D., Gasking, "Causation and Recipes", *Mind*, 54 (1955), p. 479-87, para a elaboração da analogia entre enunciados causais e receitas. Embora, penso eu, ela seja levada muito longe, é um salutar lembrete do óbvio.
25. A. Schopenhauer, *The Fourfold Root of the Principle of Suficient Reason*, trad. K. Hillebrand (George Bell, London, 1907), p. 38 ss.
26. C. J. Ducasse, "On the Nature and the Observability of the Causal Relation", reimpresso em E. Sosa (Ed.), *Causation and Conditionals* (Oxford University Press, Oxford, 1975), p. 115. É digno de nota que G. H. von Wright, por razões inteiramente diferentes, sustenta semelhantemente que "relações causais existem entre eventos naturais, não entre agentes e eventos (*Causation and Determinism*, Columbia University Press, Nova York, 1974, p. 49). A relação entre um ato do agente e o desfecho ou *resultado* de seu ato, argumenta Von Wright, é lógica, não causal (o resultado de abrir a janela é que a janela está aberta). O resultado de uma ação (assim construída) pode, ela própria, ser a causa de consequências ulteriores da ação. Podemos conceder que isso é assim para verbos causativos, cuja aplicabilidade a um agente acarreta que a mudança correlativa tenha ocorrido. Mas isso não implica que não haja tal coisa como causalidade do agente. É analítico que, se A abriu a porta, então ela causou a porta ser aberta, abrindo-a – pois ninguém pode abrir uma porta sem que a porta seja aberta, ao menos momentaneamente. Mas pode-se, não analiticamente, dizer que o agente abriu a porta (fez com que a porta fosse aberta, causou a porta ser aberta), empurrando-a.
27. Pode-se conceder que não falamos prontamente de uma substância *causar uma outra substância*. Não diríamos (como Aristóteles disse) que o pai é a causa de seu filho ou que o marceneiro é a causa de sua cadeira. Nem diríamos que a criança é o efeito de seu pai, nem que a cadeira é o efeito do marceneiro. Mas diríamos que o pai gera a criança e que o marceneiro faz a cadeira.
    Podemos igualmente conceder (cf. R. Squires, "On One's Mind", *Philosophical Quarterly*, 20, 1970, p. 349-51) que, embora possamos dizer que um agente A (uma certa substância) foi a causa de um certo resultado (por exemplo, um acidente), não diríamos que, dado que A (a coisa que causou o acidente) foi recém-pintada e custa R$ 15,00, a causa do acidente foi recém-pintada e custa R$ 15,00. Mas isso não implica que substâncias (objetos) não possam ser causas. Dizer que A – uma substância – foi a causa é identificar o *objeto* que provocou o resultado, normalmente fazendo algo. Mas predicar coisas *da* causa é normalmente falar da *explicação* do resultado, e o agente não é o *explanans*, mas antes *aquilo que fez*, o que quer que tenha feito. Trocamos aqui o discurso acerca de "relação natural" de causalidade para o discurso acerca da "relação racional" de explicação causal (cf. P. F. Strawson, *Analysis and Metaphysics* (Oxford University Press, Oxford, 1992, p. 109-13).
28. O que mais um vento poderia fazer (enquanto oposto ao efeito), senão soprar? Ou um rio, senão fluir? Esses, poderíamos dizer, são pseudomodos de operação, um produto de nossa preferência por uma forma.
29. A casca de banana *faz* a pessoa tropeçar, ou o gelo *faz* o carro derrapar, sem *fazer* qualquer coisa para eles? Não é necessário regimentar o uso aqui. Se escolhermos

Natureza humana **101**

falar assim, então estaremos destacando a noção de *fazer algo acontecer* da noção de fazer *alguma coisa*. Podemos fazer assim – mas então devemos distinguir os dois casos, e observar que, quando *fazer alguma coisa acontecer* é assim destacada de agir em outra coisa, isso resulta em nada mais que "meramente causar". Certamente, a casca de banana (o agente) causou a pessoa tropeçar (sem agir sobre ela) – de forma semelhante, ela poderia não ter tropeçado, se não tivesse pisado nela.

30. R. G. Collingwood, *An essay on Metaphysics,* Ed. rev. R. Martin (Ed.) (Clarendon Press, Oxford, 1998), Parte IIIC.

31. Von Wright, *Causality and Determinism,* p. 51.

32. G. H. von Wright, *Explanation and Understanding* (Routledge e Kegan Paul, Londres, 1971), p. 70. Isso não é pensado como uma definição.

33. Von Wright, *Causality and Determinism,* p. 52 ss.

34. A ideia de que fatos são *relatata* causais foi proposta por D. H. Mellor, *The Facts of Causation* (Routledge, Londres, 1995) e adequadamente refutada por W. Künne, *Conceptions of Truth* (Clarendon Press, Oxford, 2003), p. 142-4. A alegação de que fatos são itens espaçotemporais (como eventos evidentemente o são) foi erroneamente feita por J. L. Austin em "Truth" e em "Unfair to Facts", reimp. em *Philosophical Papers* (Clarendon Press, Oxford, 1961) e refutada por Strawson em "Truth", reimp. em *Logico-linguistic Papers* (Methuen, Londres, 1971). Mais recentemente, J. R. Searle repetiu o erro de Austin, argumentando que "fatos podem funcionar causalmente" ("Truth: A Reconsideration of Strawson's Views" in L. E. Hahn [Ed.], *The Philosophy of P. F. Strawson*, Library of Living Philosophers, 26 (Open Court, Chicago and Lasalle, Ill, 1998, p. 389, e foi corrigido por Strawson, o qual advertiu que os exemplos austinianos de Searle mostravam apenas que fatos podem ser causalmente explicativos, isto é, podem ser citados em explicações causais, mas isso não significa que eles podem ser causalmente eficazes ou estarem em relações causais ("Reply to John Searle", ibid., p. 404).

35. Veja-se P. F. Strawson, *Analysis and Metaphysics*, cap. 9.

36. H. L. A. Hart e A. M. Honoré, *Causation in the Law* (Clarendon Press, Oxford, 1959), cap. 5.

4

PODERES

1. POSSIBILIDADE

Uma vez que substâncias são agentes, elas podem *fazer* coisas e *atuar sobre* outras coisas. Os poderes de primeira ordem dos agentes são, por um lado, suas habilidades para fazer coisas e provocar (manter ou impedir) a mudança, e, por outro, sua suscetibilidade à mudança ou a resistir à mudança. A investigação filosófica de tais poderes das substâncias em geral, e, em particular, dos seres humanos, é uma investigação sobre conceitos e relações conceituais atinentes às suas potencialidades (e falta de potencialidades) para fazer e experimentar coisas.

Distinguimos a *realidade das possibilidades* ("possibilidade existencial") da *possibilidade de realidades* ("possibilidade problemática").[1] As formas linguísticas que marcam a realidade de uma possibilidade são "É possível...",[*] "É possível para..." e "É possível que A..." (ou seja, "possível que..." seguidas do subjuntivo).[**] A forma característica apropriada ao discurso acerca da possibilidade de uma realidade é "É possível que...", seguida do indicativo. Assim, por exemplo, "É possível que ela esteja em Londres hoje" afirma a possibilidade de uma realidade, ao passo que "É possível para ela estar em Londres hoje" afirma a realidade de uma possibilidade. As duas espécies bem diferentes de enunciados são diferentemente flexionadas quanto ao tempo. Quando tratamos do que pode ou poderia ser feito ou ocorrer, flexionamos temporalmente

---

[*] N. de T.: No original, *It is possible to...*; assim o autor indica que o verbo deve estar no infinitivo, uma maneira de indicar que nosso vernáculo não oferece.

[**] N. de T.: Esta observação, perfeitamente adequada à língua portuguesa, é menos adequada ao inglês do original. Pois, apesar de o autor se referir à construção exposta (que recorre ao auxiliar *should*) como sendo o "subjuntivo", as gramáticas rezam ser o subjuntivo a forma verbal construída pela mera omissão da preposição *to* do infinitivo. Todavia, é também observado por estas que a forma subjuntiva é pouco usada no inglês britânico, sendo substituída pela forma citada no texto.

a possibilidade: "É, foi, será, seria, teria sido, possível para..." (para..., que A [verbo no subjuntivo]...)". Ao contrário, tratando-se do que pode ser ou poderia ter sido desse tal modo, flexionamos temporalmente aquilo que é possível: "É possível que A V-u, está V-ndo, V-rá". Assim, podemos dizer que outrora foi possível para A V-r, mas não é mais (a oportunidade tendo sido perdida), mas não podemos dizer que outrora foi possível que A V-u, mas não é mais. Antes, afirmamos que outrora pareceu possível que A V-u, mas agora essa possibilidade pode ser excluída. A possibilidade de uma realidade implica a realidade da correspondente possibilidade, mas que certa possibilidade exista não implica que seja possível que ela seja, foi ou será realizada, conforme mostra a Tabela 4.1 a seguir.

TABELA 4.1
A realidade de uma possibilidade e a possibilidade de uma realidade comparadas

Realidade de uma possibilidade (possibilidade existencial)	Possibilidade de uma realidade (possibilidade problemática)
É possível É possível para É possível que A seja // tenha...	É possível que p
É possível...//para...//que... [verbo no subjuntivo]...	É possível que A esteja V-ndo
Foi possível...//para...//que... [verbo no subjuntivo]...	É possível que A V-u
Será possível...//para...//que... [verbo no subjuntivo]...	É possível que A V-rá
Seria possível...//para...//que... [verbo no subjuntivo]...	É possível que A V-ria
Teria sido possível...//para...//que... [verbo no subjuntivo]...	É possível que A tivesse V-do
Foi possível para A V-r // (mas não é mais)	Outrora pareceu possível que A V-u (mas não parece mais ser)
"É possível para A V-r" não acarrete "É possível que A V"	"É possível que A V-r" acarrete "É possível que A V"
Pode, em certos casos, ser perguntado como é possível	Pode ser perguntado apenas que provas há para a possibilidade que A esteja V-ndo, que V-u, V-rá, tivesse V-do
Contrasta com a necessidade: se é necessário para...//que seja...//então não é possível que...não [verbo no subjuntivo] (não há como evitar que [verbo no subjuntivo])	Contrasta com "é certo que p" e com "é provável que p"
Pode ser qualificada como lógica, física, técnica, psicológica, econômica, moral, legal, etc.	Não pode ser assim qualificada, mas é relativa às provas

104 P. M. S. Hacker

A possibilidade que é real pode ser, ela mesma, uma possibilidade lógica, técnica, psicológica, econômica, moral ou legal (e, sem dúvida, outras também), dependendo de quais aspectos ou características da situação são levados em conta. O que é logicamente possível é o que faz sentido. Como observamos, uma impossibilidade lógica não é uma possibilidade que é impossível. Não exclui nada senão uma configuração de palavras, que é excluída como carente de qualquer sentido. O que é fisicamente possível é o que é consistente com as leis da natureza e as naturezas intrínsecas das coisas. O que é fisicamente impossível é o que é inconsistente com as leis da natureza ou para além dos poderes físicos das coisas. Portanto, isto não é logicamente impossível, pois a descrição do que é fisicamente impossível *tem sentido* – descreve uma possibilidade (lógica) que, como matéria de fato, não está disponível para uma substância, incluindo substâncias tais como seres humanos, devido a limitações de seus poderes físicos. O que são tecnicamente possíveis são cursos de ações tornados disponíveis por habilidades, técnicas e máquinas existentes. O que é psicologicamente possível é o que uma pessoa pode levar a si mesma a fazer em face de suas aversões, terrores, neuroses compulsivas, etc. O que é legalmente possível para um sujeito jurídico é o que a lei lhe concede poder de fazer ou lhe permite fazer.

O auxiliar modal "poder" [*can*]* é o instrumento mais comumente usado para indicar a realidade de uma possibilidade, ao passo que um dos papéis do auxiliar "poder" [*may*]** é indicar a possibilidade de uma realidade: A pode [*can*] estar em Londres amanhã" significa que é possível para A estar em Londres amanhã, ao passo que "A pode (*may*) estar em Londres amanhã" significa que é possível que A *esteja* amanhã em Londres". Não é necessário insistir (como fazem alguns) que esse verbo auxiliar tem muitos significados e sentidos diferentes. Mas, dependendo do agente e do contexto em consideração, muitas características diferentes da situação e do agente podem ser assinaladas por seu uso. "A pode [*can*] V' comumente atribui uma habilidade (genérica) ao agente (por exemplo, "Ele pode falar alemão/jogar críquete/andar de bicicleta". "Pode dissolver metais/colar qualquer superfície/captar sinais de rádio"). Em outros contextos, ele pode ser usado para atribuir a possibilidade de uma *habilidade* específica em uma ocasião (por exemplo, "Ele pode obter o primeiro lugar", "Pode colar isso àquilo", "Eu posso partir isso em três"). "A pode [*can*] V" pode ser usado para atribuir *poderes perceptuais e intelectuais* (por exemplo, "Abelhas podem ver", "Ele pode entender chinês").[2] Ele pode indicar uma *regulamentação* ("Ele pode tirar uma quinzena de férias por ano"); pode indicar uma *oportunidade objetiva* (por exemplo, "a loja está

---

* N. de T.: Na acepção com a qual o verbo *to can* é normalmente usado na língua inglesa.
** N. de T.: Na acepção que o verbo *to may* pode assumir em inglês.

aberta, assim você pode conseguir algumas coisas"), a disponibilidade dos meios apropriados que tornam um dado fim alcançável' ("Agora que tenho uma faca, eu posso cortá-lo") ou uma *oportunidade subjetiva* ("Eu estou livre na próxima sexta à tarde, assim, posso encontrá-lo"). "A pode [*can*] ser F" pode ser usada para atribuir a possibilidade de *apresentar características gerais* (por exemplo, "Ela pode ser muito encantadora", "Pode ser perigoso"). Nossa preocupação no que se segue será exclusivamente com a realidade de possibilidades e não com a possibilidade de realidades.

Observe-se que o fato de A V* (V-u ou V-rá) acarreta que ele seja (foi ou será) possível para A V-r (donde o adágio escolástico *"ab esse ad posse"*), mas, no caso da agência humana e animal, ele não acarreta que A tem ou teve a habilidade para V – uma vez que, em algumas espécies de casos, A pode V ou pode ter V-do por mera coincidência ou sorte de principiante.[3] Obviamente, um agente inanimado também pode V por acaso, mas, então, o acaso repousará na ocorrência das circunstâncias requeridas para A V-r, apesar de sua baixa probabilidade. Se um agente inanimado V, então ele pode, é capaz ou tem o poder para V, ao passo que um ser humano pode V mesmo que careça da habilidade para V-r.

2. PODERES DO INANIMADO

Coisas e materiais inanimados têm poderes – potencialidades de mudar, provocar mudanças, ser mudados ou resistirem a ser mudados. A dinamite é explosiva, o aço é elástico, a madeira é inflamável, a areia é insolúvel e o arsênico, venenoso. Consequentemente, também partições (por exemplo, uma banana de dinamite, uma barra de aço) e quantidades específicas de tais materiais (esta caneca de leite, este grama de arsênico) pode-se dizer que possuam tais poderes (embora, em alguns casos, um limiar quantitativo possa ser necessário para o material possuir o poder). De maneira semelhante, substâncias (coisas) naturais inanimadas e artefatos têm poderes – o Sol tem o poder de radiar luz e calor, pedras de dureza e tamanho apropriados têm o poder de quebrar a janela, velas têm o poder de iluminar a escuridão. E motores de carros (atualmente) têm geralmente o poder de fazer 180km por hora. Especificar os poderes de um agente inanimado é descrever que comportamento é *possível fisicamente, quimicamente, etc., para ele*, dada a sua natureza.

Os poderes de coisas inanimadas requerem condições para que sejam realizados. Entre as condições necessárias para a realização do poder de um objeto inanimado podemos, conforme o caso, distinguir *condições habilitantes* de *condição provocante* – a última sendo a condição que dá início à ação (dar corda em um relógio de corda é uma condição provocante que dá início à ação, ao passo que dar corda em um relógio de pêndulo é apenas uma condição habilitante e pôr o seu pêndulo em movimento é uma condição provocante). Se o poder em questão é o de gerar ou o de passar por um processo, podemos ainda distinguir condições aceleradoras de desaceleradoras, condições mantenedoras, impedientes e finalizadoras.

As condições necessárias para a realização do poder de uma coisa inanimada podem ser internas (mas não intrínsecas) ou externas (circunstanciais) à substância. Condições internas dizem respeito às propriedades acidentais da substância – uma peça de madeira pode queimar apenas se estiver seca, por exemplo; uma quantidade de ácido hidroclorídrico pode dissolver o zinco apenas se estiver em solução; um carro pode correr apenas se houver gasolina em seu tanque. Condições externas referem-se às circunstâncias – uma peça de madeira pode queimar, mas apenas se houver oxigênio, e um relógio de mesa padrão do século XVIII só pode marcar o tempo de maneira acurada se não houver variações significativas de temperatura. Se tais condições internas e externas fossem satisfeitas, e se o agente A tem o poder de V-r, ele V-ria, e se são satisfeitas, então ele V-rá. Nesse sentido, os poderes de um agente inanimado são propriedades disposicionais.

É impressionante que, diferente de disposições *distintivamente* humanas, uma substância inanimada possa possuir, e mais comumente possui, disposições naturais que nunca são realizadas. Obviamente, nem toda substância (coisa ou partição ou quantidade específica de material) venenosa envenena algo, nem toda substância frágil quebra e nem toda coisa solúvel dissolve-se. Para a vasta maioria das coisas, as condições e circunstâncias de realização de alguns dos seus diversos poderes nunca são preenchidas. Disposições humanas (de temperamento e de caráter), ao contrário, são possuídas apenas se aquilo do qual elas são disposições de fazer é, de tempos em tempos, feito. Não se pode ser tímido a menos que de vez em quando se aja timidamente, ou de disposição animada a menos que se seja ocasionalmente animado. Se alguém se conduz na vida sem nunca ser confrontado com o perigo, ele não pode *ser* corajoso – o máximo que se pode dizer é que, se *tivesse* sido confrontado com o perigo, ele *teria agido* corajosamente e *teria sido* um homem corajoso. Mas habilidades humanas, ao contrário das disposições de temperamento e caráter, *são* semelhantes às disposições dos inanimados *nesse* aspecto: elas podem ser possuídas, mas nunca ser exercidas, visto que uma habilidade e uma oportunidade não implicam ação. Todos têm a habilidade de matar outros seres humanos, mas, misericordiosamente, poucos de nós escolhem exercê-la.

Os poderes do inanimado, sendo disposições no sentido explicado anteriormente, são poderes unidirecionais – se a condição para a realização do poder de um agente para V-r for satisfeita, então o agente V* – pois o agente não tem o poder de não V-r naquelas circunstâncias. Não há tal coisa como uma substância inanimada ter escolha; consequentemente, não há tal coisa como o seu refrear-se ou abster-se de V-r quando as condições para V-r são satisfeitas. Porque os poderes do inanimado são poderes unidirecionais, não há *condições que oportunizam*[*] a uma substância inanimada realizar seus poderes, mas apenas *ocasiões*, pois substâncias inanimadas não têm *oportunidades* das quais possam aproveitar-se delas ou deixá-las passarem, como seres humanos e outros animais podem.

Nem todos os poderes atribuíveis a substâncias inanimadas são essenciais para produzir mudanças, uma vez que coisas inanimadas podem não apenas atuar sobre outras coisas, mas também podem simplesmente *fazer* coisas – como o rio pode transbordar, a roda pode girar e o pêndulo pode oscilar para um lado e para outro. No entanto, os poderes causais das coisas se manifestam largamente em nossos conceitos (e concepções) de substâncias (secundárias). Poderes causais são relativos aos pacientes e às circunstâncias. Arsênico é venenoso para algumas criaturas, mas não para outras (e uma dose letal para um animal, ou espécie de animal, pode não ser assim para outra); uma faca de cozinha pode cortar pão ou vegetais, mas não ferro ou vidro. Semelhantemente, substâncias têm poderes característicos em temperaturas normais, mas outros bem diferentes sob calor ou frio intensos; algumas coisas têm seus poderes característicos em solução, mas não quando secas, ou sob pressão atmosférica, mas não no vácuo.

3. PODERES ATIVOS E PASSIVOS DO INANIMADO

Uma substância inanimada tem um poder ativo de agir sobre um paciente nas circunstâncias apropriadas se, e apenas se, puder agir sobre aquele paciente ou tipo de paciente e se o seu ser capaz de fazer isso puder ser atribuído às suas propriedades intrínsecas ou à sua natureza essencial (ou a ambos). A distinção entre poderes ativos e passivos remonta a Aristóteles, mas há uma longa tradição na filosofia moderna de negar totalmente que substâncias inanimadas possam ter poderes ativos. Assim, por exemplo, Locke argumentou que:

> Há instâncias de ambos [movimento e pensamento] que, se bem-consideradas, mostram-se antes *paixões* que *ações* e, consequentemente, nessa medida, os efeitos tão somente dos poderes passivos nesses sujeitos, os quais são, no entanto, por conta delas, pensados como *agentes*. Pois, nessas instâncias, a substância que tem movimento ou pensamento recebe a impressão pela qual ela é posta nessa *ação* puramente de fora, e assim age meramente pela capacidade que tem de receber tal impressão de algum agente externo, e um tal *poder* não é propriamente um *poder ativo*, mas uma mera capacidade passiva no sujeito. Algumas vezes, a

---

[*] N. de T.: No original, *opportunity conditions*. Condições que oferecem a oportunidade.

> substância ou agente põe a si mesmo em ação por seu próprio poder e isso é propriamente poder ativo... o *poder ativo* de movimento não está em nenhuma substância que não possa iniciar o movimento nela própria ou em outra substância quando em repouso.[4]

Isso, na realidade, choca-se com o caso no qual uma substância que foi a causa de um movimento possa fazer outra substância mover-se em virtude de seu próprio movimento (como no caso do impacto de uma bola de bilhar sobre outra), com o poder meramente passivo para ser movida. De maneira mais geral, ela é falha ao não reconhecer poderes ativos de inanimados para fazerem certas coisas acontecerem, um poder possuído por substâncias inanimadas, apesar de seus movimentos não serem *autoiniciados*, ao reconhecer apenas o poder ativo de *iniciar* um evento, em particular – o poder possuído por agentes animais e humanos de fazer isso à vontade. Realmente queremos distinguir entre uma bola de bilhar que *pode*, se posta em movimento, mover outra bola de bilhar pelo impacto, de um bola de pingue-pongue que, movendo-se a uma velocidade similar, *não pode* fazer isso. (De maneira semelhante, queremos negar que ácido hidroclorídrico tem o poder de dissolver ouro e afirmar que água régia tem tal poder.)

Outros, como Thomas Reid, negaram a inteligibilidade de poderes passivos e tomaram poderes ativos como contrapostos a poderes *especulativos*. "Concebo de modo algum o poder passivo como um poder", escreveu ele, "chamar de poder [a possibilidade de ser alterado] parece-me uma aplicação errônea desta palavra... Não vejo propriedade alguma em poder passivo, é um poder sem poder, e uma contradição em termos".[5] Essa objeção traz consigo pouco peso, uma vez que a distinção visa a ser quase técnica entre diferentes espécies de potencialidades, e não a refletir o uso ordinário da palavra na língua portuguesa "poder" (embora o editor de Reid, *Sir* Willian Hamilton, do século XIX, tenha indicado que ela de fato reflete uma distinção gramatical entre os adjetivos gregos antigos). "Poder", empregado assim, inclui ambas as potencialidades para fazer coisas e agir sobre outras coisas, por um lado, e potencialidades para reagir à ação incidente, por outro. As expressões "estar sujeito" e "suscetibilidade", em seus usos ordinários, manifestam, na língua portuguêsa, o reconhecimento da categoria de poderes passivos (de uma parte da extensão dela). Uma vulnerabilidade de uma coisa inanimada é uma disposição passiva: uma substância está sujeita a V-r (a sofrer certa mudança) *se* outro agente agir sobre ela nas circunstâncias apropriadas. A suscetibilidade é a sensitividade (vulnerabilidade) a certo agente ou condição que provoca a mudança. Que algo esteja sujeito a V-r, se as condições C estiverem satisfeitas, não acarreta que vá V-r em algum momento. Mas algo está pronto a V-r ou tem a tendência a V-r apenas se ele V* com alguma regularidade – os conceitos de *aptidão* e tendência são conceitos que dizem respeito à frequência. Vulnerabilidades e suscetibilidades estão entre os poderes passivos *reativos* de substâncias. Estes podem ser contrastados com poderes passivos *de resistência*, tais como insolubilidade, não inflamabilidade, ser à prova de balas ou resistente a terremotos, e assim por diante.

Já observamos que não há substâncias na natureza que sejam apenas agentes ou apenas pacientes. Comumente, há reciprocidade causal na interação de agente e paciente. O agente que age no paciente pode ser destruído ao efetuar a mudança que provoca – como uma banana de dinamite ou uma bomba –, pode ser destruído *pelo paciente* no curso da interação – como ocorre quando o antibiótico age sobre a bactéria da doença que ele presuntivamente cura –, ou pode ser ele mesmo alterado pelo paciente de certas maneiras – como ocorre quando a serra é embotada pela madeira que está cortando.

4. O PODER E SUA REALIZAÇÃO

Um poder, não importa se ativo ou passivo, é uma espécie de potencialidade. Consequentemente, não é um estado, ao contrário do que é às vezes alegado. Possuir um poder, tampouco, é o mesmo que estar em certo estado. Certamente, uma substância pode estar em certo estado por um período de tempo, e ela também pode possuir um dado poder por um período de tempo, mas estar em um estado não é o mesmo que ter o poder, ainda que a existência do estado explique a posse do poder. Wittgenstein tornou este ponto enfático no *Brown Book:*

> Há... várias razões que nos inclinam a olhar para o fato de algo ser possível, alguém ser capaz de fazer algo, etc., como o fato de algo ou alguém estar em um estado peculiar. Falando *grosso modo*, isso leva a dizer que "A está no estado de ser capaz de fazer algo" é a forma de representação que estamos mais fortemente tentados a adotar ou, como se poderia também colocar, estamos fortemente inclinados a usar a metáfora de algo estar em um estado peculiar para dizer que algo pode se comportar de uma maneira particular. E esse modo de representação está incorporado na expressão "Ele é capaz de...", "Ele é capaz de multiplicar números grandes de cabeça", "Ele pode jogar xadrez"; nessas sentenças, o verbo é usado no *tempo presente*, sugerindo que as frases são descrições de estados que existem no momento em que falamos.
>
> A mesma tendência mostra-se também ao denominarmos a habilidade de resolver um problema matemático, a habilidade de apreciar uma peça musical, etc., certos estados mentais; e com essa expressão não queremos dizer "fenômeno mental consciente". Antes, um estado da mente nesse sentido é o estado de um mecanismo hipotético, um modelo da mente que visa a explicar os fenômenos mentais conscientes... Desse modo, também dificilmente deixamos de conceber a memória como uma espécie de depósito. Observamos também como as pessoas

estão seguras de que à habilidade de somar ou multiplicar, ou de dizer um poema de cor *deva* corresponder a um estado peculiar do cérebro da pessoa, embora praticamente nada saibam, por outro lado, acerca de tais correspondências psicofisiológicas. Vemos tais fenômenos como manifestações desse mecanismo e sua possibilidade é a peculiar construção do próprio mecanismo.[6]

O ponto não é menos pertinente aos poderes do inanimado. Ordinariamente (mas de modo algum uniformemente), pode-se perceber o estado em que uma coisa ou uma quantidade de material se encontra – se é líquido ou sólido, se a mola está comprimida ou solta, se o jardim está arrumado ou descuidado, etc. Pois o estado é uma atualização. Não se pode ver, contudo, os poderes de uma coisa mais do que se pode ver os sons que ela produz, pois o poder é uma potencialidade. Certamente, em certos casos, pode-se ver *que ela tem* certos poderes – por exemplo, que esse pino redondo pode se ajustar àquele buraco, que esse calço de porta pode mantê-la aberta, que essa mola pode fazer o relógio funcionar. Algumas vezes, um estado do possuidor do poder mostra que ele possui o poder, e a posse de um poder é comumente explicável pela remissão ao estado da substância em questão. Se o escapo[*] estiver tensionado, ele pode conduzir o movimento; se o lacre estiver quente (portanto, liquefeito), então pode selar o pacote –, mas o estado não é idêntico ao poder.

Um poder não é apenas distinto do estado, se algum, que explica a sua posse, mas também é distinto de sua realização. Ser apto a V-r é uma coisa, V-ndo é outra. Um poder é normalmente possuído ao longo do tempo, mas é realizado (caso o seja) em um momento do tempo ou em certos momentos (e talvez, por um tempo). Obviamente, alguns poderes, por sua natureza, podem ser realizados apenas uma vez – uma banana de dinamite ou uma bomba pode explodir apenas uma vez, uma Aspirina não é para uso múltiplo e, embora possa ser partilhado, um cigarro não pode ser fumado pela segunda vez. Não obstante, tais objetos, se não se degeneram, podem possuir o poder durante o tempo que existirem, o que pode ser por muitos anos. Ainda que o poder possa ser realizado apenas uma única vez, ele pode ser realizado a qualquer tempo durante o qual a substância o possui.

A relação entre um poder e sua realização alimentou três confusões filosóficas distintas: o ceticismo acerca dos poderes, a redução dos poderes a seus exercícios e a reificação dos poderes, conforme mostra a Figura 4.1 a seguir.[7]

O *ceticismo* acerca dos poderes foi gerado pelo pensamento segundo o qual podemos perceber a realização dos poderes, mas não os próprios po-

---

[*] N. de T.: No original, *going-train*. A principal peça de um relógio mecânico; o mecanismo que, impulsionado pela corda, impulsiona e dirige o movimento dos ponteiros. É também chamado de escape ou escapamento.

FIGURA 4.1
Modelo de compreensões errôneas acerca dos poderes.

deres. Isso sugeriu aos empiristas extremados que o discurso sobre poderes é mera mistificação, e que o próprio conceito (ou ideia) de poder é vácuo. Assim, Hume escreveu: "É impossível [...] que a ideia de poder possa ser derivada da contemplação dos corpos, em ocasiões únicas de sua operação, porque nenhum corpo jamais revela algum poder que possa ser a origem de tal ideia".[8] E, "Nós nunca temos alguma impressão que contenha algum poder ou eficácia. Nunca, portanto, temos alguma ideia de poder".[9] Mas, mesmo que concedamos que poderes não sejam perceptíveis – ou seja, que não há tal coisa como perceber a potência de algo, mas apenas *que* algo a tem –, não se segue que não tenhamos nenhum conceito genuíno de poder. As expressões "possibilidade", "potencialidade", "poder", "habilidade", "vulnerabilidade" têm usos determinados em nossa linguagem. Mais ainda, que não se possa perceber um poder não implica que careçamos de bases adequadas para aplicar o conceito. Há vários critérios, alguns lógicos e outros empíricos, para a posse de um poder por parte de uma coisa. Tamanho e formato são os critérios lógicos para determinar se um objeto espacial se *ajusta* a outro objeto espacial ou cabe em um dado espaço. Que um relógio de pêndulo tenha um longo balancim, um pêndulo de compensação térmica, um mecanismo de corda e esteja em boas condições de funcionamento são garantias empíricas de que ele pode marcar corretamente as horas, e assim por diante.

O ceticismo acerca dos poderes conduz prontamente ao *reducionismo*. Presumivelmente, ninguém alegaria que absolutamente não existem possibilidades – que nenhuma substância ou agente tem o poder de fazer *alguma coisa*. Mas alguém pode alegar (e deterministas apressados realmente alegam) que as únicas coisas que podem ocorrer são aquelas coisas que de fato ocorrem e, portanto, que o único poder que uma coisa tem é o poder de fazer exatamente o que ela faz. De fato, Hume continuava assim sua argumentação: "A distinção que frequentemente fazemos entre *poder* e seu *exercício* é sem fundamento" e "é inteiramente frívola";[10] consequentemente, apenas o que é real é possível, e o que quer que aconteça é a única coisa que pode acontecer. Essa forma de reducionismo é, de fato, antiga, tendo sido abraçada na Antiguidade pelos megáricos. A incoerência da posição já fora exposta por Aristóteles.[11] Se uma coisa *pode*, pois, fazer apenas aquilo que ela de fato *faz*,

112 P. M. S. Hacker

então não podemos mais falar de habilidades, uma vez que um ser humano não pode fazer o que ele não estiver fazendo; nem podemos falar em aprendizagem (aquisição de habilidades). Devemos ser considerados cegos, quando não estivermos vendo, e surdos, quando não estivermos ouvindo. Mais ainda, se o que não *está* V-ndo não pode V-r, como os megáricos (e Hume) sustentavam, e se o que não pode V-r não V-rá, então nada pode sequer acontecer. E isso é patentemente absurdo.

Uma terceira espécie de confusão é *reificar* poderes. Foi uma confusão dos alquimistas supor que poderiam fazer com que os poderes de uma substância migrassem para outra, como se os poderes de uma coisa fossem ingredientes que pudessem ser destilados e então transferidos. Se pensarmos os poderes como sendo espécies de coisas, então estaremos propensos a ver a relação entre um poder e sua realização como uma relação causal, mais propriamente que lógica, como se o poder de um agente de V-r pudesse fazer o agente V*. É instrutivo aprender que o ópio tem o poder de fazer as pessoas adormecerem, mas, como Molière ridicularizou, é insensato explicar *por que* ou *como* o ópio faz as pessoas adormecerem pela referência a seu poder de fazer isso. A reificação dos poderes é particularmente dominante na psicologia das faculdades, em que as ações dos agentes sensitivos são atribuídas às suas faculdades. Locke observou que, embora entendimento e vontade sejam duas faculdades da mente, não se deve supor que essas palavras "representem seres reais na alma, que executariam aquelas ações de entendimento e de volição... essa maneira de falar de *faculdades* desencaminhou a muitos, levando a uma noção confusa de múltiplos agentes distintos em nós, que teriam suas províncias e autoridades e que comandam, obedecem e executam diversas ações, como se fossem múltiplos seres distintos".[12] Locke sabiamente alertou que, "se é razoável supor e falar de *faculdades* como seres distintos que podem atuar [...], isso pede que se faça uma faculdade de falar, e uma faculdade de andar, e uma faculdade de dançar, faculdades pelas quais aquelas ações são produzidas [...]".[13] Os perigos contra os quais Locke alertou não desapareceram e ilustres pensadores ainda sucumbem a essas confusões. Por exemplo, Noam Chomsky escreve:

> A faculdade da linguagem é um componente do cérebro/mente, parte dos dotes biológicos humanos. Apresentada aos dados, a criança, ou, mais especificamente, a *faculdade linguística da criança, forma a linguagem*, um sistema computacional de algum tipo que fornece representações estruturadas de expressões linguísticas que determinam seus sons e significados [...] A gramática universal tenta formular os princípios que entram na operação da faculdade da linguagem. A gramática de uma linguagem particular é o relato *do estado da faculdade da linguagem após ela ter sido apresentada aos dados da experiência*; a gramática universal é um relato do estado inicial da faculdade da linguagem antes de qualquer experiência.[14]

Natureza humana **113**

"Essa maneira de falar", como Locke observou em 1690, "no entanto, tem prevalecido e, como suponho, gerou grande confusão." Em nenhum outro lugar produziu mais confusão que na atribuição de poderes à mente e na concepção da mente como o agente que marcadamente exerce os poderes humanos do intelecto e da vontade.

Poderes não são, eles próprios, agentes, mas antes potências dos agentes. O possuidor de um poder de V-r é o agente que tem a habilidade de V-r. A identidade do proprietário de um poder não determina a identidade do poder. O que distingue o poder de A do poder de B (se forem distintos) não é a diferença no possuidor. (Semelhantemente, o que distingue *essa* cor *daquela* cor, ou minha dor de sua dor não é quem a tem.) Nem é esta a etiologia da aquisição do poder por seu possuidor. Como alguém adquire um poder ou o que lhe causou ter certo poder é uma coisa, *qual* poder alguém tem é outra coisa. A identidade de um poder é determinada por aquilo que ela é capaz de fazer, seja um poder unidirecional ou bidirecional (veja a seguir), seja pela extensão do poder (o domínio de seus possíveis pacientes), seja pelas condições sob as quais este pode ser realizado ou pelo grau de poder.

A posse de um poder por uma substância é determinada por vários critérios. O mais óbvio é, como seria de se esperar, sua realização. Mas, como já se observou, há outros. Alguns se relacionam às características manifestas da substância (como tamanho e formato são critérios para um objeto se ajustar a um espaço, se um parafuso se ajustará a uma rosca ou se uma chave abrirá uma fechadura). Outros dizem respeito à matéria constitutiva (se é ou não feita de aço ou argila) ou algum ingrediente específico de um material ou coisa (se contém um antibiótico) ou à estrutura e às relações das partes de uma coisa (um motor ou mecanismo de alguma espécie). Em alguns casos, um critério para uma substância específica ter um poder V pode ser simplesmente que esta é uma S *normal*, a habilidade para V-r sendo uma característica definitória de S.

5. O PODER E SEU VEÍCULO

Frequentemente, é útil distinguir entre um poder e seu veículo.[15] O veículo de um poder, se ele tem algum, é o ingrediente, a matéria constitutiva, forma ou estrutura em virtude da qual a substância tem o poder de V-r, pode V-r. Em alguns casos, como a substância V*, explica-se [esse poder] referindo-se à maneira/do modo de operar/funcionar de seu veículo/portador/instrumento. O veículo de um poder é uma realidade, não uma potencialidade. É algo que, por exemplo, pode ser pesado (em certos casos) ou suas dimensões podem ser mensuradas (em outros).

Os veículos dos poderes de muitos materiais são ingredientes. Assim, por exemplo, o veículo do poder do uísque de intoxicar é o álcool, que é um

114 P. M. S. Hacker

de seus ingredientes, o veículo do poder da cicuta-da-europa[*] para envenenar é a conicina, e o veículo do poder do suco de lima para prevenir escorbuto é vitamina C (ácido ascórbico). O conhecimento adequado da fisiologia e neurofisiologia explicará a operação das moléculas de C_2H_5OH nas partes relevantes do cérebro que deixam o bebedor de uísque bêbado, assim como a teoria fisiológica e química explicará a operação da 2n-propilpiperidina[**] ao envenenar quem bebe a poção feita de cicuta-da-europa, ou a operação do ácido ascórbico na prevenção ou cura do escorbuto. Mas observe-se que a distinção entre o possuidor de um poder e o veículo do poder não pode ser traçada por referência ao poder intoxicante do próprio álcool ou à toxicidade da coniina, ou ao poder curativo da vitamina C. Não obstante, a distinção é clara e importante no discurso acerca de medicamentos, drogas e alimentos, dos quais queremos conhecer o assim chamado ingrediente ativo da substância ou partição de um material.

O veículo do poder de uma substância (coisa) pode também ser seu material constitutivo – o veículo do poder de um macaco de aço para suportar o peso do carro é a dureza do aço do qual ele é feito. Mas pode ser o formato de uma coisa – o veículo do poder da chave de abrir uma porta não é apenas o metal do qual ela é feita, mas também o seu formato particular, que se ajusta à fechadura da porta. E pode ser a estrutura e a dinâmica de um mecanismo – tal como o veículo do poder de um carro a motor para atingir 190 km/h é o seu motor, com a sua estrutura de cilindros, pistões, etc. Pelo momento, adiarei a aplicação da distinção entre poder e veículo aos poderes humanos.

---

[*] N. de T.: No original, *hemlock*. Não é raro que, nesses contextos, seja empregado em português o termo cicuta sem qualificativos. No entanto, o termo português ou designa o veneno extraído da cicuta-da-europa (*conium maculatum*) ou um gênero de plantas a que essa última pertence.

[**] N. de T.: A tradução segue o texto, embora a informação constante nele não seja correta. É bem possível que o autor esteja se referindo ao mais conhecido alcalóide encontrado na cicuta-da-europa, a coniina (cujo nome técnico seria, ao que consta, 2-propilpiperidina), que por isso também é chamado cicutina. Na verdade, consta que são conhecidos oito alcalóides distintos na cicuta-da-europa: coniina (2-propilpiperidina), γ-coniceína (2n-propil-$\triangle^1$-piperidina), N-metil coniina (1-metil-2-propilpiperidina), conidrina (2-[1-hidroxipropil] piperidina), pseudoconidrina ([5-hidroxipropil] piperidina), conidrinona (2-[2-ketopropil] piperidina), N-metil pseudoconidrina (1-metil-5-hidroxi-2-propilpiperidina) e 2-metilpiperidina. Os predominantes são coniina e γ-coniceína. (Veja-se K. E. Panter, R. F. Keeler e D. C. Baker, "Toxicoses in Livestock from the Hemlocks (Conium and Cicuta Spp.)", *Journal of Animal Science*, 1988. 66:2407-2413.). Certamente, o autor teria poupado dissabores se tivesse se atido a chamada nomenclatura trivial e empregado o termo geral piperidina, bem como aliviaria o texto se tivesse empregado a denominação álcool etílico (ou etanol), em vez de introduzir a sua pretensa fórmula química, C_2H_5OH, escrita de maneira idiossincrática.

Uma vez que a distinção entre poder e veículo esteja traçada, o erro de outra forma de reducionismo é prontamente exposto. O materialismo de estados centrais foi propenso a reduzir o poder a seu veículo, e a pensar um poder, assim reduzido, como a causa de sua realização ou manifestação. Assim, este argumentava que:

> [...] falar que um objeto tem uma propriedade disposicional acarreta que um objeto está em algum estado não disposicional ou que ele tem alguma propriedade (há uma "base absoluta") que é responsável pelo objeto manifestar certo comportamento em certas circunstâncias... Se a fragilidade pode ser identificada a um *estado* real do vidro, então podemos pensar nela como a causa, ou, mais vagamente, um fator causal no processo que provoca a quebra. Disposições são vistas como sendo estados que realmente *estão por trás* de suas manifestações. É simples que os estados são *identificados* em termos de suas manifestações em condições adequadas, antes que em termos de suas naturezas intrínsecas.
>
> Nosso argumento para uma versão "realista" das disposições pode igualmente ser aplicado a capacidades e poderes. Eles também devem ser concebidos como estados do objeto que tem a capacidade ou o poder.[16]

Essa forma de reducionismo, como apontou Anthony Kenny, não é menos erroneamente concebida que a redução megárica ou humeana dos poderes aos seus exercícios. É chocante como o reducionismo do veículo parece ser muito mais tentador no micronível da teoria molecular atômica e iônica do que no nível macroscópico dos mecanismos observáveis. Ninguém identificaria os cavalos-vapor de um carro com o estado de seu motor. Tampouco ninguém procuraria os seus cavalos-vapor debaixo do capô, salvo por pilheria. Mas muitos estão predispostos a identificar poderes de materiais, coisas e animais (inclusive seres humanos) com a estrutura molecular de seus ingredientes, constituintes ou partes. (Filósofos materialistas e neurocientistas cognitivos são particularmente propensos a identificar poderes psicológicos e intelectuais – tais como conhecimento ou memória – com estruturas neuronais.) Mas isso é confuso. Embora muitos poderes possam, de fato, ter uma "base absoluta" em seus veículos, ainda assim a potência é distinta da estrutura ou da forma do veículo, e irredutível a essas. Um e o mesmo poder, em artefatos diferentes (por exemplo, em diferentes computadores ou calculadoras operando com sistemas diferentes, ou em um relógio mecânico e em um relógio eletrônico), pode ter veículos ou bases absolutas inteiramente diferentes. Se os poderes fossem redutíveis aos seus veículos, eles não poderiam ser idênticos – mas frequentemente o são. A possibilidade de V-r de uma substância não pode ser *reduzida* àquilo que torna possível para a substância V-r, mas apenas *explicada* por referência a ele.

Mais ainda, embora seja um ideal da ciência explicar os poderes em termos de estruturas subjacentes, não é logicamente possível que *todos* os poderes sejam assim explicados. No último nível da explanação científica em uma dada época, encontramos uma série de indivíduos, propriedades e relações básicos. Os poderes *desses* indivíduos não podem ser explicados *ulteriormente* em termos de ainda outro nível de indivíduos, propriedades e relações – pois não há, em nosso esquema conceitual científico atual, nenhum nível ulterior (e, se existisse, não haveria ainda um outro nível posterior por trás daquele). Que os indivíduos básicos tenham o poder que eles têm é justamente um fato bruto.

6. PODERES DE PRIMEIRA E SEGUNDA ORDENS; PERDA DE PODER

Algumas coisas podem carecer de certo poder, mas ser aptas a adquiri-lo. Ter a capacidade de adquirir um poder é, ela própria, um poder, um poder de segunda ordem. Assim, por exemplo, o ferro ou o aço podem ser magnetizados – ou seja, podem adquirir o poder de atrair metal. Se uma peça de ferro ou aço é posta dentro de um solenóide através do qual está passando corrente elétrica, ele será magnetizado. A madeira, pelo contrário, não tem tal poder de segunda ordem.

Correspondendo ao poder de segunda ordem para adquirir um poder, tem-se a vulnerabilidade ou a suscetibilidade a perder ou ser privado de um poder. Um golpe certeiro em um magneto vai privá-lo de seu poder de atração magnética; cegar uma faca vai privá-la de seu poder de cortar bem. Alimentos estão sujeitos à deterioração ao longo do tempo, devido ao desenvolvimento de bactérias e transformações químicas, perdendo, assim, seus poderes nutritivos (e adquirindo poderes nocivos para envenenar, que não tinham quando frescos). Máquinas tendem a tornar-se menos poderosas ou a perder alguns de seus poderes pelo desgaste advindo do uso.

Assim como há poderes de segunda ordem para adquirir poderes ativos, há também poderes de segunda ordem para adquirir poderes passivos. Muitos materiais (e, portanto, qualquer partição ou quantidade específica de material) e artefatos são sensíveis ao envelhecimento, ao uso e à exposição de uma espécie ou outra, adquirindo vulnerabilidades e suscetibilidades que não tinham quando novas. Desta forma, metais, tais como o aço e certos artefatos feitos dele, são suscetíveis à fatiga em consequência do uso, adquirindo desse modo a vulnerabilidade à fratura. Danos à superfície de alguns metais tratados e artefatos feitos de tais metais podem tornar o material suscetível à ferrugem. A oxidação, devido à exposição ao ar e à luz solar, pode fazer a borracha ou uma tira de borracha perder sua elasticidade.

A vulnerabilidade à perda de um poder pela degeneração ou por meio da ação de algum agente é um poder de segunda ordem passivo. A degeneração é uma mudança intrínseca e pode ser acelerada por meio de condições extrínsecas. A perda de poder através da ação extrínseca de outro agente pode se dar pelo dano ou pela deterioração ambientalmente induzida (no caso de coisas inanimadas), ferimento e infecção (no caso de animais). Perder um poder é ser (relativamente) incapacitado. Alguns poderes são possuídos ou não possuídos; outros admitem graus. As substâncias que têm poderes que admitem graus podem sofrer a perda parcial de seu poder pelo enfraquecimento. Passar pela perda parcial de poder é, portanto, sofrer prejuízo. Incapacidade e debilitação podem ser temporárias ou permanentes. Substâncias que possuem um poder que admite graus podem perder tal poder imediatamente ou gradualmente. Drogas, por exemplo, comumente perdem sua efetividade gradualmente, ao passo que máquinas tendem a se deteriorar vagarosamente com o uso e mais rapidamente com uso excessivo. Mas a quebra de uma parte crucial normalmente acarreta a perda completa da funcionalidade. A perda do poder pode ser sanada naturalmente (recuperação através de um período ocioso) ou por intervenção (conserto). A perda de poderes por seres animados e seres humanos será discutida a seguir.

7. PODERES HUMANOS: DISTINÇÕES BÁSICAS

Os humanos são seres vivos e partilham muitos poderes com outras criaturas animadas. Somos criaturas automoventes com uma variedade de poderes perceptuais; podemos sentir afeições e ter desejos, consequentemente, perseguimos objetivos e podemos sentir prazer e dor. As esferas particulares e os graus de muitos desses poderes nos são próprios como espécie, parte de nossa natureza, assim como o são os seus veículos. Muitos podem ser aperfeiçoados pelo treino. A distribuição inata dos poderes naturais de seres humanos é desigual. Assim também é a distribuição dos poderes de segunda ordem para adquirir poderes de primeira ordem pelo aprendizado.

A possibilidade de exercer esses poderes e seus papéis em nossas vidas nos dizem respeito muito proximamente. Nesse sentido, diferentemente de todos os outros animais, somos criaturas autoconscientes, que usam linguagem. Assim, estamos conscientes de nossa posse de poderes; frequentemente temos prazer com o exercício deles e tememos a sua perda ou diminuição. Somos cônscios de nossos poderes de movimento, percepção e sensação, de nossas capacidades e suscetibilidades afetivas (por exemplo, nossa sensibilidade ou sensitividade), de nossos poderes cognitivos e cogitativos (por exemplo, nossa erudição, memória ou inteligência, nossas habilidades de aprender e de raciocinar), de nossa força física, poderes de resistência, potência sexual, e de nossa vulnerabilidade a várias formas de danos, deterioração ou perda do poder. O que se considera como um ser humano normal é determinado, em parte, pela posse de poderes ativos e passivos em extensões e graus distintos.

118 P. M. S. Hacker

Distinções que se aplicam aos poderes de substâncias inanimadas e não sensitivas também se aplicam aos poderes do homem, mas, frequentemente, com importantes diferenças e modificações. Pois muitos de nossos poderes são voluntários, que podem ser exercidos à vontade. Esse fato, os graus e formas variáveis de voluntariedade e suas várias consequências, carrega consigo uma rede conceitual muito mais complexa, sutilmente diferenciada, apta à descrição de possibilidades humanas de mudar, provocar mudança, ser mudada ou resistir à mudança, que aquela requerida para a descrição do inanimado.

I. Poderes uni e bidirecionais

Como vimos, objetos não sensitivos têm apenas poderes unidirecionais. Muitos de nossos poderes também são unidirecionais, tais como os de digerir alimentos, de salivar, de crescer (na infância) – em resumo, todas aquelas coisas que *podemos* fazer, mas não podemos fazer à vontade e não podemos nos abster de fazer nem controlar diretamente. Poderes bidirecionais, pelo contrário, são poderes da ação voluntária. Podem ser chamados "poderes volitivos", sendo poderes de fazer coisas que podemos fazer ou evitar fazer de acordo com nossa vontade. Pode-se abster-se (evitar ou omitir) de V-r apenas se há uma oportunidade de V-r. O que não se pode fazer por falta de oportunidade, também não se pode evitar – omissão pressupõe capacidade e oportunidade. Pode-se ser incapaz de omitir, evitar ou abster-se – quando se age sob uma compulsão interna. No entanto, fazer e impedir são recíprocos; pode-se ter que aprender como V-r, mas disso não se segue que se tenha que aprender como evitar V-r (embora seja possível que se tenha que ser treinado a resistir à tentação).

É apenas quando temos o poder bidirecional de V-r ou não V-r que podemos falar de V-r voluntariamente, V-r porque queremos ou V-r intencionalmente e, portanto, escolher V-r, tentar V-r ou V-r de propósito. (Obviamente, se V-r é um poder unidirecional, podemos voluntariamente *fazer com que* V*.) Poderes bidirecionais não são, como tais, disposições, embora, obviamente, muitas disposições humanas manifestem-se no exercício de poderes bidirecionais. Que uma pessoa tenha a habilidade de V-r ou de abster-se de V-r por vontade não implica que tenha a disposição ou a inclinação para V-r, ou mesmo que V-rá em algum momento. De fato, nem tudo o que uma pessoa é capaz de fazer ou de abster-se de fazer por vontade, e que, sob certas circunstâncias, teria feito (por exemplo, cometer suicídio *in extremis*), qualifica-se como algo que ela tem ou teria a disposição ou tendência para fazer.

Possuímos o poder de imaginar, de pensar e de raciocinar, e também podemos exercer esses poderes por vontade. Fazer assim é, em um sentido, não *agir* de modo algum (donde contrastamos pensamento e ação). Em outro sentido, pode-se dizer que são "atos mentais". Porém, atos mentais não são uma espécie de ato sem qualificação, cujos atos manifestos sejam outra espécie. Eles não precisam envolver o provocar nem o evitar mudanças no mundo (agindo sobre outra coisa), ou, com efeito, nem mesmo o movimentar. Mas devemos distinguir entre casos de ação voluntária e pensamento, em que poderíamos ter nos privado ou abstido de fazer o que fizemos, e casos em que não poderíamos evitar fazer o que fizemos. É uma característica marcante de nossos poderes de pensamento e imaginação que, embora possamos comumente pensar e imaginar coisas pela vontade, é também *comum* que pensemos e imaginemos coisas sem querer – pensamentos nos vêm desconexos e nossa imaginação, frequentemente, carrega-nos consigo. Pelo contrário, ações humanas comezinhas, envolvendo movimentos, tais como comer, beber, andar, jogar, são normalmente executadas voluntariamente. Estas podem ser involuntárias apenas em circunstâncias anormais. Mas elas podem ser não voluntárias quando se é forçado a fazê-las.

Entre os extremos de poderes unidirecionais e bidirecionais estão casos de poder cujo exercício não está *inteiramente* sob nosso controle.[17] Estes incluem ações de uma espécie que podemos dar início, mas não podemos parar, uma vez começada, tal como pestanejar; ações que não podemos dar início por vontade, mas que podemos parar ou inibir uma vez começadas (espirrar, chorar),* e ações que não podemos começar nem parar por vontade, mas sobre as quais, não obstante, temos um controle parcial, tal como respirar. O espectro de diferentes espécies de casos que se estendem entre poderes unidirecionais, tal como o poder de digerir, por um lado, e poderes bidirecionais, tal como o poder de mover as próprias pernas, por outro, não é simplesmente linear. Há muitas espécies de diferenças.

A percepção ocupa uma posição interessante no que diz respeito a sua voluntariedade e ao grau em que ela está sob nosso controle voluntário. Em um sentido, que impressionou os empiristas britânicos, ver, ouvir e sentir pelo tato não são voluntários. Se nossos olhos estiverem abertos, não deixamos normalmente de ver as coisas que saltam à nossa vista. Não se tem escolha senão ouvir os altos ruídos em um local, e, comumente, não se pode sentir o calor do fogo nas proximidades ou o frio do gelo que se toca. Mas se pode, obviamente, fechar os olhos, tapar os ouvidos ou afastar-se. É digno de nota que ver e ouvir não são ações. Mas olhar, espiar, mirar, inspecionar, espreitar, vigiar, observar e examinar são ações, bem como escutar atentamente ou vigilantemente.** Essas são coisas que podemos tipicamente fazer ou deixar de fazer pela vontade.

---

* N. de T.: Se traduzir é também adaptar à cultura, cabe lembrar ao leitor que nosso autor é inglês, donde provido da proverbial fleuma britânica.
** N. de T.: No original, *listening to or listening for*.

120 P. M. S. Hacker

O entendimento é uma espécie bem diferente de habilidade. Podemos tentar entender e vir a entender algo – por exemplo, pelo estudo assíduo ou pela atenção cuidadosa. Mas alguém que entende inglês não escolhe entender ou não entender a fala inglesa de outros e que ele escuta. O seu entendimento do que quer que ele assim entenda não é um ato dele próprio. Por outro lado, se ele entende o que foi dito, então pode atuar sobre o dito, explicá-lo, reagir a ele, e isso são coisas que podemos tipicamente fazer pela vontade.

O conhecimento é, ainda, outra espécie de caso. Saber que algo é assim (inclusive saber onde, quando, quem, por que, o que e como) é uma habilidade. Mas não é uma habilidade rigidamente vinculada a uma única categoria de ato, cuja execução seja o exercício da habilidade. Alguém que saiba que algo seja de certo modo é capaz de fazer uma variedade de coisas, tais como responder a questões apropriadas do tipo "onde, quando, quem, por que, o que e como", agir de certas maneiras (se ele sabe onde..., ele será capaz, em certos casos, por exemplo, de encontrar... ou achar seu caminho para...; se ele sabe como, será, em alguns casos, capaz de..., em outros, será capaz de explicar como...). *Esses* são poderes tipicamente voluntários. Ele também entenderá várias coisas cujo entendimento depende da posse do conhecimento relevante. Não podemos conhecer por vontade, apenas adquirir conhecimento de uma variedade de maneiras, algumas das quais estão sob o controle de nossa vontade e outras, não. Não se pode tentar conhecer como se pode entender algo, apenas tentar adquirir o conhecimento desejado por observação, aprendizado e reflexão.

II. Habilidades

Ao discutirmos os poderes humanos, falamos muito mais prontamente de *habilidades* de fazer ou deixar de fazer coisas, assim como de habilidades de reagir e de responder a coisas, do que o fazemos quando falamos de poderes dos seres inanimados e insensitivos (de fato, em certos idiomas, como o alemão, o termo "habilidade" [*Fähigkeit*] não se estende de modo algum aos seres inanimados). É digno de nota que falamos de habilidade apenas onde há um padrão a ser atingido.[18] Um atirador pode ter a habilidade de atingir o alvo nove vezes em dez, mas não se pode dizer o mesmo do novato que tenha a habilidade de errar o alvo nove vezes em dez (salvo como pilhéria), embora seja bem possível que ele erre desta forma e seja provável que ele errará.

Habilidades são inerentemente gerais. Ter a habilidade de V-r significa que V-r é um ato de uma espécie que se pode executar. Consequentemente, posso ter a ocasião de dizer que não poderia V-r em *t*, uma vez que estava impedido ou faltou oportunidade, mas eu poderia ter V-do se não houvesse sido impedido ou tivesse existido a chance de V-r. É importante não confundir o "pode" genérico da habilidade com o "pode" do sucesso que está ligado a uma ocasião. Se uma pessoa tem a habilidade de V-r, então, dada a oportunidade e dada a volição, ela V-rá, na maioria dos casos. A falha ocasional é compatível, em muitos casos, com o ser capaz de V-r; porém, é um critério para a posse da habilidade de V-r que, quando *nos dispomos* a V-r, *normalmente* obtemos sucesso. Observe que a generalidade de uma habilidade é compatível com um alto grau de especificidade; a generalidade diz respeito às ocasiões possíveis para o seu exercício, ao passo que o seu grau de especificidade diz respeito à natureza do desempenho que constitui sua manifestação ou exercício. Como observado antes, mesmo habilidades que podem ser exercidas apenas uma vez são gerais, no sentido de que elas *podem* ser exercidas sempre que a oportunidade surgir.

Falamos de *ter*, ou *possuir*, habilidades – essa é a imagem que empregamos. Mas possuir uma habilidade não é se apropriar de alguma coisa – é ser capaz de fazer alguma coisa. É importante não se deixar confundir pela forma com a qual apresentamos a remissão a habilidades. Posses que não estão em uso podem ser estocadas. Mas, quando não se está exercendo uma habilidade, esta não está no estoque. Tampouco ela está localizada em algum lugar, ainda que seu veículo, se for possível dizer que possui algum, possa ter uma localização (por exemplo, os órgãos dos sentidos são os veículos dos poderes perceptuais). Conhecimento é uma habilidade e a memória é conhecimento retido. É um erro comum entre psicólogos e neurocientistas supor que memórias são, têm que ser ou podem ser armazenadas no cérebro. Mas o conhecimento, que é uma habilidade – nomeadamente, saber que algo é assim –, ou o conhecimento que importa uma habilidade ou domínio de uma técnica (tal como o conhecimento da língua portuguêsa), não é armazenável. *O que é conhecido* (também denominado "conhecimento"), no caso, saber que algo é assim, obviamente *é* armazenável – por exemplo, em livros, arquivos e computadores – se está escrito, codificado ou fotografado, etc. Mas não há tal coisa como armazenar conhecimento *no cérebro*.[19] A memória é apenas metaforicamente um armazém de ideias. (Obviamente, isso não significa que não haja condições neuronais para recordar algo.)

III. Ser capaz de e conhecer como

Há uma relação óbvia entre ser capaz de fazer algo e saber como fazê-lo. Mas seria um erro pensar que ser capaz de V-r é saber como V-r, pois nenhum deles implica o outro. Isso é óbvio no caso de plantas e máquinas que podem fazer, que são capazes de fazer, toda sorte de coisas, mas não se pode dizer que saibam como fazer tais coisas. Mas é igualmente óbvio com seres humanos, no caso de atividades que não envolvem algum *know-how*, tais como ver, respirar, piscar, mover os membros e assim por diante. Alguém com boas faculdades sensórias pode ver objetos a grande distância, ouvir ruídos fracos

122 P. M. S. Hacker

e sentir o mais ligeiro perfume de uma fragrância, mas não sabe como fazer essas coisas. Algumas pessoas podem ficar 24 horas sem dormir e outras são capazes de beber grandes quantidades de álcool sem ficarem bêbadas, mas disso não surge nenhuma questão sobre conhecer como. Contrariamente, podemos conhecer como fazer muitas coisas que não podemos fazer, seja por falta de força ou por falta de poder da vontade (por exemplo, como perder peso) ou por perda temporária ou permanente de uma habilidade. O velho treinador de tênis pode não ser mais capaz de jogar, mas ele sabe como jogar e pode ainda instruir outros nesta habilidade. Alguém pode dizer conhecer como fazer algo apenas se há um meio, método ou técnica que deve ser dominado para ser capaz de V-r. Conhecer como V-r é conhecer o modo de V-r.[20] Comumente, alguém que conhece como V-r dominou a técnica de V-r. Ter dominado uma técnica complexa ou difícil é ter adquirido um talento. Alguns talentos declinam e desaparecem pelo desuso (por exemplo, falar uma língua estrangeira), ao passo que outros são preservados apesar da falta de uso (por exemplo, dirigir um carro ou andar de bicicleta).

IV. Habilidades inatas e adquiridas

Poderes humanos, ativos e passivos, podem ser inatos ou adquiridos. Que uma habilidade seja inata não acarreta que se nasça capaz de exercê-la plenamente, tampouco que ela não possa ser aprimorada por meio da experiência ou aperfeiçoada pelo treino. Habilidades perceptuais são inatas, embora possa levar tempo até que alcancem sua condição ótima (recém-nascidos não enxergam bem). São inatas, uma vez que dependem do bom estado ou da fraqueza dos órgãos sensoriais com os quais nascemos, mas podem ser aprimoradas até certo grau pelo treino e exercício (e, quando o poder de discriminação visual, auditiva e gustativa melhora, falamos em olhos, ouvidos e paladar treinados, em um sentido ainda diferente). Deficiências do poder perceptivo de um ser humano podem ser elas próprias inatas ou infligidas. Tais deficiências são causadas tipicamente por defeitos nos órgãos sensórios pertinentes (mas podem ser também consequências de um defeito cerebral). Estas podem ser anormalidades inatas, defeitos causados por doenças, resultados de ferimentos ou deterioração senil. Defeitos nos órgãos sensoriais (ou nas partes relevantes do cérebro) levam ao exercício insatisfatório da faculdade sensória correspondente. O bom estado (ausência de deficiências) de um órgão sensório (por exemplo, dos olhos ou dos ouvidos) capacita a pessoa a perceber bem na modalidade correspondente (ver ou ouvir bem, ter boa visão ou audição) e a fazer bem aquelas coisas que pessoas com uma boa faculdade sensória podem fazer. A normalidade é comumente julgada como relativa à espécie – o que vale como uma boa visão na espécie humana seria má em uma ave de rapina. Às vezes, no entanto, é julgada relativamente às faculdades discriminatórias humanas, como ocorre quando dizemos que rinocerontes ou elefantes têm má visão e águias, uma visão maravilhosa.[21]

Do mesmo modo, habilidades motoras são inatas, embora em nossa espécie seja patente que leva uma quantidade considerável de tempo antes que a maioria delas se manifestem. A aquisição de muitas habilidades motoras rudimentares envolve aprendizagem (a criança é ensinada a andar), e levam-se anos antes que estas atinjam o nível normal em um indivíduo fisicamente maduro. Os dotes naturais diferem substancialmente entre diferentes indivíduos e, portanto, também os talentos para as diferentes formas de atividades físicas das quais os seres humanos são capazes. O desenvolvimento das habilidades motoras depende do uso (bem como da nutrição e da saúde geral). A possibilidade de desenvolvimento substancial ulterior através do treino e exercício é considerável e cultivada pelos esportes e pelo treinamento militar. Aqui, também, a fraqueza ou deformação dos membros ou a deterioração da habilidade de controlar seus movimentos pode ser inata ou infligida, a última por saúde geral fraca ou débil ou por doenças específicas, danos ou senilidade.

V. Habilidades de primeira e de segunda ordens

A habilidade de aprender é uma habilidade de segunda ordem – ou seja, uma habilidade de adquirir habilidades por meio da instrução e da experiência, por meio do exercitar e de exercícios. Ter um talento inato ou aptidão natural para uma matéria (música, matemática) ou um modo de atividade (dançar, cantar) é ter uma habilidade de segunda ordem para adquirir e desenvolver a habilidade de primeira ordem correspondente com inusitada facilidade ou com um alto grau inusitado. O florescer de um talento é um dom e uma excelência no desempenho. Para se tornar e ser um V-dor (um dançarino, um cantor, um filósofo) é necessário dominar a técnica de V-r. Um V-dor talentoso é alguém que acha fácil dominar ou que dominou a técnica de V-r e será capaz de ou pode V-r bem, em comparação com aqueles que não são V-dores ou com outros V-dores. Um V-dor medíocre é aquele que pode V-r, mas não pode V-r bem.

A habilidade de aprender uma linguagem, da qual tantas habilidades características da espécie humana dependem, é inata, em grande medida específica da espécie (embora chimpanzés sejam capazes de dominar os rudimentos de uma linguagem não vocal) e, salvo os mentalmente subnormais, partilhada por todos os seres humanos. É interessante que, se a habilidade de aprender uma linguagem não é exercida até por volta dos 10 anos, ela é perdida (o que é provado pelos casos documentados de crianças-lobos). O *domínio* de uma linguagem, no entanto, está sujeito a grandes variações individuais, assim como a habilidade de dominar uma multiplicidade de lingua-

124 P. M. S. Hacker

gens. Outras habilidades de adquirir habilidades intelectuais são ainda menos igualmente distribuídas pela natureza. Poderes humanos em geral variam entre indivíduos, diminuem ou aumentam com mudanças circunstanciais e crescem ou decrescem com a maturação e a senilidade.

A aprendizagem amplia as potencialidades humanas, confere às pessoas habilidades de fazer coisas que, sem educação, elas não seriam capazes de fazer. Isso inclui tanto os poderes ativos, especialmente destrezas, como os poderes relativamente passivos, tal como a habilidade de desfrutar e ter prazer ao experimentar coisas que requerem educação – por exemplo, ouvir música clássica, olhar para pinturas com prazer e entendimento ou ser capaz de acompanhar uma conferência ou um livro com entendimento. A educação é um bem para os homens, porque incrementa as habilidades humanas. Isso, se as oportunidades estiverem disponíveis, estende as escolhas e enriquece a vida humana. Contudo, esta não deve ser confundida com ampliação da liberdade humana. Ampliação e diminuição da liberdade pertencem às oportunidades para agir e permissão para aproveitá-las, não às habilidades de agir.

8. PODERES HUMANOS: DISTINÇÕES ULTERIORES

I. Poderes humanos ativos e passivos

Ao discutirmos os poderes dos seres inanimados, observamos a distinção entre poderes ativos e passivos – entre, por um lado, potencialidades de se fazer coisas e de agir sobre outras coisas e, por outro, as potencialidades de sofrer mudanças e de outras coisas agirem sobre estas. Uma distinção paralela pode ser aplicada aos seres humanos e aos seus atos ou ações, por um lado, e ao que podem sofrer, por outro. Porém, sua aplicação é mais complicada. Aquelas coisas que podemos fazer à vontade são os casos mais diretos do exercício de nossos poderes ativos. Isso inclui não apenas ações físicas, mas também pensar, calcular, raciocinar, imaginar. Essas não precisam ser *expressas* na ação sobre algo, em dar início à ação ou, de fato, nem mesmo no agir. E, como se observou, elas frequentemente não são exercidas deliberadamente ou à vontade – pensamentos cruzam nossas mentes sem pedir permissão, pulamos para as conclusões e nossa imaginação corre solta. Assim, quando classificamos tais poderes por estarem entre os poderes ativos da humanidade, é porque faz sentido dizer de um poder assim que ele é exercido à vontade, não que ele seja sempre exercido assim.

As paixões. A tradição filosófica tem considerado as afeições como estando entre os poderes passivos da humanidade – não é por menos que elas são referidas como "as paixões". As afeições são tomadas comumente por incluir comoções (estar ou sentir-se surpreso, encantado, revoltado, desgostoso, alarmado, horrorizado, excitado, chocado), emoções (medo, pesar, amor, ódio, ciúme, inveja, orgulho, vergonha) e estados de ânimo (sentir-se bem-humorado, deprimido, irritado, irascível). Pensamos esses como estados ocorrentes ou, em certos casos, como estados disposicionais (veja a seguir), e pensamos nossas potencialidades para senti-los como poderes passivos (como ocorre quando falamos de nossa capacidade de sentir surpresa ou horror, de sentir amor ou esperança, de estar de bom humor). Sendo paixões, estas são realizadas não voluntariamente. Não se pode se sentir atônito por encomenda ou planejar ter esperança, menos ainda sentir-se ansioso de propósito. Mas estas não estão totalmente fora de nosso controle. Suas manifestações podem ser frequentemente supressas e os sentimentos podem ser modificados, às vezes por raciocínios, às vezes pelo desvio deliberado da atenção, às vezes por voltar à atenção, por exemplo, para o que enriquece nossa vida.

As paixões são "disposicionais" em dois sentidos diferentes. Por um lado, comumente falamos de paixões como "estados disposicionais", como ocorre quando dizemos que alguém tem se encontrado em um estado de depressão por alguns meses – ou seja, tem a tendência de se sentir deprimido durante suas horas de vigília – ou que alguém está raivoso com a política educacional governamental – ou seja, está propenso a expressar objeções indignadas à política educacional governamental, quando surgir ocasião. Por outro lado, as paixões são também construídas como traços do caráter ou temperamento. Descrever alguém como irascível, ciumento ou apaixonado por natureza é descrever suas propensões e tendências afetivas.

Sensibilidade. Sensitividade afetiva é uma medida do poder passivo de alguém para responder a objetos, situações e pessoas. É um dote natural, mas algo que, por um lado, pode ser cultivado (sensibilidade para a natureza, para as artes, para outros seres humanos) e, por outro lado, pode degenerar – pois a sensibilidade de alguém pode ser embotada pelo sofrimento ou pela idade. Um excesso de "sensibilidade" (veja a novela de Jane Austen)[*] é uma disposição para reagir exageradamente – uma tendência a se tornar agitado em excesso ou, de fato, *dar curso* a agitações excessivas (incluindo as agitações que acompanham emoções ocorrentes). Esta última é uma falta de autocontrole; a primeira, uma falta de julgamento. Sentimentalismo (não confundir com sentimento) é igualmente uma tendência a agitar-se – agitações que são desproporcionais aos seus objetos.

Suscetibilidades e vulnerabilidades da saúde. Os poderes passivos da humanidade (*qua* criaturas vivas) que mais se assemelham aos poderes das coi-

---

[*] N. de T.: Jane Austen (1775-1817), escritora inglesa cujas obras, em boa parte, tratam exatamente do tema das paixões e sentimentos. Seu romance mais conhecido, tendo recebido recentemente uma nova adaptação para o cinema, é *Pride and Prejudice* (em português, *Orgulho e Preconceito*); mas outros romances dela foram adaptados ao cinema, entre eles aquele que o autor provavelmente tem em mente, *Sense and Sensibiility* (que foi traduzido ao português do Brasil sob o título "*Razão e Sensibilidade*").

sas inanimadas são os estados de saúde. Esses não são poderes voluntários, embora estejam sujeitos a graus variados de controle indireto. Estados de saúde são suscetibilidades e vulnerabilidades do organismo à doença e ao mau funcionamento, manifestos nas reações fisiológicas do corpo; são aspectos da natureza fisiológica da pessoa ou do animal. Tal como propriedades disposicionais dos inanimados, estes são provocados por circunstâncias características, definidos por suas causas e por aquilo de que são disposições para fazer ou sofrer, portanto, também por suas manifestações características.

Uma pessoa está em bom estado físico de saúde se seu organismo estiver bom (isto é, não está defeituoso), funcionar bem (isto é, normalmente) e sua condição global não estiver deficiente por doença. Suscetibilidades médicas são propensões que ocorrem normalmente devido à alta sensibilidade a infecções ou lesões de certas espécies. Vulnerabilidades a doenças, infecções ou órgãos com mau funcionamento dependem das condições das circunstâncias. Aqueles que são especialmente *suscetíveis* a uma dada infecção são mais propensos a pegar a doença *se* expostos ao contágio ou às condições que a produzem. Ter disposição para ficar gripado é uma vulnerabilidade ou tendência. Uma pessoa tem a *vulnerabilidade* a ficar resfriada se for exposta à infecção ou à corrente de ar, etc., e mais frequentemente pegar do que não pegar um resfriado. Uma pessoa tem a *tendência* a ficar resfriada se ela mais frequentemente fica resfriada do que não fica sempre que for exposta à infecção, à corrente de ar, etc., e é exposta a isso com alguma frequência. Pois o que tende a ocorrer deve ocorrer com uma frequência razoável, ao passo que aquilo que está sujeito a ocorrer pode nunca ocorrer porque as condições para tanto nunca foram satisfeitas.[22] Alergias são igualmente tendências fisiológicas ou vulnerabilidades do organismo animal, por exemplo, para irromper brotoejas, para espirrar, para ter dificuldades respiratórias em resposta a estímulos tais como pólen, crina de cavalo, poluição, etc.

II. Os veículos dos poderes humanos

Observamos a distinção entre um poder e seu veículo no caso dos seres inanimados. A mesma distinção pode ser aplicada aos poderes humanos. Pode-se dizer que o veículo de muitos poderes animais é o órgão empregado pelo animal no exercício do poder. Assim, os veículos dos poderes perceptivos são os órgãos sensoriais, e os da locomoção, as pernas. Dependendo do contexto e do propósito que se tem, pode-se pretender incluir no veículo as partes relevantes do sistema nervoso que capacitam o órgão a funcionar e tornam possível ao animal o uso de seus órgãos no exercício de seus poderes.

No entanto, não é claro o que deveria ser dito acerca de poderes que não envolvem o uso de algum órgão, tais como os poderes de pensar e entender.

Não pensamos ou entendemos com ou em nosso cérebro como vemos com nossos olhos ou digerimos o alimento em nosso estômago. Movemos nossos olhos (protegemo-los do clarão, aproximamo-los da lente ou do buraco da fechadura) para ver o que queremos ou para ver melhor. Mas não podemos (e não necessitamos) mover ou controlar desse modo o nosso cérebro para pensar ou entender alguma coisa. Podemos, em princípio, observar um estômago de um ser humano digerindo o alimento. Mas não podemos, nem mesmo em princípio, observar o cérebro de alguém pensando ou entendendo, não porque a tomografia por emissão de pósitrons esteja ainda insuficientemente avançada, mas porque o cérebro não pensa nem entende qualquer coisa. É o animal como um todo, o ser humano como um organismo que pensa e entende, carece de pensamento ou falha em entender.[23] O máximo que pode ser visto no cérebro é o que nele ocorre *quando* o ser humano de quem é o cérebro pensa ou entende algo. Poder-se-ia dizer que o veículo do poder é o cérebro, uma vez que sem o funcionamento normal dele não se possuiria o poder de pensar e entender. Mas daí, sem o funcionamento normal do cérebro, nem se possuiria o poder de locomoção, e ninguém gostaria de dizer que o cérebro é o veículo do poder de caminhar. Pode bem ser que a fecundidade da extensão analógica da distinção entre um poder e seu veículo daqueles contextos nos quais este é claramente útil (por exemplo, materiais e seus ingredientes) chegue ao fim aqui.

III. Habilidade e oportunidade

Os poderes das coisas inanimadas e animadas necessitam igualmente de condições para suas realizações. No caso de um agente inanimado, a satisfação das condições necessárias para a realização de seus poderes fornece a ocasião para o agente manifestar seus poderes. Se as condições para ele V-r se dão, então ele V-rá. Mas, como observamos, isso não é assim com os poderes voluntários e parcialmente voluntários de criaturas animadas. As condições necessárias para ser possível que a criatura *exerça* seus poderes são as *oportunidades* para ela agir assim, as quais ela pode aproveitar ou abster-se de aproveitar – se faz ou não, isso cabe ao agente.

O *horizonte da ação* – as possibilidades para a ação disponíveis a um agente – é fixado pela interseção de suas habilidades, oportunidades que surgem e frequentemente a disponibilidade do equipamento. A disponibilidade do equipamento – de uma faca de cozinha para cortar o pão, de uma chave de fenda para desparafusar o parafuso, de um táxi para chegar a tempo na estação – é o intermediário entre a habilidade e a oportunidade. Uma habilidade é uma característica do agente que perdura ao longo do tempo. Uma oportunidade é uma característica individual da situação. Consequentemente, oportunidades estão em fluxo constante, e algumas oportunidades podem nunca ocorrer. Portanto, a Fortuna deve ser agarrada pelos cabelos.*

As oportunidades não são apenas específicas de ocasiões, como são também relativas ao agente, sendo relativas ao grau em que o agente possui o poder relevante. O que é uma oportunidade para um V-dor muito bem-dotado pode não ser, de nenhum modo, para um novato, enfraquecido ou incompetente. Podemos ser incapazes de aproveitar a oportunidade, apesar de termos as habilidades requeridas, por conta de uma incapacidade temporária ou por causa de impedimentos temporários (isto é, aqueles pertinentes às circunstâncias) ou impedimentos subjetivos (pertinentes ao sujeito). Incapacidade temporária (uma forma de impedimento subjetivo) inclui dano físico e doença – tendo quebrado minha perna, não posso jogar tênis amanhã. Ainda sei como jogar e ainda posso jogar com minha destreza costumeira, mas não enquanto estiver incapacitado. Impedimentos objetivos incluem os custos de oportunidades perdidas ("Eu gostaria de... mas significaria que eu não poderia...."). Impedimentos subjetivos podem incluir compromissos que se assumiu ("Eu gostaria de... , mas tenho que...").

9. DISPOSIÇÕES

Observamos antes que vulnerabilidades e suscetibilidades da saúde parecem-se muito com os poderes do inanimado em sua natureza disposicional. Vulnerabilidade e suscetibilidade não são conceitos frequenciais. Um objeto frágil pode estar sujeito a quebrar-se se largado, mas isso não implica que ele tenha a *tendência* a quebrar se largado (embora coisas *daquela espécie* tenham tal tendência). Uma pessoa pode estar sujeita a sucumbir à tentação se surgir certa oportunidade, mas não tem a tendência a sucumbir às tentações caso não haja tentações.

As tendências e inclinações, sejam animadas ou inanimadas, estão ligadas à frequência do comportamento. O aumento nas tendências e inclinações são aumentos nas frequências das ocasiões em que estas são realizadas. As tendências e inclinações humanas, diferentemente das mesmas inanimadas, podem, às vezes, ser controladas, suprimidas ou erradicadas pelo seu sujeito – como, ocorre quando quebramos um hábito, controlamos nossa gagueira ou superamos nossa timidez.

As tendências e inclinações não são, como tais, disposições humanas. Fumantes tendem a fumar mais quando sob pressão, estão inclinados a gastar muito mais com cigarros e estão sujeitos a contrair câncer se não refrea-

---

* N. de T.: A deusa Fortuna frequentemente era representada como tendo um topete que lhe permitia ser agarrada, lembrando o dito latino *Fronte capillata, post est occasio calva.*

Natureza humana **129**

rem seus hábitos.[24] Mas fumar é um hábito, não uma disposição, nem as frequências e vulnerabilidades associadas ao hábito são disposições.[25] Contudo, as disposições humanas genuínas *estão* vinculadas a tendências, inclinações e vulnerabilidades. Uma pessoa de disposição indolente tende a não se esforçar, uma pessoa vaidosa é propensa à ostentação e uma pessoa sem tato está sujeita a cometer gafes. Mas o que é *significado* pelo termo "disposição" quando associado a seres humanos sofre uma mudança significativa por comparação com sua aplicação a coisas inanimadas.

Disposições fisiológicas de saúde à parte, as disposições *humanas* são disposições de *temperamento* e de *caráter*. É muito improvável que essas disposições sejam inanimadas. Já havíamos observado que uma substância inanimada pode ter a disposição para V-r ainda que nunca a manifeste, uma vez que as condições requeridas para sua realização nunca surgiram. Por contraste, como observado, uma pessoa não pode ter uma disposição de temperamento ou caráter e nunca a manifestar. Semelhantemente, em uma substância inanimada pode haver disposições para V-r por apenas uns poucos minutos (ou, mesmo, segundos) no curso de sua existência, mas um ser humano não pode ter um traço de caráter por apenas alguns poucos minutos.

As disposições de temperamento são traços, tais como obstinação, taciturnidade, bom humor, melancolia, vivacidade, imperturbabilidade, sensibilidade, delicadeza, excitabilidade, placidez, irritabilidade e irascibilidade. Como a etimologia de "temperamento" sugere, esses são *aspectos da natureza de uma pessoa*. Os traços de temperamento são disposições de atitudes e modos de responder, traços definidos por aquilo de que são disposições para ser, sentir, tornar-se ou fazer, pela maneira de agir e reagir de alguém – por exemplo, ser duro ou mal-humorado, sensível, delicado ou excitável ao responder, ficar chateado sem ter quase nenhuma razão ou perder as estribeiras. Eles se manifestam na expressão facial, no tom de voz, nos gestos e maneirismos, na maneira de reagir ao que se sucede.

Os traços de personalidade, tais como gentileza, ousadia, timidez, pedantismo, bem como características de sociabilidade, tais como cortesia, polidez, tato, e talvez traços autoavaliadores, tais como presunção, vaidade, orgulho, arrogância e humildade também são disposições. Eles beiram, e no caso do último grupo, cruzam a fronteira da esfera das virtudes e dos vícios. Se virtudes e vícios devem ser julgados como disposições é matéria controversa. Prudência, firmeza, diligência, temperança, coragem estão entre as virtudes que são referidas ao si mesmo. Honestidade, generosidade, gentileza, benevolência, caridade, justiça estão entre as virtudes referidas aos outros. Dizemos coisas como: "Ele tem uma disposição prudente (gentil, caridoso, benevolente)". As virtudes e os vícios são traços do caráter, e somos inclinados a considerar traços do caráter e do temperamento igualmente como disposições humanas. Von Wright questionou isso com base em que nenhuma categoria de atos[26] ou atividade específica responde a uma virtude ou a um vício. Quase todo ato poderia, em uma ou outra circunstância, ser corajoso. Um ato corajoso, em uma circunstância, feito por A não precisa ser assim nas mesmas ou em circunstâncias diferentes, se feito por B. Os resultados (lógicos) de atos corajosos não possuem traços em comum – o que os faz corajosos não são seus resultados. Portanto, atos virtuosos não podem ser caracterizados em termos de seus resultados, e as virtudes não podem ser caracterizadas em termos de suas concretizações. Antes, os atos que manifestam uma virtude ou um vício são caracterizados por referência à virtude ou ao vício que exemplificam. Isso marca uma diferença conceitual entre virtudes e vícios, por um lado, e hábitos, por outro.

Porém, de maneira similar, as disposições do temperamento não são definidas por uma categoria de ato que responda a cada traço. Mais ainda, os hábitos, tal como vimos, não são classificados como disposições. Diferentemente de disposições humanas características, os hábitos não são geralmente vistos como partes da natureza, da personalidade ou do caráter de um ser humano, como o são, igualmente, traços do temperamento e virtudes e vícios. O hábito de fazer uma caminhada à tarde não é um traço ou aspecto do temperamento, da personalidade ou do caráter de uma pessoa, embora, se realizado com uma regularidade de relógio (como no caso de Kant), o hábito possa significar pontualidade. Podemos ser como Kant, de uma disposição ordeira, confiável, mas não de uma disposição de-fazer-uma-caminhada-à-tarde. Mas é verdade que os conceitos de traços do temperamento e da personalidade aproximam-se de conceitos de tendências ou de frequências. Alguém que, salvo raramente, manifesta charme, cortesia ou tato em seu convívio social não é charmoso, cortês ou uma pessoa com tato. Parece verdade que pelo menos algumas virtudes e alguns vícios estão menos proximamente vinculados à tendência e à frequência que traços do temperamento e da personalidade. Uma pessoa magnânima ou corajosa, por contraste com um homem irascível, alcoolista ou pedante, não precisa ser alguém que tem a *tendência* de fazer alguma coisa em particular, pois as ocasiões em que sua magnanimidade ou coragem são chamadas podem ser relativamente raras em sua vida. Se isso for correto, pode ser um sintoma de uma diferença mais profunda: a saber, que a exemplificação das virtudes e vícios está ligada à motivação, a razão para agir e ao julgamento (sabedoria prática) de uma maneira que a exemplificação dos outros traços não está. Não é claro se tais diferenças justificam negar que virtudes e vícios sejam disposições.

As disposições do temperamento e do caráter podem ser inatas ou adquiridas, permanentes ou não permanentes, modificáveis ou imutáveis. Mesmo se não permanentes e mutáveis, elas são, de qualquer modo, relativamente duráveis. Diferentemente de disposições dos inanimados, não se pode ter uma disposição gentil, seca ou alegre por apenas poucos minutos, embora se possa ser alegre por poucos minutos e estar disposto a ser gentil com A por apenas uns poucos minutos. É digno de nota que, no caso dos seres humanos, ter a disposição de V-r não é o mesmo que estar disposto (tentado, inclinado) a V-r. Pode-se, de fato, estar e sentir-se disposto a fazer algo por uns poucos momentos, até que se aprende com boas razões a não o fazer, mas não se pode ter, por alguns poucos minutos, a disposição de fazer algo. Conquanto alguém possa estar disposto a fazer um ato particular em uma ocasião – por exemplo, ir ao cinema hoje à noite –, não se pode ter a disposição de executar um ato específico em uma dada ocasião, pois disposições são inerentemente gerais.

NOTAS

1. Veja-se A. R. White, *Modal Thinking* (Blackwell, Oxford, 1975), cap. 1, ao qual estou em dívida pela discussão que se segue.
2. Um tanto quanto curiosamente, este também pode ser usado para descrever suas realizações, por exemplo, "Eu posso vê-lo caminhando pela estrada", "Eu posso entender sua perplexidade" – e aqui, *que eu posso* acarreta *que eu faço*.
3. Mas não em qualquer espécie de caso. Se V-r é tão fácil que qualquer adulto saudável pode fazê-lo (por exemplo, abrir uma porta), não pode ser mera coincidência que A (um adulto normal e saudável) o faça. Se for tão difícil que apenas um especialista poderia fazê-lo (por exemplo, acertar 10 tiros seguidos na mosca), então, em geral, não pode ser uma coincidência que ele o tenha feito (ele deve ser um campeão).
4. Locke, *An Essay Concerning Human Understanding*, II, xxi, 72.
5. Thomas Reid, *Essays on the Active Powers of Man*, Essay I, in *The Works of Thomas Reid*, Ed. Sir William Hamilton (Maclachlan e Stewart, Edinburgh, vol. 2, p. 519.
6. Ludwig Wittgenstein, *The Blue and Brown Books* (Blackwell, Oxford, 1958), p. 117 ss.
7. Veja M. Ayers, *The Refutation of Determinism* (Methuen, Londres, 1968) e A. J. P. Kenny, *Will, Freedom and Power* (Blackwell, Oxford, 1976). Aqui, como alhures, devo muito a este último.
8. Hume, *An Enquiry Concerning Human Understanding*, seç. VII, Part I, § 50, ed. L. A. Selby-Bigge, 2ª Ed. (Clarendon Press, Oxford, 1902), p. 64.
9. Hume, *A Treatise on Human Nature*, I, iii, xiv.
10. Ibidem.
11. Aristóteles, *Metafísica*, Livro IX, cap. 3.
12. Locke, *Essay*, II, xxi, 6.
13. Ibidem, II, xxi, 17 ss.
14. Noam Chomsky, *Language and Problems of Knowledge: The Managua Lectures* (MIT Press, Cambridge, Mass., 1988), p. 60 ss.; ênfase acrescida.
15. Kenny, Will, *Freedon and Power*, p. 10 ss.
16. D. M. Armstrong. *A Materialist Theory of the Mind* (Routledge e Keagan Paul, Londres, 1968), p. 86, 88.
17. Veja-se B. Rundle, *Mind in Action* (Clarendon Press, Oxford, 1997), p. 159 ss.
18. Veja-se A. R. White, *The Nature of Knowledge* (Rowman e Littlefield, Totowa, NJ, 1982), p. 115 ss.
19. Para uma elaboração, veja M. R. Bennet e P. M. S. Hacker, *The Philosophical Foundations of Neuroscience* (Blackwell, Oxford, 2003), p. 158-71.

132 P. M. S. Hacker

20. Veja-se White, *Nature of Knowledge*, p. 14-29.
21. Veja-se G. H. von Wright, *The Varieties of Goodness* (Routledge e Keagan Paul, Londres, 1963), p. 51-9.
22. Veja-se White, *Nature of Knowledge*, p. 114.
23. Para uma elaboração, veja Bennett e Hacker, *Philosophical Foundantions of Neuroscience*, cap. 3.
24. White, *Nature of Knowledge*, p. 114.
25. Observe-se que um hábito acarreta regularidade, mas nem toda regularidade humana acarreta um hábito. Pode-se ter o hábito de tirar uma soneca após o almoço, mas não é um hábito dormir à noite. Regularidades que são naturais aos seres humanos e o que é costumeiro em um grupo social não são hábitos. Era costumeiro para os romanos usar togas e é costumeiro para os homens das sociedades ocidentais contemporâneas usarem calças. Mas não era um hábito dos romanos usarem toga, nem é um hábito nosso usar calças – ainda que os escoceses possam fazer do uso do kilt em festas um hábito. Semelhantemente, o que é uma exigência médica ou social, tal como escovar regularmente os dentes, não é um hábito.
26. Ou seja, categoria de atos nomeados segundo a instância de estado de coisas genérico do qual logicamente resulta a execução dos atos da espécie em questão, por exemplo, abrir a porta, fechar a janela, esvaziar a chaleira.

5

AGÊNCIA

1. AGENTES INANIMADOS

"Agência" e seus primos "ato" e "ação" e "agir sobre uma coisa" têm muitos usos relacionados, um dos quais, especialmente nas mãos dos filósofos, é como termos categoriais. Como tais, e igual a muitos de nossos termos categoriais (incluindo "substância", "causalidade" e "poder"), seus contornos são indistintos. Isso não é surpreendente, visto que significam traços formais que caracterizam o uso de uma multiplicidade de expressões. Mas o uso não é um molde, e divergências nas fronteiras são antes típicas que excepcionais. O termo categorial "agente" articula um padrão geral do uso de termos que fazem referência a sujeitos em şentenças que atribuem a um sujeito atos, ações ou ações sobre outra coisa. Não há razão para supor que se possa discernir um padrão singular e completo. A indeterminação é multiplicada pelo fato dos conceitos de atos e ações serem, eles próprios, conceitos categoriais borrados. Os dados gramaticais são como se fossem pontos dispersos em um gráfico; qualquer tentativa de traçar uma linha única e contínua entre eles pode distorcer os fenômenos conceituais. Devemos levar em conta a possibilidade de existir diferentes "centros de dispersão". Se for assim, pode haver várias linhas interrompidas conectando diferentes pontos de padrões diferentes, porém relacionados. Procurar completar essas linhas interrompidas pode falsificar as formas conceituais das quais nos ocupamos, e não tornar sua representação mais acurada. Deve-se ter em mente que não estamos introduzindo uma terminologia técnica, aguçada e arregimentada para os propósitos de uma teoria que poderia ser testada pela experiência, cujos termos seriam descartados, caso a teoria não fosse confirmada. Nosso propósito é filosófico, e nossos juízos devem ser guiados por seu poder de iluminar alguns traços muito gerais de nosso esquema conceitual. Nosso objetivo é isolar um domínio ou domínios de características que lancem luz sobre nosso uso de uma multiplicidade de verbos e de seus cognatos, e iluminar, assim, os traços mais gerais dos modos pelos quais pensamos acerca de nós mesmos e do que fazemos, e acerca das coisas que encontramos na natureza e o que elas fazem.

Iluminar esses traços estruturais esclarecerá formas de nosso pensamento acerca da natureza e de nós mesmos das quais raramente somos conscientes. Raramente estamos cônscios destas, precisamente porque elas *dão forma* a nosso pensamento e discurso.

Os campos conceituais dos quais são abstraídas as noções categoriais de, respectivamente, agência inanimada e agência animada desenvolvida diferem de maneira importante. A ampla rede formada pelos conceitos de poderes bidirecionais, de percepção e de cognição, de voluntariedade, de desejo e intenção, de razão, de motivo, de propósito e fim, aplica-se (em certo grau) aos animais sensitivos desenvolvidos e (em toda a sua riqueza) aos seres humanos. A rede de relações internas que a agência do inanimado exibe não é apenas menos rica, mas também, como veremos, diferente do padrão comparável de relações internas exibido pelo ser animado avançado e pela agência racional. Não é surpreendente que nosso conceito de agência não apresente um paradigma central, mas antes, dois, o primeiro focalizado nas formas de agência do inanimado e o segundo, nas variadas formas de agência animada, sensitiva e volitiva das criaturas automoventes. Nossas várias noções de ativo e passivo, borradas como são, estão agrupadas em torno desses paradigmas. Mais ainda, em cada um dos paradigmas há distintos centros de dispersão.

Um agente, no sentido mais geral do termo, é algo que *faz alguma coisa* ou *age*.[1] O termo, tal como empregado na discussão a seguir, à semelhança de "substância" e "poder", é um termo técnico filosófico que significa uma categoria muito ampla. O que é difundido em nosso discurso ordinário não é o termo "agente", mas expressões que fazem referência a agente, por cujo uso fazemos referência a coisas que têm o poder de agir *simpliciter* ou de agir em outras coisas.

Nem tudo o que uma coisa *faz* manifesta agência. Dormir, sangrar, espirrar são coisas que os agentes animados e sensitivos fazem, mas não são atos que executam. Entre os atos que um agente automovente como o ser humano pode executar estão aqueles movimentos que ele faz e que são de um tipo que ele *pode* fazer voluntariamente. Nem todos esses atos que um agente executa precisam envolver movimentos, pois manter ou esperar alguma coisa não é menos um ato que apanhar ou deixá-la ir, posar para um quadro não é menos um ação voluntária que sentar-se em uma poltrona. Os seres humanos podem ouvir ou escutar algo, olhar para, vigiar ou fixar o olhar em algo ou alguém, bem como atentar para e concentrar-se no que é dito ou visto. Seria arbitrário insistir que esses são fazeres, mas não atos.

Agentes animados automoventes e agentes inanimados igualmente *agem sobre* outras coisas. Como veremos, a noção de *agir em* alguma outra coisa pode ser construída de várias maneiras. No entanto, é claro que a agência manifesta-se seja no agir *simpliciter,* seja no agir sobre outra coisa (não importa quão ampla ou restritamente sejam construídas essas duas noções).

Uma noção complementar a essa de agente é aquela de *paciente* – aquilo *sobre o que se age* ou aquele ou aquilo para que ou para quem *algo é feito*. Quando a ação de um agente sobre outra coisa é causalmente eficaz e provoca ou sustenta a mudança, o paciente é a coisa que é por isso alterada. Mas um agente pode também fazer algo que impede ou cessa a mudança que de outro modo ocorreria. Em tais casos de atuação impeditiva ou supressiva, o paciente é impedido de mudar ou de mudar ainda mais. Isso pode ser feito pela ação no paciente, interferindo ou agindo em alguma outra coisa que, de outro modo, teria agido sobre o paciente. Estar o agente atuando em um paciente não exclui estar o paciente em ação recíproca.

Os agentes individuais podem ser divididos em duas classes muito gerais, inanimados e animados. Agentes inanimados são paradigmaticamente substâncias inanimadas (incluindo artefatos), mas também partições (blocos, pepitas, grãos, poças, gotas), bem como quantidades (miligramas, onças, quartilhos, litros) de material. Mas concebemos muitas espécies de coisas como agentes de mudança que não são substâncias, tais como rios e ondas. Assim, a pedra que lancei quebrou a janela, essa chaleira elétrica acabou de ferver uma quantidade de água, uma gota de sangue manchou meu lenço e a onda arrasou o castelo de areia. Também tratamos como agentes coisas não substanciais que não são substâncias nem partições ou quantidades de material, tais como vento, eletricidade, luz, calor e frio. Dessa forma, dizemos que a luz escureceu a placa fotográfica, que o calor derreteu a cera ou que o frio fez os tubos estourarem, mas, nos dois últimos casos, apenas mostramos uma preferência por uma forma de representação agentiva[*].[2]

Foi sugerido que o conceito de agência é, ou deveria ser, limitado à agência animada intencional, uma vez que apenas agentes animados agem intencionalmente, e apenas a atribuição de ação a agentes intencionais explica as ações (concebidas como eventos) de uma maneira que vai além do que é explicado pelo enunciado correspondente de causalidade de evento.[3] Mas não há razão para pensar que nosso conceito de um agente seja tão restrito, e, como argumentei (veja-se o Capítulo 3), longe da causalidade de evento ser logicamente anterior à causalidade de agente, é a causalidade de agente que goza da prioridade. Agentes inanimados, não menos que agentes animados, *atuam em* outras coisas e são causalmente responsáveis pela mudança ou pela inibição da mudança.

Os agentes inanimados *fazem* coisas. Entre as coisas que eles fazem estão aquelas que fazem *a* algo ou a outrem. Devemos distinguir, dentre as

---

[*] N. de T.: Para traduzir o termo inglês *agentive*, tomamos sua acepção da linguística, área na qual significa "*caso* (declinação) que exprime o agente (aquele que pratica a ação), quando este não é o sujeito gramatical da oração".

coisas feitas a algo, aquelas cuja descrição (por meio de verbos causativos, como quebrar, amassar, curvar, fundir, aquecer, congelar, secar) acarreta uma mudança no paciente daquelas cuja descrição (por meio de verbos não causativos, como atingir, roçar, bater, puxar, empurrar, apoiar contra, brilhar) não acarreta. Que sentenças da forma "A V* P", nas quais ocorrem verbos causativos, descrevem a ação de um agente em um paciente é indisputável – pois, aqui, a ação do agente no paciente *é* mudar o paciente, por exemplo, quebrar, amassar, curvar, aquecer, resfriar ou secar. Mas é mais controverso sustentar que, quando um verbo não causativo ocorre em uma sentença da mesma forma, ele também descreve uma ação do agente sobre o paciente, mesmo que nenhuma mudança no paciente seja acarretada pela descrição. Em ambos os casos, o agente *faz* algo *ao* paciente; a única questão é se o último é julgado como um caso de *agir sobre* o paciente. O uso não oferece orientação. Subsumir descrições, tais como "A pedra atingiu a janela", sob o conceito formal de *agir em um paciente* implica perder o nexo entre agência inanimada e mudança causal. Pois, se permitimos que "A atinge P" valha como uma ação de A sobre P, então estaremos incluindo descrições que não implicam nenhuma mudança em P – como quando um agente pode atingir, roçar, bater, iluminar, apoiar-se contra um paciente. Não há razão diriment para a restrição, mas apenas para distinguir. A resposta para a questão "O que A fez para P?" é dada imediatamente por "A atingiu P", "A apoia-se contra P" ou "A ilumina P" – esses são casos de um agente fazendo algo a um paciente e não é, obviamente, ilegítimo vê-los como casos de agir em um paciente. Mas, se queremos moldar o conceito de agência inanimada de sorte a restringi-la à ação cuja descrição acarreta a produção, inibição ou supressão da mudança, então os fazeres de um agente sobre um paciente cujas descrições não têm uma tal consequência *não* valerão como *agir* sobre o paciente.[4]

Como quer que isso seja decidido, é evidente que às vezes um agente causa uma mudança em um paciente *fazendo* alguma coisa *a* ele. Isso é patente no caso de ação mecânica e tração. Em tais casos, o que o agente faz ao paciente e que produz a mudança no ou para o paciente pode ser denominado *modo de operação* do agente.[5] Assim, a pedra quebra a janela *por* atingi-la, o Sol derrete o gelo *por* brilhar sobre ele e a chaleira elétrica ferve a água *por* aquecer o elemento imerso nela. Se restringirmos o conceito de ação sobre um paciente ao que é descrito por um verbo causativo no contexto apropriado, então podemos dizer que, em tais casos de ação mecânica ou manipulação, o agente *atua no* paciente por fazer *alguma coisa*, e teremos que insistir que esse "fazer" não é, ele próprio, *agir no paciente*. Mas podemos, mais liberalmente, admitir aqueles fazeres cuja descrição não acarreta (mas é consistente com) a mudança como casos de agir em um paciente. Assim, teremos que dizer que o agente atua no paciente de um modo e com isso *atua nele, produtiva ou impeditivamente, de um modo ulterior*.

Natureza humana **137**

É importante não negligenciar as muitas espécies de casos nos quais um agente atua em um paciente sem *qualquer modo de operação*. Tais exemplos são numerosos no campo da ação química (por exemplo, o ácido em um tubo de ensaio dissolve o bloco de zinco) ou da ação térmica (por exemplo, transferência simples de calor).

Tanto os verbos causativos como os não causativos, aplicados a um agente *inanimado*, são usados para descrever coisas que ele *faz*, mas não *atos* que este desempenha. Agentes inanimados podem agir em outras coisas (tomado estrita ou amplamente), mas não encetar a ação.[6] Eles podem *ter* atividade (como as enzimas fazem), mas não se engajam em uma atividade. Pode-se observar *a ação* de uma quantidade de ácido em uma chapa de metal, observá-lo corroer a placa e observar a subsequente emissão de gases. A ação do ácido no metal, contudo, não é uma ação que ele enceta, e corroer o metal não é um ato que ele desempenhe ou uma atividade na qual ele se engaja. O ativo, no caso de substâncias naturais inanimadas, pode ser contrastado não apenas com o passivo, mas também com o inativo (como no caso de produtos químicos) e o adormecido (no caso de vulcões).

As substâncias inanimadas, em particular mecanismos, podem *ter uma ação*. A ação de uma máquina – ou seja, seu movimento ou modo de operação – pode ser econômico, complicado, lento ou rápido.[7] Chama a atenção que normalmente não pomos no plural o substantivo "ação", quando aplicado a agentes inanimados – podemos admirar as ações de um herói, mas a ação (não as ações) de uma máquina. Nem todo movimento de um mecanismo vale como uma ação. O coice do rifle não é uma ação do rifle, embora o recuo do cano de uma peça moderna de artilharia seja uma ação da arma; a vibração de uma máquina de lavar roupas não é sua ação, mas a agitada rotação de seu tambor é. A ação de um mecanismo parece ser o movimento de uma parte que é intrínseca à função do artefato. Se a ação de uma máquina é engenhosa, elegante ou bela, como é o movimento de um relógio Tompion,[*] pode valer a pena vê-la *em ação*. O mau funcionamento de uma máquina pode pô-la *fora de ação* até que seja reparada.

Agentes inanimados, contudo, geralmente não são expressos por agirem ou encetarem a ação.[8] Eles não podem ser apanhados no ato de V-r, nem podem ser interrompidos no ato. Eles podem consumir tempo para fazer o que fazem, podem fazer algo em um momento, mas não podem consumir tempo para desempenhar o ato de V-r, nem desempenhá-lo em um momento, pois

---

[*] N. de T.: Relógio feito por aquele que é frequentemente tido como o maior relojoeiro inglês, Thomas Tompion (1639-1713), que teve a honra de ser enterrado na Abadia de Westminster.

138 P. M. S. Hacker

não podem *desempenhar atos*.* De maneira similar, embora façam coisas, não se pode dizer que fazem ou desempenham atos.** Essas limitações não são restrições nem inabilidades. Nossas observações são notas gramaticais que especificam o que tem sentido dizer. (Não devemos esquecer que estamos tentando esclarecer os conceitos que temos e com os quais operamos, e que é por meio de tais elucidações que podemos iluminar enigmas conceituais e problemas que surgem de nossos conceitos existentes e de nossa falta de clareza acerca deles.) Se estendemos os conceitos de agir e encetar uma ação, de ação e ato,*** para além desses limites, importantes distinções entre espécies de agentes e espécies de fazer de agentes serão obscurecidas sem nenhum bom propósito.

2. NECESSIDADES INANIMADAS

Embora seres inanimados não tenham quereres, pode-se frequentemente dizer que eles *necessitam* de coisas.[9] Todas as necessidades, igualmente de seres inanimados e animados, envolvem:

1. Um objeto da necessidade – ou seja, aquilo que é especificado pela resposta à questão *"De que* se necessita?"
2. Um fim – ou seja, aquilo que responde a questão *"Para* que se necessita?"
3. Circunstâncias ou condições – ou seja, aquilo que responde a questão "O que *suscita* a necessidade?"[10]

Os objetos de necessidades inanimadas podem ser:

(I)   coisas (incluindo partições e quantidades de materiais);
(II) condições;
(III) fazer coisas;
(IV) que sejam feitas coisas (para a coisa que delas necessita).

---

* N. de T.: Qualquer que seja a tradução que for dada para o verbo originalmente empregado pelo autor (*to perform*), entre elas "executar" e "desempenhar", as observações aqui consignadas soam estranhas para um falante do português, uma vez que podemos falar em desempenho de uma máquina, ou que um computador executa bem o programa, etc. Pior, a crer no *Concise Oxford Diccionary* (que traz o exemplo "*the car performs well at speed*") o mesmo se vale para o uso do verbo *to perform* na língua inglesa. Se algo pode desempenhar, executar, por que não poderia se dizer dele que desempenha, executa um ato (por exemplo, de processar dados, de mover-se, etc.)?

** N. de T.: No original: *perform acts*.

*** N. de T.: No original: *perform deeds*.

Do que um ser necessita, em certa circunstância ou condição, é aquilo que lhe é necessário para certo fim, nessa circunstância ou condição. Uma vez que agentes inanimados não têm fins próprios, os fins que se pode dizer que são aqueles para os quais eles necessitam de coisas estão intrinsecamente relacionados aos fins de outros seres.

Os artefatos comumente necessitam de algo a fim de executarem, ou executarem de maneira ótima, a função para a qual foram feitos. Um motor necessita de gasolina para rodar e lubrificantes para não se superaquecer – sem o primeiro, não pode funcionar de modo algum, sem o segundo, não pode funcionar bem. Ele pode ter que funcionar uma vez a cada quinze dias para não enferrujar e ter suas polias trocadas periodicamente para funcionar com máxima eficiência. A gasolina *necessária para* o motor não pode ser dita *boa para* o motor; mas o óleo é ambos, necessário *e* bom para o motor, visto que evita danos a ele. Uma faca necessita ser afiada periodicamente para cortar melhor – embora não se diga que ser afiada seja "bom para" a faca. Mas cera é bom para o mobiliário; previne que sua superfície ou verniz rache ou se deteriore. O benéfico, com respeito a artefatos, portanto, é bem mais uma noção *impeditiva* que *aumentativa* ou *produtiva*. Claramente, a não satisfação das necessidades do inanimado não é deletéria a suas vidas ou prejudicial a seu bem-estar, uma vez que eles não possuem nenhum dos dois. Antes, é deletéria a sua condição ou a seu poder (e frequentemente deletéria a este porque é deletéria àquela).

Não são apenas os agentes inanimados artificiais que podem ser ditos necessitarem de coisas, mas também coisas não artificiais que são usadas ou que colidem com os interesses de seres humanos. Assim, por exemplo, o solo de um campo, dada a circunstância de seu uso excessivo, necessita de fertilizantes para produzir uma boa colheita no ano seguinte. Um rio, dado que esteja assoreado, pode ter que ser dragado, se ele deve ser navegável (algo que podemos querer) ou se suas águas não devem prejudicar nossos interesses transbordando. Dado que nevadas no inverno são comuns,* uma colina ou o lado de uma montanha pode necessitar de trabalhos de contenção, se avalanches devem ser evitadas.

Os agentes inanimados, já assinalamos, *fazem* coisas e fazem coisas *a* outras coisas. Os poderes de agentes inanimados são poderes unidirecionais. Se as condições de realização de seus poderes estiverem satisfeitas, seus poderes serão realizados. Suas necessidades são aquilo que é necessário nas circunstâncias para a realização ótima de seus poderes (ou para sua supressão), relativamente ao bem ou à meta de algum ser vivo. Não tem sentido

---

* N. de T.: Em certas regiões de nosso planeta, mas não em outras. Em algumas é necessário fazer curvas de nível nas plantações para evitar o assoreamento provocado pelas chuvas de verão.

140 P. M. S. Hacker

atribuir aos agentes inanimados preferências ou escolhas quanto à realização de seus poderes. Não há tal coisa como um agente inanimado *abster-se* de realizar seus poderes quando for ocasião. Como foi previamente observado, tais agentes não têm *oportunidade* de fazer o que fazem, há apenas a *ocasião* para que eles o façam. Para marcar essas diferenças importantes entre agência inanimada e animada, poderíamos dizer que os agentes inanimados absolutamente não *exercem* seus poderes (apenas seres que podemos dizer que se abstêm de aproveitar uma oportunidade de agir podem ser ditos exercerem seus poderes de agir). Antes, quando as *condições* apropriadas estão satisfeitas, seus poderes são *realizados* e *exibidos* (tornados manifestos) pelo que fazem. A diferença entre agentes inanimados e animados é central para os conceitos de agir e de encetar uma ação, de ato, de ação e de feitos que se aplicam a seres sensitivos avançados.

3. AGENTES ANIMADOS: NECESSIDADES E QUERERES

Os agentes animados são substâncias vivas, variando no espectro da classificação biológica de micro-organismos até plantas e animais. Podem ser divididos em seres não sensitivos e seres sensitivos. Os agentes animados não sensitivos, tais como as plantas, não têm poderes perceptuais nem volitivos, embora possam responder de várias maneiras ao meio ambiente, manifestando tropismos ou mesmo, como no caso da dioneia,[*] reagir instantaneamente a estímulos. Podem *agir em* outras coisas e efetuar mudanças nelas. Eles *fazem* coisas, mas não se pode dizer que agem ou encetam uma ação.

Todos os seres animados têm *necessidades*. Os objetos de suas necessidades podem ser coisas tangíveis ou intangíveis ou uma quantidade de material ou uma circunstância de um ou outro tipo, ou *fazer* alguma coisa ou outra, ou que lhes *seja feito* algo. O que os seres animados não sensitivos, tais como as plantas, ou as criaturas sensitivas primitivas necessitam são:

1. Aquelas coisas cuja ausência é deletéria a suas vidas e ao seu desenvolvimento normal, tais como nutrientes, água, luz ou sombra e condições climáticas apropriadas.
2. Aquelas coisas que são necessárias para servirem aos propósitos para os quais as utilizamos.

Nesse sentido, as plantas são intermediários entre os animais e os artefatos (jardins, poder-se-ia dizer, são artefatos vivos). Por um lado, as plantas

---

[*] N. de T.: Planta insetívora (*Dionaea muscipula*), nativa do Sudeste dos Estados Unidos, de folhas com pelos sensitivos e dois lobos denteados, que se fecham em cerca de 30 segundos quando os pelos são tocados. No original: *Venus fly-trap*.

Natureza humana **141**

necessitam de água e luz, solo apropriado e insetos para a polinização, se devem florir e reproduzir. Por outro lado, plantas cultivadas podem ser ditas necessitarem de poda (se cresceram demais) ou adubo (se o solo estiver pobre), a fim de que nos deem bons frutos, em quantidades ótimas, ou para que cresçam bem e floresçam para deleite de nossos sentidos.

O que as plantas fazem (por exemplo, crescer em direção à luz, produzir flores e frutos), enquanto oposto ao que lhes acontece, está vinculado ao que é necessário para a manutenção de seu ciclo natural de vida e para sua reprodução. O que lhes é artificialmente feito (por exemplo, crescer ao longo de treliças ou pela parede) está ligado aos propósitos de quem as cultiva. Os *órgãos* das plantas têm um propósito ou uma função, que é sua contribuição para a manutenção da vida normal e do ciclo reprodutivo da planta. Mas uma planta, ela própria, não pode ser dita ter propósitos *próprios* ou *perseguir* metas. Todavia, o que uma planta *faz* é explicado teleologicamente – ou seja, como sendo feito para um fim (obter mais luz ou água) ou para certo propósito (por exemplo, facilitar a polinização). Mas essas metas e propósitos não são metas e propósitos *da* planta. O comportamento teleológico das plantas é *explicável* em termos não teleológicos. Mas isso não significa que a explicação teleológica do comportamento da planta seja redutível à explicação não teleológica.

Os agentes sensitivos têm poderes perceptuais. Os agentes sensitivos primitivos mostram disposições e tendências comportamentais, atração e repulsão, mas não quereres. A fronteira entre mera atração (e aversão) e querer é obscura. Os insetos têm necessidades, gostos e desgostos, os quais se manifestam em seu comportamento de atração ou de aversão. Eles têm preferências primitivas, de forma que faz sentido descrevê-los como sendo mais atraídos por uma espécie de flor ou substância que por outra. Uma forma rudimentar de querer também lhes pode ser atribuída. O comportamento dirigido das abelhas a uma meta basta para justificar a descrição deste como querer obter o mel, assim como os zunidos da vespa contra a vidraça como querer sair e a formiga como tentar levar um bocado de alimento para o formigueiro. Mas, nesse querer primitivo, há pouco mais que propósito. O pouco que há a mais consiste em persistência e manifestações primitivas de estar contrariado – por exemplo, zumbindo e batendo as asas. Mas o que patentemente falta aos insetos dotados de propósitos é uma gama rica de respostas adaptativas às circunstâncias relevantes para lograr a meta do comportamento, juntamente com poderes cognitivos substantivos e seu exercício. Em vez disso, há o domínio de um comportamento estereotipado relativamente inflexível. A mariposa não consegue controlar sua atração fatal pela chama, não mais do que a vespa, zunindo contra a vidraça e lutando cegamente, por assim dizer, em direção à luz, pode redirecionar seus esforços. De maneira similar, o conceito de dor *talvez* possa adquirir fundamento no comportamento do inseto,[11] mas o conceito de prazer tem pouca valia, se é que tem alguma.

Os agentes sensitivos mais desenvolvidos, com um repertório comportamental mais rico, têm poderes volitivos bidirecionais. Eu os denominarei "agentes volitivos". Eles agem em busca de metas, persistem diante de obstáculos, mostram uma gama relativamente *ampla* de comportamentos adaptativos em resposta às circunstâncias da busca de suas metas, incluindo a exploração de, e a escolha entre, caminhos alternativos para as metas, o reconhecimento dos termos das fases de atividades repartidas em fases e manifestações de várias formas de frustração e sofrimento com o fracasso. Os agentes volitivos também têm poderes *hedônicos* ativos e passivos. Eles têm prazer em perceber coisas, especialmente em sentir o cheiro ou o gosto delas, em estar quentes (quando está frio) e frios (quando está quente), e (entre os animais mais evoluídos) em algumas de suas próprias atividades – repare-se o infante de mamíferos superiores explorando os objetos em seu meio ambiente, uma reunião de golfinhos que se divertem ou cachorros correndo no parque. Podem também ter prazer sendo pacientes – por exemplo, sendo escovados, lambidos, levando tapinhas, acariciados. Consequentemente, seus poderes comportamentais mostram-se não apenas na busca da satisfação de suas necessidades, mas também na busca de outros fins, tais como o prazer da atividade (pense-se nas crias de ursos ou filhotes de gatos "brincando") ou na curiosidade.

O que um animal, que possui um repertório tão rico de comportamento e resposta faz em busca de suas metas pode ser comumente descrito em termos de seu conhecimento das coisas no seu meio ambiente serem de certo modo, de seu querer atingir (seu visar) certa meta, de seu agir *por causa* do que conhece *a fim de* atingir o que quer (alcançar sua meta). Descrever o animal por conhecer o que conhece e por querer atingir certa meta não deve ser concebido como descrição das causas de seu comportamento. Tal descrição é algo que pode ser lido do seu comportamento nas circunstâncias, e é, às vezes, uma redescrição explicativa (teleológica) – mas não uma explicação causal. Exploraremos esse tema na sequência.

O vínculo entre poderes perceptuais (portanto, cognitivos), volitivos e hedônicos não é de incidência conjunta, mas conceitual. Assim também é a conexão entre eles e o poder de agir e encetar uma ação. Um critério para saber se um animal quer certa coisa é aquele que, se ele perceber essa coisa e apreender uma oportunidade apropriada para obtê-la, então, para outras coisas mantidas iguais, ele dará os passos para consegui-la. Quando consegue o que quer, ele tipicamente se deleita e mostra seu prazer no seu comportamento reativo (gatos ronronam, cães balançam suas caudas). Quando o que quer é um objeto tangível, então, se o obtém, sente prazer em se ocupar *com* ele, *para* o que quer que ele o tenha querido.

Alguns dos fins para os quais algo é necessário são independentes das metas contingentes e são característicos dos membros normais da espécie. Estes são necessidades absolutas. Outros são dependentes de metas ou quereres escolhidos de maneira contingente. Estes são necessidades relativas. No caso de seres humanos, há também necessidades que são concebidas como sendo requisitos básicos dos membros normais de uma sociedade em dada época. Essas podem ser chamadas "necessidades (socialmente) mínimas". O que julgamos necessidades absolutas depende de nossa concepção de saúde e, portanto, de nossa concepção do funcionamento ótimo de um membro normal da espécie.[12] As necessidades relativas são dependentes de metas contingentes: a fim de comprar uma casa, necessita-se de dinheiro; se alguém quer ler Aristóteles no original, necessita aprender grego arcaico. As necessidades socialmente mínimas, que são características de seres culturais, dependem das concepções partilhadas, historicamente variáveis, dos requisitos básicos da vida social tolerável. O que é julgado uma necessidade hoje pode ter sido desnecessário no passado ou um luxo antes que uma necessidade, ou completamente inimaginável. Nem necessidades absolutas nem necessidades mínimas são simplesmente noções estatísticas, mas, antes, noções parcialmente normativas, as primeiras dependendo da concepção axiológica de saúde e as últimas da concepção das exigências de uma vida humana tolerável. O fracasso na satisfação das necessidades absolutas de uma criatura sensitiva é danosa para seu bem-estar, conforme mostra a Figura 5.1 a seguir.

Deve-se também observar que os órgãos e as faculdades das criaturas vivas necessitam de coisas. Eles necessitam do que é essencial para seu funcionamento e exercício normais, ou do que aperfeiçoará seu funcionamento, se os órgãos forem congenitamente defeituosos, doentes ou prejudicados por lesão ou idade, melhorando o exercício das faculdades, se forem pobres ou fracas. O que é assim necessitado é dito ser bom para o órgão ou para a faculdade relevante. Em vez de atribuir a necessidade ao órgão ou à faculdade,

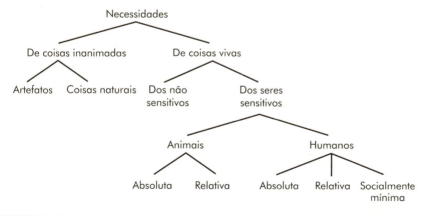

FIGURA 5.1
Necessidades.

144 P. M. S. Hacker

podemos também atribuí-la ao animal que necessita dela *para* seu órgão ou faculdade, a fim de que ele (o animal) seja capaz de funcionar normalmente (ou, pelo menos, melhor).

A satisfação de necessidades não relativas de animais desenvolvidos é uma condição para a possibilidade de sua prosperidade. Prosperar é desempenhar bem uma forma de vida (que, entre nós, mas não entre outros animais, é uma forma de vida sócio-histórica e cultural), realizar bem as atividades características da forma de vida (e, entre nós, as atividades do agente que contribui para seu bem) e dar-se bem nas situações da vida. O que é bom para seres sensitivos desenvolvidos é primariamente aquilo que promove ou protege aquelas faculdades perceptuais, cognitivas e físicas, disposições afetivas e aptidões que os membros normais da espécie necessitam a fim de perseguir com sucesso suas metas e, no caso de humanos, seus projetos.[13] Os seres vivos têm *um bem*. O que lhes ocorre, o que eles fazem e como eles agem pode ser não apenas bom para eles, como coisas podem ser boas para máquinas ou para o meio ambiente, mas pode servir para *seu bem* e assim contribuir produtiva ou protetoramente à sua prosperidade.[14]

O que chamamos de "agentes volitivos" são criaturas sensitivas desenvolvidas das quais se pode dizer que querem coisas e que agem ou encetam uma ação para obter o que querem. O termo "querer" tem um uso amplo e flexível. Ele inclui:

1. Mero aspirar ou esperar (como em "eu quero que os Blues vençam").
2. Sentir desejo (variando de apetites e voracidade a impulsos e preocupações obsessivas com a falta de algo e a reflexão acerca dos meios para obtê-lo e o prazer de possuí-lo).
3. Inclinação ("Eu apenas queria – tive vontade de").
4. Intento e propósito.
5. Propósito arrazoado.

Observe-se que estes não são exclusivos. Um querer que seja um propósito arrazoado pode ser também o objeto de preocupação obsessiva e, portanto, ser sentido como uma presença ubíqua e talvez atormentadora. Excetuando-se o primeiro tipo de caso, querer está essencialmente ligado a agir (e tentar). O conceito de querer algo e agir *porque* algo é querido ganha inteligibilidade quando um animal possui o poder de V-r ou deixar de V-r e V* (ou tenta V-r) ou por seu próprio interesse (*isto* é o que ele queria, porque é, por exemplo, aprazível) ou a fim de alcançar algo cuja falta ele sente e que lhe é importante o suficiente para encetar a ação.

Aquilo que um animal pode fazer ou deixar de fazer, ele somente pode fazê-lo porque quer fazê-lo. (Portanto, um dos papéis de "porque eu queria" é marcar o comportamento como uma ação.) Excetuando-se a segunda espécie

Natureza humana **145**

de caso do sentir desejo, querer é malconcebido como um estado mental e, *a fortiori*, como um estado mental que é uma causa ou parte de uma causa da ação. A construção causal do querer tem alguma plausibilidade (remota) no caso do sentir desejo e impulsos, mas nenhuma na invocação de quereres para a explicação do comportamento animal e da ação humana. Examinaremos a matéria no Capítulo 7.

Há tanto similaridades quanto diferenças entre o que é necessário e o que é querido. O que é querido, tal como o que é necessário, pode ser algo que não existe, como quando se quer (e se necessita de) uma droga cujo suprimento acabou (ou mesmo de uma droga que ainda não foi descoberta). O objeto de um querer, tal como o de uma necessidade, é mais comumente genérico que particular: pode-se querer (assim como se pode necessitar de) uma bebida – não especificamente *esta* bebida –, ou um alimento – não *este* pedaço particular de pão. No entanto, fazer algo porque se necessita fazê-lo, assim como fazer algo porque se é obrigado a fazê-lo, acarreta uma coação: necessitar sendo uma forma de necessidade prática. Fazer algo *simplesmente* porque se quer fazê-lo é o oposto da coação.[15] Com efeito, fazer algo simplesmente porque se quer fazê-lo define a liberdade de espontaneidade. Mais ainda, a restrição sobre o que pode ser querido difere da restrição sobre aquilo de que um agente pode estar necessitado. Se um agente quer algo, quer fazer algo ou experimentar algo, ele deve ser capaz de reconhecer o seu ter ou obter, fazer ou experimentar, o que é querido. Mas um agente pode precisar, precisar fazer ou experimentar algo sem ser capaz de reconhecer se a necessidade foi satisfeita. Isso reflete um ponto profundo concernente à relação de necessidades e quereres com as crenças dos seres humanos. O que uma pessoa necessita é independente de suas crenças, mas o que ela quer, se o querer não é um apetite, nem mera inclinação ou impulso, normalmente é uma função de suas crenças acerca dos meios para os fins ou acerca das características desejáveis dos objetos de seu querer – características cujas especificações excluem a questão ulterior de "Por que você quer coisas que satisfaçam tal descrição?" É por isso que a atribuição de necessidades a animais não é problemática, ao passo que a atribuição de quereres é tão indistinta quanto lhes atribuir crenças.

Se algo é necessário, então é necessário *para um fim,* mas se algo é querido, não é necessário que seja querido para algum propósito – pode-se simplesmente querer (ter) algo (entre suas posses). De maneira semelhante, pode-se simplesmente querer fazer algo, sem querer fazê-lo por qualquer propósito *ulterior*: é-se apenas inclinado a fazê-lo. Mas não se pode apenas necessitar de algo, ou necessitar de algo simplesmente porque isso lhe apetece. Pode ser que um querer seja querido por suas características de desejabilidade (porque é prazeroso fazê-lo ou belo ao olhar). Mas não se necessita de coisas por suas características de desejabilidade. Antes, a razão de um agente necessitar de algo reside na condição do agente, na ocorrência das circunstâncias que dão lugar à necessidade ou no fim para o qual a coisa é necessária. Pode

146 P. M. S. Hacker

haver razão tanto para querer algo como para necessitar de algo. Pode-se *ter* uma razão para querer algo ou para fazer algo, mas uma pessoa não pode *ter* uma razão para necessitar de algo, ao contrário de ter uma razão para querer algo. Tem de *haver* uma razão pela qual ele necessita de X, mas essa não é *sua* razão para necessitar de X, embora o fato de necessitar deste possa ser sua razão de querer X. Suas razões para querer Y podem ser boas razões, razões fracas ou mesmo más razões, mas ele não pode *ter* razões boas, fracas ou más para necessitar de X. É por isso que aquilo que uma pessoa quer ou quer fazer reflete o seu caráter, ao passo que aquilo de que ela necessita ou o que necessita fazer reflete suas circunstâncias ou condição.

Os animais desenvolvidos, observamos, têm quereres não menos que humanos, mas seus quereres são limitados, se comparados aos nossos.[16] Desprovidos de linguagem, eles podem expressar quereres apenas por meio do comportamento não linguístico. Assim, só podemos lhes atribuir quereres com base nesse comportamento. Mas, eles não podem ter quereres que não possam expressar? Não podemos ser inevitavelmente ignorantes da extensão de seus quereres? Essa não é uma questão epistemológica. Um animal pode querer algo e não exibir o fato de querê-lo. Ele pode sentir-se sedento ou faminto, mas não manifestar seus apetites por causa do medo (se está sendo ameaçado) ou ser incapaz de manifestá-los porque está paralisado. Apenas *tem sentido* atribuir-lhe quereres que ele (logicamente) *pode* exibir por seu comportamento, pois o querer de um animal que não emprega a linguagem é uma *aptidão para agir*, dada a oportunidade. Isso pode, mas não necessita, ser um apetite sentido. Fome, sede, desejo sexual animal, medo e raiva agressiva são sentidos. O desejo de jogar, diferentemente dos apetites sentidos, não é primariamente manifestado por dar os passos para obter..., mas pela atividade voluntária de jogar. Nos dois casos, tem de haver algo no repertório comportamental do animal que *valeria* como manifestação de um dado querer. Devemos ser capazes de dizer que *isso* é o que uma criatura que quer tal meta e percebe uma oportunidade adequada *faz*. De outro modo, não podemos tornar inteligível o pensamento de que o animal *tem* o querer em pauta. O horizonte dos quereres do animal é limitado ao que ele pode fazer ou tentar fazer, como se manifesta em suas preparações para ação, em seus esforços e em seu agir. Os seres humanos, pelo contrário, podem também querer, querer fazer, ser ou tornar-se o que podem descrever. Os fundamentos para atribuir quereres a eles não são apenas o que eles se preparam para fazer, tentam fazer e fazem, mas também o que eles *dizem*. Os seres humanos podem querer *agora* algo para alguma data *futura*, precisamente porque podem expressar tais quereres por meio de expressões de sua linguagem que se referem ao futuro. Os animais poder ter apenas quereres imediatos para o presente imediato ou o futuro imediato, pois nada há em seu repertório comportamental que lhes tornaria possível expressar um querer agora por algo ou por empreender uma atividade *em um futuro remoto*.[17]

4. AGÊNCIA VOLITIVA: PRELIMINARES

Os agentes sensitivos, como observamos, têm poderes perceptuais e são automoventes. Essas duas espécies de poderes de seres sensitivos estão conectadas conceitualmente de modo muito próximo. Os critérios sobre se um agente percebe algo em seu meio ambiente consistem em como ele se comporta (olha, ouve, cheira, move ou para de mover) em resposta aos objetos e eventos que o cercam, e os critérios sobre se um órgão é um órgão sensório de certa espécie consistem em como o animal emprega o órgão em questão (direciona-o) na aquisição de conhecimento do ambiente. Um órgão sensório é um órgão subserviente a uma faculdade sensível, e as faculdades sensíveis são faculdades cognitivas. Elas são capacidades cujo exercício permite ao animal alcançar ou receber informação a respeito do seu entorno. O exercício de uma faculdade sensível envolve o uso do órgão sensório correspondente. Um animal usa os seus olhos para ver, volta a sua cabeça para olhar, aproxima a sua cabeça do objeto escrutinado para vê-lo mais claramente, usa o seu nariz para cheirar, aproxima o seu nariz do objeto que está cheirando a fim de cheirá-lo melhor. O tato é anômalo se comparado aos outros sentidos, uma vez que animais podem sentir qualidades táteis com a maioria das partes de seu corpo, e o comportamento característico de apreender e explorar qualidades táteis é muito variado e dependente da espécie e da circunstância. O exercício das faculdades sensórias, como notado antes, é fonte de prazer, repulsão e, às vezes, dor.[18]

Sendo automoventes, tendo poderes perceptuais, recognitivos e cognitivos, bem como suscetibilidades e preferências hedônicas, faz sentido dizer de agentes volitivos que eles *agem* em busca de seus quereres e necessidades, que adotam metas e *encetam a ação* a fim de alcançar aquilo que querem e evitar o que apreendem como danoso, perigoso, desagradável ou repelente. Assim, eles podem ser ditos como possuidores de metas e propósitos inteiramente *próprios*. Estes podem ser a satisfação de seus apetites naturais ou adquiridos,[19] a obtenção de suas necessidades ou a realização de seus fins contingentes; podem adaptar seu comportamento em resposta ao que percebem para obter o que querem ou evitar o que apreendem lhes ser ameaçador; podem perceber coisas alternativas que os atraem ou ameaçam e perseguir, atacar ou fugir de uma antes que de outra, bem como apreender e tomar cursos alternativos de ação a fim de atingir seu propósito. Desta forma, agentes volitivos podem ser ditos que fazem ou deixam de fazer coisas que estão em seu poder. Ter poderes bidirecionais é constitutivo de ser capaz de agir. Nem todos os atos de um agente volitivo são atos voluntários, pois um tal agente também pode agir involuntariamente ou não voluntariamente (sob coação, obrigado pelas circunstâncias ou na ignorância). Mas o comportamento é julgado um ato apenas se é de uma *espécie* tal que possa ser feito voluntariamente. No caso de agentes racionais, geralmente é o comportamento de uma espécie que *pode* ser feito intencionalmente, *pode* ser feito por razões, *pode* ser decidido acerca. O horizonte da ação de agentes racionais coincide com o domínio de sua vontade.

Assim, apenas agentes volitivos podem ser ditos que agem e encetam a ação. Seria um erro supor que sempre que um agente age, ele enceta a ação. Encetar a ação é agir voluntariamente em resposta à circunstância (por exemplo, uma ameaça ou um perigo percebido) ou em busca de uma meta, dada a percepção da oportunidade. Além disso, envolve o movimento proposital em busca de uma meta ou de evitar um perigo percebido (não julgaríamos "congelar-se" em face da percepção de uma ameaça como *encetar uma ação*). Apenas um ser que pode encetar a ação pode agir, pois uma criatura que pode se dizer que enceta a ação é uma criatura que pode fazer ou deixar de fazer algo *voluntariamente*, que pode ter e aproveitar uma oportunidade (bem como perder uma), que pode *optar por* ou *escolher* um curso de ação sobre outro. A fronteira entre comportamento meramente animal – no caso de insetos ou peixes – e as ações voluntárias de criaturas mais desenvolvidas é ampla e indistinta.

A fronteira entre ato e ação também é igualmente indistinta. Esses termos são algumas vezes intercambiáveis. Dizemos que ações falam mais alto que palavras, pelo que queremos dizer que os atos que uma pessoa desempenha, seus feitos, são melhores indícios de suas intenções ou do caráter de suas palavras (isto é, daquilo que esta diz). Sopesamos as ações das pessoas e julgamos conformemente; ou seja, julgamos seus feitos. Não obstante, há diferenças. Contrastamos ação com *inação*, agir ou encetar a ação com fazer *nada*. De modo diferente, contrastamos ação com *reação*, a última, no caso de agentes volitivos, sendo uma resposta à ação ou feito de outro ou a algum evento ocorrido ou condição dada e que fora aprendida. Preparamo-nos para a ação, somos galvanizados pela ação ou ficamos sem ação. Comparamos o homem de ação ao pensador, o realizador ao mero falador. Alguém pode ser pego no ato, mas não na ação; há atos, mas não ações de clemência, compaixão, loucura ou desespero.

As concepções acerca do ativo são diversificadas e extensas no âmbito da agência volitiva humana, pois seres humanos são concebidos como ativos não apenas quando agem sobre outra coisa e provocam mudança, mas também quando agem (sem que necessariamente sejam caracterizados como agindo *sobre* alguma coisa), em contraposição ao ser contemplativo. Dizendo de outro modo, ser ativo é associado a encetar a ação, enquanto oposto a não fazer nada – outra forma de ser passivo (como quando alguém passivamente observa as coisas acontecerem, em vez de interferir). Obviamente, não fazer nada pode ser perfeitamente voluntário. Outro contraste, ainda, é aquele entre fazer algo por querer, enquanto oposto a ser forçado a fazer algo contra a própria vontade – quando alguém é uma vítima passiva, forçada a fazer a vontade de outrem.[20] Por último, pode-se conceber alguém como ativo em pensamento, sentimento e ação quando ele se identifica inteiramente com o que pensa, sente ou faz, por contraste com ser passivo em suas crenças, seus sentimentos ou seus feitos, – como ocorreria se os sentisse como não sendo inteiramente próprios.

Embora os animais não humanos sejam agentes volitivos e possam ser ditos que encetam a ação para evitar o perigo ou para apanhar a presa, mais prontamente falamos de *comportamento animal* do que dos atos que os animais desempenham.[21] Isso pode ser uma consequência do fato de, em larga medida, recorrermos ao conceito formal de um ato nos contextos nos quais estão em pauta modificações, adjetivas ou adverbiais, intencionais e racionais do que foi feito por um agente. Assim, tendo sido informado que alguém V-u, podemos questionar se seu *ato* foi intencional ou não intencional, deliberado, razoável, espontâneo, benevolente, malicioso ou negligente, e assim por diante – através de uma ampla gama de epítetos que têm pouca ou nenhuma aplicação a agentes que não usam a linguagem.

5. FAZERES, ATOS E AÇÕES

Os enunciados acerca de agentes inanimados vêm em diferentes formas. Um é produzido anexando-se um verbo ao termo relevante designador de agente. O enunciado resultante não precisa especificar algo que o agente inanimado faz. Dizer que a pedra está disposta sobre a rodovia ou que um litro de água preenche a garrafa não é enunciar o que a pedra ou o litro de água estão fazendo. O enunciado resultante pode especificar o que o agente inanimado faz ou está fazendo, sem descrever qualquer ação. Pois a descrição de um mero movimento ou mudança do agente inanimado não é uma descrição de uma ação inanimada. Pedras podem ser descritas como a rolar colina abaixo; o Sol como a brilhar; rios como a fluir; brasas, como incandescentes; rodas como a rodar; charcos como a se alargar; ondas como a quebrar – todos esses enunciados descrevem coisas feitas pelos agentes inanimados em questão, mas não descrevem uma ação. Descrever instâncias de ação de um agente natural inanimado é descrever o seu *fazer algo a* um paciente e, mais comumente, descrever a produção ou o efetuar uma mudança *em* ou *para* outra coisa *pela* operação do agente *sobre* esta. A supressão ou o impedimento da mudança de inanimados, como ocorre quando o calço da porta mantém a porta aberta, segurando-a na posição, ou uma bucha de pano impede a água de escorrer por um cano, bloqueando-a, ambos também podem ser considerados uma forma de agência, uma vez que, embora o agente não produza uma mudança, ele impede a mudança por sua ação, conforme mostra a Figura 5.2. Agência impeditiva e agência supressiva não serão discutidas aqui, mas as observações que se seguem podem ser prontamente adaptadas para fazer justiça a tais casos.

FIGURA 5.2
Variedades do V-r de um agente inanimado.

Já distinguimos duas espécies diferentes de descrições a respeito de um agente fazer algo a um paciente: aquelas que acarretam uma mudança correspondente no paciente e aquelas que não acarretam. No primeiro caso, ao uso transitivo do verbo causativo em sentenças da forma "A V* P", corresponde a sua ocorrência intransitiva em sentenças correlativas da forma "P V*". Por exemplo, se uma pedra quebra uma janela, a janela quebra; se o Sol derrete a cera, a cera derrete; e se o vento balança a árvore, então a árvore balança.* Há também casos em que uma mudança é logicamente implicada pela ação do agente, mas esta não é significada por uma forma intransitiva do mesmo verbo de ação. Assim, por exemplo, a queda da pedra pode matar um rato, e se ela o faz, então se segue que o rato é morto. Essa *agência inanimada efetiva* manifesta-se no agir *em* algo e *causar-lhe* a ocorrência de algo. Assim, ela existe para *produzir* ou *efetuar* uma mudança no paciente, cuja descrição é acarretada pela descrição do ato.

Como observado, verbos que significam ação de um agente sobre um paciente mas não acarretam nenhuma mudança para o paciente devem ser distinguidos da classe de descrições de atos logicamente efetivos. Quando um verbo de ação da última espécie estiver em questão, podemos denominar, seguindo von Wright, *desfecho lógico* de uma ação no paciente "o resultado da ação de A".[22] Tomado assim, como um termo técnico, o resultado da ação de A é acarretado pela ocorrência da ação: se A quebra P, segue-se que P está quebrado; se A abre P, P está aberto; se A mata P, então P está morto. O resultado,

---

* N. de T.: Embora seja mais comum, na língua portuguesa, o emprego do verbo na forma pronominal (a janela quebrou-se, a cera fundiu-se, etc.) nesses casos, é facultado o uso intransitivo que se fez necessário para traduzir os exemplos do original.

Natureza humana **151**

portanto, pode ser concebido como o *estado final* da mudança que logicamente resulta da ação de A (por exemplo, que o paciente esteja quebrado, aberto ou morto). Aqui temos um paradigma da causalidade de agente. O agente *causa* ou *provoca* o estado final *agindo no paciente*. Às vezes, correspondendo ao verbo causativo de ação, temos um verbo intransitivo aplicável ao paciente – se A quebra P, podemos descrever P como quebrado; se A abre P, P abre-se; se A mata P, P morre. Esses podem ser também chamados "resultados" da ação do agente no paciente. Podemos descrever a "transação" da perspectiva do agente ou do paciente. A disponibilidade dessas duas *formas de descrição* é fonte de confusão.

Observe-se que o resultado da agência impeditiva ou supressiva é a não ocorrência de um evento que, de outro modo, teria ocorrido, o não início ou o término de um processo que, de outro modo, teria começado ou continuado, e a falha na obtenção de um estado que teria sido o caso de outro modo.

A ação de A sobre P produz um estado de coisas que é um desfecho lógico da ação (sua produção define a ação). A transação entre A e P pode ser descrita ativamente (o que o agente faz ao paciente) ou passivamente (o que o paciente é levado a fazer ou como o paciente é transformado pelo agente). O evento significado pela última descrição pode, ele próprio, causar eventos ulteriores. Assim, uma pedra pode quebrar uma janela ao atingi-la, e o quarto pode, consequentemente, esfriar. A janela estar quebrada é um resultado (lógico) de a pedra quebrá-la, o resfriamento do quarto é uma *consequência* (não lógica) de ação da pedra sobre a janela. Enquanto a relação entre uma ação e seu resultado é interna (lógica), a relação entre uma ação e sua consequência é externa.

Quando um objeto inanimado atua sobre um paciente, e o resultado de sua ação tem consequências ulteriores, não atribuímos *comumente* ao agente inanimado a ação correspondente àquela consequência. Assim, por exemplo, se uma pedra quebra uma janela e, em consequência, o quarto esfria, não diríamos que a pedra esfriou o quarto por quebrar a janela. De maneira similar, se o Sol derrete a manteiga sobre a toalha de mesa, não dizemos que o Sol manchou a toalha de mesa por derreter a manteiga. Em contrapartida, se um agente humano abre a porta e, em consequência, o quarto esfria, então *podemos* dizer, em certos casos, que a pessoa, intencional ou inadvertidamente, esfriou o quarto por abrir a porta. De maneira similar, se uma pessoa derrete a manteiga aquecendo-a, e a manteiga pinga na toalha de mesa, manchando-a, dizemos que ela manchou a toalha de mesa derramando manteiga nela. Foi sugerido por Donald Davidson que esse "efeito acordeão"[23] é a verdadeira marca da agência, a qual impede de considerar coisas inanimadas como agentes, uma vez que não se aplica à descrição de ação inanimada em pacientes.[24] Mais ainda, ele alegou que o "efeito acordeão" aplica-se apenas quando *algo* está sendo feito intencionalmente, e o ser humano é agente de um ato apenas se o que ele faz puder ser descrito sob algum aspecto que o torne *intencional*.

152 P. M. S. Hacker

Portanto, um ato pode ser involuntário sob uma descrição apenas se for intencional sob outra. Mas isso parece errado. Pode-se ficar alarmado* ou gritar involuntariamente porque picado por uma vespa, sem fazer qualquer coisa intencional. Se Tyrrel se alarmou por um berro repentino em seu ouvido e, assustando-se, inadvertidamente soltou a flecha do seu arco que atingiu o rei, matando-o, então Tyrrel involuntariamente alarmou-se, inadvertidamente soltou a flecha e matou o rei não intencionalmente. Assim, não é verdade que a marca da ação é que ela seja intencional sob alguma descrição. Mais ainda, mesmo nesse cenário, é verdadeiro afirmar que Tyrrel matou o rei soltando a flecha – portanto, o "efeito acordeão" pode se aplicar, ainda que nada fosse feito intencionalmente. Finalmente, embora possa ser verdadeiro que normalmente não estendemos descrições "acordeõcs" desse tipo aos objetos inanimados, não é verdade que nunca fazemos isso. Se um homem toma um remédio e a droga provoca-lhe um ataque cardíaco, do qual ele falece, então a droga matou o homem, por provocar-lhe um ataque cardíaco.[25] Não há boas razões para alegar que coisas inanimadas não são agentes de mudança e que elas não provocam mudanças em pacientes por agir neles.

6. AGÊNCIA HUMANA E AÇÃO

Observamos que o movimento inanimado como tal não é o ato de um agente inanimado. Quando descrevemos uma roda girando, uma bola rolando monte abaixo, um rio fluindo, um pêndulo oscilando de um lado a outro, um navio soltando vapor, não os estamos descrevendo como *agindo* nem como *agindo sobre algo*.[26] Estamos meramente descrevendo o que estão fazendo. O comportamento animado de criaturas automoventes e, portanto, também de seres humanos, é diferente. A discussão da agência e da ação voluntária a seguir é restrita à ação humana.

Os seres humanos são criaturas dotadas de vontade – ou seja, uma capacidade de quereres, metas e propósitos *arrazoados*, de deliberação e ação por razões. Porque possuímos poderes cognitivos e volitivos, porque somos seres automoventes com o poder de prever os efeitos de nosso comportamento, naturalmente concebemos nossa ação sobre outras coisas como interferindo "no curso da natureza", provocando, mantendo ou impedindo mudanças no mundo que nos cerca. Com conhecimento, *fazemos* coisas acontecerem, *impedimos* coisas de acontecerem, e que de outro modo teriam tido lugar, e *mantemos coisas em marcha* que, sem nossa intervenção, poderiam cessar. Podemos, assim, intervir "no curso da natureza" intencional e deliberadamente, com um

---

* N. de T.: No original, *start in alarm*. A construção "start in" é coloquial e significa começar.

propósito subsequente. Uma vez que podemos fazer intencionalmente, podemos também fazer involuntariamente ou não voluntariamente (por exemplo, sob coação), não intencionalmente, inadvertidamente, por acidente ou por engano. O conceito de ação humana e seu ambiente conceitual diferem, portanto, de maneira importante daquele das coisas inanimadas.

Os seres humanos se movem. Eles se movem de um lugar para outro; dão voltas ou se viram, pulam para o alto ou para baixo, sem sair do lugar; movem seus membros e seus órgãos sensórios; movem os traços de suas faces. Eles deslizam, caem, tropeçam nas coisas; alarmam-se, tremem de excitação, bradam de terror; eles tossem, espirram, vomitam, bocejam, inspiram e expiram; piscam, sorriem, riem, franzem as sobrancelhas, acenam ou balançam suas cabeças, indicam ou apontam, andam ou correm, pulam ou sobem. Nem todos esses verbos significam atos ou ações de seres humanos. Alguns significam coisas que *acontecem* com um ser humano, tais como tropeçar ou cair. Outros verbos significam coisas que os seres humanos *fazem*, mas não são atos que *desempenham*. Alguns desses atos são *reações* que não podem ser iniciadas à vontade, mas, em alguns casos, podem ser inibidas à vontade: não se pode espirrar ou bocejar à vontade, mas, algumas vezes, podemos abafar um espirro ou inibir um bocejo. Alguns são reações que podem ser voluntariamente provocadas – como ocorre quando induzimos o espirro cheirando rapé. No entanto, muitos desses verbos significam atos que os seres humanos desempenham. O que é digno de nota acerca deles é que não implicam *agir sobre* outra coisa e, com isso, provocar (ou impedir) uma mudança nesta ou para esta, como nos casos das ações efetivas. Diferentemente de fazeres inanimados que são meros movimentos ou mudanças, quando seres humanos (ou outros animais) fazem tais coisas, eles *agem*. Quando descrevemos um ser humano erguendo seu braço, balançando seus dedos, levantando seu pé ou sentando-se, andando ou pulando, não estamos com isso descrevendo-o como agindo *sobre* outra coisa – mas estamos descrevendo-o como *agindo* (e em alguns casos, nas circunstâncias apropriadas, pode ser dito estar *encetando a ação*).

Certamente, um ser humano pode se mover como uma substância não automovente – por exemplo, quando ele desliza ou tropeça e cai, ou é carregado pela ventania. Assim, também os membros de um ser humano podem se mover sem que ele os mova, como ocorre quando outrem ou outra coisa os move, ou quando eles são postos em movimento como em uma "ação reflexa" (que não é uma ação da pessoa, mas uma reação), tal como a reação reflexa quando o joelho é atingido abaixo da rótula. Todavia, movimentos humanos característicos são ações das quais faz *sentido* dizer que são voluntárias, intencionais, feitas ou realizadas deliberadamente ou de propósito, por uma razão ou com algum motivo. Caracterizar a natureza da ação humana, distinguir ação humana de meros movimentos de um ser humano ou de seus membros, que não são eles próprios ações, têm preocupado muito os filósofos. Não há consenso na matéria e relatos amplamente divergentes da estrutura conceitual envolvida ainda são correntes.

O problema pode ser habilmente cristalizado na questão: o que distingue o subir seu braço do levantar seu braço? Pode-se erguer seu braço voluntariamente sem nenhuma intenção específica ou pode-se erguê-lo intencionalmente; pode-se erguer seu braço com a intenção subsequente de acenar para alguém do outro lado da rua ou para pegar um livro na prateleira superior da estante. Mas o braço de alguém pode subir: sem que de modo algum esse alguém o erga, outrem pode erguê-lo, ou pode ser erguido por uma máquina de exercícios, ou pode-se erguê-lo por si mesmo, com a outra mão (talvez porque esteja "dormente", quebrado ou paralisado). Ou, embora não se erga o braço, deixa-se ele subir "por sua própria vontade" – como ocorre quando o pressionamos contra a parede por um minuto e recuamos, deixando o músculo deltóide contrair. Erguer seu próprio braço é uma ação. O que diferencia isso da subida do braço sem que alguém o tenha erguido?

7. UMA VISÃO HISTÓRICA GERAL

Várias respostas para a última questão foram ensaiadas ao longo dos últimos quatro séculos. A resposta mais comum tem sido a ideia segundo a qual, quando alguém se move ou move um membro, o seu movimento é causado pelo fenômeno mental do querer. Mas há uma discordância extensa acerca de como conceber o querer. Podemos distinguir aqui duas categorias amplas de respostas.

1. Mais comumente (por exemplo, conforme Descartes, Locke, Hume, Bentham, Austin, Mill e Prichard) o fenômeno mental é tomado como um ato volitivo. Mas há consideráveis diferenças a respeito do modo como tais atos devem ser concebidos. Locke afirmava que querer é exercer o poder do pensamento para iniciar um movimento corporal. Evidentemente, esse ato de pensamento não era meramente pensar em um ato ou em um movimento nem desejar se mover, uma vez que podemos pensar em ou querer fazer coisas que não fazemos. Ele concluiu que atos da vontade são *sui generis*, indefiníveis porque simples, mas conhecidos por introspecção. Hume (tal como Agostinho) concebeu atos da vontade dirigidos ao movimento do corpo como comandos endereçados ao corpo. Austin (o jurista) identificou atos volitivos com vontades ou desejos, enquanto Prichard sustentou que eles eram atos mentais do tentar.

2. Uma segunda alternativa procurada foi considerar o querer como ocorrência de uma ideia ou imagem do movimento desejado ou a imagem mnemônica de sensações cinestésicas que alegadamente

acompanham o movimento desejado, associado ao conhecimento de que tal movimento está em nosso poder (James, Russell e também Hume).[27] De maneira condizente, querer não é algo que alguém faz, mas algo que acontece a alguém. A teoria motor* de James sustentava que a ocorrência de uma mera ideia das sensações cinestésicas apropriadas era tudo o que era necessário para iniciar o movimento. A teoria da enervação, proposta por Wundt, Bain, Helmholtz e Mach, sustentava que, além de imagens de sensações cinestésicas, era necessário um sentimento de enervação, de impulso ou energia volitiva dirigida aos músculos apropriados.

O ponto de vista admitido, portanto, era o de que alguma ocorrência mental constituía o querer (o qual é um ato ou um fenômeno mental), e que o querer causa o movimento do corpo. Uma ação humana, portanto, era considerada um movimento humano causado por um querer, e agir seria causar o movimento pelo querer.[28] Às explicações do comportamento humano causado pelo querer, chamarei de "voluntaristas", conforme é apresentado na Figura 5.3 a seguir.

Tais análises tradicionais das ações humanas foram infestadas por uma fundamental falta de clareza. Os protagonistas dos relatos voluntaristas não distinguem claramente entre um relato filosófico das articulações conceituais de nosso vocabulário de descrições de atos e os modificadores adjetivos e adverbiais que eles podem assumir, por um lado, e a explicação empírica do mecanismo do movimento humano, por outro. A confluência de questões

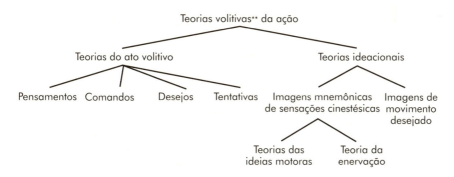

FIGURA 5.3
Teorias volicionistas da ação.

---

* N. de R.T. No original, *idea-motor theory*.
** N. de R.T. No original, *volitionist*. Traduziu-se por volitiva e/ou voluntarista.

empíricas e conceituais, já patente em Descartes e Hume, tornou-se ofuscante quando a neurologia estava começando a atingir sua maturidade como uma ciência, ao final do século XIX. Teorias enervacionistas e da ideia-motor da ação indiscriminadamente entrelaçavam neurociência com análises conceituais, em detrimento de ambas. As pressuposições empíricas dos relatos não eram o resultado de observação cuidadosa, mas assunções dogmáticas motivadas pelas demandas de uma imagem preconcebida a respeito de como ações humanas *deveriam* ocorrer. Os dados *a priori* das teorias eram de que seres humanos agem voluntariamente, podem ser, e tipicamente o são, perfeitamente cônscios do que estão fazendo e não tomam de forma errônea aquilo que fazem voluntariamente com aquilo que simplesmente lhes acontece (incluindo os meros movimentos – convulsões e contrações – que não são, de modo algum, ações suas). Os dados empíricos apontaram que movimentos corpóreos, não gerados por causas externas, envolvem contrações musculares que são tipicamente geradas pela atividade neuronal no centro motor do cérebro, transmitida então pelos nervos eferentes aos músculos relevantes. Os dados *a priori* pareciam explicar se a ação voluntária humana é um movimento causado por um ato ou evento mental, na suposição de que tais atos ou eventos sejam transparentes aos seus agentes: ou seja, se ocorre o fenômeno de querer, o sujeito é ciente de sua ocorrência, ou, se o sujeito desempenha um ato de querer, ele sabe que está fazendo isso. Os dados empíricos pareciam explicar se o ato ou fenômeno mental de querer causar os fenômenos mentais, ou se este é contingentemente idêntico às suas origens no cérebro.

Dificuldades substanciais e incoerências foram identificadas por Ryle, Wittgenstein e outros no relato volitivo da ação.

1. Ele pressupõe que todo movimento voluntário humano constituindo uma ação seja precedido por um ato ou ocorrência do querer. Mas não há razão empírica para supor que isso seja verdade. Não estamos conscientes de desempenhar um ato da vontade (quanto menos um esforço da vontade ou um ato interno de tentar) ou da ocorrência de uma volição (uma imagem mental ou uma representação de uma sensação cinestésica) que anteceda a tudo o que fazemos voluntariamente. Quando enunciamos uma sentença, cada palavra é voluntariamente dita, mas seria ridículo afirmar que conscientemente desempenhamos sucessivos atos da vontade, um para cada palavra (ou fonema?) um instante antes da proferição. Adulteraria o propósito do relato sugerir que alguém desempenha essa multiplicidade, mas sem ser consciente de fazer isso – pois parte do ponto do relato é precisamente explicar, por referência à transparência de cada ato mental ou ocorrência de querer, como é que podemos distinguir, sem prova, entre o que voluntariamente fazemos e o que acontece conosco.

2. Como foi observado, há um considerável desacordo sobre exatamente o que é querer; alguns sustentam que é uma sensação, impressão ou ideia, outros tomam-no como um ato mental. O dilema é agudo, pois, se querer é um ato mental, então ele próprio é voluntário ou involuntário. Se for um ato voluntário, então presumivelmente ele deve ser precedido por outro ato da vontade, pois exatamente o que transforma um movimento físico em um ato voluntário é o fato de ser causado por um ato da vontade, bem como o que torna uma ocorrência mental um ato mental voluntário (como ocorre quando se reflete voluntariamente em algo, imagina-se algo ou procura-se lembrar de algo), enquanto oposto a algo que meramente acontece conosco, é (presumivelmente) o fato de ser *ele* causado por um ato da vontade. Mas, em primeiro lugar, isso anuncia perigosamente um regresso; em segundo lugar, não é evidente que haja uma tal coisa como o querendo querer. Há uma coisa tal como querer (aspirar), *provocar* alguém a querer (ou aspirar) V-r. Mas isso não faz querer V-r de modo voluntário – faz o provocar voluntário, se alguém o provoca. No entanto, se o querer não é voluntário, é difícil ver por que somos tidos como responsáveis por suas consequências (isto é, pelo movimento que é parcialmente constitutivo de nossa ação aberta, tida como voluntária), pois consequências causais de um ato não voluntário são, elas próprias, não voluntárias. Mais ainda, querer certamente pretendia ser um *fazer*, algo do qual o agente é o sujeito ativo e não meramente algo que lhe ocorre.

Na verdade, porém, querer (aspirar, a voluntariedade envolvida em nossas ações) não é um ato mental que desempenhamos nem algo que nos ocorre, não é voluntário, nem involuntário, nem ação, nem paixão.[29]

Há, certamente, tais coisas como atos da vontade, mas eles são (comumente) atos desempenhados com grande esforço para superar a relutância ou as dificuldades em agir, principalmente em circunstâncias adversas.[30] Há atos não mentais chamados "querer", que causam movimentos corpóreos. Há tal coisa como poder da vontade, mas este não é um equivalente mental do poder muscular. Ele é, antes, a determinação na busca de sua meta. Há tal coisa como força de vontade, mas esta não é matéria de atos mentais da vontade causalmente eficazes, mas da tenacidade no aderir ao seu propósito.

3. Uma corrente do relato tradicional realmente mina a própria distinção que visa elucidar. Se querer é concebido como um ato mental, a ocorrência de um desejo ou anseio sentido, ou de uma imagem mental de um movimento desejado ou a imagem mnemônica de sensações cinestésicas associadas, então a distinção entre ação e

reação, entre atos voluntários e involuntários, é, de fato, minada, pois há toda a diferença do mundo entre um estado sensório ou uma ocorrência mental que causa um movimento corpóreo e mover-se porque se quer. Um movimento corpóreo desencadeado por um estado sensório (por exemplo, o espirrar ou o tossir causados por cócegas no nariz ou na garganta) é o paradigma de uma *reação corpórea*, não de uma ação voluntária da qual se é o agente. Assim também o é um movimento corpóreo causado por uma ocorrência mental. Certos pensamentos que cruzam nossa mente podem fazer com que nos movamos de certa maneira, como o pensamento de algo medonho pode nos fazer tremer ou encolher, o pensamento de algo cômico pode nos fazer sorrir e a ocorrência de pensamentos ou desejos eróticos pode causar *reações* corpóreas. Mas essas, longe de serem ações humanas típicas, não são coisas que fazemos à vontade, embora se conhecermos essas respostas regulares, possamos *provocá-las* à vontade, pensando os pensamentos apropriados.

4. Se a volição for concebida como uma experiência, algo que acontece conosco, o conceito de agência racional e volitiva fica distorcido, se não abolido. Somos agentes responsáveis por nossas ações voluntárias. Mas, se nossas ações são meros movimentos corpóreos causados por desejos, vontades ou impressões que ocorrem em nós, então parece que o agente, o "si mesmo querente",[*] cai fora do relato. Certamente queremos, contudo, distinguir entre atos dos quais somos agentes daquelas coisas que são causadas por eventos mentais ou sensórios (por exemplo, como ocorre quando a dor nos faz retrair ou mancar). Nesses casos, a causa de nosso movimento está, de fato, "dentro de nós", mas o movimento resultante não é voluntário. Não concebemos nossas ações voluntárias como movimentos que foram causados ou provocados por nossos próprios estados internos, mesmo que esses estados internos sejam considerados desejos nossos (por exemplo, um desejo de espirrar). Dos movimentos que são constitutivos de nossas ações voluntárias, não dizemos que foram causados ou produzidos por nossos quereres. Não dizemos que fomos motivados a fazê-los por nossos quereres. Antes, dizemos que movemos ou fizemos um movimento *por nossa própria vontade*.[**] Não dizemos que os provocamos fazendo alguma outra coisa: a saber, um *ato de volição*.

5. Focalizando a ação voluntária, o relato volitivo tradicional falha completamente em dar conta das ações *involuntárias* das quais somos

---

[*] N. de T.: No original, *willing self*.

[**] N. de T.: No original, *on our own volition*.

os agentes, pois analisa a ação voluntária como um movimento causado pelo querer (que pode ser um ato ou uma ocorrência mental). Na falta do querer, aparentemente, há apenas puros movimentos corpóreos. Mas devemos distinguir entre a subida do braço de alguém porque outrem ou outra coisa o levantou e o erguer o braço involuntariamente (alarmado ou assustado, por exemplo) – em ambos os casos, o braço de alguém se move. Em nenhum dos casos ele é movido voluntariamente. Mas, em um caso, alguém o move involuntariamente e, no outro, esse alguém não o move de modo algum.

Ficou claro que a principal falha no relato volitivo era conceber a relação entre querer e movimento como uma relação causal entre duas ocorrências. Isso ou passa totalmente ao largo da agência (se o querer for concebido meramente como uma experiência, como por exemplo, a ocorrência de uma imagem mental) ou empurra a agência muito para o fundo (como se tudo que os agentes volitivos *realmente* fizessem fosse desempenhar atos da vontade – donde tudo o mais então decorreria causalmente). Mas querer, se estiver causalmente implicado, deve ser *direto* – não um ato interno, cujas consequências são os movimentos de nosso corpo. O querer não deve ser concebido como fazer algo, cujo fazer então causa o movimento do corpo. Esse seria um caso de *provocar* o movimento de seu corpo fazendo alguma outra coisa. Preferencialmente, o querer teria que ser um "causar imediato". Examinaremos isso mais adiante.

Uma alternativa obscura aos relatos empiristas volitivo, sensível precisamente a esses pontos, foi proposta por Schopenhauer e adotada pelo jovem Wittgenstein. Segundo esta análise, desejar e querer (concebidos como um desejo sentido) são experiências (portanto, representações), mas o ato de querer não é uma experiência. Schopenhauer, contra a tradição dominante, insistia que "certamente não reconhecemos o ato imediato genuíno da vontade como algo diferente da ação do corpo e os dois como conectados por uma amarra causal; mas ambos são únicos e indivisíveis".[31] "Assim, o querer real", insistia, "é inseparável do fazer, e, no sentido mais estrito, em que é apenas um ato da vontade, marcado como tal pelo feito."[32] Não se pode querer sem agir, insistia Wittgenstein em 1916, de maneira similar: "O ato da vontade não é a causa da ação, mas a própria ação – é erguer seu braço, mover sua perna, levantar-se, sentar-se". "O fato de querer uma ação consiste em desempenhar a ação, não em fazer algo que cause a ação."[33] Querer não pode ser uma "representação" – uma experiência. Se exercermos nossa vontade, *faremos* algo, agiremos – não seremos meros espectadores, mas os *agentes* de nossas ações. Querer não pode estar aquém da própria ação.

Embora esta tentativa remedeie corretamente as falhas do relato cartesiano e empirista, Wittgenstein argumentou, nas *Investigações*, que ela é ainda inadequada, pois qualquer relato da ação voluntária deve permitir o fato de que frequentemente queremos agir e fracassamos – por mais que tentemos, não conseguimos erguer nosso braço. Assim, "querer" – se é alguma coisa – deve *poder* estar aquém do agir. Mais ainda, uma vez que querer *não* esteja assim aquém, então ele não pode estar aquém da ação no *sentido ordinário da palavra* – ou seja, não apenas não está aquém de nossos movimentos corpóreos, como não está aquém de falarmos e escrevermos, irmos a Londres ou proferirmos uma conferência. Nem está aquém de imaginar, pensar ou relembrar – que se pode fazer voluntariamente – ou mesmo de ensaiar, tentar ou fazer um esforço.[34] Porquanto essa concepção pretendesse capturar a diferença obliterada pelos empiristas entre vontade e representação, tal como esses, ela negligenciou um importante ponto. Podemos *agir* involuntariamente assim como voluntariamente. Muitas das coisas que fazemos involuntariamente (por exemplo, porque não estamos conscientes de fazê-las) são ainda nossas ações, pois podemos ser responsabilizados por algumas delas (por exemplo, atos negligentes). Mas seria esdrúxulo identificar o querer também com as ações involuntárias que desempenhamos. Por último, não fica claro o que fazer desse verbo artificial "querer" – afinal, qual trabalho lhe é dado fazer aqui? Parece não ser mais que "um princípio ativo", por assim dizer, sem nenhuma carga de experiência.

8. A AÇÃO HUMANA COMO CAUSALIDADE AGENTIVA DO MOVIMENTO

Uma análise bem diferente da ação também já foi sugerida, análise que se desvia dos embaraços volitivos. Se "V" é um verbo causativo, então se um agente V* um paciente, o paciente V* (intransitivamente). Assim, frequentemente podemos parafrasear "A V* P" por "A causa P V-r"; por exemplo, se A quebra P, então A causa P quebrar, e se A mata P, então A causa P morrer. Havíamos observado que, em uma larga gama de ações de um agente inanimado sobre um paciente, podemos observar o *modo de operação* pelo qual o agente causou o resultado no paciente: a bola de bilhar vermelha causou o movimento da bola de bilhar branca *atingindo-a*, a árvore causou a destruição da casa *caindo sobre ela*, o rio causou a queda da ponte *solapando suas fundações*. Mas, como observado anteriormente, isso não é uniformemente assim. Um banho de ácido pode dissolver um bloco de zinco: ele causa a dissolução do bloco de zinco. Mas não há nada observável que ele *faça* ao bloco de zinco pelo qual ele provoque a sua dissolução, e a teoria química que se faz necessária para explicar como e por que a dissolução ocorre. Um magneto atrai limalhas de ferro: causa-lhes o movimento de aproximação. Mas nada há que o magneto lhes faça que as faça se moverem. Tomando o comportamento de verbos causativos de ação como pista, foi alegado que as *ações humanas* *básicas* (isto é, ações que envolvem movimentos corpóreos, movimentos que desempenhamos, mas não desempenhando alguma outra ação) são o *causar de um movimento pelo agente*. Assim, para um agente, mover seu braço é *causar* o movimento de seu braço. Erguer o braço é *causar* a subida do braço; e inclinar a cabeça ou balançá-la é causar a inclinação ou o balanço da cabeça.[35] O poder de causar o movimento do próprio corpo é um poder original, exercido *sem fazer qualquer outra coisa*. Aqui, como nos casos inanimados de ação de um ácido sobre um metal, do magnetismo ou da atração gravitacional, não há modo de operação pelo qual se provoca o efeito. Sustenta-se que a habilidade de fazer isso é constitutiva do fato ser uma criatura automovente com poderes volitivos.

É surpreendente que em suas observações fragmentárias sobre movimentos voluntários Wittgenstein tenha esboçado uma ideia similar, antecipando essa concepção:

> Imagina-se o sujeito querente aqui como algo sem qualquer massa (sem nenhuma inércia); como um motor que não tem em si mesmo inércia a superar. E assim ele é apenas movente, e não movido...
>
> *Fazer* por si mesmo não parece ter qualquer carga da experiência. Parece semelhante a um ponto sem extensão, o ponto de uma agulha. Esse ponto parece ser o agente genuíno.[*] E as ocorrências fenomenais são apenas consequências desse agir. "Eu faço..." parecer ter um sentido definido, separado de qualquer experiência.[36]

Isso tem afinidades formais com o ponto de vista pelo qual erguer seu próprio braço é causar a *subida de seu próprio braço* – o causar *é* o agir, pois *causar* a subida de seu próprio braço *é* (alegadamente) erguer seu próprio braço – e o causar não é da ação, mas do movimento. Aqui também o agente, o sujeito causador, "parece não ter massa" – ele causa um movimento dos membros *diretamente* (ele não *o provoca*). Esse *causar* é, como se fosse, *puro fazer* ("querer" antes que "ideia", sem nenhum conteúdo fenomenal). Assim como *fazer*, no conto de Wittgenstein, "parece não ter nenhuma carga de experiência" (parece semelhante a um ponto sem extensão), assim também parece ser o *causar*. Aqui, o conceito de *causar* agentivo humano (que é algo que alguém *faz*), tal como o conceito de querer tão mal-empregado por certos filósofos, foi removido do jogo de linguagem no qual se sente em casa e embutido em um jogo de linguagem no qual ele não tem nenhum papel genuíno para desempenhar.

---

[*] N. de T.: No original inglês, *real agent* e no original alemão *eigentliche Agens*.

1. Sabemos o que é erguer seu próprio braço. Sabemos o que é fazer com que seu próprio braço suba, erguendo-o com a outra mão ou com uma máquina de exercitar. Mas é completamente obscuro o que se quer dizer por causar o próprio braço se mover *sem fazer nada que o faça se mover*. Em geral, para um agente volitivo, causar o movimento de algo é girar, rodar, empurrar, puxar, arremessar, e em consequência do qual *ele* se move.[37] É, de fato, *fazê-lo* se mover (balançar, rodar, subir, cair, rolar, deslizar, etc.), agindo nele. Fazer *alguma outra coisa* se mover é *provocar* o seu movimento, mas quando movemos nossos olhos, fazemos caretas (de riso ou de raiva), movemos nossos membros, giramos nosso corpo, inclinamos ou balançamos nossa cabeça, mexemos os dedos do pé ou da mão, quando viramos ou volteamos, quando caminhamos ou corremos, quando falamos ou rimos, não *causamos* nossos membros, nossos traços faciais ou nós mesmos a que se movam. Não os *fazemos* nem nos *fazemos* mover. Nem *provocamos* aos nossos membros para que se movam ou para que nós nos movamos.

Se alguém nos contasse que havia visto A do outro lado da rua, poderíamos perguntar-lhe o que ele fez então. Se ele replicasse: "Eu causei o balançar de meu braço", não saberíamos o que ele almejava. Se ele nos contou que A lhe perguntara se almoçaria com ele, poderíamos perguntar-lhe o que respondera. Caso replicasse: "Eu causei o inclinar de minha cabeça" (ou mesmo "Eu causei o balanço de minha cabeça"), desejaríamos saber o que havia de errado com ele. Rir não é causar o movimento de seus lábios de um certo modo; andar não é fazer com que suas pernas se movam – embora se pudesse usar uma tal frase quando alguém força a si mesmo, a despeito de sua total exaustão, a continuar caminhando.

2. Mover a sua própria perna não é provocar o movimento de sua própria perna – isso é feito aplicando em si mesmo um choque elétrico no lugar apropriado ou batendo no seu próprio joelho abaixo da rótula. Quando inclino minha cabeça em assentimento, não faço minha cabeça se inclinar ou provoco a inclinação de minha cabeça – isso eu faço quando a agarro em minhas mãos e a movo para cima e para baixo.[38] Quando eu movo, ou movo meus membros voluntariamente, não *ajo* em mim mesmo ou em meus membros – não faço algo *a* mim mesmo. Meu corpo, o corpo que eu *tenho* (veja-se o Capítulo 9), não é o paciente reflexivo sobre o qual eu ajo, Eu *sou* um corpo, um contínuo espaçotemporal vivo de uma certa espécie; mas quando eu movo, eu não *movo a mim mesmo*, eu simplesmente movo.

Considerem-se antes casos nos quais alguém se move que aqueles nos quais alguém move um membro. "Ficar de pé" não significa nem acarreta "causar-se ficar de pé". "Fazer-se ficar de pé"* indica o exercício de um esforço (um "ato da vontade") no contexto de dificuldade ou relutância. "Causar o próprio corpo a que fique de pé" é falar de maneira incompreensível, e é pouco melhor que "causar o próprio corpo ficar sobre seus pés". Obviamente, alguém pode fazer com que outrem fique em pé (através de ameaças), pode fazer um paralítico se pôr de pé, erguendo-o, e um bom orador pode levantar a platéia – mas nada disso é o que *nós* nos fazemos ou nos causamos quando estamos antes debruçados, erguemo-nos e ficamos de pé.

3. Se erguer meu braço é causar o meu braço subir, o que é o causar? Não é uma experiência. Não tem "conteúdo fenomenológico". Parece ser um puro "fazer" – um ponto sem extensão. O meu *causar* meus braços se levantarem "parece ter um sentido definido, separado de toda experiência". Nesse relato, de maneira exatamente paralela a *querer*, *causar* é concebido (ou melhor, erroneamente concebido) como um provocar *direto* de um movimento pela vontade. Mas não há tal coisa como um ser humano diretamente *provocar* um movimento. É um uso errôneo da frase "provocar" dizer que alguém, quando ergue seu braço, provoca a subida de seu braço, pois a aplicação da frase ao comportamento humano é restrita à causalidade *indireta*: fazer com que seu braço se levante é erguê-lo por meio de algo – por exemplo, com a sua outra mão, com uma roldana ou empurrando-o contra a parede e então retrocedendo e deixando o músculo deltóide contrair.

4. Não é claro caracterizar movimentos involuntários dos quais nós somos o agente – como ocorre quando involuntariamente retiramos nossa mão de uma superfície pegajosa. Isso não é algo que acontece conosco, mas algo que fazemos. Assim, presumivelmente, aqui também causamos o movimento de nossa mão. Mas, se for assim, nosso causar é involuntário. Portanto, causar o movimento de nosso membro, nesse sentido, pode ser voluntário ou involuntário – o que é problemático, pois, exatamente como querer parece tanto ter que ser um ato quanto não pode ser um ato, também o causar – quando alguém alegadamente causa ao braço subir, ao erguê-lo – parece tanto ter que ser um ato quanto possivelmente não pode ser um ato.

---

* N. de T.: No original, *To make oneself rise to one's feet*.

5. Admitimos que há uma multiplicidade de casos de causalidade por substância e de descrições de causalidade por substância que não envolvem nenhum modo de operação (por exemplo, magnetismo, gravitação, ação química). Mas determinamos a existência de tal relação causal observando que a presença de um magneto na vizinhança de limalhas de ferro faz com que as limalhas de ferro se movam, que a presença de uma grande massa (o Sol) na vizinhança de uma massa menor (um cometa) faz o corpo menor cair em direção ao corpo maior. Não há um método comparável para se certificar de que, ao mover seu braço, um ser humano causa o braço mover-se (faz com que o braço se mova). Seja no caso do magneto atraindo as limalhas, seja no caso do ser humano movendo seu braço, não há nenhum "modo de operação". Mas a ausência de um modo de operação não é fundamento para assumir a presença de causalidade substantiva, e a analogia com a causalidade substantiva sem modo de operação claudica.

É desaconselhável, ao tentar elucidar o caráter categorial da ação humana, deixar-se hipnotizar pelos movimentos que fazemos e, por isso, excluir a consideração dos atos e ações humanas que não envolvem movimento. Manter algo aberto que de outro modo fecharia, ou manter algo fechado que de outro modo abriria, não é menos agir que abrir ou fechar algo – e não é necessário que isso envolva algum movimento ou o tensionar de músculos do agente. Segurar um pedaço de papel no lugar, mantendo a mão ou o pé sobre ele, também é assim. Manter firme algo que já esteja firmemente seguro nas mãos é uma ação tanto quanto deixá-lo solto, e manter algo quieto não é menos uma ação que movê-lo. Nenhuma dessas ações pode ser concebida como a causação de movimento, mas como atos voluntários (ou involuntários ou não voluntários) nossos.

A distinção entre o mover-se de criaturas animadas automoventes e aquele dos objetos inanimados nos importa. Ela é nitidamente marcada em nosso esquema conceitual e tem consequências conceituais ramificadas. É digno de nota que o *OED*[*] distinga, dentre os sentidos transitivos de "mover", entre (1ª) "Mudar o lugar ou posição de; tirar de um lugar ou situação para outro; mudar, remover; ocasionalmente desalojar, deslocar (algo fixo)"; (2ª) "Pôr ou manter em movimento; sacudir, mexer ou abalar (um objeto que de outro modo estaria em repouso)" (3ª) " De um ser vivo ou de seus poderes: mudar a posição ou postura de (seu corpo ou qualquer membro)". Dentre os sentidos intransitivos, distingue (17ª) "De seres vivos: mudar a posição ou postura, manifestar movimento ou atividade física (referente a todo o corpo

---

[*] N. de T.: *Oxford English Dictionary*.

ou a um dos membros)" de (18ª) "De objetos inanimados: sofrer mudança de posição ou postura (como um todo ou referente a suas partes); ser mexido". E isso, parece, é correto. Mais ainda, não é uma coincidência que os autores do *OED* tracem tal distinção, pois ela é de profundo alcance.

A descrição de causação de agente inanimado envolve a atribuição a um agente inanimado da responsabilidade causal por uma mudança (ou evento) ou pela inibição de uma mudança (a não ocorrência de um evento). A agência animada, em particular a agência humana, manifesta formas conceituais que são similares e formas conceituais que são diferentes. Quando descrevemos nossas ações (causativas) em pacientes e nos representamos como *interferindo no curso da natureza*, então a estrutura lógica da ação é similar àquela da agência inanimada, uma vez que o agente atua no paciente e por isso provoca uma mudança nele (ou suprime uma mudança que de outro modo teria ocorrido). Isso, em *nosso* caso, mas não no caso de agentes inanimados, pode ser voluntário, involuntário ou não voluntário, intencional ou não intencional, deliberado ou espontâneo. Mas as descrições de movimentos animados, não importa se voluntários ou involuntários, são *diferentes* de uma maneira importante das descrições de movimentos inanimados. Como observamos, pedras se movem, rodas giram, rios correm – essas são coisas que agentes inanimados *fazem*, mas não são atos ou ações suas. Mas quando um ser humano se move, gira, corre, ele age. Ao fazer assim, no entanto, ele não age *sobre* si mesmo, não causa o se mover nem provoca aos seus membros se moverem.

Os seres humanos, tais como outros animais sensitivos com quereres, têm poder de se mover, agir, à vontade. "Agir" nesse contexto não significa *causar* um *movimento*, mas *fazer* um. Reconhecemos um papel especial para estas, assim chamadas, ações básicas, não porque sejam causa de um movimento que possa ser o primeiro elo de uma cadeia causal, mas porque são o *primeiro ato*, a primeira coisa para a qual uma explanação em termos de intenção ou de propósito é adequada.[39] Dizer que um ser humano moveu seu membro é subsumir o comportamento sob a categoria de ação. Marca o comportamento como sendo de uma espécie que geralmente está sob controle voluntário, como algo de uma espécie que um agente sensitivo pode escolher fazer ou não fazer e, portanto, indica que é apropriado perguntar se há uma explanação intencional do feito. A atribuição do movimento ao agente não é causal, mas é uma ação e, portanto, é de uma espécie que cai no âmbito da variedade de explanações teleológicas apropriadas para a ação humana. O agente pode ter movido sua mão *a fim de...*, ou *porque queria...*, ou *porque pensou que...*, ou *por medo de...*, e assim por diante. O movimento de A deve ser entendido como respondendo ao domínio das explicações do exercício de poderes bidirecionais por um ser racional. Não implica que haja uma explicação intencional ou proposital (talvez A tenha se movido inconscientemente, involuntariamente ou voluntariamente, porém não intencionalmente), mas apenas que a questão de por que ele moveu, em que a questão "por quê?"

demanda tal sorte de explicação, pode ser colocada. O que implica é que o comportamento era de uma espécie que tipicamente está sob controle do agente e pelo qual ele pode ser tido como responsável, que é algo tal que um agente normalmente pode fazer ou evitar fazer à vontade, e pode ter uma razão para fazer.

Chama a atenção que a inteligibilidade de um pedido de explicação intencional seja precisamente o que está ausente da descrição dos resultados dos movimentos de um agente, quando esses são caracterizados não como estados de coisas resultantes, mas como movimentos. "Seu braço ergueu", "Sua perna moveu", "Sua cabeça oscilou", são todas descrições perfeitamente compatíveis com a ausência de toda e qualquer ação. Outrem pode ter erguido seu braço, a perna do homem afogado pode ter se movido nas ondas e a cabeça de uma pessoa pode ter se oscilado no sono. É por isso que é desencaminhador dizer que quando uma pessoa ergue o braço, seu braço sobe, pois a descrição do ato convida questões intencionais, ao passo que a descrição do resultado as exclui. Às vezes, usamos a descrição de resultado com propósitos retóricos: "Quando o professor formulou a questão, dez mãos subiram rapidamente" – aqui é óbvio que dez mãos se ergueram. "Sua cabeça oscilou gravemente", podemos dizer, e é claro do modificador adverbial que a pessoa acenou sua cabeça. Porém, a menos que o contexto deixe claro que um artifício retórico esteja sendo usado, seria inteiramente desencaminhador evocar a descrição de resultado. Fosse alguém dizer a outrem: "Sua cabeça oscilou", isso seria normalmente tomado como uma acusação de que o outro caíra no sono. Evocar ambos, descrição de ato e descrição do resultado, "em um mesmo fôlego lógico", seria misturar dois jogos de linguagem bem diferentes.

A concepção da ação humana como "interferindo no curso da natureza", provocando ou impedindo que um estado de coisas ocorra, é *um* protótipo da ação humana. É *um* centro de dispersão de nosso conceito ramificado de ação. Quanto mais nos distanciamos do protótipo, mais borrado e inapropriado ele se torna. Isso é patente ao convergirmos para atos polimórficos, tais como apressar, praticar ou trabalhar, e é igualmente evidente no que diz respeito a atos tais como vencer uma batalha, perder uma discussão ou compor uma sinfonia. Não tem apoio quando consideramos numerosas outras coisas que fazemos voluntariamente, não voluntariamente ou involuntariamente, intencional ou não intencionalmente, tais como, por um lado, decidir, refletir, deliberar, recordar, imaginar, voltar a mente para algo, e, por outro, atos perceptuais tais como vigiar, contemplar, olhar, fitar, esquadrinhar, observar ou escutar ou procurar escutar alguma coisa. É descabido quando consideramos expressões faciais que nós assumimos voluntaria ou involuntariamente, tais como sorrir, gargalhar, fazer beiço, franzir as sobrancelhas, olhar de cara feia ou fitar com raiva. De maneira similar, é descabido para atos vocais primitivos como rir, rir afetadamente, cacarejar, gargalhar, rir abafadamente, suspirar, rir contidamente, rosnar, lamuriar, choramingar, ofegar, gemer, roncar ou gritar, assim como também o é para um largo espectro de atos de fala sofisticados que executamos. Assim, também é inapropriado esticá-lo na tentativa de incorporar o exercício por um ser humano de seus poderes de movimento próprio. Pois mover, mover seus membros ou cabeça, sorrir e rir não é *interferir no curso da natureza*, não é *fazer*-se mover ou causar aos seus membros, cabeça ou rosto se moverem, e não é provocar seus movimentos. Esses conceitos estão localizados no âmbito de um centro de dispersão bem diferente.

NOTA

1. Do latim *agere,* agir ou fazer, e o particípio *agens.*
2. Isso é comparável à preferência que mostramos pela forma causal ativa de representação, que já foi observada (anteriormente, p. 83), quando dizemos que a Lua causa as marés oceânicas *exercendo força gravitacional* no oceano – como se isso fosse algo que a Lua *pudesse* fazer ao oceano.
3. Por exemplo, D. Davidson, "Agency", reimpr. em sua obra *Essays on Actions and Events* (Clarendon Press, Oxford, 1980), p. 54.
4. Deve ser observado que a inibição da mudança no paciente pode ser efetuada não apenas pela ação sobre ele, mas agindo em algo que teria, de outro modo, atuado no paciente.
5. O termo "modo de operação" foi introduzido por D. G. Brown, *Action* (George Allen e Unwin, 1968), p. 34 e ss.
6. A. R. White (Ed.), *The Philosophy of Action* (Oxford University Press, Oxford, 1968), p. 1 ss.
7. Veja Brown, *Action*, p. 32.
8. Uma exceção idiomática é quando dizemos que um remédio começara a agir em 1 hora; "agir", aqui, tem o sentido de "ter (fazer) efeito". Há ainda umas poucas outras exceções marginais, mas normalmente não dizemos que um agente atua, nem falamos do ato, quanto menos das ações ou dos atos que eles fazem ou desempenham. Isso não é coincidência.
9. Para uma discussão útil de necessidades, veja-se A. R. White, *Modal Thinking* (Blackwell, Oxford, 1975), cap. 8.
10. A interrogação "Por que A necessita de X?" pode ser usada para perguntar *para* o que o agente necessita do objeto de necessidade, bem como para perguntar pela circunstância ou condição do agente que dá lugar à necessidade do objeto.
11. "Olhe para uma mosca se contorcendo e imediatamente... a dor parece capaz de fincar pé aqui" (Wittgenstein, *Philosophical Investigations*, 2ª ed. [Blackwell, Oxford, 1958], §284). Repare no fraseado cauteloso de Wittgenstein: *parece ser capaz* de fincar pé. Pode uma mosca ter dor nas juntas? Uma dor de cabeça?
12. As necessidades também podem ser criadas por adições. Aqui, a satisfação da necessidade não contribui necessariamente para o bem-estar a longo prazo do adicto.
13. Veja-se Thomas Schwartz, "Von Wright's Theory of Human Welfare: A Critique", in P. A Schilpp e L. E. Hahn (Eds.), *The Philosophy of Georg Henrik von Wright* (Open Court, La Salle, Ill. 1989), p. 217-32.
14. Veja-se G. H. von Wright, *The Varieties of Goodness* (Routledge e Keagan Paul, Londres, 1963), cap. 3, para uma discussão esclarecedora do bem-estar e da categoria

168 P. M. S. Hacker

de benéfico, e sua resposta à crítica em Schilpp e Hahn (Eds.), *The Philosophy of Georg Henrik von Wright,* p. 777 ss.

15. Mas quereres patológicos podem se *tornar* necessidades. Alguém que esteja sujeito a tais quereres é escravo de seus desejos irracionais.

16. Para uma discussão proveitosa dos quereres animais e a relação entre o querer animal e o humano, veja-se Bede Rundle, *Mind in Action* (Clarendon Press, Oxford, 1997), caps. 3, 5 e 6.

17. Incluindo os desejos de começar uma atividade que pode ter uma trajetória temporal considerável, como no caso do castor que começa a derrubar árvores para uma represa. Ele não pode, contudo, querer construir uma nova represa no próximo outono.

18. É curioso que a língua inglesa, ao contrário da alemã (*Lust* e *Unlust*), não tem um termo que seja o oposto estrito de prazer. *Pleasure* (prazer), diferentemente de dor (*pain*), não é uma sensação, embora haja sensações aprazíveis (*pleasurable*), e a dor é certamente desprazente (*unpleasant*). Desprazer (*displeasure*) é o contrário do aprazer (*pleasing*) antes que de aprazente (*pleasant*) ou aprazível (*pleasurable*), embora normalmente o aprazente e o aprazível sejam prazeirosos (*pleasing*).

19. Adições são apetites adquiridos.

20. Evidentemente, os animais não humanos também podem ser forçados a fazer coisas contra sua vontade, isto é, fazer algo que não querem fazer. Mas, em outro sentido de "querer", os que não se utilizam de uma linguagem não têm uma vontade mais que têm um intelecto.

21. Outros que não os de um circo.

22. G. H. von Wright, *Norm and Action* (Routledge e Keagan Paul, Londres, 1963), p. 39-41.

23. Como Joel Feinberg denominou essa possibilidade de expandir e contrair descrições de ação; veja-se "Action and Responsability" em M. Black (Ed.), *Philosophy in America* (Cornell University Press, Ithaca, NY, 1965), p. 146.

24. Davidson, "Agency", p. 54.

25. Sou grato a Maria Alvarez e John Hyman por apontarem essa espécie de exceção à alegação de Davidson.

26. Obviamente, isso não significa que *não* estejam agindo em uma outra coisa. Mas nossa descrição não os caracteriza como agindo assim.

27. Hume, *Enquiry Concerning Human Understanding,* §52.

28. Alguns filósofos, como Reid, mantinham que a ação, ela própria (por exemplo, erguer o braço), enquanto oposta ao movimento corporal (por exemplo, a subida do braço), era causada pelo ato da vontade.

29. Isso é argumentado com grande profundidade, mas também formidável obscuridade, por Wittgenstein nas *Investigações,* §§611-28. Para a explicação dessa observação, veja-se P. M. S. Hacker, *Wittgenstein: Mind and Will* (Blackwell, Oxford, 1996), Exegese §§611-28, e para a discussão desse relato, veja-se o ensaio "Willing and the Nature of Voluntary Action" (ibid). Aqui, baseei-me em alguns dos argumentos desse ensaio.

30. O assalto ao mito das volições foi iniciado por G. Ryle, *The Concept of Mind* (Hutchinson, Londres, 1949), cap. 3.

31. A. Schopenhauer, *The World as Will and Idea*, trad. R. B. Haldane e J. Kemp (Routledge e Keagan Paul, Londres, 1883), vol. 2, p. 206.

Natureza humana **169**

32. Schopenhauer, *The World as Will and Representation*, trad. E. F. J. Payne (Dover, Nova York, 1958), vol. 2, p. 248.
33. L. Wittgenstein, *Notebooks 1914-16*, Ed. G. H. von Wright e G. E. M. Anscombe (Blackwell, Oxford, 1961), p. 87-9.
34. L. Wittgenstein, *Philosophical Investigations*, §615.
35. Isso foi argumentado por Maria Alvarez e John Hyman em "Agents and their Actions", *Philosophy*, 73 (1998), p. 219-45. Veja-se também White (Ed.), *Philosophy of Action*, Introdução, p. 2.
36. L. Wittgenstein, *Philosophical Investigations*, §§618, 620.
37. Observe-se que apanhar algo e depositá-lo alhures, transportar algo de um lugar a outro, não é *fazê-lo se mover*, mas apenas movê-lo – provocar uma mudança em sua localização. Atingir uma bola de bilhar com um taco, por outro lado, fará a bola se mover (causa o movimento dela).
38. Se erguer minha cabeça, minha cabeça sobe? Se eu ergo a cabeça de um paciente do seu travesseiro, a sua cabeça sobe? Não – ela é erguida. Se eu sacolejo sua mão, não se pode dizer que sua mão sacoleja, mas antes que é sacolejada. Sua mão balança, se você tem Parkinson ou está tremendo. Eu posso balançar minhas mãos como os atletas fazem antes de uma corrida, mas então minhas mãos não balançam, elas são balançadas. O padrão que nos hipnotiza é apenas um fragmento – que nós erroneamente tomamos como um todo.
39. Veja-se Rundle, *Mind in Action*, p. 175.

6

TELEOLOGIA E EXPLICAÇÃO TELEOLÓGICA

1. TELEOLOGIA E PROPÓSITO

Nosso discurso e pensamento acerca do mundo vivo ao nosso redor, de nós mesmos, de nosso corpo e nossas atividades, e sobre as coisas que fazemos, é atravessado por descrições e explanações em termos de metas, propósitos e funções. Caracterizamos coisas, tais como órgãos e artefatos, bem como instituições sociais, em termos de suas funções essenciais e de sua eficácia no desempenho destas. Explicamos a morfologia animal em termos dos propósitos a que servem seu formato, seus membros e suas características. Essa não é uma explicação causal (embora seja perfeitamente consistente com, e de fato clame, por tal explicação), uma vez que explicamos *para que serve* o órgão ou a característica e não *como surge*, nem *como* (por qual processo causal) este(a) desempenha sua função. Descrevemos o que este(a) capacita o animal a fazer e como afeta o bem-estar do animal ou de suas crias. Comumente, explicamos por que certas substâncias, animadas ou inanimadas (artificiais), ou partes constitutivas de substâncias (órgãos de coisas vivas ou componentes de artefatos), *fazem* o que fazem, descrevendo para o que fazem isso. Tornamos o comportamento animal (ambos, genérico e específico) inteligível citando o propósito a que ele serve. Explicamos e justificamos a ação humana, inclusive a nossa própria, especificando a razão da ação prospectiva ou anteriormente desempenhada e frequentemente damos conta do comportamento de instituições sociais de maneira igual. Essas espécies de descrições são chamadas "descrições teleológicas" e essas espécies de respostas à questão "por quê?", "explicações teleológicas" – explicações por referência a um fim ou propósito (*telos*).

As explicações podem ser *idiográficas* (concernentes ao entendimento de algo particular) ou *nomotéticas* (concernentes à descoberta de leis gerais de fenômenos recorrentes).[1] Quando uma explicação nomotética é formulada em termos de propósitos, como no caso das explicações funcionais da morfogênese, das explicações fisiológicas das funções do órgão ou da explicação do comportamento animal estereotípico, ela pode ser denominada *teleonômica*.[2] As explicações teleológicas da ação humana, por referência a razões e intenções, geralmente não são teleonômicas, mas idiográficas. Elas explicam por que um agente particular, em uma ocasião específica, executou um ato qualquer. Tornam o ato inteligível, porém não o relacionando a uma regularidade ou lei.

Às vezes, supõe-se que, contrariamente às explicações causais, tidas como explicação a um fenômeno por referência a um evento passado ou uma condição passada, as explicações teleológicas sempre explicam pela especificação de um evento ou estado de coisas futuro, o qual o agente almeja, e que o estado ou o evento futuro explica o fenômeno. Mas isso é um erro, pois as explicações teleológicas *não precisam* estar "olhando para o futuro" *nesse* sentido.[3] Assim, por exemplo, explicar o comportamento animal como feito a fim de *evitar* um perigo específico ou um mal percebido é descrever do que o animal está "se afastando", não o indeterminado estado futuro de coisas, de estar fora do perigo do qual está "se aproximando". Nesses casos, é o perigo ou o mal presente que carrega o fardo da explicação teleológica. Um caso bem diferente é encontrado nas explicações por motivo. Podemos explicar por que uma pessoa V-u, dizendo que ela agiu por tal e qual motivos – por exemplo, ciúme, amor, vingança, ambição, cupidez, patriotismo, medo. Aqui, a referência a um *padrão* de raciocínio que invoca essencialmente razões retrospectivas (bem como razões preditivas) é chamada para explicar o comportamento. Agir por vingança, por exemplo, é almejar causar dano a alguém *por causa* do dano que este infligira no passado. Que o padrão envolva um componente retrospectivo não o impede de ser teleológico. O componente retrospectivo torna o *propósito* da ação perspícuo. A chave da teleologia, como ensinava Aristóteles, é que ela explica por referência *aquilo em vista do que* algo existe, ocorre ou é feito – ou seja, por referência a um *propósito*.

Anthony Kenny distinguiu bem as duas maneiras pelas quais as coisas podem ter um propósito: (1) elas *agem por um propósito* ou (2) elas podem *existir por um propósito*. Coisas que existem por um propósito, na maior parte, têm esse *propósito* como sua função.[4]

1. O propósito do comportamento de um sujeito é *aquilo em vista do qual ele faz o que faz*.[5] Este pode ser a finalidade do comportamento de um ser inanimado: por exemplo, do comportamento de um artefato ou componente de um artefato. Assim, por exemplo, perguntamos acerca de uma máquina, ou de uma parte da máquina, "para que ela faz isso?" e a resposta à nossa questão especifica o propósito do comportamento. Pode ser também a finalidade do comportamento

de um órgão de um ser animado, pois podemos perguntar do coração de um ser vivo, por exemplo, por que ele bate, significando: *para* que ele bate? E pode ser a finalidade do comportamento de um ser animado, pois o comportamento de seres animados, sejam plantas, sejam animais, é frequentemente caracterizado como tendo um propósito. Mas, quando fazemos algo por si mesmo, isso não é feito com um propósito. Podemos fazer algo com o propósito de fazer *alguma outra coisa*, mas não com o propósito de fazer a coisa ela mesma.

Animais que agem com um propósito são ditos *terem* e, no caso de animais desenvolvidos, podem ser ditos *adotarem*, propósitos *próprios*. Seus propósitos são os fins e metas que perseguem. O comportamento de seres humanos, que mais comumente estamos interessados em explicar, é uma forma de comportamento proposital. É o comportamento característico de animais dotados de linguagem que podem agir por razões.

A explicação teleológica da ação *humana* é tipicamente uma explicação em termos de razão, motivos e metas pretendidas. Isso é patente em nossas inumeráveis explicações e justificações cotidianas de nosso comportamento, nas quais narramos o que fomos, somos ou até o que seremos, indicando o nosso propósito. Tais formas de descrição e explanação permeiam as narrativas, sejam ficcionais, sejam fatuais. De maneira mais geral, elas são características do estudo da humanidade na autobiografia, na biografia, na história, na psicologia e nas ciências sociais. Na tradição hermenêutica de Droysen e Dilthey, tal explicação é contrastada com a explicação causal, mecanicista, característica das ciências físicas e é dita fornecer *entendimento* (*verstehen*) de uma forma distinta, por contraste com *explicação* (*Erklärung*) em termos de lei causal, que é a marca das ciências naturais.[6] Essa distinção e esse contraste marcam modos fundamentalmente diferentes de tornar fenômenos inteligíveis, e é uma importante tarefa filosófica iluminar as diferenças conceituais. Tem sido uma característica das formas dominantes da tradição filosófica analítica procurar reduzir formas teleológicas de descrição, explicação e entendimento a formas mecanicistas. A ascendência dessa tendência remonta a Descartes e ao sucesso da ciência mecanicista no século XVII (veja a Seção 5, mais adiante). A tradição analítico-hermenêutica, uma tendência subordinada dentro da filosofia analítica que foi liderada por Wittgenstein e desenvolvida por seus seguidores (por exemplo, Anscombe, Kenny, von Wright, Winch), opôs-se ao monismo metodológico característico do Círculo de Viena e de seus herdeiros.

2. Atribuímos propósitos também aos artefatos, aos órgãos e às instituições. Tais coisas são ditas existirem *para um propósito*. Aquilo *em vista do que tal coisa existe é a sua* função. A função de uma coisa é especificada por uma resposta positiva à questão "Para que serve tal coisa?". Dirigimos essa questão tipicamente aos artefatos, às partes e aos componentes de artefatos, aos órgãos e às partes de órgãos de coisas vivas, às características, sejam elas de artefatos, sejam de órgãos, e às instituições sociais. A resposta pode listar uma variedade de fins para os quais ela serve, pois tal coisa pode ter uma pluralidade de funções. Dizer de um objeto que ele existe para V-r ou para habilitar o todo do qual é parte para V-r *não* é explicar *como se deu para* que o objeto exista. Uma descrição funcional ou explicação não é uma descrição ou explanação causal velada. Ela explica, repetindo, *para* que a coisa *serve*: é para V-r, ou habilitar a coisa da qual é parte V-r, e o V-r serve ao bem de um ser.

Esse relato vai contra uma tendência de filósofos da biologia e teóricos da evolução por pensar que especificar uma função da característica de uma coisa viva explica "por que esta existe" *em um* sentido *causal* antes que *teológico*.[7] As "atribuições funcionais", foi sugerido, "têm um claro trabalho explicativo a fazer. Elas indicam as linhas ao longo das quais devemos dar conta da presença das entidades a que a função é atribuída. Dizer que a função de X é F é propor que uma explicação completa da presença de X [...] deva ser procurada em termos da seleção por F".[8] Especificar a função de uma coisa explica como a coisa "chegou lá" – teve sucesso *porque fez tal e tal* (o "porque" sendo etiológico).[9] A função de um dado órgão no animal de certa espécie é aquele efeito de sua presença que explica sua existência na espécie por referência à seleção natural.

Mas isso é erroneamente concebido.

1. As caracterizações funcionais de coisas são, de fato, explicativas, mas a explicação envolvida é teleológica, não etiológica. Elas explicam o fim a que serve uma coisa. Dizer que canivetes são para cortar e relógios para marcar as horas, dizer que olhos são para ver e pernas para andar é especificar os fins ou propósitos servidos pelos artefatos e órgãos, não as causas das coisas de certa espécie terem certas características.

2. A redução etiológica da explicação teleológica dos órgãos funde duas questões bem distintas: "*Para que serve* este órgão em animais desta espécie?" (O que ele faz ou habilita o animal a fazer e que serve ao bem ou aos objetivos do animal [ou, em certos casos, de sua cria]?) e "Como se deu que animais dessa espécie tenham órgãos desse tipo?".

Pode-se dizer, por exemplo, que a função do estômago é digerir o alimento. Isso dá conta de seu "existir" *apenas* no sentido em que especifica *para que serve*. Mas há uma explicação filogenética evolucionária a respeito de por que animais com estômago evoluíram,[10] bem como uma explicação ontogenética a respeito de como um ovo fertilizado de um animal dessa espécie desenvolve-se de maneira a produzir um animal com estômago. É importante manter essas três explicações separadas e não envolver a primeira na segunda.

3. A função de um órgão pode ser bem entendida muito antes de haver alguma explicação a respeito de como *se deu para que* esteja presente na espécie animal em questão. De fato, a função de um órgão pode ser *descoberta* inteiramente independente de qualquer entendimento da seleção natural e sem atribuir a função ao desígnio, como no caso da descoberta de Harvey da função do coração no sistema circulatório.

4. É um erro supor, como muitos filósofos da biologia o fazem, que não possa haver nenhuma atribuição coerente de uma função a uma coisa que não faça alusão ao desígnio ou à seleção natural. As investigações de Aristóteles sobre as funções biológicas não fazem alusão a nenhum destes. Nosso entendimento comum e correto de que os olhos são para ver e as pernas para locomover não nos compromete com a teologia nem com a teoria da evolução, mas apenas com noções naturais axiológicas, tais como o bem de um ser, a boa e a má saúde, as capacidades e as atividades normais de um membro de dada espécie.

Que uma coisa tipicamente V* em certas circunstâncias não mostra que V-r é sua função. Os vulcões entram em erupção, mas esta não é sua função – os vulcões não têm função. A natureza inanimada existe *sem propósito*, e o comportamento de objetos naturais inanimados é sem propósito. Muito da natureza animada também carece de propósito. Os tumores cancerosos não têm a função de matar seu hospedeiro, embora isso seja o que eles fazem; membros residuais, ossos ou órgãos não têm mais a função que suas formas ancestrais uma vez tiveram, e podem não ter absolutamente nenhuma função (o cóccix ou o apêndice no ser humano).

Que A faça tal e tal seja uma condição necessária para a possibilidade de B fazer assim e assim não mostra que a função de A é fazer tal e tal. O comportamento de A pode, de fato, tornar possível o comportamento de B, mas não é necessário que exista por tal propósito. Os mecanismos homeostáticos, tanto em artefatos (por exemplo, termostatos) como em organismos (por exemplo, a operação das glândulas sudoríparas), exemplificam tais relações causais, mas essa não é a razão pela qual são considerados como propositados. Os termostatos têm uma função em virtude do *projeto* que visa a um bem (o propósito pelo qual o artefato existe), e um mecanismo homeostático na natureza tem um propósito por causa de seu papel na manutenção de certa característica que é necessária, protege ou é benéfica para a vida do organismo da espécie em questão.

O conceito de função *aqui*, no sentido de que nos ocupamos, ganha inteligibilidade apenas se *o benefício de um ser* estiver envolvido de maneira apropriada.[11] Uma coisa (órgão ou artefato) tem uma função apenas se existe em função de um bem. No caso de órgãos, sua função está relacionada, de um modo ou outro, *ao que é benéfico para o* animal, serve ao seu bem (ou de sua cria, por exemplo, no caso das bolsas dos marsupiais ou glândulas mamárias dos mamíferos) ou *contribui para o engajamento bem-sucedido do animal nas atividades características de sua espécie*.[12] No caso de artefatos, sua função está relacionada à sua *utilidade*, quando empregada para o propósito ou propósitos para os quais aqueles foram feitos.

Alguns dos traços de artefatos podem ser ditos possuírem um propósito cuja realização não contribui causalmente para o funcionamento do artefato ou para sua utilidade. Eles podem torná-lo atrativo ou singular. Obviamente, pode-se estender o conceito de função e dizer que a função deles é (meramente) adornar o artefato (ou conferir prestígio ao seu proprietário).

Note-se que uma coisa pode V-r e seu V-r pode ser benéfico para algo, ainda que não se siga que sua função seja V-r. Nuvens de chuva precipitam chuva e a chuva beneficia a colheita. Mas, como apontou Aristóteles, a chuva não cai a fim de fazer a colheita crescer (*Física*, 198b, p. 17-20). Deve-se notar também que uma coisa que tem uma função pode ter efeitos benéficos que não são parte de sua função. O coração produz uma variedade de sons que são *úteis* para propósitos de diagnóstico. Mas produzir sons não é uma das funções do coração, e ser útil para o diagnosticador não é o mesmo que servir ao bem de um ser que tem um coração.

A especificação da função ou das funções de uma coisa explica para que ela serve: ela existe a fim de executar ou preencher essa função ou essas funções. A função de uma coisa é um aspecto de sua *natureza*. Não é coincidência que, conforme as funções dos órgãos internos do corpo foram gradualmente esclarecidas, os órgãos foram devidamente *redefinidos* em termos de suas funções: o coração é o órgão para fazer circular o sangue, bombeando-o; o rim é o órgão para filtrar os dejetos metabólicos do sangue e manter o balanço hídrico. Obviamente, a função de um certo órgão em uma dada espécie pode mudar por pressões evolutivas – o que era um braço pode virar uma asa ou uma nadadeira. Mas então o órgão, embora como se fosse homólogo a seu órgão ancestral, mudou sua natureza (e também uma nova espécie pode ter surgido).

Uma coisa individual de uma certa espécie pode ser *usada* para *preencher* uma função, como ocorre quando usamos uma caneta para tapar um furo ou o nariz para sustentar os óculos, mas a função que a coisa então desempenha não é *sua* função. Podemos chamar essa uma função "heterônoma", e contrastá-la com as funções "autônomas" (essenciais) das coisas. A função heterônoma de uma coisa não é aquilo *para* que coisas de sua espécie são e não é parte de sua *natureza*.

Uma coisa individual de certa espécie pode ter uma função, ainda que nunca a desempenhe. Alguns artefatos nunca são usados e alguns órgãos ou dispositivos artificiais de compensação de falhas podem ser acionados apenas no caso de outros órgãos ou componentes do artefato estarem sobrecarregados, danificados ou funcionando mal, o que pode nunca ocorrer.

2. QUAIS COISAS TÊM PROPÓSITO?

"A ausência de aleatoriedade e o conduzir-se tudo a um fim encontram-se em todas as obras da natureza no mais alto grau, e o fim para o qual essas obras são reunidas e produzidas é uma forma de beleza", observou um dos maiores biólogos ao discutir a pesquisa zoológica.[13] Apenas seres vivos e coisas relacionadas de *diferentes* maneiras a seres vivos têm um propósito. Consequentemente, a teleologia sente-se em casa nas ciências da vida, no estudo dos seres vivos e de suas formas de vida, no estudo do homem e de suas obras. É frutífero examinar mais proximamente o domínio de coisas que podem ser ditas que tenham um propósito.

1. Os animais podem ser ditos possuírem propósitos *próprios*, que são as metas que perseguem. Os seres vivos, como tais, no entanto, não têm *uma função*. Podem ter sido criados para um propósito, pelos pais, pelos criadores de animais ou pelos botânicos. Mas, se for assim, esse propósito não é seu propósito. Uma planta pode ter sido criada, por cruzamento ou engenharia genética, a fim de ter fragrância, formato ou coloração atraentes –, mas essa não é a função da planta, menos ainda seu propósito, mesmo que tenha sido criada com tal propósito e seja usada por nós para a correspondente função. Os seres vivos não existem por causa de algo, no sentido em que seus órgãos existem por causa do fim que é sua função.[14] É certo que comumente dizemos coisas tais como "maçãs verdes são para fins culinários (não para comer)",* isso sendo aquilo para o

---

* N. de T.: No original, *Bramleys are for cooking (not for eating)*, "Bramley" é um tipo peculiar de maçã verde inglesa.

Natureza humana **177**

que as usamos e porque tal variedade foi produzida. Isso especifica seu uso, mas não sua função, pois elas não são artefatos. ("Pernil de carneiro", o açougueiro pode dizer, "é para assar", mas isso não é para o que os carneiros têm pernis).

2. A dirigida atividade-fim dos animais tem um propósito, que é o fim em vista do qual elas são feitas. Podemos distinguir entre comportamento propositado consciente e não consciente. O comportamento propositado que não é consciente é variado. O comportamento reflexo de animais, tal como o reflexo flexor dos membros, os reflexos à luz lacrimal e pupilar dos olhos, reflexos de tosse e espirro, todos têm propósitos manifestos, essencialmente relacionados ao bem do animal. De maneira similar, as atividades instintivas não conscientes de um animal são comumente propositadas. Tal atividade pode ser uma resposta às circunstâncias (mudança sazonal, ameaças, presença de uma presa), pode envolver padrões migratórios ou a construção de artefatos (teias de aranhas, ninhos de pássaros) ou padrões de comportamento social interativo com sua própria espécie (exibições de acasalamento, reação a machos ou fêmeas alfas). Muito de tal comportamento é estereotípico e adequado a situações recorrentes. Nesta medida, e especialmente onde o comportamento está além do controle do animal, ele pode ser considerado teleonômico.

As atividades grupais dos animais comumente têm um propósito. Estas podem ser uma atividade coletiva proposta, com relativamente pouca coordenação – como nos padrões migratórios de bandos de animais ou pássaros, ou podem ser uma atividade altamente coordenada, especialmente marcante em insetos (formigas, abelhas) e animais sociais, como na alocação e no preenchimento dos papéis entre animais que caçam em grupos (por exemplo, lobos, cachorros selvagens africanos, pelicanos e delfins) ou no comportamento de vigilância e guarda dos membros de grupos (entre os babuínos e suricatos).

O comportamento consciente propositado de animais, seja individual, seja coletivo e coordenado, pode ser maleável e adaptativo às circunstâncias mutáveis. E também pode ser, em um sentido primitivo, planejado. O comportamento consciente e propositado humano é caracteristicamente pretendido. Tal comportamento pretendido pode ser planejado bem antes da ação, avaliado criticamente e reconsiderado à luz das circunstâncias. Assim, podemos e realmente relatamos nossos planos antecipadamente e perguntamos, acerca do comportamento planejado de outros, qual é o seu propósito.

As atividades das plantas, tais como crescimento, floração, produção de frutos e sementes, são propositais, mas não conscientemente. Os propósitos que podem explicar o comportamento das plantas, seu tropismo, seu padrão de crescimento e suas florações, etc., não são os propósitos da planta. Plantas não têm propósitos autônomos.

3. Os órgãos dos animais (assim como aqueles de uma planta) têm um propósito, que é, como foi observado, a sua função. A atividade normal de um dado órgão interno é tipicamente *necessária* para a saúde do animal. O bom estado de qualquer órgão reside em desempenhar sua função propriamente (não defectivamente), como é apropriado a um órgão daquele tipo em um animal daquela espécie. O desempenho adequado da função de um órgão é tipicamente o desempenho que, direta ou indiretamente, capacita o animal a se engajar otimamente nas atividades características de um animal daquela espécie em seu habitat natural. Alguns órgãos, como, por exemplo, a glândula biliar no homem, podem ter uma função primariamente protetora ou de segurança. Como observou Aristóteles, eles não são absolutamente necessários, mas é bom que eles existam.[15]

As funções dos órgãos são inatas antes que adquiridas. Isso não significa que o órgão já preencha a sua função no nascimento. Alguns órgãos estão imaturos no momento do nascimento, não funcionando de modo algum ou precariamente. Também não significa que o funcionamento de um órgão, mesmo que em um animal maduro, não possa ser aperfeiçoado pelo exercício ou treinamento. O que significa é que, se um órgão necessita amadurecer antes de preencher sua função, seu crescimento natural será de tal modo que assegure, no caso do animal normal, que seja capaz de preencher a função para a qual existe (a *função* que deve preencher) por natureza, quando estiver maduro. Note-se que as noções de *normalidade* e de *atividade característica* não são estatísticas, mas normativas, determinadas por um exemplar da espécie em seu habitat natural.[16]

Os órgãos internos de um animal não estão, em sua maior parte, sob o controle voluntário do animal. Eles são *necessários* ao, mas não *usados* pelo animal. Os órgãos externos são, em sua maior parte, usados pelos animais na busca de suas metas. Eles são necessários para as atividades motoras, sensórias e reprodutivas do animal. Seu funcionamento normal é uma condição para o animal possuir e ser capaz de exercer suas atividades de maneira ótima. O uso que é dado a um órgão (por exemplo, ao nariz humano) *não precisa* ser parte de sua função.

O propósito de um órgão é sua função ou funções. A função dos órgãos é tipicamente uma atividade característica. Essa atividade característica pode também ser dita ter um propósito. O coração bombeia sangue – essa é sua função; mas ele bombeia sangue *para* fazê-lo circular. Os pulmões inalam e exalam ar – é *para* isso *que servem*; mas a inalação tem como *seu* propósito a obtenção de oxigênio fresco, e exalar tem o propósito de eliminar dióxido de carbono.

É digno de nota que também falamos das características e constituintes das coisas vivas que não são órgãos como tendo uma função; por exemplo, coloração ou marcas, cabelos ou bigodes, os vários fluidos que são secretados para um propósito, tanto internamente (fluidos digestivos) quanto externamente (lágrimas), sangue e fluidos linfáticos. Esses também tipicamente servem ao bem do animal e são necessários para o mesmo.

4. A morfogênese de um organismo e de suas partes é teleonômica. Um organismo cresce a partir da semente segundo um padrão fixo e uma ordem. Isso pode ser dito ser para fins de produção de um organismo de dado tipo, a ordem do desenvolvimento normal sendo de modo a capacitar que o crescimento do tipo apropriado ocorra no lugar certo e no tempo certo na criatura em desenvolvimento (muda ou feto). O desvio da ordem apropriada é um mau funcionamento; gera órgãos defeituosos e organismos subnormais. Como Aristóteles observou, pode gerar "monstruosidades" como resultado de uma semente defeituosa (*Física*, 199[b], p.7).

5. Os artefatos têm propósitos. Estes são os propósitos para os quais foram planejados ou manufaturados. Eles podem, portanto, ser considerados *extrínsecos* (impostos pelo projeto). A função da maioria dos artefatos é o uso para os quais foram feitos. Igual aos órgãos, os artefatos com um uso têm características morfológicas e funcionais. Eles são tipicamente *definidos* por suas funções. O bom estado de um tal artefato individual é o bom estado de sua espécie: uma boa faca é uma faca que serve bem ao propósito para o qual facas existem. A essa forma de bondade von Wright chamou de "bondade instrumental".[17]

Obras de arte são artefatos, mas seu propósito *não precisa* ser uma função, pois elas não são necessariamente feitas para serem úteis, e a forma de bondade das obras de arte não é sua utilidade. (No entanto, foi característico dos regimes totalitários do século XX restringir as artes aos limites da função socioideológica.) O propósito de algumas obras de arte pode não ser nenhum outro que deleitar os olhos ou ouvidos daquele que contempla ou ouve, ou glorificar a Deus, ou expressar as alegrias e sofrimentos da vida humana ou do artista. Mas esses propósitos não podem ser, *de maneira esclarecedora*, assimilados a funções. A excelência das obras de arte não é a excelência dos instrumentos nem aquela dos órgãos; não é a utilidade nem o benefício. Uma obra de arte não precisa ser útil, nem benéfica, embora possa ser ambos. Mas a arquitetura (uma arte prática paradigmática) pode ser tanto bela quanto útil e benéfica; e o bom projeto pode tornar o útil estética e instrumentalmente excelente.

Os artefatos podem ser projetados ou não projetados. Projeto é o propósito derivado da concepção de um fim. As coisas são projetadas quando feitas por um plano. As ações desempenhadas segundo um plano são pretendidas. Assim, a intenção é para a ação o que o projeto é para o artefato.[18] Os artefatos humanos são projetados. A maioria dos artefatos não humanos não são projetados. Como Aristóteles observara, os artefatos de animais, tais como aranhas e formigas, não são feitos "por arte [*craft*]*, nem após inquirição ou deliberação", mas "é tanto por natureza quanto para um fim que a andorinha faz o seu ninho e a aranha, a sua teia... [assim] é claro que essa espécie de *aition* [causa, explicação] é operativa em coisas que venham a ser e sejam por natureza" (*Física*, 199ª, 20 ss.). O fiar da aranha e o fazer o ninho do pássaro são atividades propositadas (*isso* é feito para...), mas não há nenhum propósito *consciente*, pois não se pode dizer que o animal conhece o propósito de suas atividades ou pretende o propósito de suas ações. Nem os insetos, tampouco os pássaros, são guiados por uma concepção do artefato que estão fazendo ou por uma concepção do bem a que este servirá. O padrão de comportamento é inato, antes que aprendido, acionado pelas circunstâncias, antes que "por inquirição e deliberação".[19]

Os artefatos são usados para um propósito. Tipicamente, são usados para o propósito para o qual foram projetados e feitos – ou seja, para o que eles são. Mas, à semelhança dos órgãos, podem ser usados também para outros propósitos que não aqueles para os quais são feitos; uma faca com um cabo pesado pode ser usada para pregar um prego na parede, mas isso não faz dela um martelo. Os artefatos, outros que não máquinas, apesar de terem um propósito, normalmente não têm um comportamento característico, visto que não precisa ser parte de suas funções que devam *fazer* algo. As cadeiras e as mesas têm funções, mas não uma atividade característica que preencha sua função. Sua função é ser paciente e não agente.

6. As instituições sociais, as organizações e as repartições têm funções. Ao contrário dos seres humanos, elas tipicamente existem para servir a um fim ou a fins. Isso pode ser o resultado de um planejamento intencional (por exemplo, constituições escritas, cortes legais, agências governamentais e os papéis específicos dos funcionários nessas instituições) ou pode ter se desenvolvido independentemente do planejamento humano, pela natureza (como no caso da família ou dos grupos animais organizados socialmente de forma natural). À

---

* N. de T.: Mantivemos no original, uma vez que a língua portuguesa oferece apenas o termo arte para traduzir o uso, aqui, de *craft*.

semelhança dos seres humanos, as instituições podem ter propósitos próprios. Elas podem ser ditas terem propósitos "em um sentido derivado", pois seus propósitos podem ser distintos daqueles dos seres humanos que pertencem a elas. A vontade e o propósito do parlamento, por exemplo, pode ser bem diferente daqueles de seus membros ou mesmo da maioria de seus membros, conforme mostra a Figura 6.1 a seguir.

As doutrinas funcionalistas da sociologia (Durkheim, Merton) e da antropologia social (Malinowski, Evans-Pritchard) no século XX sustentavam que a existência de práticas sociais e sistemas de crenças deveriam ser explicados em termos funcionais – se não por referência a uma função manifesta, então a uma latente (a analogia freudiana aqui não é coincidência). Assim, a existência de práticas sociais irracionais (por exemplo, caça a bruxas) pode ser explicada em termos de sua função na manutenção da estabilidade social. Por trás dos propósitos manifestos das instituições sociais, argumentava-se, encontram-se funções latentes que fornecem as verdadeiras explicações de porquê elas existem. Assim, embora o propósito manifesto das universidades, por exemplo, seja educar e promover o ensino, sua "verdadeira" função, poderia se dizer, é manter um grande número de jovens fora do mercado de trabalho. Embora a função manifesta de gastos sociais[*] (salário-desemprego, salário-família, etc.) seja diminuir a multidão de pobres, a função latente, como um sociólogo marxista poderia sustentar, é preservar o poder da classe governante. Na medida em que a assim chamada função latente não é um propósito consciente daqueles que mantêm a instituição em pauta ou um propósito abertamente determinado da instituição, parece duvidoso se a no-

FIGURA 6.1
Esquema do domínio da teleologia.

---

[*] N. de T.: *Transfer-payments*: pagamentos feitos pelo governo que não são feitos em troca de mercadorias ou serviços.

182 P. M. S. Hacker

ção de função aqui invocada é genuinamente teleológica, mesmo naqueles casos nos quais a explicação causal da continuidade da prática é plausível e nos quais a sociedade realmente se beneficia de sua continuidade. Antes, está sendo explorada uma *analogia* com a função biológica. Mascara o que na realidade não é mais que uma explicação causal.

3. PROPÓSITOS E AXIOLOGIA

Havíamos sugerido que o propósito está essencialmente ligado à vida. Apenas coisas vivas e o que é apropriadamente relacionado a coisas vivas podem ter propósito. Isso é assim porque as criaturas vivas são coisas primárias que podem ter um *bem*, pois as coisas vivas podem prosperar e florescer, declinar e decair. Podem estar saudáveis ou doentes, podem estar feridas ou mutiladas. Podem ter um ciclo de vida (fases naturais da vida) e estão fadadas a morrer. Têm necessidades, e os animais sensitivos avançados têm quereres e propósitos próprios.

A noção de bem de um ser é biologicamente enraizada. Ela tem vários aspectos. Está ligada à de bem-estar da criatura, portanto, à satisfação de suas necessidades absolutas. O fracasso na satisfação dessas necessidades é deletério à saúde de um ser e, portanto, no caso de um animal, deletério à sua capacidade de exercer otimamente suas habilidades. A noção de bem de um ser está também ligada àquela de seu florescer (prosperar): ou seja, aos aspectos não privativos de sua saúde, por um lado, e ao seu engajamento bem-sucedido nas suas atividades vitais características, por outro.

O bem do homem é também uma noção biologicamente enraizada, mas não é apenas biológica.[20] O bem-estar humano está associado à satisfação não apenas de necessidades absolutas, mas também de necessidades sociais mínimas, as quais são pré-requisito para a busca com sucesso de quaisquer projetos normais que os seres humanos adotem no curso de suas vidas e, portanto, são normalmente requeridos por uma vida tolerável.[21] Isso inclui o cultivo das faculdades humanas e a aquisição de habilidades. As noções de normalidade e de necessidades sociais mínimas são ambas social e historicamente relativas e normativas. Em uma sociedade tal como a nossa, a educação (a formação do caráter, o treino de habilidades, a aquisição de conhecimento, o desenvolvimento de poderes intelectuais e o cultivo da sensibilidade) é elemento constitutivo do bem-estar dos membros da sociedade. Ela se faz necessária para que seja possível que uma pessoa normal forme e busque, com razoável chance de sucesso, planos e projetos de vida valiosos.

O bem-estar é uma parte do bem do homem, mas é a menor parte. É uma noção tanto normativa quanto variável, dependente do estado da sociedade e da concepção das exigências de uma vida humana tolerável e das

Natureza humana **183**

oportunidades vitais nela. Para além dele está o florescer, o ter sucesso, o prosperar que a natureza, o empenho e a fortuna conferem. Esses estão relacionados ao grau de realização dos projetos de uma pessoa – se foram escolhidos de maneira sábia, ou, de qualquer modo, não tolamente, e agradável às relações pessoais e sociais. O *benéfico* afeta favoravelmente o bem de um ser; o *vantajoso* aumenta as possibilidades disponíveis ou aprimora as habilidades para tirar vantagens delas. Dentre as características que servem ao bem de um ser humano que as possui estão certos traços de caráter que podem e devem ser cultivados pela educação e o treino. Esses são virtudes autorreferidas, tais como a prudência, a força de vontade, a tenacidade, a coragem e o esforço. Elas podem ser exercidas não *apenas* em benefício de seu possuidor, mas também para o bem de outros. Elas são, assim como outras virtudes autorreferidas, não apenas benéficas, mas também de valor intrínseco – são necessárias para o bem do homem, mas também são parcialmente constitutivas do homem bom.

Um ser humano, no entanto, pode prosperar e florescer sem ser feliz. A felicidade, Aristóteles enfatizou, é o *summum bonum* da humanidade. G. H. von Wright, invocando uma concepção ampla de bem-estar, caracterizou à felicidade como o "florir do bem-estar".[22] É digno de nota que nada corresponde a felicidade, concebida como o *summum bonum*, na vida de animais que não usam linguagem. Apenas criaturas dotadas de razão podem ser abençoadas com a felicidade.

Também se pode dizer de grupos sociais, sociedades e instituições que têm um bem – em um "sentido derivado", uma vez que não são criaturas vivas, e apenas falando metaforicamente, pode-se dizer que eles têm vida. Mas é significativo que a metáfora da vida e morte, da ascensão e queda, de instituições e sociedades seja tão natural e amplamente usada. As relações entre o bem dos indivíduos e o bem de grupos sociais são muito debatidas. Seria tolice dizer, como fez recentemente um primeiro-ministro britânico, que não há tal coisa como sociedade, mas que há apenas indivíduos, pois é um erro supor que o bem de uma sociedade ou nação seja *redutível* ao bem de seus membros. O bem de tais grupos sociais *está* logicamente relacionado ao bem de seus membros constituintes. Mas a relação não é simples.

O conceito de propósito está entretecido não apenas àquele de bem de um ser, mas também àqueles de *natureza* e *essência* de um ser. Isso é evidente no caso do propósito (função) de órgãos e artefatos, que são comumente *definidos* por suas funções. Animais e seres humanos, por outro lado, não são assim definidos. Aristóteles afirmava que seres humanos (e animais em geral) têm uma função (*ergon*) (*Ética Nicomaqueia*, 1097b-1098b). Às vezes isso tem sido tomado literalmente, e, se tal estivesse correto, então a alegação certamente seria um erro. Mas é defensável que Aristóteles quisesse dizer apenas que seres humanos e outros animais têm uma atividade ou operação característica – uma maneira específica de funcionamento da espécie. Com efeito, é parte da natureza dos seres humanos, de criaturas que são pessoas, que eles possam se engajar em atividades características que "decorram de ou impliquem um princípio racional" (ibid.), e o exercício dessa habilidade distintiva de seguir razões é atinente ao seu bem e uma *conditio** *sine qua non* de seu *summum bonum*. Mas os seres humanos, *qua* seres humanos, não possuem uma função (mas apenas *qua* médicos, policiais, encanadores). Podem ser usados por outros seres humanos para um propósito, mas não podem ser ditos "existir para um propósito" – a menos que eles adotem um como o propósito de suas vidas.

Os órgãos de plantas e animais igualmente têm funções relacionadas ao bem-estar, ao florescimento e à reprodução de seu possuidor. Os órgãos reprodutivos, nas plantas e nos animais, capacitam a criatura a se reproduzir. Isso é a função delas, isso é *para que servem*. Todavia, as crias não contribuem para o bem do ser (planta ou animal). Não obstante, a reprodução sexual é uma das atividades naturais de todas as formas de vida, excetuando-se as mais inferiores. Estamos inclinados a conceber atividades reprodutivas por toda a natureza em termos teleológicos, mas devemos tomar cuidado para não antropomorfizar nem confundir sequência causal com função. Que os órgãos sexuais tenham um propósito – a saber, habilitar a criatura a se reproduzir – é manifesto. Eles capacitam a criatura a engajar-se na atividade reprodutiva que é natural a toda a espécie. Mas, se perguntarmos, por exemplo, o que a atividade reprodutiva de um ser representa, as coisas começam a ficar mais problemáticas. As plantas e os organismos inferiores não são nem mesmo criaturas conscientes; assim, seus modos de reprodução não envolvem um propósito, nem consciente nem não consciente, que os beneficie ou beneficie suas crias. Os animais superiores, outros que não os seres humanos, não têm noção da concepção que resulta de suas atividades copulativas e certamente nenhum desejo de produzir crias. Copular na estação do acasalamento é simplesmente um apetite natural dos animais. Não é feito com nenhum propósito ulterior. Nem o seu resultado pode ser dito servir ao bem do animal. Apenas seres humanos podem ser ditos engajarem-se na atividade sexual a fim de produzir, ou com o propósito ulterior de produzir, crias. Semelhantemente às plantas: seus órgãos reprodutores podem ser descritos em termos teleológicos – eles servem *para* a produção de sementes. Mas, se questionarmos para quê a planta produz sementes, e quisermos responder "para se reproduzir", dissociaremos a função de bem daquela de ser. De maneira similar, se dizemos que o propósito da copulação entre os animais é a reprodução (antes que a mera satisfação de um apetite), teremos separado o conceito de propósito da ação daquele de um bem. Certamente, podemos fazer

---

* N. de T.: No original, falta a palavra *conditio*, necessária para completar o sentido da expressão.

isso, mas o conceito é devidamente atenuado. Alguém pode querer vinculá-lo ao bem da espécie, mas lhe cabe o ônus de tornar a noção perspícua, pois uma espécie não é um superindivíduo e a noção de *seu* bem-estar é problemática. Poderíamos dizer que a reprodução é o preço pago à evolução pela seleção cega em uma espécie daquelas características que cada criatura viva possui e que servem ao seu bem ou capacita esta a perseguir as metas características de sua espécie (inclusive a copulação).

Órgãos saudáveis são *benéficos* para as criaturas que os têm, capacitando-as direta ou indiretamente a se engajarem otimamente nas atividades características de suas formas de vida. Órgãos funcionando mal (doentes, danificados ou defeituosos) são *ruins para* seus possuidores, sendo deletérios ao bem-estar da criatura.[23] Os órgãos defeituosos prejudicam ou impedem o animal de engajar-se otimamente nas atividades características de sua espécie. Eles não cumprem, ou não cumprem adequadamente, os seus propósitos. Os órgãos podem ser deficientes inatamente, por ferimento ou doença ou, ainda, pela deterioração com a idade. Um órgão pode ser morfologica ou funcionalmente deficiente. A deficiência morfológica implica tipicamente em deficiência funcional. Um órgão funcionando mal torna o animal doente ou causa-lhe dor e afeta de maneira deletéria suas habilidades naturais e o exercício ótimo destas. O animal é, então, relativamente incapacitado. Se seus órgãos motores estão permanentemente afetados, diz-se que ele está aleijado. Se seus órgãos sensórios estão afetados, os órgãos são caracterizados como fracos ou subnormais relativamente ao padrão da espécie, ou mesmo não funcionais, caso em que se diz que o animal é, por exemplo, cego ou surdo. Se um órgão sensório é subnormal, a faculdade sensitiva é pobre e o animal pode ser dito que tem uma visão, audição ou olfato ruins.[24]

Os artefatos, por outro lado, são úteis antes que benéficos. São úteis, visto que facilitam causalmente alcançar algum fim. São usados para servirem aos propósitos de seus usuários, e são bons em suas espécies se servem bem aos propósitos para os quais foram projetados.

A descrição do mecanismo causal que permite aos órgãos de um animal cumprir suas funções e, até mesmo, a descrição das inter-relações causais entre os vários órgãos de um animal geralmente não são suficientes para explicar ou predizer o que o animal faz ou fará. Antes, eles explicam como o animal tem os poderes que tem e os mecanismos internos que são postos em jogo quando o animal faz o que quer que faça. Mas *uma* maneira de explicar porque um animal faz o que faz é por referência ao seu propósito ao agir.

As atividades propositadas dos animais e do homem visam igualmente a um bem, subjetivamente concebido. Aquelas atividades que visam à satisfação de necessidades absolutas de um agente são subservientes ao bem-estar deste. Aquelas que visam à satisfação de quereres de um agente tornam-se inteligíveis, direta ou indiretamente, por referência a características de de-

186 P. M. S. Hacker

sejabilidade. Dentre as atividades propositadas dos animais estão aquelas que são feitas em vista de outros animais, por exemplo, para o benefício e a proteção de seus jovens ou, entre animais sociais, para o benefício do grupo social. No caso de seres humanos, que se engajam no raciocínio prático, as características de desejabilidade podem ser citadas ao se especificar as razões para agir que não reclamam, elas próprias, outras razões e podem, portanto, ser o termo final de cadeias do raciocínio prático.

A conexão entre propósito e axiologia tem um aspecto ulterior. Quando algo V* com um propósito, não importa se essa coisa é um ser vivo, uma parte de um ser vivo, um artefato ou, ainda, uma parte funcional de um artefato feito por um ser vivo, este pode V-r bem ou mal. Do mesmo modo, se uma coisa tem uma função, esta pode (em geral) cumprir essa função bem ou mal. Assim, o bom estado de órgãos e artefatos que têm uma função é determinado pela extensão em que eles cumprem bem ou mal a função para a qual existem. No caso de seres vivos que agem com um propósito, então, naqueles casos nos quais suas ações envolvem talento, eles são julgados bons ou maus V-dores segundo a excelência de seus desempenhos padrões de V-r – ou seja, se são ou não *bons em* V-r. Mas ser um bom ser humano não é ser bom em uma atividade. Alguém que age de acordo com as exigências da razão prática e da moralidade não é, por isso, talentoso em nenhuma atividade característica. Levar uma vida boa, louvável, não é ser bom em viver.

4. O BENÉFICO

Uma vez que um ser vivo tem um bem, as coisas podem lhe ser *benéficas* – ou seja, podem ser *boas para ele* ou *lhe fazer bem*. Coisas que podem ser assim beneficiadas são *beneficiárias*. Outras coisas também podem ser beneficiárias, inclusive coisas inanimadas. Mas, o que quer que possa ser dito ser um beneficiário, ou é um ser vivo que tem um bem ou é algo causal ou intrinsecamente relacionado a um ser vivo. Os seres vivos podem ser beneficiados pelas circunstâncias de suas vidas, pelo ambiente no qual vivem e por coisas no ambiente, pelos acidentes do destino ou da fortuna, pelos feitos e relações com outros e por suas próprias atividades. Eles podem ser também prejudicados por tais coisas.

O benéfico é o que afeta favoravelmente as condições nas quais um ser vive ou a condição de ser. As condições nas quais um ser vive podem ser causalmente efetivas em beneficiá-lo. Elas podem ser hedonicamente efetivas, ou seja, ser simultaneamente a causa e o objeto de gozo. Elas podem oferecer oportunidades de crescimento ou ação vantajosa para ele. O benéfico afeta a condição de um ser se ele preserva ou aperfeiçoa sua saúde, seus poderes ou suas faculdades. Pode afetar a condição de um ser causalmente, como o remédio pode ser bom para a doença e o exercício, para a saúde. Mas pode afetar o bem de um ser constitutivamente, como a boa educação pode moldar a mente e o caráter dos jovens. O benéfico pode ser *preventivo*, impedindo a deterioração da saúde, do poder ou da condição; *curativo*, melhorando o mal, ou *promotor*, aumentando o bem de um ser. O que é beneficamente preventivo ou curativo está relacionado às necessidades da criatura. O que é beneficamente promotor pode estar relacionado tanto ao bem-estar quanto ao florescer do ser.

Os órgãos de um ser vivo também são beneficiários. É porque os órgãos têm funções que coisas podem ser boas ou más para eles, assim como o exercício pode ser bom para o coração e o álcool, ruim para o fígado. O que é bom ou mau para um órgão é o que causalmente promove ou impede seu funcionamento. Isso, por sua vez, é bom ou mau para a criatura de quem são os órgãos. Órgãos normais são órgãos que funcionam do modo que é necessário para a criatura levar a vida normal de criaturas de sua espécie, pois são eles que assim dotam a criatura dos poderes que caracterizam sua espécie. Maus órgãos (defeituosos, subnormais) são deletérios à criatura, uma vez que não cumprem a sua função adequadamente (e podem causar dor ao animal), e, com isso, evitam ou impedem o desempenho das atividades características de sua espécie. O desempenho subnormal dos órgãos leva a incapacidades relativas de seu possuidor. Note-se que não é apenas o animal e seus órgãos que são ditos beneficiários, mas também as faculdades dos animais. Falamos de coisas sendo boas para a visão de alguém, para a sua memória ou para seu intelecto.

Tanto artefatos quanto ambientes podem ser beneficiários em um sentido derivado. As coisas são benéficas (ou prejudiciais) para o solo ou para os mares, para a atmosfera ou à estratosfera, uma vez que tais ambientes são benéficos (ou prejudiciais) aos seres vivos que os habitam e são afetados por eles. Os artefatos, não mais que os ambientes, não têm um bem. Mas as coisas podem ser boas ou prejudiciais para os artefatos. Como já foi observado, o que é benéfico para um artefato é o que evita a sua deterioração, de modo que ele continue a servir bem ao seu propósito (ou, pelo menos, tão bem quanto possível, dada a sua condição). Os aperfeiçoamentos no artefato (por exemplo, em uma máquina) não são bons para o artefato, embora o aprimoramento possa beneficiar o seu usuário ou o seu proprietário, tornando-o um artefato melhor em sua espécie.

As instituições sociais são beneficiárias. Embora não sejam seres vivos nem sejam capazes de literalmente ser saudáveis ou doentes, elas podem florescer ou decair. Algo pode ser feito *para o bem de* um Estado, da Igreja ou das Forças Armadas. Circunstâncias, políticas e ações podem ser *boas para,* ou *danosas para*, instituições sociais. Estas não podem, porém, fazer-lhes bem, uma vez que não são seres sensitivos.

5. DIGRESSÃO HISTÓRICA: TELEOLOGIA E CAUSALIDADE

O filósofo que acima de todos os outros concedeu à explicação teleológica um papel central em seu relato do mundo natural e em suas reflexões acerca de nossas descrições e explicações dos fenômenos naturais, inclusive de nós mesmos e de nossas atividades, foi Aristóteles. Ele via a totalidade do mundo natural como permeada pela teleonomia. Ele defendia que os objetos inanimados tinham tendências naturais a se comportarem propositadamente, a serem "dirigidas a um fim". Os corpos que consistem primariamente de "terra" (um elemento frio e seco) caem, a fim de atingir seus lugares naturais no cosmos ordenado. Aqueles que consistem primariamente de "fogo" (um elemento seco e quente) sobem, porque é parte de suas naturezas "aspirarem" ao alto. Os elementos tendem a "procurar" seus lugares naturais – moverem-se para o alto ou para baixo (se não sofrerem interferências), segundo suas naturezas. As estrelas fixas, feitas de um elemento diferente de todos os sublunares, giram eternamente em suas esferas por conta de suas naturezas e é o que lhes é próprio.

Não partilhamos da concepção teleonômica aristotélica da física. Realmente, achamo-la profundamente estranha. É uma visão da natureza do mundo que não podemos recapturar. Mais ainda, é uma concepção que provou ser explicativamente infrutífera. Evidentemente, concederíamos *tendências* naturais de ação agentiva em, e reação a, coisas na natureza inanimada (embora talvez não a *lugares* das coisas estarem).[25] Mas não há *propósito* natural na natureza inanimada, como nós a entendemos. Nem concebemos a natureza inanimada como visando a um fim ou a um bem para o ser. Concebemos o cosmos como nômico, mas não teleonômico. O universo, de acordo com nossa visão de mundo, não é *governado* por leis, mas *descrito* por leis. Ele é nômico (regular), mas não normativo (governado por regras).

Embora não possamos aceitar essa visão grega da ordem cósmica, é evidente que os domínios da biologia, da ação e dos artefatos humanos são campos frutíferos da aplicação de descrição e explicação teleológicas e teleonômicas. Isso Aristóteles viu claramente. Ele não vinculou o propósito essencialmente ao desígnio, mas ao bem ou ao benéfico. Os propósitos de órgãos são *intrínsecos* (antes que impostos por desígnio [*extrínseco*]) e são partes de suas *naturezas*. Estes têm que ser entendidos em termos do benefício que fazem ao animal (ou a sua cria). (Obviamente, ele não negava que o propósito de um *artefato* está ligado ao projeto de seu autor. Mas, mesmo aqui, ele estava ciente de que os artefatos animais, tais como as teias de aranhas, exemplificam o propósito de que "não é por arte nem segundo investigação ou deliberação) [veja-se, anteriormente, p. 182].) Essa concepção é profundamente diferente da concepção cristã posterior. Propósito *sem desígnio* é algo que Aristóteles tomava como dado – uma característica fundamental da natureza, para a qual nenhuma explicação ulterior é necessária ou possível. O início de uma explicação adequada da existência de teleonomia biológica não foi produzido até a teoria de Darwin da seleção natural.

Aristóteles distinguia quatro modos nos quais o termo *aition* é usado (*Física*, 195ª,3). *Aition* é tradicionalmente traduzido por "causa" e comumente se diz que Aristóteles distinguiu quatro tipos de causa: formal, material, eficiente e final. Mas é desencaminhador traduzir sua observação acerca do uso de *aition* como "quatro modos nos quais o termo 'causa' é usado". O conceito de causação eficiente domina nosso pensamento causal (embora não, como notado no Capítulo 3, exclusivamente, ver p. 70), e, como veremos, articular as intuições de Aristóteles em termos de *formas de causação* é fonte de má compreensão e confusão. Poderíamos dizer, de maneira menos desencaminhadora, que Aristóteles distinguia entre quatro diferentes "porquês", ou, de forma menos deselegante, que ele distinguia quatro espécies diferentes de explicação. O número de modos nos quais *aition* é usado, escreveu Aristóteles, "é o mesmo que o de coisas compreendidas sob a questão 'por quê'" (198ª,14-15). "Coisas são chamadas '*aitia*' de muitas maneiras" (195ª, 4): a forma, o motor (que provoca a mudança, o agente), aquilo em vista do qual (o propósito) e a matéria.

> A última resposta a "por que" pode nos levar, no caso de coisas imutáveis como a matemática, ao "o que" (à definição de reto ou comensurável, ou semelhante); ou pode nos levar à mudança originária (por que eles foram à guerra? Porque havia ocorrido uma invasão), ou ao propósito (para entrar em poder) ou, no caso de coisas que venham a ser, à matéria (*Física*, 198ª, 14-21).[26]

A distinção de Aristóteles não é a conclusão de um argumento elaborado, mas um dado ordenado – um dado atinente a como respondemos certos tipos de questões a respeito do porquê de fenômenos. Ele está sistematizando diferentes modos de tornar inteligíveis os fenômenos: ou seja, diferentes tipos de respostas para questões sobre por que coisas ou eventos (inclusive atividades) são como são ou ocorrem do modo que ocorrem. Ele observa corretamente que uma resposta correta para a questão a respeito de porque uma coisa é como é ou por que uma atividade ocorre como ocorre especifica *aquilo em vista do qual* ela existe ou ocorre – ou seja, o *propósito* da coisa ou atividade. Ele não pensa que os quatro tipos de explicação que enumera são mutuamente exclusivos ou redutíveis uns aos outros. Pelo contrário, um e o mesmo fenômeno terá tipicamente explicações complementares:

> Devemos explicar o "porquê" em todos os sentidos do termo, a saber, que disso necessariamente resultará aquilo (ou sem qualificação ou na maior parte); que isso precisa ser assim se aquilo deve ser assim; que isso é a

190 P. M. S. Hacker

essência da coisa; e porque isso é melhor assim (não sem qualificação, mas com referência à substância em cada caso) (*Física*, 198ᵇ, 5-9).

Assim, por exemplo, a matéria de uma faca é o metal; sua forma é ter tanto um cabo para pegar quanto uma lâmina para cortar; ela se origina (tem sua causa eficiente) no seu fabricante (na atividade dele) e seu propósito é cortar. Que coisas sejam feitas da substância (do material) da qual são feitas torna inteligível uma variedade de propriedades suas: fazemos lâminas de facas de aço – e por isso elas são afiadas e não perdem o fio rapidamente, porque afundam antes que flutuem na água, porque enferrujam se expostas aos elementos por um longo tempo. A forma de uma coisa explica sua natureza essencial ("Uma faca sem um cabo que não tem nenhuma lâmina" é uma piada). A atividade de seu fabricante explica como resultou que a faca existia. O propósito de uma faca é cortar – é isso o que esta capacita os seus usuários a fazerem, conforme mostra a Tabela 6.1 a seguir.

Em alguns casos, um tipo de explicação goza de certa prioridade sobre os outros. Portanto, observa Aristóteles:

TABELA 6.1
As quatro causas ou "porquês" aristotélicos

Tipo de "causa"	Como esta explica	Exemplos
Eficiente	Explica porque algo existe, ocorre ou é assim, por referência ao que lhe dá origem – agente ou evento.	Uma criança existe porque seus pais a geraram. A ponte existe porque o engenheiro a construiu. A janela quebrou por causa do impacto da pedra.
Formal	Explica porque algo é assim por referência à natureza ou essência da coisa, tal como expressado em sua definição.	Isto tem uma lâmina dobrável porque é uma faca de bolso. A soma de seus ângulos é 180° porque é um triângulo.
Final	Explica porque algo é assim, ocorreu ou foi feito por referência a seu propósito.	É afiada porque é para cortar. Ele o fez em proveito dela. Ele foi à cidade para fazer compras.
Material	Explica porque algo é assim ou ocorreu por referência à constituição material de uma coisa.	Ela não perde o fio porque é feita de aço. Ela corta vidro porque sua ponta é de diamante.

---

* N. de T.: No original, *craft*.

Como veremos, as causas concernentes à geração natural são mais do que uma. Há a causa em vista da qual, e a causa pela qual surge o início do movimento [origem da mudança]. Agora, precisamos decidir qual das duas causas surge primeiro e qual em segundo lugar. No entanto, claramente, a primeira é aquela que denominamos de tal modo para seu propósito (a finalidade). Pois isso é o que dá conta da coisa, e o que dá conta constitui o ponto de partida, igualmente nas obras de arte [manual]* e nas obras da natureza (*Partes dos Animais*, 639[b], 12-16).

Seja nas artes (manuais, tecnologia), seja na biologia, a especificação da função de uma coisa é o ponto de partida mais frutífero da investigação a respeito de como ela funciona. Uma vez que conheçamos *para* o que uma coisa A *é*, e qual a meta do funcionamento de A, estaremos orientados em nossa busca pelas estruturas apropriadas e operações que explicarão causalmente como a função é efetuada.[27]

Do método, ele próprio, o seguinte é um exemplo. Ao tratar da respiração, devemos mostrar que ela tem lugar para tal e tal objeto final; e devemos também mostrar que essa e aquela parte do processo é necessária para esse e aquele outro estágio deste. Por necessário significaremos, às vezes, que o antecedente requerido deve existir, se o fim último deve ser atingido; e, outras vezes, que as coisas são assim e assim por natureza (*Partes dos Animais*, 642[a], 31-5).

Nas artes manuais, é a concepção do fim para o qual o artefato está sendo produzido que guia a ordem e os métodos de produção. O fim ou propósito de uma coisa pode, e tipicamente pressupõe, certas espécies de causa material ou eficiente. O propósito de um serra é cortar, mas ela não serviria a esse propósito se não fosse feita de um metal duro. Os animais desenvolvem-se de uma maneira fixa a fim de atingir seu estado de maturidade. A descrição morfogenética é manifestamente teleonômica. Mas isso é perfeitamente compatível com o fato de a causa eficiente do embrião ser a geração a partir da semente ou do óvulo parental.

Aristóteles vinculava propósito à *natureza* ou *essência* da coisa que cabe explicar. Assim, ao tentar compreender as partes dos animais e do homem, o método mais apropriado é "dizer: um homem tem tais e tais partes porque a essência do homem é tal e tal, e elas são condições necessárias de sua existência; ou, se não pudermos dizer bem isso, então... de qualquer modo é bom [benéfico] que elas existam" (ibid, 640[a], 34-5). A essência pode incluir partes e formatos característicos, funções e atividades corpóreas, o modo de vida de um animal, inclusive seus hábitos alimentares e suas disposições comportamentais características.

192 P. M. S. Hacker

A física teleonômica dominou a ciência medieval. Mas os medievais não contemplavam propósitos nus, como Aristóteles havia feito. Tomás de Aquino sintetizou a cosmovisão aristotélica com a judaico-cristã. Os fenômenos naturais, tão eloquentemente descritos no Livro de Jó (Jó, 38), eram concebidos como os produtos propositados de uma criação divina benevolente. Tomás de Aquino aceitava a concepção de Aristóteles da teleonomia da natureza inanimada manifestada pelas tendências naturais dos objetos de se moverem em direção a seus "lugares naturais". Mas não aceitou a concepção de Aristóteles de propósito nu. Na Quinta Via, argumentou que "observamos que algumas coisas as quais carecem de ciência, a saber, corpos naturais, agem em vistas de um fim... Ora, coisas que carecem de ciência não tendem em direção a uma meta, salvo se dirigidas por algo com ciência e inteligência, como uma flecha pelo arqueiro. Portanto, há algum ser inteligente pelo qual todas as coisas na natureza são dirigidas para uma meta, e nós chamamos isso de 'Deus'".[28] Propósito era consequentemente associado a desígnio. Se coisas têm um *telos* natural, isso era porque assim o seu Autor as havia projetado. Os propósitos benéficos dos órgãos animais (e humanos), por exemplo, proclamavam a benevolência e a providência do Todo-Poderoso.

O fascínio da *física* teleonômica foi decisivamente rompido pela revolução científica do século XVII.[29] A dinâmica e a cosmologia galileana estabeleceram definitivamente a adequação explicativa da explicação causal em termos nômicos para a cosmologia e para a física em geral. A concepção de Kepler da causa era um primo da causa formal aristotélica, porquanto pensava que as causas das coisas repousam em uma harmonia matemática oculta; por exemplo, a causa de haver apenas seis planetas, ele supunha (antes da triste descoberta de que as órbitas são elípticas), era que cinco sólidos perfeitos platônicos podem ser inseridos entre as esferas dos seis planetas. Galileu, pelo contrário, preocupado com a dinâmica e com os movimentos acelerados, acreditava que isso sempre pressupõe alguma força ou forças como causa. Causas primárias são forças tais como a gravidade, secundárias ou causas imediatas são movimentos específicos. No último sentido, "isso e não outro deve ser chamado causa, no sentido próprio, em cuja presença o efeito sempre decorre, e, ao ser removido, o efeito desaparece",[30] e qualquer mudança no efeito é devido à alteração nos movimentos que constituem a causa. Todavia, longe de eliminar o desígnio, os dois cientistas celebravam-no, vendo suas descobertas como uma confirmação deste. O cosmos não era absolutamente imbuído de um propósito *intrínseco*, mas manifestava em toda parte um *desígnio* (*extrínseco*, um propósito imposto) – era a obra de relojoaria de Deus.[31] Kepler sustentava que "o principal objetivo de todas as investigações do mundo externo seria descobrir a ordem racional e a harmonia que lhe foram impostas por Deus e que Ele nos revela na linguagem da matemática".*

---

* N. de T.: Citação famosa tomada da obra *Astronomia Nova*, publicada em 1609.

Ele via o cosmos como o artefato do Grande Geômetra, e suas investigações astronômicas das órbitas planetárias foram dirigidas pela esperança de que revelassem um desígnio geométrico e assim manifestassem a sabedoria e a benevolência do Projetista. Galileu sustentava que, embora as únicas leis que devessem ser procuradas na física fossem as leis da causalidade eficiente, o cosmos era manufatura de Deus, criado segundo um desígnio matemático: "A filosofia [filosofia natural] está escrita no grande livro que sempre repousa à frente de nossos olhos – quero dizer o universo –, mas não podemos entendê-lo se não aprendermos primeiro a linguagem e captarmos os símbolos nos quais ele está escrito. O livro está escrito em linguagem matemática... sem a ajuda da qual é impossível compreender uma única palavra dele".[32]

Os dois grandes porta-vozes filosóficos da revolução científica, Bacon e Descartes, excluíam toda a teleologia da ciência natural. Bacon escreveu: "A investigação das causas finais é estéril e, tal como uma virgem consagrada a Deus, nada produz".[33] Descartes era igualmente inflexível: "Considero a busca costumeira pelas causas finais como totalmente inútil na física; há uma considerável precipitação em me pensar como capaz de investigar os propósitos insondáveis de Deus".[34] Na conversação com Burman, ele elaborou mais: "Esta regra – que nunca devemos argumentar a partir de fins – deve ser cuidadosamente atendida, pois, em primeiro lugar, o conhecimento do propósito de uma coisa nunca nos conduz ao conhecimento da coisa, ela própria; sua natureza continua exatamente do mesmo modo obscura para nós. Com efeito, essa prática constante de argumentar a partir dos fins é o maior erro de Aristóteles".[35] Gassendi objetara; no entanto, é marcante que os fundamentos de suas objeções não são de que a teleologia ofereça uma forma distintiva de explicação, mas antes que ela fornece a melhor prova para um Projetista:

> Há obviamente aqui o perigo de que você esteja abandonando o principal argumento para estabelecer pela luz natural a sabedoria, providência e poder de Deus e, mesmo, sua existência. Deixando de lado o mundo inteiro, os céus e suas outras partes principais, como e onde você será capaz de obter alguma prova da existência de um tal Deus que da função das várias partes nas plantas, nos animais, no homem e em si mesmo (ou em seu corpo), vendo que você mantém uma semelhança com Deus? Sabemos que grandes pensadores foram levados pelo estudo da anatomia não apenas para alcançar um conhecimento de Deus, mas também para cantar hinos de gratidão a Ele por ter organizado todas as partes e harmonizado suas funções de modo a merecer o maior louvor por Seu cuidado e providência.[36]

Descartes respondeu: "Os pontos que você assinala para defender a noção de causa final devem ser aplicados à causação eficiente. A função das várias partes das plantas e dos animais, etc., torna apropriado admirar Deus como sua causa eficiente – reconhecer e glorificar o artesão através do exame de suas obras; mas não podemos conjecturar a partir disso qual propósito

Deus tem ao criar qualquer coisa determinada".[37] Isso é um *non sequitur*, uma vez que, embora possamos não ser capazes de conjecturar o propósito de Deus ao criar uma dada espécie animal, não se segue que não possamos saber o propósito, por exemplo, da tromba do elefante ou das asas da águia, ou investigar e descobrir o propósito que os órgãos internos de um animal e seu funcionamento adequado têm em servir ao bem deste ao se engajar nas suas atividades características.

Descartes explicou o método que praticava:

> Ao lidar com coisas naturais, então, nunca derivaremos alguma explicação do propósito que Deus ou natureza possa ter tido em vista ao criá-los, e baniremos inteiramente de nossa filosofia a busca pelas causas finais, pois não devemos ser tão arrogantes para supor que podemos partilhar dos planos de Deus. Devemos, ao invés disso, considerá-lo a causa eficiente de todas as coisas... e ver que conclusões devem ser extraídas atinentes àqueles efeitos que são aparentes aos nossos sentidos.[38]

Ele elaborou mais:[39]

> Nesse livro, deduzi as causas... desses e de muitos outros fenômenos dos princípios que são conhecidos por todos e admitidos por todos, a saber, formato, tamanho, posição e movimento das partículas de matéria... não há nada na totalidade da natureza (nada, ou seja, que deva ser referido a causas puramente corpóreas, isto é, aquelas desprovidas de pensamento e mente) que seja incapaz de ser dedutivamente explicado na base desses mesmos princípios.
>
> [...] Até agora, eu descrevi essa terra e mesmo o universo visível inteiro como se fosse uma máquina: considerei apenas os vários formatos e movimentos de suas partes.
>
> [...] todo o conhecimento que os homens têm do mundo natural deve necessariamente ser derivado das noções de formatos, tamanhos e movimentos, e as regras segundo as quais essas três coisas podem ser modificadas umas pelas outras – regras que são os princípios da geometria e da mecânica... Eu não reconheço nenhuma diferença entre artefatos e corpos naturais, exceto que as operações dos artefatos são, em sua maior parte, desempenhadas por um mecanismo que é grande o suficiente para ser facilmente percebido pelos sentidos... Os efeitos produzidos na natureza, pelo contrário, quase sempre dependem de estruturas que são tão miúdas que completamente fogem aos nossos sentidos.[40]

É impressionante que o jovem Leibniz, castigando Campanella, Marcus Marci, Agrippa e Scaliger, tenha escrito que "eles atribuem a [forma substancial] apetite ou instinto natural... O resultado são axiomas como esses: a natureza nada faz em vão; tudo foge de sua própria destruição; a natureza se esforça pela continuidade; o semelhante aprecia o semelhante; a matéria deseja uma forma mais nobre, e outros desse quilate, embora não haja de fato sabedoria na natureza e nenhum apetite, ainda que uma bela ordem surja nela porque é o relógio de Deus".[41] Nem se deve supor que o Todo-Poderoso é um artesão tão ruim assim que periodicamente precisa "dar corda no seu relógio" (como sustentava Newton) – é uma máquina perfeita que não necessita de consertos para continuar funcionando (quando Deus opera milagres, Ele não os faz a fim de suprir as necessidades da natureza, mas as da graça).

Kant dedicou a totalidade da Parte 2 da *Crítica da Faculdade do Juízo* a um exame da explicação teleológica da natureza. Sua investigação era, no entanto, viciada pelo pressuposto de que a teleologia é um tipo especial de causalidade e que a ideia fundamental de propósito na natureza está restrita ao desígnio. "[...] não temos nenhuma base para presumir *a priori* que fins que não são os nossos próprios, os quais não podem desse modo pertencer à natureza (que não podemos assumir como um ser inteligente), não obstante, possam ou devam constituir um tipo especial de causalidade ou, ao menos, uma similitude legal inteiramente única desta"*.[42] Kant estava errado ao supor que não podem haver propósitos naturais (por exemplo, de órgãos) que não sejam um corolário de desígnio. Estava confuso ao pensar que uma explicação sobre aquilo que algo é devesse ser um tipo de explicação causal de por que ela existe. Essa confusão brotou da transformação cristã da teleologia aristotélica nas coisas vivas para a de ser propositado do desígnio divino. O resultado foi a asserção kantiana de que o ser propositado da natureza significa não mais que um princípio regulador. Somos, sustentava ele, guiados a ver a natureza em geral *como se* fosse criada por desígnio (propósito inteligente). A teleologia não tem um papel explicativo genuíno, mas fornece, no máximo, uma analogia heurística: "O juízo teleológico é corretamente introduzido em nossa pesquisa da natureza, pelo menos problematicamente, mas apenas para colocá-lo sob princípios de observação e pesquisa em *analogia* com a causalidade segundo fins, sem pretender com isso explicá-lo" (ibid.*)*.

Pode-se ser cético acerca de qualquer valor heurístico da teleologia *concebida como desígnio* na física nos dias de Kant, quanto mais nos nossos. É notável, contudo, que a inferência de desígnio a partir do propósito tenha permanecido proeminente até Darwin. Tal como Gassendi e mesmo Newton, William Paley, arquidiácono de Carlisle no final do século XVIII e um teólogo altamente influente, achou a refinada adaptabilidade das formas de vida tão

---

* N. de T.: No texto inglês, *entirely unique lawlikeness thereof*. No original alemão, encontra-se a frase "eine ganz eigne Gesetzmäßigkeit derselben" (KU, § 61, Ak. 359) que o tradutor brasileiro da obra kantiana traduziu por "uma legislação própria".

196 P. M. S. Hacker

impressionante que ela forneceria, pensou ele, um argumento decisivo em favor do desígnio. Ainda que possamos aceitar a inteligibilidade da ausência de desígnio na natureza inanimada, sustentava ele, "não podemos aceitá-la ao sermos confrontados com artefatos complexos, tais como um relógio". Mas, escreveu ele, "toda indicação de invenção, toda manifestação de desígnio, que existe no relógio, existe nas obras da natureza, com a diferença, favorável à natureza, de ser maior e mais, e isso em um grau que excede qualquer cômputo". Assim, argumentava ele, "há precisamente a mesma demonstração de que o olho foi feito para a visão quanto há de que o telescópio foi feito para auxiliá-la".[43]

Esta concepção, de propósito para desígnio e desse para Projetista, foi demolida por Darwin, que mostrou que a seleção natural explica como o propósito pode evoluir em formas de vida *sem desígnio*.[44] Tendo sido grandemente influenciado por Paley em sua juventude, Darwin insistia em que *deve* ser mostrado "como as inumeráveis espécies que habitam esse mundo foram modificadas de modo a adquirir a perfeição de estrutura e de coadaptação que muito justamente excita nossa admiração".[45] Impressionantemente, Darwin é comumente pensado como tendo eliminado a teleologia da natureza e da ciência natural, mas isso é errôneo. Ele deu uma explicação definitiva sobre como pode haver propósito na natureza, mesmo que não haja *nenhum desígnio*. Isso é possível através do processo de seleção natural, que favorece adaptações vantajosas.[46]

Embora Darwin não eliminasse a teleologia da biologia, a explicação teleológica caiu em desuso entre os cientistas e filósofos ao longo do século XX. A dissociação entre propósito e desígnio mostrou-se de difícil apreensão. Broad, escrevendo em 1925, sustentou que aquilo que ele denominava "um sistema teleológico" era um "composto de partes tais, arranjadas da maneira que seria de se esperar, *se* tivesse sido construído por um ser inteligente para satisfazer certo propósito que ele tivesse em mente" e tal que, "se fôssemos usar essa hipótese como uma pista para a investigação mais minuciosa, continuaríamos a achar que o sistema é construído como se a hipótese fosse verdadeira".[47] Isso era, com efeito, recapitular a visão de Kant de que a atribuição de teleologia à natureza e aos fenômenos naturais é, na melhor das hipóteses, heurística (e na pior, projeção erroneamente guiada). Os comportamentalistas eram mais radicais. Eles viam a atribuição de propósito ao comportamento animal como antropomorfismo inescusável, e propósito ao comportamento humano como suspeitosamente mental (alegadamente apenas descobrível por introspecção) e, portanto, no Índex.* Eles descartavam a explicação teleológica com desdém, sustentando que "a ideia de fim" é totalmente ineficaz

---

* N. de T.: Catálogo das obras condenadas pela Igreja Católica.

causalmente, pois, *na maioria dos casos*, é meramente uma "ideia fixa".[48] Eles associavam a teleologia ao vitalismo, o qual repudiavam, insistindo na validade universal da explicação causal nas ciências físicas. Esse último sentimento dominou o relato do positivismo lógico acerca da explicação na ciência.

O Manifesto do Círculo de Viena identificou explicitamente o vitalismo como um dos resíduos da metafísica passada que se pretendia extirpar. Os conceitos de *dominantes*, a que Reinke invocou, e de *enteléquia*, a que Driesch recorreu, não são redutíveis a "concessões", e têm que ser, portanto, rejeitados como metafísicos. Uma vez que esses tenham sido (corretamente) varridos para fora,[49] o que permanece do vitalismo é a tese de que os processos da natureza orgânica procedem segundo leis que não podem ser reduzidas às leis físicas. Mas isso, proclamavam os autores do Manifesto, equivale à extravagante tese de que a biologia não está sujeita a regularidades uniformes e difusivas.[50] O "naturalismo" tornou-se o grito de guerra dos positivistas lógicos. Isso era, porém, interpretado de maneira muito estreita, pois o "naturalismo" era restringido ao que fosse necessário para os propósitos da física. Essa limitação malconduzida foi um aspecto da doutrina reducionista da unidade da ciência do Círculo de Viena. Ela também compreendia a má compreensão ulterior de que, uma vez que a ciência deve ser "livre de valores", ela não pode empregar nenhum termo axiológico em suas explicações. Aplicada ao entendimento e explicação dos seres vivos e de seus órgãos, a seu funcionamento e ao mau funcionamento, isso foi lamentavelmente confuso.[51] Que a ciência deva ser dedicada à descoberta da verdade e que não deva se tornar tendenciosa por considerações políticas, morais ou ideológicas não significa que noções axiológicas invocadas nas ciências biológicas (especialmente, mas não apenas na ciência médica) sejam ilícitas. De maneira similar, o fato de a física ser, em um sentido rapidamente explicável, *a* ciência fundamental, não acarreta que o vocabulário da física seja adequado para as ciências da vida ou que suas formas de explicação restrinjam aquelas que devem ser usadas nas ciências biológicas. Com efeito, é apenas esperado que o arcabouço conceitual para a descrição e explicação dos seres vivos e de seus comportamentos deva ser diferente daqueles da matéria inanimada.

A mais abrangente investigação sobre a explicação teleológica (funcional) na biologia por um empirista lógico encontra-se no capítulo 12 do tratado monumental de Ernest Nagel, *The Structure of Science* (1961). Ele argumenta que a explicação teleológica (funcional) na biologia pode sempre ser reformulada em termos não teleológicos, sem perda de conteúdo.[52] "Uma explicação teleológica na biologia indica as *consequências* para um dado sistema biológico [isto é, um órgão ou um organismo] de uma parte ou processo constituinte; a formulação não teleológica equivalente dessa explicação... enuncia algumas *condições*... sob as quais o sistema [isto é, a criatura ou seus órgãos] persiste com sua organização ou em suas atividades características.[53]

198 P. M. S. Hacker

Consequentemente, Nagel conclui: "A diferença entre a explicação teleológica e sua formulação equivalente não teleológica é, assim, comparável à diferença entre dizer que Y é um efeito de X e dizer que X é uma causa ou uma condição de Y. Em resumo, a diferença é de atenção seletiva, antes que de conteúdo asserido".[54] Isso, eu penso, é errado.

Uma explicação funcional da atividade de um órgão O pode assumir a forma geral: *O V* a fim de provocar E* (o fim ou meta). Assim, dizemos corretamente que o coração bombeia sangue a fim de fazê-lo circular, que os pulmões inalam e exalam para que o sangue seja oxigenado, que o estômago secreta ácido hidroclorídrico para dissolver os alimentos nele. Podemos tomar como certo que, se um órgão V* a fim de provocar E, então, para [a] outras coisas de natureza semelhante, tal não será o caso [acontecer] de modo que ocorra E a menos que o órgão V*. O órgão é explicado teleologicamente ao se especificar para o que ele é, e a atividade do órgão é explicada ao se citar o estado de coisas que ele deve provocar. Ele provoca isso como resultado de seus poderes causais, mas a explicação teleológica *não* é equivalente à explicação causal de que o V-r de O é causalmente necessário para E, pois ela ajuda a explicar tanto *para o que o órgão é*, quanto *qual é o propósito da atividade do órgão*, por referência ao resultado, e este vincula o órgão e sua atividade, explicita ou implicitamente, ao bem de um ser vivo. Mais ainda, como já foi observado, nosso conhecimento de uma explicação teleológica (por exemplo, das glândulas sudoríferas) é, em geral, completamente independente de nosso conhecimento do mecanismo causal que o torna possível. A diferença entre uma explicação teleológica e uma correspondente causal não é meramente de "atenção seletiva", uma vez que a explicação teleológica atende a fatores que a mera explicação causal desconsidera, a saber: a forma característica de vida e a atividade do organismo.

Em meados do século XX, cientistas e filósofos da ciência perderam, em um grau notável, qualquer compreensão clara da natureza lógica da descrição e da explicação teleológicas. C. L. Hull, um psicólogo comportamentalista, afirmava que "em sua forma extrema, teleologia é o nome da crença segundo a qual o estágio *terminal* de certos ciclos orgânicos ambientais é, de algum modo, ao mesmo tempo, uma de suas condições antecedentes a qual provoca o ciclo comportamental".[55] No mesmo espírito, J. L. Mackie argumentou que, se houvesse tal coisa como causação retrógrada,

> ela seria, em um sentido muito claro, um caso de teleologia ou causação final; o "fim" seria de fato responsável pela ocorrência dos "meios" e qualquer explicação desses itens que ocorrem antes teria que fazer referência a esse fim... seria radicalmente e intrinsecamente diferente da causação eficiente ordinária, para a frente, e poderia bem ser descrita como a mais pura e simples forma de teleologia.[56]

Essas observações manifestam más compreensões e tornam claro como a tradução da terminologia aristotélica como "causação final" pode desencaminhar o olhar limitado. "Causas finais" não são causas eficientes desviantes que sucedem a seus efeitos. A acusação de que a explicação teleológica procura explicar um evento presente *causalmente* pela referência a um evento posterior mostra incompreensão e mau entendimento. Aquilo em vista do qual algo ocorre ou é feito não é uma espécie de causa eficiente, mas um propósito. Citá-lo explica, não por identificar uma causa, mas por apontar um fim.

Era sintomático da herança cartesiana que o relato analítico da explicação da ação humana, característico do século XX, reduzia a explicação teleológica, em termos de razões e propósitos humanos, a uma forma de explicação causal. Embora o comportamento humano seja caracteristicamente explicado por referência ao seu propósito – aquilo em vista do qual ele é realizado –, o preconceito contra qualquer outra forma de explicação de fenômenos empíricos que não a causal levou pensadores modernos a suporem que, embora a explicação da ação por referência a propósitos *pareça* teleológica, ela não o é. Ela é, de fato, uma explicação da ação em termos de um agente humano *ter* esse propósito, o qual causa o comportamento apropriado. Assim, fins aparentes em vista dos quais um agente atua são transformados em *causas antecedentes* de seu comportamento, metas aparentes às quais a ação visa são transformadas em *estados mentais causalmente* eficazes, a saber, desejos e crenças. Esses estados mentais, assim parece, devem ser idênticos a estados cerebrais e devem causar contrações musculares que são constitutivas do comportamento que cabe explicar. A explicação teleológica, que parece desconcertante, é trocada pela identidade de estados mentais a estados cerebrais, que parece científica. Mas isso não é científico nem mesmo verdadeiro. A tese da identidade contingente é um cheque em branco de um banco que não existe. As crenças, como veremos, não são estados mentais; nem os desejos, em sua maioria, são estados mentais. E ninguém nunca nos deu critérios de identidade para um estado cerebral que possa ser um candidato para existir de maneira contingentemente idêntica ao crer ou querer algo. A explicação do comportamento em termos de razões para agir será o tema do próximo capítulo.

NOTAS

1. A terminologia e a distinção originam-se das obras de Wilhelm Windelband, *Geschichte und Naturwissenschaft: Rede zum Antritt der Rektorats der Kaiser-Wilhelms-Universität Strassburg* (Heitz, Strassburg, 1904) e de Heinrich Rickert, *Die Grenzen der Naturwissenschaftlichen Begriffsbildung: eine logische Einleitung in die historischen Wissenschaften* (Mohr, Tübingen, 1902).
2. Por "teleonômica", não quero dizer mais que *regularidades* sejam explicáveis em termos de propósitos.

200 P. M. S. Hacker

3. Veja-se A. J. P. Kenny, "Cosmological Explanation and Understanding", em L. Hertzberg e Juhani Pietarinen (Eds.), *Perspectives in Human Conduct* (Brill, Leiden, 1988), p. 72-87. Eu achei esse o mais esclarecedor artigo isolado acerca deste tópico.

4. O qualificativo "na maior parte" é reclamado pelas obras de arte (veja seção 2 [5], a seguir). Certamente, há outros usos de "função", por exemplo, "O jantar de Rawlinson é uma função importante da universidade", "Eu não consigo funcionar de manhã sem uma xícara de café", "O tronco no rio funciona como uma pedra de apoio". Devemos ser cuidadosos para não fundir o uso teleológico de "função", que é nossa preocupação aqui, com o uso causal, como quando dizemos que as árvores funcionam para firmar o solo, prevenindo assim os deslizamentos.

5. Eu usarei o termo "comportamento" quase tecnicamente para significar qualquer coisa da qual se possa dizer que um agente, animado ou inanimado, *faz*. Usado assim, o termo tem uma extensão muito mais ampla que "ato", "ação" e "ação sobre (outra coisa)". Artefatos e órgãos de seres animados *fazem* coisas, mas eles não *agem* (veja-se Cap. 5, seção 1), embora eles possam *ter uma ação* ou uma *atividade* característica e possam *agir em* outras coisas.

6. Para uma visão geral das duas formas de explicação e suas histórias, veja-se G. H. von Wright, *Explanation and Understanding* (Routledge e Keagan Paul, Londres, 1971). Observe-se que não se nega que a explicação causal de fenômenos naturais forneça entendimento. Pelo contrário; mas o entendimento é de uma espécie diferente.

7. "Em biologia, a função de uma característica de um organismo é frequentemente definida como aquele papel que ela desempenha e que foi responsável por seu sucesso genético e evolução" (Simon, Blackburn, *Oxford Dictionary of Philosophy* (Oxford University Press, Oxford, 1996), p. 149 ss.).

8. Philip Kitcher, "Function and Design", *Midwest Studies in Philosophy*, 18 (1993), p. 390.

9. L. Wright, "Functions", *Philosophical Review*, 82 (1973), p. 161. Para uma crítica frutífera, veja-se C. Boorse, "Wright on Functions", *Philosophical Review*, 85 (1976), p. 70-86.

10. Wright analisa "a função de A é V-r" como (i) A existe porque V* (isso explica sua presença) e (ii) o V-r é uma consequência de A existir ("Functions", p. 161). A isso se pode objetar ainda que (a) "A existe porque tem a função V" (V-r é para o que ele serve) tem conteúdo significativo, mas "A existe porque tem uma consequência pela qual existe" tem pouco ou nenhum significado. (b) Ela falha em excluir absurdos, tais como a alegação de que, uma vez que pessoas obesas não se exercitam porque são obesas, a função de suas obesidades é impedi-las de se exercitarem. (c) A explicação evolutiva (causal) de porque biguás, que não voam, têm asas, não explica sua função, uma vez que (atualmente) estas não têm nenhuma. (d) Dentre as funções das patas dianteiras das tartarugas marinhas, uma delas é escavar ninhos na areia, mas isso não explica para que elas foram selecionadas, uma vez que as tartarugas tinham patas dianteiras bem antes de virem a depositar ovos na areia. Em resumo, dizer que um órgão em uma espécie de criatura é uma adaptação evolutiva para uma dada tarefa é dar uma explicação filogenética, e não ontogenética. Nem é, como tal, uma explicação da função (propósito) atual do órgão no animal. A tarefa para a qual ela foi "selecionada" não precisa ser a sua função corrente.

11. Esse *insight* aristotélico é proeminente em *The Origin of Species*, de Darwin. Assim, por exemplo, "se qualquer leve mudança no hábito ou estrutura *beneficia* um lobo

individual, ele terá as melhores chances de sobreviver e deixar cria" (p. 139). "Apenas aquelas variações que, de algum modo, são proveitosas serão preservadas ou naturalmente selecionadas. E aqui entra a importância do *princípio do benefício*, derivado da divergência de características" (p. 161 ss.); "seria um fato extremamente extraordinário se jamais tivesse ocorrido alguma variação que fosse *útil para o bem-estar próprio de cada ser*... Mas, se variações úteis a algum ser orgânico de fato ocorrem, certamente indivíduos com tal característica terão melhores chances de ser preservados na luta pela vida e... tenderão a produzir crias com a mesma característica (p. 169 ss) (grifo meu).

12. Características sexualmente selecionadas (por exemplo, o rabo do pavão) têm que ter uma função? *Ex hypothesi*, elas contribuem para o sucesso reprodutivo. A produção de crias, no entanto, não é um benefício para o animal nem para seu companheiro. Mas tais características aperfeiçoam a habilidade do animal em se engajar com sucesso nas atividades reprodutivas, características de sua espécie. Os animais, por natureza, procuram acasalar-se. As características sexualmente selecionadas facilitam a busca de suas metas naturais, e, nesse sentido, beneficia-os (veja-se, p. 186).

13. Aristóteles, *Das partes dos animais*, 645ª, 23-5.

14. Uma exceção interessante talvez seja encontrada entre os insetos sociais. Na melhor das hipóteses, é desencaminhador dizer, como fazem certos biólogos, que a colmeia ou a colônia é um "superorganismo". Mas pode-se bem dizer que a abelha rainha existe em vista da postura de ovos, ou que as operárias existem em vista da coleta de alimento para a colmeia.

15. Aristóteles, *Das partes dos animais*, 640ª, 34, citado mais adiante, p. 194.

16. Algumas vezes, o habitat natural é insuficiente para a excelência. Uma *árvore exemplar*, que é usada como um paradigma de saúde e normalidade para a sua espécie, é uma árvore que cresce sem ser sombreada por outras árvores. Ela manifesta assim as potencialidades plenas da espécie, que não são atingidas normalmente no seu habitat natural na floresta.

17. G. H. von Wright, *Varieties of Goodness* (Routledge e Keagan Paul, Londres, 1963), p. 19-32.

18. Veja-se Kenny, "Cosmological Explanation", p. 79.

19. Mas as ferramentas rudimentares dos grandes macacos e seus usos talvez envolvam projeto elementar e propósito consciente primitivo.

20. O conceito de bem do homem ganhou proeminência no relato altamente aristotélico de von Wright no *Varieties of Goodness*. Foi criticado por T. Schwartz e K. Baier, em P. A. Schilpp e L. E. Hahn (Eds.), *The Philosophy of Georg Henrik von Wright* (Open Court, La Salle, Ill., 1989) e, subsequentemente, modificado por von Wright em sua resposta "A Reply to My Critics", ibid., p. 773-789.

21. T. Schwartz, "Von Wright's Theory of Human Welfare: A Critique", ibid., p. 223.

22. Von Wright, *Varieties of Goodness*, p. 62.

23. Seria ligeiramente perverso dizer que ter olhos ou pernas é *útil* para o ser humano. Talvez isso seja assim porque carecer de um órgão ou de um órgão saudável seja *deletério* a uma criatura, bem como desvantajoso, ao passo que carecer de um artefato útil *pode* ser desvantajoso para uma pessoa (se necessitar dele para algum propósito) antes que deletério (ainda que possa sê-lo em detrimento de seu projeto). Mas o funcionamento adequado dos órgãos é *necessário* para a criatura levar uma vida normal.

202 P. M. S. Hacker

24. Para uma discussão esclarecedora do bem-estar médico, isto é, o bem-estar dos órgãos e faculdades, veja-se von Wright, *Varieties of Goodness*, cap. 3.

25. Com efeito, Newton caracterizou a força centrípeta (portanto, também a gravitação) como aquela pela qual corpos são atraídos ou impelidos, ou de qualquer modo tendem em direção a um ponto como a um centro.

26. Aqui, empreguei a tradução de Kenny em sua obra *Ancient Philosophy* (Clarendon Press, Oxford, 2004), p. 190.

27. Obviamente, não somos sempre agraciados com tal conhecimento. Descobrir para que serve o coração e descobrir como ele preenche sua função foram complementares na brilhante investigação de Harvey. Note-se, no entanto, que o princípio de Aristóteles não é apenas ou meramente heurístico, uma vez que ele pensa que o propósito é parte da natureza essencial de todas as coisas.

28. Tomás de Aquino, *Summa Theologiae* I, 2, 3, trad. e cit. por A. J. P. Kenny, *The Five Ways* (Routledge e Keagan Paul, Londres, 1969), p. 97.

29. Mas não inteiramente eliminado. Galileu pensava que o movimento circular era "natural", que era impossível que algo se movesse naturalmente em uma linha reta, uma vez que o movimento retilíneo é, por natureza, infinito e um tal objeto, então, mover-se-ia em direção a um lugar ao qual é impossível chegar. Mas isso seria contrário à natureza (Diálogo sobre os Dois Máximos Sistemas do Mundo, 1º Dia).

30. Galileo Galilei, *Opere Complete*, vol. 4 (Florença, 1842), p. 216, citado em E. A. Burtt, *The Metaphysical Foundations of Modern Science* (Routledge e Keagan Paul, Londres, 1932), p. 92.

31. Um corolário dessa concepção foi a tendência deísta a se equivocar com respeito às leis da natureza. Cientistas (e filósofos) do século XVII concebiam a natureza não apenas como descritível por leis, mas *sujeita* a leis. Assim, Galileu afirmava: "A natureza age através de leis imutáveis que ela nunca transgride" (*Carta à Duquesa Cristina*, 1615, citado por Burt, *Metaphysical Foundations*, p. 64). Descartes escreveu acerca das leis da dinâmica "que Deus estabeleceu na natureza... [que] não podemos duvidar que elas são exatamente observadas por tudo o que existe ou ocorre no mundo" (*Discurso do Método*, Parte V, em Ch. Adam e P. Tannery (Eds.), *Oeuvres de Descartes*, ed. rev. (Vrin/C.N. R. S., Paris, 1964-70, v. VI, p. 41) (as referências subsequentes serão abreviadas por "AT") (AT VI, 41); Boyle falava de "as leis do movimento prescritas pelo Autor das coisas (*The Works of the Honourable* Robert Boyle, Ed. Thomas Eirch (Londres, 1672), v. 5, p. 177).

32. Galilei, *Opere*, vol. 4, p. 171. É digno de nota que o neoplatonismo, que progressivamente desalojou a filosofia aristotélica no Renascimento, compreendia um retorno ao pitagorismo que se provou crucial para o desenvolvimento da física.

33. Francis Bacon. *De Augmentis Scientarum* (1623), III, cap. 5.

34. René Descartes, *Quarta Meditação* (AT VII, 55; *The Philosophical Writings of Descartes*, trad. S. Cottingham, R. Stoothoff e D. Murdoch (Cambridge University Press, Cambridge, 1985), vol. II, p. 39) (referências subsequentes "CSM").

35. Descartes, *Conversation with Burman*, 16/04/1648) (AT V, 158; CSM III, 341).

36. Gassendi, nas *Quintas Objeções* às *Meditações* de Descartes (AT VII, 309; CSM II, 215).

37. Descartes, *Quintas Respostas* (AT VII, 375; CSM, II, 258).

38. Descartes, *Princípios de Filosofia*, I, 28; isso se encontra em contraste chocante com as observações teleológicas na *Sexta Meditação* (AT, VII, 83).

Natureza humana **203**

39. Descartes, *Princípios de Filosofia*, IV, 187, 188 e 203.
40. Isso foi mantido como se aplicando também às ciências biológicas, pois Descartes sustentava que a fisiologia não requeria nada mais que princípios mecânicos e concebia os animais como meras máquinas biológicas. O corpo humano também é uma máquina, mas, diferentemente das máquinas animais, ele é controlado por uma mente, visto que a ação voluntária humana consiste na mente provocar contrações musculares ao afetar imediatamente a glândula pineal, portanto, mediatamente afetar os espíritos animais.

   O pensamento segundo o qual um organismo é uma máquina, como Descartes sustentou, e mesmo que nós somos meras máquinas, negado por ele, mas afirmado por La Mettrie, mostrou-se poderoso. Assim, entre nossos contemporâneos, C. Blakemore observa: "Somos máquinas, mas máquinas tão maravilhosamente projetadas que ninguém deve tomar como um insulto ser chamado de uma máquina assim" (*The Mind Machine* [BBC Publications, Londres, 1988], p. 270), e R. Dawkins disse: "E sobre o nosso próprio corpo? Cada um de nós é uma máquina, igual a um avião, apenas muito mais complicado" (*The Blind Watchmaker* [Longman, Scientific and Technical, Harlow, 1986], p. 3).

   Os animais e suas partes são *máquinas*? As máquinas são projetadas; os animais, não. As máquinas não têm um bem; os animais, sim. As máquinas têm controles; os animais, não (mesmo que eles possam ser controlados de certo modo) – com efeito, seres humanos são autocontrolados, autônomos. O propósito de máquinas é o propósito para o qual elas foram projetadas; animais não existem para um propósito. Mas animais têm propósitos, que são os fins, quaisquer que sejam, que podem perseguir, ao passo que máquinas não têm propósitos. Animais são vivos, têm um ciclo de vida característico, podem ser saudáveis, prósperos e florescentes ou podem ficar doentes e falecer. É doentio tornar-se um biólogo para negligenciar ou obscurecer formas lógicas distintivas que caracterizam nossos conceitos e descrições de seres vivos.

   Na biologia, "mecanismo" pode ser entendido como significando a demanda por explicação em termos causais. Com efeito, ela se mostrou frutífera. Mas não exclui a explicação e a descrição teleológicas. Nem seu sucesso implica que animais sejam máquinas.
41. G. W. Leibniz. *Carta a Jacob Thomasius*, 20-30/04-1669, em *Philosophical Papers and Letters*, Ed. L. E. Loemker, vol. I (University of Chicago Press, Chicago, 1956), p. 158.
42. Kant, *Critique of the Power of Judgment*, 5: 359-60.
43. W. Paley, *Natural Theology, or Evidences of the Existence and Attributes of the Deity Collected from the Appearances of Nature*, 12ª ed. (J. Faulder, Londres, 1809), p. 18. Newton ficara igualmente impressionado pelo olho: "Teria sido o olho ideado sem talento na ótica,... não aparece dos fenômenos que há um Ser incorpóreo, vivo, inteligente, onipresente...?" (Opticks, 4ª. ed. [William Innys, Londres, 1730], p. 344 ss.).
44. Kitcher argumenta erroneamente que "uma das descobertas importantes de Darwin é que podemos pensar desígnio sem projetista" ("Function and Design", p. 380). Deve ser observado que padrão não implica desígnio e, portanto, nem Projetista. Há uma pletora de padrões na natureza (por exemplo, em cristais), mas isso não acarreta que haja um Padronizador.

204 P. M. S. Hacker

45. C. Darwin, *Origin of Species* (Penguin, Harmondsworth, 1968), p. 66. É instigante o quão frequentemente Darwin estava respondendo a Paley, algumas vezes explicitamente (veja p. 229), algumas vezes implicitamente, por exemplo, em sua discussão detalhada da formação do olho (p. 217), a qual Paley, assim como Newton, pensou que só poderia ser explicada por desígnio.

46. Andrew Woodfield observa que, embora a teoria de Darwin pareça vindicar a teleologia aristotélica, "em uma reflexão ulterior, dificilmente significa o endosso clamoroso, uma vez que a teoria de Darwin pode ser enunciada sem o emprego do termo 'função' ou de qualquer linguagem teleológica" ("Teleology", em *Routledge Encyclopaedia of Philosophy* (Routledge e Keagan Paul, Londres, 1998). Pode-se recontar a teoria da evolução sem mencionar o benéfico, descrevendo-se as mudanças evolutivas relevantes apenas como condutoras da reprodução bem-sucedida. Ter-se-ia, porém, então omitido uma linha de construção crucial e eliminado o vínculo essencial entre a adaptação e o bem do animal. Não é nem uma visão de sobrevoo, nem um erro que Darwin não tenha feito isso (podemos descrever triângulos sem mencionar que a soma de seus ângulos internos somam 180°).

47. C. D. Broad, *The Mind and its Place in Nature* (Keagan Paul, Trench, Trubner e Co., Londres, 1925), p. 82.

48. Edwin B. Holt, "Response and Cognition", *Journal of Philosophy, Psychology and Scientific Methods*, 12 (1915), p. 406.

49. Eles não eram senão substitutos ilícitos do desígnio.

50. *The Scientific Conception of the World: The Vienna Circle* (Reidel, Dordrecht, 1973), p. 16. Isso foi publicado em 1929 sem nenhuma atribuição de autor. Foi escrito por Neurath, juntamente com Hahn e Carnap.

51. Uma má compreensão similar se manifesta na observação de Woodfield sobre a teleologia aristotélica: "A doutrina de Aristóteles era naturalista no sentido de que não postulava um projetista sobrenatural, mas ela não era inteiramente naturalista, uma vez que empregava a noção de benefício" (*Routledge Encyclopaedia of Philosophy*, "Telelogy", §2). É malconcebido supor que uma biologia naturalista não pode invocar, como o fez Darwin, a noção do que é benéfico para um organismo, de bem-estar, boa ou má saúde de um órgão ou organismo. Se a doutrina de Aristóteles era ilicitamente "não naturalista" nesse aspecto, ela está na boa companhia da fisiologia, da patologia e da medicina em geral.

52. A função da clorofila, escrevia ele, é capacitar as plantas a realizar a fotossíntese. Mas isso, alegava, é equivalente a dizer que uma condição necessária da fotossíntese nas plantas é a presença da clorofila. Isso não torna claro que a clorofila é necessária para o *bem-estar* da planta, de fato, a sobrevivência da *planta viva*. Mas é tal enunciado, verdadeiramente axiológico, que dá substância à asserção de que X (por exemplo, clorofila) é para V-r ou capacitar o organismo a V-r (a planta a realizar fotossíntese de água e oxigênio). Mais ainda, ao tomar como um exemplo a presença de certos *materiais* (por exemplo, clorofila) nos órgãos de um organismo (folhas de uma planta), Nagel negligencia as formas distintivas de teleologia envolvidas na caracterização de *órgãos* e suas atividades.

53. Ernest Nagel, *The Structure of Science* (Routledge e Keagan Paul, Londres, 1961), p. 405. Impressiona muito o fato daqueles que escrevem sobre biologia e psicologia no século XX (cientistas e filósofos, igualmente), do comportamentalismo em diante, persistirem em usar formas verbais que obscurecem sua visão do tema. O uso do

termo "sistema" pretende exemplificar o desinteresse e o caráter livre de valores da pesquisa científica, mas ele contribui significativamente para embotar nossa sensibilidade linguística e para reduzir nossa consciência do fato de estarmos tratando com seres vivos. Isso serve para retirar de cena os compromissos conceituais envolvidos no discurso acerca do que é vivo enquanto oposto à matéria inanimada e aos artefatos.

54. Ibidem.
55. C. L. Hull, *Principles of Behaviour* (Appleton-Century, Nova York, 1943), p. 26.
56. J. L. Mackie, *The Cement of the Universe* (Clarendon Press, Oxford, 1974), p. 274 ss.).

7

RAZÕES E EXPLICAÇÃO DA AÇÃO HUMANA

1. RACIONALIDADE E RAZOABILIDADE

Os seres humanos são animais racionais. Ser uma criatura racional é possuir a faculdade da razão, a qual é exercida no raciocinar e no discernir razões *por que* e *para*. Ela é exposta na fala e na ação arrazoadas, e no dar razões *por que* e *para*. Carecer dessa faculdade não é ser irracional, mas ser uma criatura não racional. Possuir a faculdade da razão implica poder ser, de ocasião para ocasião, *ou* racional *ou* irracional (completamente ou em um grau maior ou menor) em pensamento, sentimento ou ação. Raciocinar é tirar conclusões de fundamentos. *Uma* razão é um passo explicativo ou justificativo em um raciocínio legítimo ou assegurado (ou pretensamente assegurado). Ela pode ser, em uma dada circunstância, uma razão decisiva, de peso, boa ou não muito boa. Das razões são extraídas as conclusões. Tais transições, dos fundamentos às conclusões, são operações pautadas por princípios. Os princípios do raciocínio dedutivo determinam o que se deve ser tomado como raciocínio *válido*. O estudo da lógica é o esforço de identificar tais princípios constitutivos, mas nem todo raciocínio é dedutivo.

O poder da razão pode ser possuído em um grau maior ou menor; algumas pessoas são melhores que outras no raciocinar ou no raciocinar em algum domínio peculiar (por exemplo, na matemática). Pode ser exercido de tempos em tempos, com maior ou menor competência. O raciocinar incompetente não mostra necessariamente a irracionalidade de seu agente; pode ser simplesmente um erro ou a manifestação de uma falta de entendimento. A incompetência exibe irracionalidade apenas quando viola cânones fundamentais do raciocínio ou quando o agente é impermeável à correção. O bem-raciocinar é demonstrado quando as conclusões estão asseguradas pelos fundamentos dos quais estas são derivadas ou em referência às quais o agente as justifica. O raciocínio mau ou insatisfatório se manifesta quando as conclusões extraídas não estão assim asseguradas ou quando nenhuma conclusão é extraída, embora alguma conclusão esteja assegurada.

Racionalidade, portanto, não é apenas um atributo de seres pensantes, mas também uma propriedade do exercício de suas faculdades racionais e dos resultados de seu exercício. Assim, argumentos e raciocínios, bem como suas conclusões em pensamento ou vontade e suas manifestações na proferição e na ação também são ditos serem racionais (ou irracionais). Racionalidade e razoabilidade (a respeito da qual se dirá mais daqui a pouco) são expostas não apenas pelo raciocínio e por suas conclusões, mas também pela suscetibilidade a razões, a aptidão a responder a considerações relevantes em pensamento, vontade e sentimento (e ação correspondente). Isso exige alguma elaboração.

Muito de nosso conhecimento e a maioria de nossas crenças não são adquiridas através de raciocínio. Muito do nosso arcabouço noético e doxástico é adquirido como parte da herança humana geral ou cultura local, a qual nos é transmitida como pressupostos e assunções inquestionáveis de nosso pensamento e fala. Muito do que conhecemos ou em que cremos é adquirido por oitivas e pela educação. Muito também aprendemos por nós mesmos, pelo uso de nossas faculdades cognitivas – nossos poderes perceptuais e nossa receptividade cognitiva correspondente (isto é, nossas habilidades de reconhecer e observar coisas, de nos tornarmos conscientes ou cientes de coisas e de como as coisas são). Aprendemos algumas coisas pelo nosso poder de raciocinar. A razão se mostra não apenas em nosso raciocinar em direção a verdades novas que são consequências daquilo que já conhecemos ou em que cremos, mas também em nossa aptidão a responder a novas informações, concernentes a nossas crenças existentes. Crer não é uma ação, não é nem mesmo algo que fazemos. No entanto, responde à razão. Se nossa razão para crer que *p* é que *q*, e descobrimos que não é o caso que *q*, então, normalmente cessamos de crer que *p*. É *desarrazoado* crer (ter expectativa, suspeitar, temer) que *p* se, ao aprender que a evidência para *p* era falsa, ainda assim continuarmos a crer (ter expectativa, suspeitar ou temer) como antes. Mas somos *irracionais* se, ao aprender que *q*, o qual sabemos ser incompatível com *p*, continuarmos a *pensar* (antes que crer) ou *imaginar*, ter expectativa, suspeitar ou temer que *p*. Mesmo sabendo que *q*, e que se *q* for o caso, *p* não pode ser o caso, ainda assim, algumas vezes, não "conseguimos deixar" de *pensar* ou *imaginar* que *p*. Quando a razão vacila assim, pensamentos, suspeitas, esperanças e temores irracionais nos invadem e somos presas da ilusão.[1]

Da mesma forma, manifestamos a razão em nossas deliberações sobre os *fins* a perseguir e os *meios* para alcançá-los, e, portanto, em nossas decisões arrazoadas e na elaboração arrazoada de planos e intenções. A racionalidade ou a razoabilidade de nossos desejos e quereres mostra-se não apenas nas nossas escolhas refletidas e nas razões que damos para elas, mas também na aptidão de nossos desejos para responder a informações relevantes que obtemos e a mudanças em nossos valores e em nossas valorizações. Nosso querer G é irracional, visto que, ao aprender que G carece das características de desejabilidade que eram nossa razão para querê-lo, ainda assim continuamos a querê-lo. Impulsos, compulsões, desejos obsessivos são relativa ou absolutamente insensíveis a razão.

Comumente, nossos sentimentos (emoções e atitudes) repousam igualmente em razões, com referência às quais os justificamos ou racionalizamos. Apesar de não podermos escolher nossas emoções e atitudes, muitas estão asseguradas por traços de seus objetos, *tout court* ou em algum grau. Boa sorte é uma razão para se sentir favorecido, uma grande boa sorte, uma razão para rejubilar-se; o comportamento ofensivo é uma razão para indignação, um comportamento muito ofensivo, uma razão para raiva. Nossos sentimentos são racionais uma vez que são assegurados pela e sensíveis à razão – ou seja, que mudem apropriadamente se as crenças acerca de seus objetos forem descobertas falsas ou exageradas. Fobias, atitudes irracionais e paixões são imunes à razão, seja a respeito a seus objetos, seja ao grau. (Para uma visão de conjunto, veja a Figura 7.1 a seguir.)

Não é surpreendente, portanto, que a razão tenha sido concebida não apenas como a faculdade guiadora, mas também a reguladora – o cocheiro de Platão que controla os corcéis da paixão e do apetite, pois é exercida não apenas na deliberação e escolha racionais, e correspondentes pensamento e ação, mas também no controle de crenças, apetites, paixões e ações através da reflexão, e pela aptidão em responder a razões.

Distinguimos entre racional e razoável, embora a distinção não seja sempre nítida e clara. Qualquer coisa razoável é também racional, mas nem tudo o que é racional é razoável ("o homem econômico racional", em busca

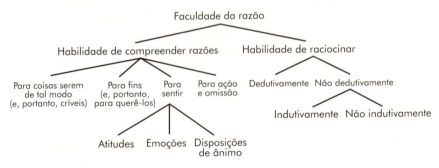

FIGURA 7.1
Aspectos dos poderes da razão.

de lucro máximo, não é um modelo de razoabilidade). Uma pessoa é racional uma vez que, na busca de suas metas, não é governada pela paixão e pelo preconceito. Porém, pode-se ser racional na busca de metas tolas, não razoáveis ou más, se os meios para atingi-las forem apropriadamente escolhidos. A racionalidade está intimamente ligada à instrumentalidade – à escolha de meios eficientes para os fins – e à correção formal no raciocínio. Do mesmo modo como a razoabilidade, a racionalidade também está vinculada a estar livre dos efeitos deformantes das tendências e emoções sobre o pensar. Mas, razoabilidade, diferentemente da racionalidade, está mais intimamente vinculada à apreciação de valores e às suas variedades, e à consciência dos legítimos interesses dos outros, e, portanto, à habilidade de encontrar o "equilíbrio" próprio entre demandas conflitantes de situações e pessoas. Alguém é razoável se não vai além dos limites atribuídos pela razão: se não é dogmático e, portanto, se for aberto a considerações contrapostas, se não é insensível aos interesses de outros, se não é extravagante ou imoderado nas expectativas e não é excessivo em suas demandas e objetivos. Há, portanto, um aspecto privativo na razoabilidade (como há na racionalidade): alguém é razoável se estiver livre das várias formas de não razoabilidade às quais os seres humanos estão sujeitos. Mas seria um erro conceber a razoabilidade como nada mais senão um atributo privativo.[2]

2. RAZÃO, RACIOCÍNIO E RAZÕES

Descartes declarou que a razão "é a única coisa que nos faz homens e distingue-nos dos bichos".[3] Com efeito, a humanidade possui uma multiplicidade de poderes que a distingue de outros animais (por exemplo, autoconsciência, um sentido da História e da tradição, conhecimento do bem e do mal, e, portanto, capacidade para o bem e o mal, um sentido de beleza e o poder da imaginação, bem como destrutividade e selvageria sem paralelos entre os demais animais). Mas é verdade que somos os únicos animais racionais. *Pace* Sófocles, a razão não é "o mais fino presente conferido pelos céus"[4] – é--nos esta conferida exatamente pelas mesmas obras cegas do acaso que nos fizeram animais usuários da linguagem. Nossa racionalidade, nossa aptidão limitada para responder a razões e nossa habilidade falível de raciocinar são corolários de sermos usuários de linguagem, pois apenas usuários de linguagem podem se *engajar em raciocinar*, e apenas usuários de linguagem podem *deliberar* e *dar razões* para o que pensam e fazem. Apenas criaturas que podem deliberar acerca do *equilíbrio das razões* podem ser ditos *terem razões* para pensamentos e feitos. Animais que não utilizam linguagem (inclusive crianças pequenas) podem ter propósitos, mas não podem deduzir seu caminho para a adoção de um propósito, não podem sopesar as razões a favor e contra o que fazem ou o que almejam, ou dar razões para justificar ou explicar seus comportamentos, seja para si mesmos, seja para outros. Sem dúvida, podemos aplicar-lhes uma noção atenuada de razão, mas não é necessário.[5] Se o fizermos, então estaremos separando o conceito de razão e de agir por uma razão da habilidade de deliberar, de raciocinar, de considerar diferentes razões a favor e contra um pensamento e uma ação, de sopesar razões conflitantes e de fazer escolhas raciocinadas, seja em pensamento (no crer), seja na ação (no fazer).[6]

A racionalidade está essencialmente conectada à habilidade de entender e de oferecer respostas às questões "por quê?" e "o que deve ser feito?". Aprender os modos pelos quais se pode responder e justificar as respostas para tais questões é aprender a dar razões. Aprender a dar razões está internamente relacionado a raciocinar. Raciocínios teóricos legítimos almejam derivar uma verdade de premissas verdadeiras segundo princípios do raciocínio. O raciocínio prático foi concebido de várias maneiras, na longa história do debate acerca da sua natureza. Raciocinar é praticamente transitar de premissas, uma das quais pelo menos deve especificar um desiderato (concebido diferentemente, enquanto dado com referência a uma necessidade, a um querer, a um propósito, a uma norma ou a um valor), para uma ação, segundo alguns relatos, ou, em outros, para a formação de uma intenção ou, ainda em outros, uma prescrição. Segundo alguns filósofos, o raciocínio prático é essencialmente de primeira pessoa, e sua conclusão é a ação ou a formação da decisão e da intenção do agente. Foi e ainda é muito discutido se os princípios do raciocínio prático são ou não são os mesmos daqueles do raciocínio dedutivo. Alguns, aqueles que os concebem como diferentes, enfatizam que o raciocínio prático (tal como, pelo menos em algumas concepções, o raciocínio indutivo) é essencialmente *revogável*,[*] relativo aos propósitos e sensível ao contexto de uma maneira que raciocínios dedutivos não o são.[7] Consequentemente, raciocínios dedutivos *preservam a verdade*, mas raciocínios práticos, em tal explicação, preservam a *satisfatoriedade* relativa a uma dada meta ou propósito. A adição de premissas verdadeiras ulteriores a um trecho de um raciocínio dedutivo não pode alterar a validade da inferência da conclusão; ou seja, a mesma conclusão ainda decorre do conjunto maior de premissas. Mas adicionar premissas atinentes a fatos (inclusive oportunidades e custos de oportunidades), metas (inclusive o bom e o certo) ou metas negativas (inclusive o mau e o errado) a um trecho de um raciocínio prático pode invalidar a conclusão; ou seja, a conclusão pode não ser satisfatória relativamente ao

---

[*] N. de T.: No original, *defeasible*. Esse termo é empregado para distinguir certas formas de argumentos que, embora sejam convincentes, não são formalmente dedutivas.

fim, dados os fatos e os objetivos adicionais; ou o fim pode não estar mais legitimado, dados os valores ulteriores em jogo. Tanto o raciocínio teórico quanto o prático são atividades propositadas e deliberativas. Pode alguém engajar-se no raciocínio e recitar suas razões em voz alta ou *in foro interno*, mas esta última apenas sob a condição de que se é capaz de fazer a primeira. Como veremos, pode-se V-r ou ter V-do por uma razão, mesmo que não se tenha inferido a conclusão de V-r.

Deixando de lado o uso de "razão" para significar a faculdade, o substantivo pode ocorrer como um substantivo contável ("uma razão", "três diferentes razões") ou como um substantivo massivo ("há algumas razões para se ter esperança"). O seu uso mais geral é para introduzir explicações, como ocorre quando dizemos que a razão *por que* isso e aquilo é isso e isso. Um uso mais limitado é o *atributivo*, como ocorre quando dizemos que algo é uma razão *para alguém* pensar ou agir. Um terceiro uso é a forma familiar da explicação racional do pensamento, sentimento ou ação: a razão de A para V-r era...[8] Devemos examinar brevemente esses usos (há outros).

Podemos perguntar-nos ou ser perguntados por que p, e podemos responder que a razão por que p é que q. Aqui, *esse q* explica (ou explica parcialmente) porque é o caso que p. A explicação pode ser de diferentes espécies, inclusive as variedades de explicação formal, material, causal e teleológica que Aristóteles caracterizou como *aitia*. As formas gerais: "A razão por que p é que q" e "Que q é a razão por que p" são duplamente factivas no sentido seguinte: o *explanandum* deve ser factivo (isto é, deve ser o caso que p), de outro modo, nada haveria a ser explicado, e o *explanans* deve ser factivo (isto é, deve ser o caso que q), de outro modo, não há nenhuma explicação. "A razão por que" não pode ser dita boa ou má. Os seres humanos aprendem a dar razões explicativas no curso da aprendizagem sobre como responder a perguntas do tipo "por que". Essa habilidade pressupõe a habilidade de empregar as formas de descrição que são requeridas para *explananda* e *explanans* e pela compreensão das formas de nexos explicativos significados por "porque".

O conceito de *razão* é invocado, e o raciocínio é envolvido, não apenas na explicação sobre porque coisas são assim, mas também no prover justificações *para* o pensamento, o sentimento e a ação. Isso pode ser prospectivo ou retrospectivo. Pode dizer respeito a suas próprias crenças, sentimentos e ações ou àquelas de outros. A forma característica de tais justificativas é relativa à pessoa: "que p é (ou foi) uma razão *para A* V-r" ou "há (ou havia) uma razão *para A* V-r, a saber, que p" (ou uma generalização disso, por exemplo, "que p é uma razão *para qualquer um* em tal situação V-r"). É típico sustentar-se que a razão citada, a saber, que p, justifica, provê um argumento para pensar ou crer em algo, para os sentimentos ou atitudes ou para as ações de alguém. Uma tal razão se aplica a uma pessoa ou a pessoas em particular – é uma razão *para* ele ou para eles pensarem, sentirem ou agirem. Que algo seja uma razão para A V-r *não* acarreta que deva ser uma razão para qualquer um V-r, em uma situação idêntica – B pode ter propósitos, gostos e preferências diferentes dos de A (que *As Bodas de Fígaro* esteja sendo apresentada na ópera hoje à noite pode ser uma razão muito boa para A comprar um ingresso, mas não para B, visto que este não gosta de ópera). Acarreta apenas que, se não for uma razão para B V-r, deve haver alguma diferença em virtude da qual ela não o é. A noção de *justificação* que opera aqui não é moral, embora razões morais sejam uma forma de justificação. A especificação da razão é factiva, mas a especificação de que ela é uma razão (que pode ser julgar as coisas serem assim, sentir de tal e qual maneira, ou fazer isso e aquilo) não implica sua ocorrência ou realização. Que havia uma razão para A V-r não acarreta que ele V-u. Ele pode não ter sabido que *p*; ele pode ter sabido que *p*, mas não ter se dado conta que era uma razão para V-r; ou pode ter sabido que era uma razão para V-r, embora não tenha V-do, por fraqueza da vontade, por esquecimento ou porque fora impedido, ou porque a razão *que p* fora sobrepujada por razões contrárias. Não apenas a especificação do ato não é nesse sentido factiva como mais ainda, mesmo se A V-u, e *que p* fosse uma razão para V-r, e soubesse que era, não decorre que sua razão para V-r fosse *que p* – ele pode ter V-do por alguma outra razão ou pode ter V-do sem nenhuma razão.

Se *que p* é uma razão para A V-r, então, o raciocínio a partir da premissa que *p*, no contexto de outras premissas pertinentes à situação e metas de A, pode apoiar a conclusão de V-r. Mas essa garantia pode ser revogada por dados adicionais, inclusive por razões contrárias. A justificação pode ser matéria de grau – alguém pode ter uma justificativa completa ou apenas alguma justificativa. Razões podem ser cumulativas, podem entrar em conflito e ter que ser "pesadas" uma contra a outra, porque há graus (quantidades) de justificação; o uso justificativo de "razão", ao contrário de seu uso explicativo, permite ocorrências dele como substantivo massivo, como ocorre quando falamos da *existência* de razão para pensar, *alguma* razão para sentir, *pouca* razão para fazer.

Os usos explicativos e justificativos de "razão" caminham juntos naquelas que são as formas mais comuns de explicação teleológica da ação humana: "a razão de A para V-r era que *p*" e "a razão de A para V-r era W-r". A "razão" empregada assim é sempre *atributiva* (uma vez que o que deve ser explicada é a ação de uma pessoa ou de uma pessoa artificial, uma companhia, uma faculdade ou um governo) e nunca é um substantivo massivo. A especificação do que A fez – seu V-r – é factiva (de outro modo, nada há a ser explicado). A especificação da razão de A sob a forma "que *p*" é igualmente factiva. A especificação da razão de alguém sob as formas "para W", "a fim de W" ou "a fim de alcançar G" é menos factiva. "A razão de A para V-r foi atingir a meta G" explica por que ele V-u, dá sua razão para V-r, mesmo se V-r não conduzir à meta, como pode ocorrer. Assim, por exemplo, "sua razão para investir na

Companhia de Eletricidade Embusteira era fazer *fortuna rapidamente*" não exige nenhuma qualificação se a pessoa perde seu investimento no dia seguinte, quando a Companhia de Eletricidade Embusteira quebra, mas "sua razão para investir na Companhia de Eletricidade Embusteira era *que faria uma fortuna fazendo isso*" exige um adendo parentético, se a pessoa não fez nenhuma fortuna. Uma inserção apropriada (*mutatis mutandis*) de "na medida do que sabia" ou "pelo que sabia", em uma sentença da forma "sua razão para V-r era que *p*", cancela a factividade da "cláusula-que". Nesse sentido, a factividade de "a razão de A era que *p*" pode ser dita *revogável*. Em tais casos, explicamos o V-r de A com referência ao *seu* raciocínio, à sua apreensão *errônea* de sua situação ou à sua crença *errônea*.

Note-se que, se a factividade for assim cancelada, é ainda *aquilo no que o agente cria*, e não o seu crer naquilo, que explica seu V-r, no que ele cria era falso, mas seu raciocínio partia daquilo em que acreditava, a saber, que *p*, para a conclusão de V-r – era assim que raciocinara, e que tenha raciocinado desse modo explica por que fez o que fez. Comumente, em vez de cancelar a factividade de "sua razão era que *p*" pela inserção de um parentético "na medida do que sabia" ou "pelo que sabia", podemos evitar a implicação de verdade por outros meios: podemos dizer "ele V-u porque *cria* que *p*" ou "porque *pensou* dispor de uma razão, qual seja, que *p*", pois, se for falso que *p*, então, *o fato* que *p* não pode ter sido uma razão para V-r, uma vez que não é um fato que *p*. Seria, no entanto, um erro supor que essa forma de explicação remete à sua crença no que quer que ele acredita e explica sua ação com referência à sua crença (concebida como um estado mental que lhe causa agir), antes que com referência àquilo no qual acreditava. Deixando de lado o cancelamento da factividade, se havia uma razão para A V-r, a saber, que *p*, e A sabia que *p* e sabia que *p* ser o caso era uma razão para V-r, e V-u *porque p* (ou *a fim de* W), então, a razão de A para V-r era que *p* (ou para W). Deveremos investigar a seguir como o "porque" deve ser compreendido.

A forma geral "a razão de A para V-r era que *p*" se aplica também aos casos em que V-r é, por exemplo, crer, ter expectativa, temer, ter esperança, suspeitar, assumir, supor, etc., que *q*. Essas não são ações, embora possam ser racionais e razoáveis ou irracionais e desarrazoadas, dependendo das razões de A que as legitimem ou pareçam legitimá-las e das razões pelas quais ele realmente V-u. Nosso foco, porém, será a explicação "racional" do *agir* ou do *abster-se de agir*. Deve ser salientado que as explicações do V-r de A por referência às suas razões para V-r podem ser incorporadas a explicações da forma "a razão por que *p* (isto é, por que A V-u) é que *q*" (em que *q* é a razão de A para V-r). Aqui a factividade não pode ser cancelada, de modo que, se não for o caso que *q*, explicamos por que A V-u por referência a sua crença que *q*.

Filósofos têm algumas vezes levantado a questão "ontológica" do que são razões. À questão "o que são causas?", eles comumente têm respondido

214 P. M. S. Hacker

(erroneamente, como vimos): "eventos e apenas eventos são causas". Pode-se perguntar, na mesma disposição mental ontológica, "o que são razões?". Uma resposta é que razões são *fatos*, fatos que podem ser citados ao fornecermos razões e cujos enunciados podem ocorrer como premissas em raciocínios. Isso é, ou pode ser, desencaminhador, visto que sugere uma visão ontológica que identifica quais tipos de entidades são as razões. Mas fatos não são nenhum tipo de *entidades*. Contra a alegação ontológica pesam as seguintes considerações:

1. A factividade das especificações de razões da forma "a razão de A era que *p*" é, como acabamos de ver, revogável ou invalidável. Se não for revogada, pode-se de fato dizer que o que era a razão de A, a saber, que *p*, é um fato, ou seja, que é o caso que *p*. Dizer que razões são fatos significa nada mais que a observação correta, em linhas gerais, de que a especificação de razões na forma de cláusulas nominais é factiva, ou seja, que se a razão de A para V-r era que *p*, então *p*. Não é uma classificação "ontológica" de razões.

2. A suposição de que qualquer coisa que possa servir como razão para um V-r de uma pessoa é um fato estende o uso do termo "fato" para incluir verdades *a priori* (por exemplo, que $25^2=625$ ou que vermelho é mais escuro que rosa), que certamente não são *matérias de fato*, bem como normas éticas (por exemplo, que é errado matar ou correto ser justo), que não podem ser classificados como *fatos* de maneira frutífera e cujas asserções não são *enunciados de fatos*. Mas verdades *a priori* e normas éticas podem ocorrer como premissas no raciocínio, podem ser propostas como razões e podem ser citadas como as razões de uma pessoa para pensar ou não pensar, fazer ou não fazer, algo.

3. Delimita, sem garantia, os fraseados que podem ser aduzidos ao dar uma razão de uma pessoa para pensar, sentir, resolver ou fazer alguma coisa. Já salientamos que, além da forma nominal "a razão de A para V-r era *que p*", podemos também especificar a razão de um agente por meio de uma cláusula no infinitivo, como em "sua razão para ir a Londres era *ver a Rainha*", "sua razão para emigrar era *ficar rico*", ou "sua razão para fazer o roque era *evitar ser posto em xeque-mate*". Qualquer factividade implicada aqui é manifestamente fraca – obter G pode bem ter sido a razão de A para V-r, mesmo que fracasse em obter G, a despeito de V-r. Poder-se-ia alegar que as formas no infinitivo podem sempre ser parafraseadas pela forma nominal factiva. Isso é duvidoso, mas, ainda que seja verdadeiro, não é óbvio por que a possibilidade de tal paráfrase mostra que razões são fatos. Certamente, aprendemos a responder a "por que você

está V-ndo?" com respostas que especificam o propósito de nossa ação – a saber, "a fim de W", ou "a fim de obter G" –, bem antes de aprendermos a arranjá-las segundo as linhas regimentais das formas nominais de um silogismo prático. Portanto, seguramente, devemos admitir que razões podem ser dadas de *várias* formas, mesmo que possam ser sempre arranjadas em cláusulas nominais.

A questão "o que (de que tipo de entidades) são as razões?" é desencaminhadora e infrutífera, do mesmo modo como a questão "o que (de que tipo de entidades) são as crenças?".[9] A única resposta apropriada é: não são de nenhuma espécie de entidades. É melhor perguntar como usamos o termo "razão" (ou "crença") e a quais necessidades o conceito atende.

A pode ter *uma* razão para V-r. Essa razão pode ser *decisiva* ou não decisiva. Se for decisiva, então seria irracional ou pelo menos desarrazoado para A não V-r nas circunstâncias. Se não for decisiva, então há alguma razão para A V-r, mas a não realização de V-r não é irracional ou desarrazoada. O que se escolhe fazer quando suas razões para agir não são decisivas revela suas preferências e gostos, bem como seu temperamento e seu caráter. Podem haver *múltiplas razões* para A V-r. Essas podem conjuntamente apoiarem ou determinarem decisivamente a conclusão de V-r. Mas algumas das razões podem individualmente fornecer a razão decisiva para V-r e, portanto, determinar de modo conjuntivo a conclusão de V-r. Se A então V*, a questão acerca de qual era sua razão para V-r pode surgir: ele V-u pela razão que *p* ou ele V-u pela razão que *q*? A resposta a essa questão é frequentemente crucial para a avaliação de seu ato e de seu caráter. Devemos nos voltar a esse tema a seguir.

Podem haver razões para A V-r e também razões para não V-r. Obrigações podem entrar em conflito, deveres e inclinações podem se chocar, a paixão pode entrar em guerra com a prudência, e o interesse próprio, com o bem-estar dos outros. O agente, ciente de tais razões *conflitantes*, deve "pesar" umas contra as outras e decidir no que repousa o "equilíbrio das razões". É possível que nem sempre haja uma resposta a essa questão. Algumas vezes, as razões conflitantes podem ser *incomensuráveis*. Então, a escolha que deve ser feita não pode ser feita "pelo equilíbrio das razões". Não se segue que decidir o que fazer seja arbitrário – seria grosseiramente inapropriado lançar uma moeda para decidir se juntar às Forças Francesas Livres na Inglaterra ou permanecer na França ocupada a fim de tomar conta da mãe idosa.[10] Nem se segue que seja universalizável. Pode-se concluir que fazer o que penosamente se escolhe é "a única coisa que se pode fazer", ao mesmo tempo em que se reconhece que outra pessoa, em uma situação semelhante, poderia se decidir de maneira diferente e com igual justiça. Ao fazer tais "escolhas existenciais", *determina*-se também o caráter.

3. EXPLICANDO O COMPORTAMENTO HUMANO

O comportamento humano é variado em tipos, os quais refletem tanto a multiplicidade de habilidades da humanidade quanto a complexidade das formas sociais de vida e das instituições associadas. O vocabulário das descrições de atos é, de maneira correspondente, rico e variado. Precisamos, e frequentemente queremos, entender nossos companheiros seres humanos – pois somos criaturas sociais que vivem em contato próximo com as outras e em várias formas de relações cooperativas e competitivas com elas. Assim, quando seus comportamentos não são transparentes, ou quando a narração de seus comportamentos é opaca, pedimos explicação. Correspondentemente, fornecemos aos outros um relato de nosso próprio comportamento. Às vezes, esforçamo-nos para nos fazer inteligíveis aos outros. Contamos aos outros fragmentos de nossa autobiografia – por diversão, para ganhar a simpatia ou induzir o interesse, para vindicar ou escusar-se, como exemplo ou contraexemplo. No curso de agir assim, explicamos nosso comportamento (bem como nossos pensamentos e sentimentos) por variados tipos de meios, dentre os quais a explicação em termos de razões do agir não é senão um deles. *O que* explicamos, destarte, pode ser diversamente caracterizado em termos de controle, intelecto e vontade, por um lado, e, por outro, em termos de uma variedade de formas de descrições, sensíveis ao contexto. Essas caracterizações e descrições restringem de várias maneiras as espécies de explicações que são possíveis e delimitam o escopo da explicação em termos de razões. Assim, antes de examinar as categorias de explicação do comportamento, devemos esboçar as várias maneiras de caracterizar o *explananda*.

1. *Comportamento: controle, intelecto e vontade*. Como já foi salientado (p. 134 ss, 154 ss), o comportamento humano pode ser meramente fazer o que não chega a ser ação. Podemos deslizar, tropeçar, asfixiar – essas não são ações que desempenhamos voluntariamente, não voluntariamente ou involuntariamente. Algumas dessas coisas que fazemos são *reações* não escolhidas, tais como ruborizar, chorar, rir, espirrar e tremer. Algumas dessas, embora não sejam tais que possamos iniciar à vontade, frequentemente podem ser paradas ou parcialmente suspensas à vontade. Nessa medida, elas se inclinam para o voluntário. A categoria da ação humana é a categoria das coisas que seres humanos podem fazer ou evitar fazer à vontade.[11] Consequentemente, atos podem ser escolhidos, tentados e intencionados. Pode-se deliberar sobre V-r, decidir-se a V-r, ser convidado ou ordenado a V-r. Dependendo da disposição da vontade e do intelecto, pode-se V-r impulsivamente,

intencionalmente, de boa vontade ou relutantemente, de maneira pensada ou impensada.

A ação pode ser voluntária sem ser intencional:

(I)   se for uma resposta que pode ser inibida, mas que alguém não inibiu, tal como um bocejo ou um espirro – que pode ser considerado *parcialmente* voluntário;

(II)   se for feita com conhecimento, mas não porque era querida, nem por alguma razão ulterior, como quando alguém assobia durante o trabalho ou gesticula enquanto fala (e sabe que está agindo assim);

(III) se for feita com conhecimento como uma consequência ou subproduto indesejado (ou não querido) de uma ação intencional, como ocorre quando amassamos a grama sob nossos pés ao caminharmos pelo gramado ou acordamos nossa esposa ao pôr o gato para fora à noite.

Intentar pertence a uma família de conceitos que inclui *estar prestes a, pretender, ter em mente, propor-se* e *planejar*. Os objetos do intentar são variados, pode-se intentar V-r, pode-se intentar fazer outrem V-r, se se tem autoridade sobre ele; pode-se intentar ser ou tornar-se um tal e tal, intentar que outrem o seja ou se torne; pode-se intentar a obtenção de um certo estado de coisas, se se tem controle apropriado sobre como este é produzido ou mantido. Ações intencionais, à semelhança das ações inteiramente voluntárias, são exercícios de poderes bidirecionais. Uma ação intencional não precisa ser voluntária (ação feita sob coação não o é), mas não pode ser involuntária. Podemos formar a intenção previamente à ação e então agir segundo ela (ou fracassar, porque, por exemplo, foi-se impedido, esqueceu-se ou mudou de pensamento). Tal formação de intenção pode ser o resultado da deliberação e da decisão, mas não se pode agir intencionalmente sem deliberação ou decisão anteriores. Se um agente intencionalmente V*, ele deve saber que ele está V-ndo e deve estar fazendo assim porque simplesmente quer fazer, sente-se inclinado a fazer ou tem vontade de fazer, ou porque tem uma razão ou razão adicional para V-r.

Um agente pode V-r sem uma intenção ulterior de X-r. A intenção ulterior no ato pode ser meramente concorrente (como ocorre quando vamos ao cinema com a intenção de tomar um aperitivo depois), ou V-r pode ser um meio para X-r (como ocorre quando subimos em uma escada para trocar a lâmpada). No último caso, mas não necessariamente no primeiro, X-r é a razão de A para V-r, e "X-r" (ou, em alguns casos, "tentar X-r") é uma descrição

218 P. M. S. Hacker

adicional do que A está fazendo. Dizer que o V-r de A é intencional não é dar a razão de A para V-r, mas dizer que A V-u *a fim de* X é. Aqui, X é o propósito de A *ao* V-r e sua razão para fazê-lo. Pode-se também V-r com a intenção de fazer X, sem V-r intencionalmente, se V* acidentalmente ou por engano – como Tyrrel acidentalmente mata o rei, querendo matar um cervo.[*]

Obviamente, pode-se V-r intencionalmente, *de* propósito, sem V-r *por* um propósito, como ao V-r com a intenção de V-r, oposta ao V-r sem a intenção[**] (por desconhecimento, por acidente ou por engano) ou não intencionalmente (sabendo que se está a V-r, mas não querendo V-r, como ocorre quando acordamos nossa esposa ao deixar o gato sair). Que alguém V* com a intenção *ulterior* de X-r não implica que seu propósito ao V-r seja X-r. Quando se vai ao cinema com a intenção de pegar o ônibus das 10h20min de volta para casa, o propósito de ir ao cinema não é o de pegar o ônibus de volta para casa. Assim, especificar uma intenção ulterior com a qual se V* *não necessariamente* fornece a razão para V-r. No entanto, especificar o propósito *ao* V-r a fornece, pois não se pode V-r com o propósito de V-r, mas apenas V-r com o propósito de fazer alguma outra coisa. Especificar o propósito pelo qual alguém fez alguma coisa é *explicar* por que o fez.[12]

Todo ato intencional é feito por uma razão? Isso depende de considerarmos V-r "apenas porque se teve vontade" ou "porque se sente inclinado a fazê-lo", sendo V-r equivalente a uma razão. Se assim fizermos, toda ação intencional é feita por razões. Se não, então devemos distinguir fazer algo sabidamente apenas porque se tem vontade de fazê-lo, "por nenhuma razão em particular", como dizemos às vezes, ao fazer algo intencionalmente por uma razão. Certamente, sentir uma repentina compulsão ou um impulso repentino para V-r não é necessariamente ter uma razão para V-r; e V-r porque se sente a compulsão ou o impulso não é necessariamente agir por uma razão. A compulsão, o impulso ou a ânsia podem ser "inteiramente desvairadas" – ou seja, completamente irracionais.

As consequências de nossas ações intencionais podem, elas próprias, ser intencionais, sem intenção (se não previstas) ou não intencionais (por exemplo, se previstas mas não integrantes do propósito do agente) e, portanto, a ação do agente pode ser redescrita em termos de suas consequências. Por exemplo, se o agente abriu a porta e, como consequência disso, o quarto

---

[*] N. de T.: Willian Rufus (Guilherme II da Inglaterra, senhor da Inglaterra e da Normandia) foi morto durante uma caçada, em 2 de agosto de 1100, por uma flecha que presuntivamente teria sido disparada por Tirrel (Tyrrel, Thurold ou também Turold, um nobre anglo-normando). Esse assassinato, que faz parte do imaginário britânico, é analisado em C. Warren Hollister, "The Strange Death of William Rufus". Speculum, Vol. 48, Nº. 4 (1973), p. 637-653.

[**] N. de T.: No original, *unintentionally*.

esfriou, então, intencionalmente, sem intenção ou não intencionalmente o agente resfriou o quarto ao abrir a porta. Obviamente, o ato assim descrito admite várias espécies de explicação, dependendo de ser intencional ou não, e, se não intencional, se feito com conhecimento ou sem conhecimento, voluntariamente ou não voluntariamente, por acidente ou por engano, e assim por diante.

O caráter volitivo e cognitivo do comportamento sob consideração pode frequentemente restringir o âmbito ou mesmo determinar o caráter da explicação que pode lhe ser oferecida. Não se pode ter uma razão para fazer involuntariamente algo ou um motivo para fazer algo inadvertidamente, e não se pode perguntar pelo alvo do fazer alguma coisa ignotamente. Pode-se perguntar pelo propósito de uma ação intencional, mas não pelo de uma ação sem intenção.

2. *Comportamento: descrições alternativas.* O comportamento humano pode ser descrito de várias maneiras. Frequentemente, pode ser descrito em termos de movimentos físicos. Se os movimentos forem meramente os dos membros e do corpo do agente ("o seu joelho se contraiu"), ou se forem movimentos que o agente *faz* ("ele moveu a perna") restringe as espécies de explicação apropriadas. Mas há muitas coisas que seres humanos fazem e para as quais podemos querer uma explicação que não envolvem movimentos, tais como pensar uma solução ou planejar uma jogada; olhar para uma pintura, observar um cenário, escutar um ruído; esperar um ônibus, manter a porta aberta, agarrar, pegar firmemente; concentrar-se em um problema, em uma conferência ou no que alguém está fixando o olhar; omitir-se, abster-se ou evitar fazer algo.

O comportamento, quer ele envolva movimento ou não, pode ser descrito ou redescrito de muitas maneiras diferentes, por referência aos seus antecedentes (como fica patente em verbos como *responder, repetir, reentrar, recompensar*), às suas consequências (por exemplo, em verbos causativos como *quebrar, consertar, secar, molhar, abrir, fechar, pacificar, irritar, consolar*) ou às suas circunstâncias. A variedade de meios pelos quais atos podem ser descritos ou redescritos em termos de suas circunstâncias é grande, e podem ser diversamente classificados. Descrever um ato em termos de suas circunstâncias especifica este frequentemente como uma espécie de um gênero maior de um dado tipo de ato. Comumente, as descrições de atos podem ser analisadas em termos de um ato simples e as circunstâncias especificadoras, como *perjúrio*, por exemplo, é contar uma mentira na circunstância em que se está sob juramento, ou *bigamia* é casar-se na circunstância em que já se é casado. As circunstâncias de um ato podem ser concebidas estritamente, de sorte a excluir fatores subjetivos, tais como voluntariedade, conhecimento ou intenção

220 P. M. S. Hacker

(e suas negações), ou podem ser alargadas para incluir tais fatores. Muitas descrições de atos morais e legais incorporam tais fatores: *roubar* é pegar algo sabendo que não se tem direito a ele; *mentir* é contar uma inverdade com a intenção de enganar. Atos podem ser descritos também em termos do modo de sua execução (por exemplo, *alguém murmurar agradecimentos, apressado para a escola*), ou em relação à identidade ou a algum traço do paciente afetado pela sua execução (*suicídio* determina a identidade entre paciente e agente, estupro requer a não anuência do paciente). Uma multiplicidade de atos, como os exemplos anteriores tornam evidente, são descritos com referência às normas sociais, morais ou legais que os proíbem (por exemplo, *assassinar, ofender*), que os reclamam (*pagar impostos, obter uma licença*) ou torna-os possíveis (*casar, fazer um testamento, fazer um gol, dar xeque-mate no oponente*).

A natureza da descrição do comportamento que requer explicação comumente exclui certas espécies de explicações. Atos que podem ser, por sua natureza, executados uma única vez (tal como o suicídio) não podem ser explicados em termos de tendência ou frequência, tais como um hábito ou um costume (uma tendência suicida não é uma tendência a cometer suicídio, mas a tentação permanente de agir assim). Atos que por definição ou descrição são enganos ou acidentes não podem ser explicados em termos de razões, propósitos ou motivos, tampouco atos involuntários ou fazeres que não sejam intencionais (tais como deslizar ou tropeçar). Atos que podem ser executados apenas intencionalmente, tais como *fraudar, mentir, forjar*, excluem explicações em termos de inadvertência e desatenção. Certas espécies de omissões podem ser explicadas com referência à falta de poder ou direito legal. Mas a posse de poder legal (ou outro poder normativo) não explica por que um agente o exerceu em uma ocasião, explica apenas que lhe era possível agir assim.

3. *As variedades de explicação.* Citar as razões de um agente para pensar, sentir ou fazer algo explica por que ele pensou, sentiu ou fez o que fez. É *uma* forma, talvez a mais característica e importante, de explicar o pensamento, o sentimento e a ação humanos. Mas não é a única forma, e, antes de examinar sua natureza conceitual com mais detalhes, devemos ter em mente a variedade de explicações do comportamento humano.

"Por que A V-u?" é a forma mais geral do pedido de explicação para A ter feito o que fez, e pode conformemente suscitar qualquer forma de explicação do comportamento humano, a depender apenas das restrições impostas pela descrição do que o agente fez. As espécies de respostas que podem ser oferecidas para explicar o comportamento são delimitadas não apenas pela descrição do ato, mas também pelo tipo de questão, pois, comumente, o falante formula sua questão de sorte a restringir as respostas possíveis. "*Para quê* A V-u?" é o pedido da meta visada e do propósito de um ato, e pressupõe sua intencionalidade. Exclui de antemão várias formas de explicação causal- -eficiente, bem como explicações em termos de ignorância e inadvertência. "O que fez A V-r" pode ser perguntado se V-r não foi um ato de A, mas algo que ele fez (tal como tropeçar, deslizar ou se asfixiar) ou, se foi um ato, um ato claramente não convidativo, desarrazoado ou irracional – algo que A não deveria ter feito, salvo por conta do fator explicativo. Nos casos da primeira espécie, a questão convida à explicação causal: A deslizou porque a calçada estava com gelo; ele caiu porque fora empurrado; ele se asfixiou porque um pedaço de pão ficara preso em sua garganta. Nos casos da segunda espécie, é solicitada uma explicação em termos de um fator que obrigue: ele divulgou o segredo porque fora ameaçado, ele pegou a estrada vicinal porque a auto-estrada estava fechada. Mas também é possível uma explicação causal em alguns desses casos: por exemplo, ele agiu como resultado de uma sugestão pós-hipnótica.

Podemos distinguir (não exaustivamente) as seguintes formas de explicação do comportamento:[13]

(I) *Explicações em termos de redescrições constitutivas.* Ficamos, às vezes, intrigados por certos tipos de atividades ritualizadas, semirritualizadas ou de algum outro modo regulamentadas. Por que essas pessoas se reuniram e se comportam assim? Participam de uma manifestação política, uma reivindicação sindical, ou celebram uma vitória, comemoram um evento, assistem a um casamento, a um funeral ou a uma cerimônia em memória, jogam um jogo e assim por diante. Aqui a explicação consiste em redescrever o comportamento no seu quadro social mais amplo e com referência às normas sociais. *Nesse quadro*, agir assim *vale como* fazer isso e aquilo. Entender o que estão fazendo nesses termos frequentemente resolve nossa intriga, pois podemos não precisar de mais explicações sobre por que fazem o que fazem *assim* descrito.

(II) *Explicação por redescrição polimórfica.* Um tipo bem diferente de explicação por redescrição é explicar uma atividade específica em termos de seu polimorfismo, por exemplo, quando explicamos que alguém está batendo à porta como obedecendo a uma ordem, cantando como praticando para um recital, visitando como mantendo a sua promessa.

(III) *Explicações por regularidade.* Comumente explicamos um comportamento como instância de uma regularidade. Por que Ema está indo caminhar? – É um *hábito* dela, caminhar todas as tardes. Por que o Sr. Darcy está trocando de roupa? É *costumeiro* trocar de roupa para jantar em Pemberley.* Por que Fanny Price hesitou em perguntar a *Sir* Thomas? – Porque ela é tímida (uma *disposição* e *traço de* *caráter*). É digno de nota que esses diferentes tipos de explicação por regularidade não são causais, e a explicação não subsume o caso a uma teoria, apesar do fato do comportamento ser explicado como instanciando uma regularidade. Eles não excluem a explicação em termos de razões do agente, mas indicam que o comportamento não é excepcional. Em muitos casos, nenhuma explicação adicional é requerida.

(IV) *Explicações por inclinação*. Frequentemente explicamos o comportamento para exemplificar uma preferência (que pode ser sem razão) ou um gosto pela coisa específica ou pela atividade específica em questão, ou por coisas ou atividades do tipo em questão, ou, ainda, o não gostar de alguma coisa ou atividade. A explicação pela inclinação, no caso de gostos e não gostos, pode também fazer referência a uma regularidade. Algumas vezes, explicamos o comportamento por referência aos sentimentos que envolvem inclinações, como ocorre quando atribuímos o ataque de A à sua suscetibilidade para sentir-se indignado (portanto, inclinado a protestar) ou à gula (portanto, sentindo-se inclinado a pegar uma segunda porção de pudim). Emoções momentaneamente sentidas e atitudes, tais como ansiedade, medo, ternura, pena, deleite, curiosidade, estão todas associadas a inclinações para se comportar, e a conduta é comumente explicada por referência a tais inclinações sentidas. Assim, alguém pode tremer *de* medo, rir *com* deleite, suas lágrimas podem ser *de* ternura ou de pena. O comportamento que explicamos não é causado pela emoção, mas é uma expressão desta.

(V) *Explicações causais*. Explicações causais obviamente têm um papel significativo em tornar o comportamento humano inteligível – mas não o papel ubíquo que supõem os filósofos que concebem razões como causas. Explicamos fazeres que não são ações, tais como tropeçar, deslizar, enrubescer, em termos de causas. Explicamos causalmente muitas ações involuntárias ou apenas parcialmente voluntárias: ela riu porque estava com cócegas, gritou porque fora atingida, espirrou porque cheirou rapé. Se, em que sentido e em que medida a ação intencional pode ser explicada causalmente serão examinados mais adiante.

(VI) *Explicações em termos de razões*. A ação intencional é o objeto primário da explicação do comportamento em termos de razões para agir. Dizer "eu apenas pretendia V-r", ao contrário de dizer "eu

---

*N. de T.: Pemberley é a mansão rural de Fiztzwillian Darcy, protagonista masculino do romance de Jane Austen, *Orgulho e Preconceito*. E Ema provavelmente é uma referência do autor ao personagem principal da novela homônima, também de Jane Austen.

apenas queria", não explica o V-r de alguém. Mas especificar o seu propósito (que é *uma* espécie de "intenção com a qual") explica. No entanto, há muitas outras espécies de fatores que podem ser a razão de um agente para agir. Podemos classificá-las de inúmeros modos diferentes: fatos e valores, normas e obrigações, razões retrospectivas e prospectivas (fatos passados, consequências prospectivas, propósitos e metas). É um ponto controverso se desejos, quereres e preferências, por um lado, e crenças (o crer, não aquilo em que se crê), por outro, devem ser vistos como razões para se fazer algo. Alguns filósofos defenderam que *todas* as razões são desejos e crenças, ou combinações destes. Outros, insistiram que desejos não são de modo algum razões – é a razão para querer V-r que é a razão para V-r; e crer raramente é uma razão para agir – normalmente, a razão é aquilo em que se crê. Examinaremos isso a seguir.

(VII) *Explicações por motivos*. Explicações por motivos são mais especializadas que explicações em termos de razões.[14] Dar o motivo de A para V-r (por exemplo, vingança) não precisa ser o mesmo que dar sua razão (por exemplo, que B matou seu pai). Agir por um dado motivo não é o mesmo que exemplificar uma disposição – A pode agir por vingança em uma única ocasião sem ser uma pessoa de disposição vingativa. Agir por irritabilidade, timidez ou arrogância não é agir por algum motivo peculiar. Motivos não são sentimentos, ainda que o comportamento de uma pessoa possa ser explicado por referência ao motivo da pena ou do amor. Pode-se sentir pena ou amor, transbordar de compaixão ou afeição, mas não se pode sentir seus motivos ou transbordar de motivos. Dizer que alguém agiu por medo não é explicar seu comportamento por referência a um motivo, mas por referência a uma emoção. Motivos, ao contrário de sentimentos e emoções, não podem ser agradáveis ou desagradáveis, não crescem nem esvanecem e não ocorrem em algum lugar ou tempo. Não são espécies de eventos ou estados mentais, mas espécies de explicações. Um tipo saliente de explicação por motivo especifica um *padrão* de razões retrospectivas ou prospectivas. Dizer que A V-u B por gratidão é explicar o V-r de A por referência a B ter intencionalmente beneficiado A (uma forma de razão retrospectiva) e ao V-r de A a fim de recompensar a generosidade de B. Mas a razão específica de A – por exemplo, que A lhe ofereceu um generoso empréstimo quando ele necessitou de um – não é mencionada. De maneira similar, explicar o V-r B de A como realizado por vingança é explicar a ação em termos de B ter prejudicado A ou um interesse seu, e do agir de A para causar dano a B em revide. Mas a razão específica de A para V-r B – por exemplo, que B matara seu pai – não é especificada. Em muitos casos, o padrão é o de uma circunstância antecedente que reclama ser remediada e que oferece uma razão retrospectiva para agir, uma ação feita com certa intenção e uma consequência prospectiva que é pensada para remediar a condição anterior – fornecendo uma razão prospectiva. As diferenças entre os motivos (por exemplo, entre ambição, cupidez, patriotismo, espírito vingativo, gratidão) são, então, manifestas nas espécies de condições antecedentes que clamam por remédio e nas espécies de vantagens e valores prospectivos visados. Alguns motivos, tais como vingança, amizade ou gratidão, envolvem não apenas atos feitos com uma intenção *que exemplifica* um padrão, mas atos que podem ser feitos com a intenção *de exemplificar* o padrão. Pode-se falar, aqui, em agir *a fim* de infligir vingança ou de *mostrar* amizade ou gratidão (conforme a Figura 7.2 a seguir).

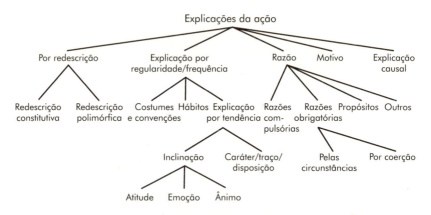

FIGURA 7.2
Esquema dos tipos de explicação da ação.

Podemos acrescentar a essas formas de explicação da ação formas adicionais de explicação, próprias da *inação*:

1. Inabilidade física, técnica (qualificação) ou intelectual
2. Impedimento natural ou humano
3. Falta de equipamento
4. Falta de oportunidade
5. Ignorância da oportunidade
6. Esquecimento de sua intenção
7. Falta de poder normativo

A questão de por que A não fez V pode ser tão premente quanto a questão de por que o fez.

Deve ser observado que, ao oferecer um tipo de explicação, alguns fatores podem ser citados, os quais podem estar logicamente excluídos de outro tipo de explicação. Assim, a raiva pode ser um fator na explicação em termos de uma paixão, e a timidez, um fator em uma explicação por regularidade, mas nenhum dos dois pode ocorrer em uma explicação por motivo. Valores (equanimidade, devoção filial, amizade) e normas (obrigação, dever, correção) podem ser citados como fatores nas explicações em termos de razões, mas não como fatores nas explicações causais.

4. EXPLICAÇÕES EM TERMOS DE RAZÕES DE AGIR

Observamos que uma razão de uma pessoa para V-r pode ser dada por meio de uma cláusula nominal "que p", por meio de uma cláusula infinitiva "a fim de W" ou "para obter G" ("sua razão para ir a Londres foi ver a Rainha", "obter fama foi a razão de Hume para escrever o livro", "ele foi ao Egito por nenhuma outra razão que não a de ver a Grande Pirâmide"). Comumente empregamos a cláusula infinitiva ao explicarmos por que A V-u pela especificação de sua razão na forma de sua meta ou propósito (aquilo em vista do que agiu). Mas também explicamos o comportamento de A em termos de seu *raciocínio* (real ou contrafactual). Nesse caso, damos a sua razão sob a forma de uma cláusula nominal que pode aparecer, desnominalizada, como uma premissa no raciocínio que apoia a conclusão de V-r. Assim, a cláusula infinitiva usada ao explicar que ele V-u a fim de obter G encontrará seu correlato em uma premissa, citando a meta ou um desejo de um fim.

A razão de A para V-r pode ser *que p* ou *a fim de W*, ou *para obter G* apenas se A sabe ou crê que *p* ou que V-r é um meio para W-r ou meio para W, ou necessário para obter G.[15] Uma razão, especificada em uma forma sentencial, é um passo no raciocínio. Se *que R* é a razão de A para V-r, então *que R*, juntamente com outras premissas, deve apoiar, ou ser pensado por A, como apoiando a conclusão de V-r. Mas seria errôneo supor que, sempre que A V* pela razão *que R*, ele realiza um processo de raciocínio "em sua cabeça", menos ainda em voz alta. Frequentemente, o que cabe fazer é tão óbvio que não requer, ou tão premente para permitir, qualquer deliberação, ainda que seja possível fornecer razões da ação. O que é feito é frequentemente espontâneo – mas nem por isso sem razão. Dar a razão de V-r não é o mesmo que relatar o raciocínio.

Há vários critérios para algo ser a razão de A para V-r. Tipicamente, tais critérios consistem de antecedentes da ação e de seus contextos. Com frequência, a razão de uma pessoa para fazer o que faz é patente – vendo que está chovendo, abre o guarda-chuva; tendo-lhe sido contado que o ingresso

226 P. M. S. Hacker

custa R$ 1, ele estende uma moeda de R$ 1; querendo uma bebida, ele diz ao garçom: "Poderia servir-me um uísque?". Não há nada de misterioso em nossa habilidade de discernir imediatamente as razões do comportamento de muitos de nossos companheiros seres humanos. Vemos suas ações, no contexto em que estão imersas, como intencionais, propositadas e comumente convencionais – ou seja, governadas por regras constitutivas que definem o ato e seu significado. Não as vemos como meros "movimentos corporais" (de maneira similar, vemos o mundo que nos cerca como consistindo de substâncias materiais coloridas, relativamente perduráveis em um espaço e tempo objetivos, e não como extensões coloridas, aqui e agora, em um campo visual "subjetivo").[16] Mas, algumas vezes, *não* é óbvio o que uma pessoa está fazendo, portanto, podemos perguntar-lhe. Se ela diz sinceramente que sua razão para V-r é que R, então, normalmente, que R *é* sua razão para V-r. Visto de soslaio, isso pode parecer misterioso. Se a resposta do agente não for um relato do raciocínio que acabara de fazer, ou do que dissera em voz alta ou para si mesmo, o que exatamente ela é? Como ele sabe qual é ou era a sua razão? Que sua razão era que R era uma hipótese dele? Por que sua palavra deve ser aceita? Que espécie de *autoridade* (se há alguma) tem a palavra dele e de onde é derivada?

Uma maneira de nos aproximarmos dessas questões é a "genético-analítica": ou seja, refletir sobre como poderíamos conceber as raízes do jogo de linguagem de dar razões para nossas ações. Uma criança humana, tal como qualquer outro mamífero jovem, encontra em seu ambiente uma multiplicidade de coisas atraentes ou repulsivas, fontes de prazer ou de temor e desgosto, e objetos da curiosidade no que diz respeito a sua "interferência" no curso das coisas. Ela aprende a agir em busca do que quer e, conforme seus talentos linguísticos rudimentares se desenvolvem, aprende a suplementar com um "quero!" seus esforços e gritos frustrados para obter e, subsequentemente, a substituí-lo por um "eu quero", e, ainda mais tarde, por "eu quero o (ou um) tal e tal" (tais proferições, deve-se observar, não são relatos de seu estado mental). Conforme seus talentos motores se desenvolvem, ela aprende a manipular objetos em seu ambiente, bem como o que ocorre quando age sobre eles (apalpa, empurra, puxa, lança). Rapidamente, tal como qualquer outro mamífero jovem, aprende a provocar tal e tal fazendo assim e assim. Mas, ao contrário de outros jovens mamíferos, ela está aprendendo a falar. Uma vez tendo dominado os rudimentos da fala, a criança pode ser perguntada sobre *o que* está fazendo ou tentando fazer, *por que* quer fazer o que tenta fazer, *qual* é o seu propósito ao fazer o que está fazendo. Ela aprende a descrever suas ações. Posteriormente, aprende um novo jogo de linguagem, a prática de anunciar um ação: "Eu vou V-r" – para a qual ela deve aprender que, quando alguém diz "Eu vou V-r", deve dar continuidade ao V-r. Aqui estão as raízes primitivas da formação de intenção prévia à ação, de nosso conhecimento não indutivo de nossas ações futuras e da previsibilidade relativa das ações de outros com base na intenção anunciada. (Se intenções anunciadas para o futuro imediato não fossem comumente seguidas da ação pretendida, o próprio conceito de intenção perderia sua razão de ser.)

Uma vez estabelecido esse jogo de linguagem, há lugar para questões ulteriores, a saber, "por que você está prestes a V-r?, e para respostas da forma: "a fim de W", "para obter X" e "porque quero X" – ou seja, a especificação de algum tipo de razão, qual seja, o propósito de V-r, aquilo em vista do que o V-r cabe ser feito. A resposta "porque quero X" convida à questão "por que quer X?", e a criança aprende a especificar o que é atrativo ou chamativo em X – aprende a fornecer uma nova espécie de razão, qual seja, especificar um traço de desejabilidade. E a criança também aprende a especificar para o que ela quer X, por exemplo, para comê-lo, para brincar com ele, ou como um meio para um fim ulterior. Aqui temos os primórdios do raciocínio e do dar razões. É digno de nota (e não contingente) que o raciocínio marcha *pari passu* à formação da intenção. A transição da ação voluntária e propositada que está dentro da competência dos meros animais à ação deliberada e pretendida é um aspecto do surgimento da racionalidade. Esta, emergente da criança, é sua habilidade crescente de raciocinar a partir de certos dados para as conclusões. Um critério de seu raciocinar desse modo é o seu responder a tais questões. Aprender a responder tais questões, aprender o que *vale* como uma resposta adequada é, em si mesmo, aprender a raciocinar.

Ao dizer sinceramente que sua razão para V-r é que R, o agente não precisa recontar o raciocínio que ele acabou de fazer – ele pode nem tê-lo feito. Assim, o que a faz ser sua razão para V-r? *Ele* a faz sua razão, pois, embora não se possa *escolher* ter uma razão para V-r, pode-se, refletindo sobre razões de que se dispõe, escolher ou decidir V-r *por* tal e tal razão (antes que por uma outra razão que se tem). E é *essa* razão, não *aquela* outra, que se toma como sendo decisiva, ou que se toma como justificando o seu V-r. É por referência a *esse* fator, não *àquele*, que alguém justifica sua decisão e que, subsequentemente, citaria para explicar por que fez o que fez. Não é que decida fazer-V-pela-razão-que-R, mas, antes, pela razão que R (e não pela razão que S) ele se decide a V-r. Se B dissera a A para abandonar a sala, este pode dizer "estou deixando a sala porque você me disse para deixá-la", ou pode dizer "estou deixando a sala, mas *não* porque você me disse para deixá-la".[17] Qual é a razão para deixar a sala é tema do *raciocínio* dele – ele decide V-r *por aquela razão*, e a declaração de sua intenção caracteriza a sua ação. Cada resposta, em cenários diferentes, pode indicar coisas muito diferentes. A primeira pode indicar a aquiescência e a boa vontade em obedecer; ou pode significar ressentimento (uma vez que não teria deixado a sala de outro modo); ou pode significar a transferência para B da responsabilidade pela ausência de A. A segunda resposta pode significar a indignação de A com algo que precedeu a ordem para sair, ou o ultraje frente à impertinência de B, ou para notificar B de que A estava para sair de qualquer modo, ou para deixar claro que, a despeito das aparências, A nem sonharia em aceitar ordens de B.

Ao oferecer sinceramente sua razão, A fornece aos *outros* uma interpretação de seu comportamento – uma maneira particular de entendê-lo –, mas *ele* não o interpreta. A maneira de compreensão que ele fornece é a *sua* maneira de compreender seu próprio comportamento – a maneira que *ele* o concebe. Ao *dizer* que está V-ndo porque é o caso que R, A não está meramente citando o fato que R como uma razão para ele V-r; ele está *declarando* ser esta sua razão para V-r, *endossando* uma explicação teleológica particular de seu V-r e assumindo a responsabilidade por ela sob a descrição "V-r pela razão que R".[18] Evidentemente, sua razão para V-r não é algo que descubra como sendo tal nem é uma hipótese sua, embora possa mentir para os outros e enganar a si mesmo. O que é, às vezes, denominado como "autoridade da primeira pessoa" nesses contextos é erroneamente caracterizado desse modo. O agente não é "uma autoridade" em suas próprias razões para agir, como ele poderia ser uma autoridade em literatura sânscrita. Sua palavra sincera é um *critério* para sua razão ser que R, mas não porque ele *infira* isso de evidências que tenha e que faltem a outros.

Esse relato hermenêutico ilumina os casos em que um agente oferece suas razões para V-r *ex post actu,* nos quais este não percorreu algum raciocínio e nos quais tal oferta de suas razões não é contar seu raciocínio nem relatar uma decisão explícita de V-r pela razão que R. Nesses casos, poder-se-ia pensar que a habilidade do agente em explicar ou justificar sua ação, citando sua razão, *é* misteriosa, pois, se nada há a ser rememorado por meio do raciocínio, como pode ele *agora* dizer qual *era* sua razão para V-r? Poder-se-ia sugerir que, ao declarar o fato que R como sua razão, ele está asseverando que *teria* citado o fato que R como sua razão, se tivesse sido perguntado. Isso pode ser desencaminhador, embora possa ser verdade que, fosse ele inquirido, teria dado o fato que R como sua razão, esse contrafactual não é uma hipótese baseada na experiência passada. Afinal, a forma normal de oferecer razões assim para uma ação passada não é "eu penso que minha razão era que R", ou "a julgar por minha razão para V-r da última vez, é possível que minha razão fosse que R". Com efeito, se alguém respondesse assim nos casos-padrões, poríamos em dúvida sua sanidade. Tampouco dizer que sua razão era que R é matéria de "observação interna", como se fosse, por assim dizer, relatar uma conexão causal "vista do interior", pois não há tal coisa como *observar introspectivamente* sua razão "em ação", por assim dizer, uma vez que a introspecção não é uma forma de observação, e razões não "entram em ação", não são nem agentes causais, nem eventos mentais.

A habilidade de dar razões *ex post actu* deve ser comparada à habilidade que um falante tem de expressar o que quer dizer por um enunciado (por exemplo, "ele está no banco") a quem ou a que se quer referir através de um demonstrativo ou de um dêitico de seu enunciado (por exemplo, "Ele estará lá então"). A questão acerca de como o falante *sabe* quais são ou foram as suas razões deve ser rejeitada, *no caso-padrão*, como sendo erroneamente concebida, tal como a questão acerca de como uma pessoa sabe o que quer ou quis dizer.

A declaração do agente de uma razão *ex post actu* deve tornar inteligível a intenção do ato. Deve, pois, apresentar o raciocínio que o agente sustentou para assegurar o ato, ainda que, *ex hypothesi*, não tenha percorrido nenhum raciocínio. Deve oferecer a explanação para tê-lo executado. Assim, a razão que oferece deve ser coerente com o contexto de sua ação, o pano de fundo motivacional e o comportamento subsequente. (A falha em ser coerente desse modo e, em alguns casos, a falha em ser coerente com suas disposições comportamentais gerais pode lançar dúvida sobre sua sinceridade ou sua autocompreensão e autoconhecimento.) O agente, supomos, sabe agora o que sabia então ou do que estava ciente (que outros, ao tentarem entender por que agiu como agiu, podem não saber) e sabe agora em que acreditava então (de outro modo, pode dizer que não se recorda do por que V-u). Ele sabia também o que estava fazendo (caso contrário, não estaria agindo intencionalmente) e ainda sabe isso, e sabe se foi bem-sucedido ou se fracassou em fazer o que visava fazer (assim, em casos apropriados, pode dizer o que ele tentava fazer). Dessa forma, citar seu propósito como a razão por que V-u é pouco mais que ser capaz de elaborar qual era a sua intenção ao agir. Citar razões retrospectivas para seu V-r (por exemplo, que estava respondendo ao X-r de B e não ao Y-r de C), nenhuma das quais enunciou (seja abertamente ou *sotto voce*)* na ocasião, uma vez que agira propositadamente sem reflexão ou deliberação, não é *interpretar* sua ação. Isso é algo que outros podem fazer, ou que ele poderia fazer sob circunstâncias muito especiais de dúvida acerca de si mesmo; é, antes, *determinar* o caráter de sua ação. Ao dizer que sua razão para V-r era que R, ele está fazendo uma conexão entre o que conhecia, ou no que cria ser assim, e sua ação (ou sua ação e o propósito rememorado). Ao fazer essa conexão, ele endossa uma certa espécie de descrição de seu comportamento e assume a responsabilidade por ele.

Dúvidas podem surgir quando um agente tem (ou teve) múltiplas razões para V-r e declara estar V-ndo (ou V-u) por uma razão antes que por outra (porque isso ajudaria João, e não porque Pedro estava olhando; porque era o correto, e não porque era lucrativo). Pode estar mentindo ou pode estar enganando a si mesmo com respeito a sua própria motivação ou, ainda, sua motivação pode ser intrinsecamente, não epistemicamente, opaca. Aqui, encontra-se um aspecto do comportamento humano e de sua compreensão que pode ser constitutivamente indeterminada. A pode insistir, com toda a sinceridade, que V-u pela razão que *p*, mas B pode repudiar a explicação de A,

---

* N. de T.: Termo musical: a meia-voz.

insistindo que ele V-u pela razão menos respeitável que q. A poderia persuadir B da correção de sua explicação (nem mesmo nunca lhe ocorrera que q). Alternativamente, B poderia levar A a ver seu próprio comportamento diferentemente, talvez à luz de fatos acerca de seu caráter ou fatos acerca de seu passado que nunca lhe vieram à mente, ou o desacordo entre eles pode permanecer não resolvido. Algumas vezes, a falta de uma solução pode não ser epistêmica. Os fatos do caso poderiam ser todos conhecidos e, ainda assim, conduzirem a mais de uma história perfeitamente plausível. Em tais casos, o desacordo pode ser, algumas vezes, tragicamente irresolúvel.

5. MITOLOGIAS CAUSAIS

Expusemos a ação humana por razões como uma forma de comportamento teleológico, mesmo que frequentemente incorpore razões retrospectivas. Mas, mesmo quando um agente atua por razões retrospectivas – por exemplo, agradece a B porque B lhe fez um favor, ou beneficia B porque B atuou meritoriamente –, A faz isso *a fim de* expressar gratidão ou merecimento da recompensa: esse é o seu propósito. Enfatizamos o papel das razões no *raciocínio*, seja antes da ação ou após o evento. Ao citar suas razões para V-r, o agente apresenta uma garantia de seu comportamento, mas o relato filosófico mais popular do agir por razões é causal (isto é, em termos de causação eficiente). Razões são consideradas como causas e argumenta-se que a explicação em termos de razões é uma forma de explicação causal.[19] Essa concepção precisa ser confrontada.

É bizarro supor que razões são causas, uma vez que, ao se refletir sobre as razões a favor e contra fazer uma coisa ou outra, certamente não se está refletindo sobre o que *causará* fazer aquilo que a razão dita, mas, antes, tenta-se decidir *o que* ela dita. E, após o ato, ao relatar por que razões alguém V-u, *não* se está descrevendo ou explicando o que *causou* esse alguém a V-r, mas qual era o fundamento *racional* para V-r. Mais ainda, se a razão de alguém para agir fosse uma causa de seu comportamento, seria intrigante como ele normalmente conhece essa causa (salvo nos casos de "motivos mistos", autoengano ou formas de patologia), pois, embora alguém possa conhecer imediatamente o que lhe assustou (a repentina explosão lhe *fez* pular) ou o que lhe *fez* escorregar (a casca de banana *fê-lo* escorregar), está longe de ser óbvio que seja comparável a saber que a razão de alguém para ir a Londres é ver a exposição de Turner (mas nada lhe faz ir) ou a saber que a razão de alguém para ficar em casa é que prometera ficar (mas nada lhe faz ficar em casa).

Os teóricos causais não podem argumentar que, quando alguém se refere a sua razão para V-r ao agir, previamente ou posteriormente, a razão seja a causa de sua ação, pois é claro que razões não são causas. Uma razão para ir a Londres poderia ser a fim de ver a exposição, mas *a fim de ver a exposição* não pode ser a causa da ida de alguém. Uma razão para pegar um guarda-chuva seria o fato de que vai chover, mas *que vai chover* não pode ser a causa de alguém pegar agora um guarda-chuva; a razão de alguém para escrever "25" no questionário pode ser *que* $\sqrt{625} = 25$, mas *que* $\sqrt{625} = 25$ não pode ser a causa de escrever "25". Podemos atribuir razões ao agente: pode-se dizer que uma pessoa tenha razões para V-r ou para abster-se de V-r – mas não dizer que tenha *uma causa para V-r.* A razão de uma pessoa pode ser boa ou ruim, altruísta ou egoísta, moral ou imoral – mas causas não podem ser nenhuma dessas coisas. Razões justificam ou pretendem justificar a ação da qual são uma razão, mas causas nem mesmo pretendem fazer isso. Consequentemente, razões podem ser convincentes, defensáveis, de peso, constrangentes, persuasivas, fracas ou meramente aceitáveis. Mas causas não podem ser nenhuma dessas coisas. O fato que *p* poderia não ter sido a razão de A para V-r, ainda que possa ser *uma* razão para V-r malgrado isso; mas não se pode dizer que se o evento *e1* não foi causa de *e2*; ele era uma causa de *e2* apesar disso.

O teórico causal pode alterar o fundamento e argumentar não que razões são causas, mas que a explicação em termos de razões é uma forma de explicação causal. Sua alegação seria que, se um agente queria uma meta G e acreditava que V-r era um meio para alcançar G e V-u por essa razão, então, seus quereres e suas crenças conjuntamente causaram o agente a V-r. "Se a conexão entre desejo e ação não é uma espécie de conexão causal, que espécie de conexão ela pode ser?", poderia exclamar o teórico causal; "talvez a adoção de um arcabouço causal não seja uma escolha errada, não porque seja a escolha correta, mas porque é inevitável".[20] É inevitável, assim se alega, porque nenhuma análise *não causal* do agir por uma razão pode explicar a diferença entre

1. A ter uma razão (concebida como uma combinação de crença e desejo) para V-r, e V-r, mas não V-r por essa razão; e
2. A ter uma razão para V-r, e V-r por precisamente essa razão.

Apenas um relato causal da ação por uma razão pode tornar inteligível a relação entre a razão do agente para V-r e seu V-r por essa razão.[21] Mas, como deve estar claro agora, isso é errado – a escolha não é inevitável, apenas errada. O relato causal, como seu principal defensor admite, não pode explicar a relação, mas o relato hermenêutico pode.

O teórico causal alega que razões são combinações de crenças e desejos, mas isso está errado. Que eu acredite que *p pode* ser minha razão para V-r, por exemplo, se alguém diz: "Todos que crêem que *p*, por favor, ergam suas mãos", então, *que eu creia nisso* pode ser uma razão para levantar minha mão. Mas, normalmente, não é o *meu crer que p* que é minha razão para agir, é em que eu creio, a saber, que *p*. Com efeito, normalmente, as espécies de fatores que poderia citar como minhas razões não são nem mesmo em que eu *creio*, mas o que eu *conheço* (e é controverso – ainda que tal não se vá discutir aqui – se saber que *p* decorre de que creio que *p*). Tampouco é obviamente verdadeiro que meu querer V-r como tal seja uma razão para V-r. Se eu quero V-r, então é defensável que minha razão para V-r seja quaisquer razões que possa ter para querer V-r.

O teórico causal pode alegar que crenças e desejos são atos mentais, e são eles ou seus "assaltos" que causam um agente a agir quando age por uma razão. Mas crer em algo não é estar em um estado mental. O desejo sentido (sentir sede, fome, desejo sexual) pode se qualificar como um estado mental, mas o *sentimento* não é, ele próprio, de modo algum, uma razão, embora que alguém o tenha possa sê-lo. E querer alcançar uma certa meta não é um sentimento. Estados mentais são, paradigmaticamente, humores, emoções momentâneas, agitações, estar com dor, concentrar-se em algo. Tais estados ocorrem quando se está desperto e desaparecem quando se perde a consciência; têm graus de intensidade e podem aumentar ou se esvanecer; podem ser interrompidos pela distração e retomados posteriormente. Se alguém crê, contudo, que a batalha de Hastings foi travada em 1066,[*] não cessa de crer nisso ao adormecer; não há graus da crença em que a batalha de Hastings foi travada em 1066 (não posso crer *mais* que você, apenas estar mais ou menos *convencido* que você), e a crença de alguém não pode ser interrompida pela distração e retomada posteriormente.[22] Se a crença que *p* fosse um estado mental, então faria sentido dizer "Eu creio que *p* (descrevendo, desse modo, meu estado mental B), mas não é o caso que *p*". De maneira similar, faria sentido dizer "creio que *p* (estou no estado mental B), mas, quanto a ser o caso que *p*, isso é uma questão em aberto, no que me concerne (ou esse é um tema acerca do qual não me posiciono)". Esses dizeres, porém, não fazem sentido, pois asserir que se crê que *p* é normalmente tomar posição acerca de ser o caso que *p*.[23] Assim, crer em algo (*a fortiori* conhecer algo) não é estar em algum *estado mental*.

O teórico causal contemporâneo pode sustentar que as causas eficientes da ação são estados e eventos neurofisiológicos que alegadamente são (de maneira contingente idênticos quanto ao espécime[**]) estados mentais de crença e desejo. Porém, crer que *p não poderia ser* um estado neural, uma vez que um estado neural não poderia ter as consequências de crença. Asserir que alguém está em um dado estado neural S é compatível com, a seguir, negar que *p*, ou suspender o juízo se é o caso que *p*. Porém, asserir que alguém acredita

---

[*] N. de T.: Batalha que marcou profundamente a história britânica, visto que significou a conquista da Inglaterra pelos normandos. Teve, em 14 de outubro de 1066, as forças inglesas, lideradas pelo rei Haroldo II (que viria a morrer na batalha), derrotadas pelas forças normandas, lideradas pelo duque Guilherme da Normandia.

[**] N de T: No original, *token-identical with*: veja-se nota de tradução na p. 33.

que *p* não é compatível. A única coisa que tais estados e eventos neurofisiológicos *poderia*m explicar são movimentos decorrentes de contrações musculares, não ações. Uma explicação neurofisiológica de quais eventos somáticos foram necessários para alguém mover seus dedos pode ser vantajosa, mas não é uma explicação sobre por que alguém estava tocando piano ou por que alguém estava tocando *Hammerklavier*,* muito menos uma explicação que torne inteligível o ato de tocar em termos de redescrição polimórfica – por exemplo, que alguém está ensaiando para o concerto de Beethoven amanhã, ou mantendo uma promessa. A mera contração muscular é manifestamente insuficiente para determinar qual ato foi executado, e sua explanação neurofisiológica não pode explicar qualquer ato que tenha sido executado no ou pelo mover voluntaria ou intencionalmente.

Razões, pelo contrário, explicam atos e omissões. É verdade que o agente querer W-r ou alcançar G é comumente um fator na explicação de seu V-r, mas isso explica a ação do agente, não seus movimentos constitutivos. Se estivermos intrigados pelo gambito de um jogador de xadrez, queremos uma explicação para o seu lance, não para seu movimento. Eventos neurais no cérebro poderiam explicar como o jogador de xadrez é capaz de mover sua mão; se não ocorressem da maneira normal, ele não seria capaz de mover ou controlar os movimentos de sua mão. Eventos neurais, contudo, não podem explicar seu lance – apenas aqueles princípios da estratégia do xadrez dos quais ele está ciente podem fazer isso. Tampouco podem garantir a redescrição de sua ação em termos de suas consequências normativas – por exemplo, que pôs seu oponente em xeque.

Já observamos a polivalência da noção indistinta de querer (p. 145). "Eu quero/ele quer" pode ser empregado para significar a vontade, a inclinação, o desejo sentido (que pode ser um apetite, um impulso, uma ânsia, uma compulsão), o empenho ou o propósito. O papel explicativo da referência ao que o agente quer ou quis pode ser correspondentemente diversificado. Algumas vezes, "eu o fiz porque quis" serve meramente para excluir outras explicações, em particular aquelas causais. Isso exclui a possibilidade de meu V-r ser um impulso involuntário, uma convulsão nervosa ou uma enervação elétrica. Identifica o que fiz como uma *ação* voluntária, portanto, como algo para o qual *faz sentido* perguntar pela minha razão para fazê-lo. Não é uma explicação causal a respeito do que fiz mais do que "fiz de propósito". Com um adendo tal como "mas não porque você me falou para fazer", a expressão tanto identifica a ação como voluntária quanto *exclui* uma espécie de razão.

Frequentemente, "Eu V-i porque queria V-r" ou "Ele está V-ndo porque quer" sugerem, nesse contexto, que o agente acha V-r de algum modo atrativo ou chamativo, que ele gosta ou sente prazer em V-r. Essas características de desejabilidade *são* razões para querer V-r. Assim, se ele V-u porque queria, seu

---

** N. de T.: A *Sonata nº 29 em Dó Maior*, de Ludwig van Beethoven.

V-r não foi instrumental – ele não estava V-ndo com alguma intenção ou propósito *ulterior*. Sua *razão* para V-r é qualquer razão que ele tenha para querer V-r. Em tais casos, normalmente, V-r com sucesso produz satisfação ou gratificação. Nesse uso de "querer", um critério para alguém V-r porque quer V-r é o de que sente prazer em V-r ou ter V-do. (Infelizmente, às vezes queremos V-r e fazemos isso apenas para descobrir que é decepcionante. Nesse caso, o querer foi satisfeito, mas isso não traz nenhuma satisfação.)

"Eu V-i porque queria lograr G" *realmente* explica o V-r do falante, fornecendo sua razão. Mas a razão dada é seu *propósito*: ou seja, lograr G. "Ele V-u porque queria lograr G" descreve o objetivo de seu ato, não sua causa psicológica – poder-se-ia dizer, com igual justiça, "Ele V-u *a fim de* lograr G". Dizer que V-u a fim de alcançar G não é especificar a causa de coisa alguma. Isso caracteriza seu ato de V-r como um meio (ou suposto meio) para uma meta; não significa que o agente V-u por um desejo de V-r. Nesse caso, pode-se dizer "Eu não queria V-r de modo algum, fiz isso apenas para alcançar G". Dado que queria o fim (atingir G), ele não "queria o meio" (para V-r)? Isso seria desencaminhador. Certamente, o V-r do agente era uma ação sua, algo que ele poderia ter evitado fazer – mas, se foi feito sob coação, não foi de modo algum voluntário (embora tampouco involuntário). A vítima não *queria* dar seu dinheiro ao pistoleiro – ela *escolheu fazê-lo* a fim de salvar sua vida. Não há razão, contudo, para assimilar *escolha* a *querer*. Frequentemente, escolhemos fazer coisas que não queremos de modo algum (e no "delicado" sentido em que um filósofo pode insistir que queremos fazer tudo o que fazemos intencionalmente, podemos querer *não querer fazê-lo* muito mais do que "queremos" fazê-lo – a julgar segundo um critério normal de força de um querer).

Assim, quando um agente V* por uma razão ulterior, isso *não* significa que V* porque quer V-r. Como acabamos de observar, ele pode V-r sob coação – sendo a sua razão evitar as consequências danosas de recusar-se a V-r. Ele pode V-r porque precisa (é parte de seu trabalho), porque prometeu, porque lhe foi ordenado fazer ou porque é o correto a fazer. Ele pode achar V-r odioso, cansativo, e pode preferir muito mais fazer outras coisas. Mas a razão para V-r pode suplantar todas as outras considerações. Não está agindo porque quer V-r, mas porque é seu dever. Ele não *quer* fazer seu dever? Sem dúvida; mas essa não é a razão para V-r – a qual é, antes, seu dever V-r.

Querer *pode* ser um estado mental, como ocorre quando alguém é tomado pelo desejo, dominado pelo apetite, assaltado pela compulsão. Mas então *não é uma razão para agir*, ainda que aquietar sua compulsão ou apetite possa sê-lo. Mais comumente, querer não é um estado mental de modo algum – seja quando a referência a este é meramente indicativa de um propósito (caso em que o verbo pode frequentemente ser substituído por "a fim de"), seja quando a referência a este é indicativa de gosto ou favorecimento. Explicar um ato por referência ao querer fazê-lo, ou ao querer um fim ulterior, não é dar uma explicação causal (nomológica) nem sugerir que há uma. Explicar que uma

Natureza humana **235**

pessoa V-u porque queria alcançar G – ou seja, que ele V-u a fim de alcançar G – não é explicar sua razão para visar alcançar G. Isso é explicável pelas características desejáveis de G.

A incoerência da história causal é manifestada por um argumento de Wittgenstein.[24] Suponha-se que eu tome a decisão de puxar a corda do sino às cinco horas (quero chamar o criado e creio que farei isso puxando a corda do sino). O relógio bate cinco vezes. Deverei agora esperar pacientemente pela subida de meu braço? Se meus quereres e crenças podem ser causas de meu comportamento, então, eu deveria ser capaz de relaxar e deixá-los provocar o movimento de meu braço. Deverei, tendo em mente minha decisão anterior, descrever o que ocorre com as palavras. "Veja! Meu braço se ergue quando o relógio marca cinco horas"? Não; o resultado não é que meu braço sobe, mas que *eu o subo* – se ajo a fim de obter o que quero. Se a história causal fosse verdadeira, deveria *ficar surpreso*, pelo menos até ter passado a novidade, de que tais e tais movimentos ocorressem, ao ter tais e tais quereres e crenças. Fosse a história causal verdadeira, como um agente poderia saber se está agindo voluntariamente ou movendo-se involuntariamente? Pois, como vimos, posso ter todas as crenças e todos os desejos relevantes (a "razão primária") e poderia resultar no movimento apropriado, ainda assim a questão sobre se eu movi meus membros ficaria em aberto. A história causal não pode distinguir entre o movimento dos membros do agente *porque* ele teve uma determinada razão e movimentou seus membros *por* uma razão. Mas isso é precisamente o que é explicado pelo inteiramente não misterioso relato racional e teleológico da ação humana em termos de razões.

A explicação da ação em termos de razão de agir é uma forma de explicação teleológica ou um adjunto desta. Ela nos capacita a *entender* o comportamento do agente de maneira idiográfica antes que de modo nomotético. Conhecendo as suas razões para fazer o que fez, podemos vir a conhecer que espécies de coisas pesaram em sua deliberação e que espécies de considerações o moveram a agir. Podemos ver a extensão de sua racionalidade e o grau de sua razoabilidade, bem como os valores em vista dos quais ele está pronto a encetar a ação. Tais explicações nos capacitam não apenas a julgar o agente e avaliar o que fez, mas também a julgar seu caráter. Permite-nos compreender nossos companheiros humanos como *pessoas*.

NOTAS

1. É impressionante que, se alguém reconhece que *p* não pode ser o caso, esse não pode continuar a dizer sinceramente que mesmo assim continua a *crer* que *p*. Pois declarar uma crença (isto é, que crê que as coisas sejam de tal modo) é subscrever essa crença (isto é, aquilo que é crido), e não se pode sinceramente subscrever aquilo que se reconhece como não sendo assim. Mas o *pensamento* obsessivo que *p* pode sempre se impor a alguém; a suspeita, o temor ou o desejo que *p* pode continuar

236 P. M. S. Hacker

a assombrá-lo. Há aqui uma impressionante assimetria com os desejos irracionais, pois declarar um desejo não é endossá-lo. Desse modo, desejos, impulsos e paixões realmente podem permanecer e ser sinceramente declarado persistirem em face da razão. (Veja-se S. Hampshire, *Freedom of the Individual* [Chatto e Windus, Londres, 1965], p. 70 ss.).

2. Uma sugestão ventilada por Paul Grice, *Aspects of Reason* (Clarendon Press, Oxford, 2001), p. 23-5.

3. Descartes, *Discurso do Método* (AT, VI, 2) – surpreendentemente, uma vez que sua posição oficial era de que é o pensamento ou consciência que nos distingue de outros animais.

4. Sófocles, *Antígona*, I, 683.

5. Tomás de Aquino bem observa que os animais superiores exibem "uma semelhança de razão" e que compartilham a "prudência natural". Aristóteles também havia observado que alguns animais tem *phronēsis*, "a saber, aqueles nos quais são encontrados um poder de previsão com respeito a suas próprias vidas" (*Ética Nicomaqueia*, 1141ª 28). Nenhuma dessas observações cuidadosas assegura atribuir aos animais razões para fazer o que fazem.

6. Alasdair MacIntyre argumenta que "animais não humanos têm razões, em algum sentido, para agir como agem", pois, embora tenhamos o poder de refletir sobre nossas razões, de que os outros animais carecem, ainda assim, "qualquer exercício do poder de refletir sobre nossas razões para agir pressupõe que previamente dispomos de tais razões, acerca das quais podemos refletir... as espécies de razões que partilhamos com delfins e chipanzés. Se não partilhássemos tais razões com [eles], não poderíamos ter chegado a esse ponto de partida e a negação de que temos tais razões tornaria ininteligível a transição para a racionalidade especificamente humana" (*Dependent Rational Animals* [Duckworth, Londres, 1999], p. 56). Concordo com a premissa, mas nego a conclusão. Uma criança deve ser ensinada a dar razões antes de poder avaliá-las, sopesá-las e fazer escolhas arrazoadas sobre o equilíbrio das razões. Mas até que tenha dominado a linguagem, ela não pode dar razões seja para si mesma, seja para outros. Até ter aprendido o que a questão "por que?" ("por qual razão?") significa, ela não pode se engajar na justificação, seja *ex post*, seja *ex ante actu*. Apenas quando aprende a responder ela pode ser responsável.

7. Veja-se A. J. P. Kenny, *Will, Freedom and Power* (Blackwell, Oxford, 1976), cap. 5.

8. Veja-se Grice, *Aspects of Reason*, p. 37-44, a quem devo o relato seguinte.

9. Aquilo em que se crê e não o crer nele. Sustenta-se, às vezes, que aquilo no qual se crê, ao se crer que *p*, é a proposição que *p*, uma vez que crenças (ou seja, creres) são "atitudes proposicionais". *Pode*-se crer em proposições, como se pode crer em enunciados, anúncios, histórias e rumores. Mas crer que *p* não é o mesmo que crer na proposição que *p*. Se fosse assim, então aquilo no qual A crê não poderia ser o mesmo de que B suspeita que seja assim, ou que C teme ser assim, uma vez que não se pode suspeitar ou temer proposições. O termo russelliano "atitude proposicional" exemplifica as confusões de Russell, e sua alastrada adoção em nossos dias as perpetua. A maioria dos verbos psicológicos que podem ter como objetos cláusulas nominais não significam nem precisam significar atitudes frente a proposições e comumente nem mesmo significam atitudes. Manifestamente, verbos que frequentemente são concebidos como significando atitudes frente a proposições e aparentados, tais como "ridicularizar", "aprovar", "desprezar", "repudiar", tipi-

Natureza humana **237**

camente *excluem* a construção com uma cláusula principiada por "que": pode-se ridicularizar, aprovar, desprezar, uma alegação, proposição ou rumor que *p*, mas não se pode ridicularizar, aprovar, desprezar que *p* (veja-se B. Rundle, "Objects and Attitudes", *Language and Communication*, 21 [2001], p. 147).

10. O exemplo é de Sartre, mas eu estou lhe dando um uso diferente. [O exemplo é apresentado por Sartre em "O existencialismo é um humanismo" (trad. bras. Abril Cultural, São Paulo, 1978, p. 10)].

11. Assim, como foi anteriormente sugerido (p. 120), perceber, nas suas várias modalidades genéricas, não é uma ação, embora vigiar, olhar, mirar, espiar e escutar ou ficar à escuta sejam ações. Semelhantemente, decidir, mudar de opinião e, em alguns casos, pensar e imaginar são exercícios de poderes bidirecionais e podem ser feitos à vontade (voluntariamente, intencionalmente, de propósito). Mas não os tomamos como formas de *comportamento*, e, *em alguns contextos*, nem mesmo como atos ou ações.
É digno de nota que certas espécies de descrições de triunfos, por exemplo, "vencer", "resolver", "descobrir", não significam ações, mas apenas coisas feitas. Consequentemente, pode-se perguntar pela razão por que A venceu, mas não se pode perguntar pela razão de A para vencer, resolver ou descobrir (veja-se A. R. White [Ed.], *The Philosophy of Action* [Oxford University Press, Oxford, 1968], "Introduction", p. 3).

12. Veja-se A. R. White, *Grounds of Liability: An Introduction to the Philosophy of Law* (Clarendon Press, Oxford, 1985), p. 73-5.

13. Para uma discussão esclarecedora da hermenêutica, veja-se A. J. P. Kenny, *Action, Emotion and the Will* (Routledge e Keagan Paul, Londres, 1963) e *Will, Freedom and Power* (Blackwell, Oxford, 1975); B. Rundle, *Mind in Action* (Clarendon Press, Oxford, 1997); G. H. Wright, *Explanation and Understanding* (Routledge e Keagan Paul, Londres, 1971) e *Practical Reason* (Blackwell, Oxford, 1983), ensaios 1-5, e A. R. White, *Philosophy of Mind* (Random House, Nova York, 1967), cap. 6.

14. Veja-se Kenny *Action, Emotion and Will*, cap. 4, e White, *Philosophy of Mind*, cap. 6. Observe-se que explicações por motivo não devem ser confundidas com atribuições de motivos, as quais tipicamente especificam razões prospectivas, como ocorre quando dizemos que A tinha um motivo para o crime, a saber, herdar a propriedade da vítima. *Ter um motivo*, nesse sentido, significa haver uma razão para o agente V-r e, diferentemente de *agir por uma razão*, não implica de modo algum que o agente execute o seu intento.

15. Em alguns casos, *que p* pode ser a razão de A para V-r mesmo que não faça sentido para A saber (ou não saber) ou crer (ou não crer) que *p*: veja-se P. M. S. Hacker, "Of Knowledge and of Knowing that Someone is in Pain", em A. Pichler e S. Säätelä (Eds.), *Wittgenstein: The Philosopher and his Works* (Wittgenstein Archives of the University of Bergen, Bergen, 2005), p. 203-35.

16. Nos dois casos, o que é apresentado pelos filósofos como uma fundamentação é, na verdade, uma abstração.

17. O exemplo é de Wittgenstein; veja-se *Philosophical Investigations*, § 487.

18. Um relato desse tipo foi sugerido por Wittgenstein, *Philosophical Investigations*, §§487-9, e desenvolvido por G. H. von Wright, "Of Human Freedom", reimpresso no seu *In the Shadow of Descartes* (Kluwer, Dordrecht, 1998, p. 20-7), do mesmo autor.

19. O *locus classicus* da concepção causal é "Action, Reason and Causes", de D. Davidson, publicado em 1963 e reimpresso na sua coletânea *Essays on Actions and Events*

(Clarendon Press, Oxford, 1980). Davidson sustenta que "na falta de uma alternativa satisfatória, o melhor argumento para um esquema (causal)... é que apenas ele promete dar um relato da conexão "misteriosa" entre razões e ações" (ibid., p. 11). Davidson não considera o relato hermenêutico que propus, mas apenas o argumento da conexão lógica. O seu artigo restabelece o monismo metodológico do Círculo de Viena e o relato cartesiano-empirista da ação por razões como um movimento causado por ato, evento ou estado mental. A promessa de um relato causal adequado, no entanto, nunca foi cumprida, pois Davidson "desesperou", como ele mesmo colocou, de distinguir V-r pela razão que R de V-r porque R (isto é, distinguir a cadeia causal correta da incorreta), como ocorre quando o desejo de realizar p leva alguém a temer o que provoca que p. Assim, "o melhor argumento" para um relato causal da ação por uma razão se mostra como não sendo, de forma alguma, um argumento.

20. D. Pears, "Sketch for a Causal Theory of Wanting and Doing", reimpresso em sua coletânea *Questions in the Philosophy of Mind* (Duckwrorth, Londres, 1975), p. 98.

21. Davidson sustentou que "a causa e o efeito formam o tipo de padrão que explica o efeito, no sentido de 'explicar' que entendemos tão bem quanto qualquer um. Se razão e ação ilustram um padrão de explicação diferente, esse padrão precisa ser identificado" ("Action, Reason, and Causes", p. 10). Mas, como ficou evidente no Capítulo 3, a explicação causal certamente não é compreendida (pelos filósofos) geralmente "tão bem quanto qualquer um", e o padrão de explicação em termos de razões não é *mais* problemático que este. Não é mais fácil obter uma visão de conjunto do campo conceitual das causas que alcançar uma visão de conjunto daquele das razões.

22. Para uma defesa detalhada da alegação que crer que p não é um estado mental, veja-se P. M. S. Hacker, "Of the Ontology of Belief", em Mark Siebel e Mark Textor (Eds.), *Semantik und Ontologie* (Ontos Verlag, Frankfurt, 2004), p. 194-202.

23. Veja-se A. W. Collins, *The Nature of Mental Things* (University of Notre Dame Press, Notre Dame, Ind., 1987), caps. 1-3.

24. Veja-se Wittgenstein, *Philosophical Investigations*, §627.

8
A MENTE

1. *HOMO LOQUENS*

Uma mitologia inteira está sedimentada em nossa linguagem. Em nenhum lugar isso é mais bem exemplificado que nas palavras, frases e expressões as quais recorremos para falar de nós mesmos, de nossa natureza e de nossa identidade.[1] Nós, seres humanos, somos *pessoas*. *Temos uma mente* que pode ser aguçada, viva ou entorpecida. *Temos um corpo*, com o qual podemos nos sentir confortáveis ou pouco à vontade. Também dizemos que possuímos – e, às vezes, que perdemos – uma *alma*. Falamos em *ter um Self*, para com o qual somos instruídos a ser verdadeiros. E parece inteiramente natural – mesmo que errôneo – supor que seja a um *Self*, a um *eu* ou a um *ego* a que nos referimos ao empregarmos o pronome da primeira pessoa. Essas expressões "ser humano", "pessoa", "mente", "corpo", "eu" e "alma" são usadas no curso diário da vida de maneira inteiramente não problemática. Mas, normalmente, perdem a nitidez assim que as submetemos ao escrutínio filosófico. Parece que, quanto mais de perto olhamos para elas, mais indistintas se tornam.

A pessoa é distinta do ser humano? Locke supôs que uma e a mesma pessoa pode ser agora um príncipe e posteriormente encontrar-se a si mesmo, com todas as suas memórias, "habitando o corpo" de um ser humano diferente, de um sapateiro.[2] Uma vez que todas as memórias que uma pessoa possui dependem do cérebro humano, seria, porventura, a pessoa real exatamente o cérebro, com todas as memórias armazenadas neste, encerrado no seu crânio? Um ser humano tem um corpo. Ele é distinto de seu corpo, como supunha Sócrates,[3] ou é idêntico ao seu corpo, como Sartre arrojadamente afirmou?[4] Um ser humano, tal como todas as criaturas vivas, é um corpo material, um contínuo espaçotemporal, constituído de matéria (isto é, de materiais de várias espécies). Mas o corpo que alguém *é* seria idêntico ao corpo que alguém *tem*? Como alguém pode ser idêntico a algo que tem? Ou, uma vez que aparentemente se pode duvidar da existência de seu corpo, mas não de sua mente, seria idêntico à sua mente, como sustentava Descartes?[5] Mas a mente também é algo que se tem, e se esta é o que se *é*, *quem* a tem? O solo da linguagem no qual caminhamos é traiçoeiro.

Como a mente está relacionada ao corpo? Descartes concebeu a mente como a controladora dos dutos dos espíritos animais fluindo dos ventrículos para os músculos: "Quando uma *alma racional* está presente nessa máquina [o corpo], ela terá seu principal assento no cérebro e reside aí tal como o encarregado do chafariz que deve ficar ao lado do poço ao qual todos os dutos retornam, se quer produzir, impedir ou mudar seus movimentos de algum modo".[6] Na primeira metade do século XX, a mente foi comparada a um operador de telefonia na central de comutação telefônica. (Achamos irresistível conceber a nós mesmos segundo o modelo de nossa tecnologia mais avançada.)

Como a pessoa está relacionada à sua alma? Plotino sustentou que era idêntica à sua alma; Tomás de Aquino insistiu em que era distinta dela.[7] O que é o *Self*? É a alma? É o mesmo que a mente ou completamente distinto dela? É aquilo a que os falantes se referem ao falarem de si mesmos ou apenas ao falarem de seus *selves*? Muitas linhas se cruzam aqui; a tarefa é traçá-las sem ficar enredado na teia das palavras. O objetivo dos três capítulos finais desta obra é focalizar de maneira nítida esses discutíveis conceitos filosóficos. Para antecipar: argumentarei que ter uma mente é ter uma série peculiar de poderes racionais e que nossa peculiar expressão "ter um corpo" deve ser concebida de uma maneira análoga à expressão "ter uma mente". Nos dois casos, a forma possessiva peculiar é desencaminhadora. Nossa expressão *ter um corpo* é uma maneira de falar de uma série limitada e distintiva de *características* corpóreas dos seres humanos. Consequentemente, pode-se dizer obscuramente que o corpo que eu sou não é o corpo que tenho. Com o desenrolar da história, luzes serão lançadas nesse discurso obscuro.

Deixe-me primeiramente recapitular. Seres humanos são substâncias de certo tipo (o conceito de ser humano é um conceito de substância), um resultado evolutivo de macacos antropoides cuja postura ereta e as decorrentes mudanças da laringe tornaram possível a articulação de sons. A espécie humana não apenas possui aparência e anatomia, postura e modo de locomoção distintos, mas também uma forma de vida única. Nossos poderes racionais nos facultam um horizonte de possibilidades de ação, pensamento e sentimento, muito mais extenso que qualquer um acessível a outros animais. Nossa habilidade de raciocinar amplia a possibilidade do conhecimento e capacita-nos ao esforço da compreensão teórica. Isso tornou possíveis os benefícios e os malefícios da ciência e da tecnologia. Nossa habilidade para agir por razões torna-nos responsáveis exclusivos de nossos feitos. Apenas nós, no reino animal, temos conhecimento do bem e do mal, temos uma consciência e somos suscetíveis a sentimentos de culpa, vergonha e remorso por nosso agir erradamente. Não é coincidência que apenas de seres humanos se possa dizer terem uma alma, pois a sensibilidade moral, o compromisso com a correção e a bondade moral, bem como a escuridão que acabrunha aqueles que se desviaram do caminho, pertencem à alma.

Todas, menos as formas mais inferiores de vida animal, são conscientes. Foi uma confusão cartesiana de grande alcance identificar a mente humana ao domínio da consciência.[8] Animais passam por períodos de sono ou inconsciência, acordam no momento oportuno e recuperam a consciência. A atenção deles é atraída e mantida por objetos e eventos em seu ambiente, dos quais se tornam, então, conscientes. Deleitam-se e sofrem com vários estados de consciência, tais como sentir-se contente, sentir fome, sede ou dor. Porém, apenas os seres humanos são *autoconscientes*. Podemos refletir sobre o que estamos fazendo ou pelo que estamos passando, em nossas razões para agir, pensar ou sentir, em nossos motivos e motivações, em nossos gostos e desgostos, em nossos traços de caráter e em nossas relações com nossos companheiros seres humanos. Por sermos capazes de refletir sobre essas coisas, podemos frequentemente vir a entendê-las melhor e, em alguns casos, modificá-las à luz de nossas avaliações. Podemos ter em conta, nos nossos raciocínios e comportamentos, fatos acerca de nós mesmos, acerca de nossas experiências passadas e prospectivas e acerca de nossos próprios traços de caráter e disposições, pois podemos não apenas nos sentir alegres ou deprimidos, mas também podemos querer saber por que estamos nos sentindo assim, e estar satisfeitos ou perturbados por assim estar. Podemos ser cientes de que somos ignorantes ou bem-informados acerca de algo, de que temos certas crenças e dúvidas, de que fizemos e passamos por várias coisas no passado. Tais fatos acerca de nós mesmos podem pesar em nossas deliberações e ocupar-nos em nossas reflexões; eles podem ser nossas razões para agir, sentir ou pensar de tal maneira aqui e agora. Isso constitui parcialmente o nosso ser criaturas autoconscientes.

Outros animais têm habilidades cognitivas – veem sua presa mover-se para a esquerda, escutam o rato na vegetação sob as árvores, sentem o cheiro de uma fêmea no cio; conhecem seus filhotes, reconhecem seus chamados, sabem como fazer inumeráveis coisas, sabem o caminho para as cavidades com água, lembram-se de onde podem encontrar o sal e assim por diante.[9] Podem pensar que coisas são de tal e tal modo e estarem certos ou errados, ainda que não faça sentido dizer que eles pensam que algo é verdadeiro ou falso. Quando estão errados, algumas vezes podem reconhecer e retificar seus erros.[10] Mas o horizonte de seu pensamento é determinado pelos limites do seu repertório comportamental. Pode-se dizer, de maneira inteligível (com verdade ou falsidade), que pensam apenas o que *podem* expressar em seus comportamentos. O horizonte do pensamento humano é vastamente mais amplo. Podemos pensar eventos especificamente datados, do passado remoto e do futuro distante. Podemos pensar pensamentos gerais, descobrir e refletir sobre leis sempiternas da natureza, entender e chegar a conhecer as verdades atemporais da aritmética, da geometria e da lógica. Somos abençoados, e amaldiçoados, com a habilidade de pensar a respeito de como as coisas teriam sido, e com a habilidade de imaginar incontáveis possibilidades – uma habilidade que está no coração de nossa capacidade de contar histórias e, mais geralmente, da arte. Isso porque somos, novamente, os únicos na natureza a possuir uma imaginação, o que também torna possível a criatividade artística e a apreciação estética.[11] Apenas seres humanos criam obras de arte e podem ficar estupefatos com o sublime, podem ser levados às lágrimas pelas obras da imaginação. Apenas criaturas com imaginação podem ter senso de humor. Podemos perceber o incongruente rindo, divertir-nos com piadas e superar nossos sofrimentos com ironia.

Os animais não humanos vivem no presente perpétuo. Os seres humanos vivem no tempo em um sentido totalmente diferente. Outros animais também possuem memória, mas apenas os seres humanos possuem um passado. Estes têm uma história e podem conhecê-la. Nesse sentido, pode-se dizer que eles têm e são capazes de contar uma "autobiografia"; podem lidar amorosamente, orgulhosamente ou culposamente com suas vidas. Muitos outros animais são criaturas sociais, mas apenas os humanos são seres também sócio-históricos, conscientes deles próprios como pertencentes a um grupo social *com* uma história. Nosso senso de identidade e forma de vida cultural estão ligados a tal história, tanto a real quanto a mítica. De maneira similar, apenas os seres humanos podem lidar com, e habitar, o futuro e as possibilidades que ele contém. A vida animal é prenhe de temor, a humana, cheia de esperança também. Apenas os seres humanos são cientes de sua mortalidade, podem ocupar-se ou preocupar-se com suas mortes e seus mortos. Somos os únicos entre os animais capazes de diligência para compreender nossa vida e o lugar que a morte tem ela. Assim, somos as únicas criaturas a criar Deus e a gerar mitos – fazendo os deuses à nossa imagem, para explicar inicialmente os fenômenos da natureza e apaziguar suas forças, e, posteriormente, para fornecer um sentido moral a nossas vidas e destinos, mantendo esperanças vãs (e temores não assegurados) de uma vida após a morte.

De onde se originam esses poderes únicos? Únicos entre os animais (com a exceção possível e marginal dos chimpanzés), os seres humanos têm uma capacidade inata, crucial e altamente específica (uma habilidade de segunda ordem de adquirir uma habilidade); é parte de nossa natureza termos nascido com a habilidade de aprender a falar uma língua. Disso, de nossa natureza animal associada ao domínio da linguagem, flui tudo o mais. Somos animais que empregam linguagem – *homo loquens*, não *homo sapiens*. Desnudados da linguagem, não somos senão macacos assassinos. Todos os poderes distintivos citados são ou constitutivos ou corolários de nosso domínio de uma linguagem desenvolvida. O horizonte de pensamento possível é determinado pelos limites de expressão do pensamento; porém, em nosso caso, ao contrário do de outros animais, esses limites são determinados pela expressão *linguística* do pensamento. Se os tempos verbais e as expressões referentes ao tempo foram já dominados, pode-se pensar o passado e o futuro. Pode-se lembrar não apenas de *onde* – como se manifesta no comportamento animal de busca ou retorno – mas também de *quando*. Animais não humanos podem se *preparar* para o futuro – enterrando alimentos para consumo posterior, construindo represas ou cavando covas, mas apenas o homem pode *planejar* o futuro.

Se uma criatura dominou uma linguagem com conectivos lógicos e quantificadores, então, e apenas então, é possível a ela conceber verdades gerais, pensar como as coisas são e como elas *não* são, pensar tanto o que existe como o que não existe, pensar pensamentos condicionais e, com a ajuda de verbos temporalmente flexionados e expressões modais, pensamentos contrafactuais. É impressionante, embora possa ser um nexo contingente, que nossos poderes de representação pictórica acompanhem nossos poderes de representação linguística – nenhum outro animal pode fazer uma imagem.[12] Apenas criaturas que usam a linguagem podem aprender as "verdades eternas" da matemática. Isso é assim porque tais verdades são essencialmente normas de representação que encontram sua última razão de ser nas regras para a transformação de sentenças empíricas concernentes a magnitudes.[13]

Nossos talentos linguísticos não apenas estendem os limites do pensamento: eles também mudam os horizontes do desejo e da vontade e introduzem o "apenas se", que nos assedia com pesares e remorsos e doura nossos quereres e saudades. Animais desprovidos de linguagem podem querer alimento e bebida agora, mas não podem querer agora alimento e bebida para a próxima quarta-feira. Os animais têm propósitos, perseguem metas e optam por diferentes caminhos para atingi-las, mas a trajetória de seus desejos não vai além do que seus repertórios comportamentais podem expressar e os objetos de seus desejos estão restritos por suas limitadas habilidades não linguísticas de reconhecimento. Podem optar por uma alternativa ou outra, mas não deliberar. Há razões por que um animal age como ele age, mas, como vimos, apenas no sentido mais tênue podemos dizer que dispõem de razões para agir como agem. Apenas uma criatura que usa a linguagem pode raciocinar e deliberar, sopesar, à luz de seus desejos, metas e valores, alegações conflitantes acerca dos fatos que conhece e chegar a uma decisão ou fazer uma escolha à luz de razões. Na medida em que animais não humanos podem ser ditos decidir de algum modo, tal decisão do animal não é um ponto de chegada em um processo de raciocínio, de sopesar os prós e contras de um curso de ação e chegar a uma conclusão raciocinada. É apenas matéria do término de um estado de indecisão.

244 P. M. S. Hacker

O que se aplica à vontade igualmente se aplica a atitudes e a afeições. Animais não humanos podem gostar ou não de coisas, podem ter prazer em atividades, sentir medo e raiva, mas um amplo espectro de emoções, nas quais estão infundidos pensamento, crenças e conhecimento conceitualmente carregado,[14] encontra-se além dos poderes de tais animais, devido à natureza delas (por exemplo, remorso, culpa), de seus objetos (por exemplo, temor da guerra, raiva ante a injustiça) ou a ambos. Apenas com usuários da linguagem pode haver um hiato deliberado entre emoções sentidas e emoções expressas.

Uma criatura que dominou uma linguagem com dispositivos demonstrativos e dêiticos, incluindo os pronomes pessoais, pode adquirir as habilidades cognitivas autorreflexivas e cogitativas que constituem a autoconsciência. Ter aprendido o significado de verbos psicológicos típicos requer tanto conhecimento dos fundamentos para a atribuição em terceira pessoa quanto o domínio do uso sem fundamentos em primeira pessoa. Apenas se um falante dominou o uso de ambas as faces de Janus dos principais verbos psicológicos estará em posição para refletir sobre suas próprias sensações, atitudes e sentimentos, sobre seus pensamentos, planos e projetos. Apenas se aprendeu a dar razões ele pode estar em posição de refletir sobre as razões que tem. Apenas se pode refletir sobre suas razões e sondar seus motivos ele pode empreender o autoconhecimento que criaturas autoconscientes podem alcançar. Portanto, apenas seres humanos podem se embrulhar no casaco esfarrapado do autoengano.

2. A MENTE CARTESIANA

Foi observado no Capítulo 1 que o dualismo cartesiano forneceu, na era moderna, o arcabouço da reflexão acerca dos seres humanos, suas mentes e seus corpos. Os seres humanos foram concebidos como corpos materiais unidos a substâncias mentais (mentes). Relações de causação bidirecional foram tidas como executadas entre essas duas coisas categorialmente distintas. Atributos mentais foram concebidos para caracterizar a mente; atributos físicos, para caracterizar o corpo. Uma força norteadora, por trás da metafísica cartesiana, era a determinação do escopo da nova física – a ciência da matéria em movimento – e de suas leis. Convencido da unidade das ciências naturais e da possibilidade de reduzir a biologia à física, Descartes tratou os organismos vivos como máquinas; redesenhou drasticamente os limites da mente. O aristotelismo escolástico caracterizava a mente em termos de poderes do intelecto e da vontade racional – ou seja, da *psique* racional aristotélica. Descartes, pelo contrário, incluiu na mente os poderes da *psique* sensitiva, que ele negara aos meros animais.[15] E isso porque sensação e percepção, imaginação (*fantasia*) e desejo, não menos que pensamento e raciocínio, deliberação e decisão racional, são, sustentava ele, *modos de consciência* – e o domínio da mente cartesiana é o domínio da consciência –, ou, como nossos contemporâneos formulam, da experiência consciente. Os limites da física, afirmava Descartes, repousam nos umbrais da mente humana.

A essência da mente, Descartes defendeu, é o pensamento (conforme mostra a Lista 8.1); mas ele estendeu o conceito de pensamento para incluir sensações sentidas (como se fossem em partes do corpo), percepções (compreendidas como parecer ver, escutar, cheirar, etc.), imagens mentais, funções cognitivas e cogitativas, tais como pensar (compreendidas da maneira normal), entendimento, julgamento e crença (os quais concebia como atos da vontade e não do intelecto), bem como sentir emoções e desejos. O pensamento inclui "tudo do qual temos consciência que esteja ocorrendo em nós, na medida em que somos conscientes disso. Portanto, *pensar* deve ser identificado aqui não apenas com entender, querer, imaginar, mas também com consciência sensitiva".[16] O pensamento era definido, portanto, em termos de consciência, e a consciência era assimilada à autoconsciência concebida erroneamente – ou seja, como aquilo do que somos imediatamente conscientes em nós. A mente era alegada como transparente. Os pensamentos eram tidos por objetos luminosos de nosso conhecimento privado indubitável: se uma pessoa tiver um certo pensamento (sentir dor, parecer perceber, imaginar, pensar, julgar, entender, sentir paixões, vontades), ela se dá conta imediata, indubitável e infalivelmente, de que o tem. Não pode haver nada na mente que não seja iluminado pela luz da consciência. A luz da mente cartesiana não produz sombras, mas outras pessoas não podem ser imediatamente cientes do que

LISTA 8.1
A concepção cartesiana da mente

Uma substância
Imaterial.
Idêntica à pessoa ou ao *Self*.
Distinta do corpo que a pessoa tem.
Uma parte do ser humano.
O sujeito de predicados mentais (psicológicos).
Um agente.
Em interação causal bidirecional com o corpo.
Definida pela consciência dos atributos mentais.
A essência da mente é o pensamento, que inclui parecer perceber, ter sensações como se fossem no corpo, imagens mentais, emoções e desejos, bem como conhecer, crer, pensar e julgar.
Transparente ao sujeito.
Os conteúdos da mente são privadamente "possuídos" e epistemicamente privados.
Os conteúdos da mente de alguém são indubitáveis.

se passa na mente de alguém. Elas podem observar apenas o que é externo – movimentos corpóreos – e inferir probabilística ou analogicamente que tipo de pensamentos estão ocorrendo na mente cujo corpo elas observam.

Esta concepção da consciência é semelhante a um vírus. Está conosco hoje sob a forma de *mutações*, infectando os "estudos da consciência" que assombram o pensamento dos filósofos, psicólogos e neurocientistas cognitivos. Ela sobrevive nas doutrinas daqueles que mais raivosamente repudiam o dualismo e identificam a mente ao cérebro, pois a mente que é identificada ao cérebro é, com algumas qualificações, a mente cartesiana materializada (conforme mostra a Lista 8.2 a seguir). Essa concepção da consciência é a fonte da ideia segundo a qual a consciência é o último grande mistério no universo.[17] É a raiz da noção de que a consciência é exclusivamente privada, que cada pessoa tem um acesso privilegiado ao seu próprio domínio da consciência, que o que nele observa *in foro interno* tem uma característica qualitativa única, inefável. Quando apanhados por essa imagem, inclinamo-nos a concordar com T. H. Huxley: "Como é que algo tão notável como um estado de consciência, resultado da irritação de tecidos nervosos, é tão inexplicável quanto a aparição do Gênio, quando Aladim esfrega sua lâmpada."[18] Mas a consciência, corretamente concebida, não é mais misteriosa que a atenção, da qual a consciência perceptual transitiva é uma forma. É, em sua raiz, um fenômeno biológico e corolário da vida sensitiva.[19]

A concepção cartesiano-empirista da mente, que tanto nos importuna, envolve uma construção errônea da consciência, uma representação errônea da autoconsciência, um compreensão errônea da introspecção e uma distorção do autoconhecimento.

LISTA 8.2
Dualismo cérebro-corpo: a mente criptocartesiana da neurociência cognitiva

Um órgão – o cérebro.
Material.
Idêntico à pessoa.
Distinto do (resto do) corpo que uma pessoa tem.
Uma parte de um ser humano.
O sujeito de predicados mentais (o cérebro crê, pensa, calcula, quer, pretende, percebe, etc.).
Um agente.
Em interação bidirecional com o corpo.
Definido pela consciência dos atributos mentais.
A essência da mente material é o caráter qualitativo da experiência (*qualia*) da qual o sujeito é consciente.
Os *qualia* são privativamente "possuídos" e epistemicamente privados.

A consciência é erroneamente construída porquanto identificada à auto-consciência erroneamente representada – erroneamente representada como um estado de ciência de atos e estados mentais em vez de um poder de reflexão reflexiva. A consciência é tomada tanto muito estreitamente quanto muito amplamente.

É tomada muito estreitamente, uma vez que os objetos da consciência são erroneamente confinados a "tudo do qual somos conscientes como ocorrendo em nós". Todavia, pode-se ser consciente do tique-taque do relógio não menos que da ansiedade com o tempo, do mirar não menos que do constrangimento, do perigo iminente da guerra não menos que do temor de sua irrupção, de sua origem social superior ou inferior não menos que de seu orgulho ou de ser revanchista. Os objetos de consciência possível compreendem muito mais do que presentemente está ou "se passa" na mente de alguém. Eles incluem o que quer que possa atrair e prender a atenção, mas também qualquer coisa (passada, presente ou futura) que pode ocupar o pensamento de alguém e ter peso em suas deliberações.

A consciência é tomada extensamente porque os objetos da consciência em ato englobam muito menos que o domínio dos pensamentos cartesianos (ou das ideias e impressões dos empiristas). Não se é consciente de tudo o que se percebe ou de tudo o que se está percebendo, mas apenas daqueles objetos de percepção que atraem e prendem sua atenção, e apenas daqueles perceptos que o impressionam ou sobre os quais se reflete.[20] Não se é consciente de tudo o que se pensa (o que inclui todas as pressuposições e assunções aceitas tacitamente), mas apenas daqueles pensamentos que ocupam nossa mente e com os quais se lida. Normalmente, não sé é consciente, tampouco, de pensar, a menos que, por exemplo, o próprio fato de estar afundado em pensamentos lhe ocorra e é este o objeto de reflexão ulterior. Pode-se estar tomado por uma emoção, tal como ciúme, sem se estar consciente desta, como ocorre quando se fica irritado com a Jill flertando com o Jack; pode-se prejulgar coisas sem estar ciente de ter feito isso.

A doutrina da mente transparente é igualmente malconcebida. Há muitas coisas que podem ser ditas estarem "na mente" e das quais não somos conscientes. A percepção subliminar é, atualmente, amplamente reconhecida. Em uma era pós-freudiana, não precisamos ser lembrados da ubiquidade de pensamentos, crenças, vontades, desejos e emoções inconscientes – embora devamos ser alertados contra a concepção freudiana errônea do inconsciente como um domínio oculto, exatamente semelhante à mente consciente, apenas inconsciente. É um erro supor que sempre que nos pegamos conhecendo, compreendendo, querendo ou acreditando em algo saibamos indubitavelmente que fazemos isso. Comumente, pensamos que conhecemos, entendemos ou queremos coisas que realmente não conhecemos (apenas cremos),

248 P. M. S. Hacker

que realmente não compreendemos (mas nos equivocamos) e que realmente não queremos de modo algum. Comumente, perguntamo-nos se realmente cremos em algo e, frequentemente, nos enganamos acerca do que realmente cremos. Mesmo nos casos em que a dúvida *é* patentemente excluída, como ocorre quando se está com dor, ou quando se pensa que está um dia lindo, é longe de ser óbvio que *se saiba* que se está com dor ou que se *saiba* que se pensa que o dia está lindo. Pois a ignorância é excluída, mas não porque os requisitos do conhecimento tenham sido satisfeitos. A dúvida também é excluída, mas não porque as condições de certeza foram satisfeitas. Antes, ambas estão excluídas pela *gramática*, pelas regras de uso das palavras constitutivas do significado. Não faz *sentido* duvidar sobre se se está com dor ou se se está a pensar tal e tal.[21]

A consciência cartesiana estava ligada à *percepção* a respeito de como as coisas são para alguém. Isso foi reforçado pela concepção lockeana da introspecção como *percepção interna*: "É impossível para quem quer que seja perceber sem perceber que percebe. Quando vemos, escutamos, cheiramos, saboreamos, meditamos ou queremos algo, sabemos que fazemos isso."[22] A introspecção foi explicitamente comparada a olhar em uma *camera obscura*.[23] Mas isso também é um erro. Não há tal coisa como meu ver que vejo algo, ou meu perceber que escuto, que sinto o cheiro, que saboreio ou que sinto. Eu não posso *olhar em* minha própria mente mais do que olhar na mente de outrem, e frequentemente temos mais visão sobre a mente de outrem do que sobre a nossa própria. A metáfora perceptual ligada à "introspecção" é desencaminhadora e é um modelo pobre para, em seus termos, compreender a natureza lógica da consciência do que se passa em nossa mente. Confundimos a habilidade de *dizer* como as coisas são em nós com a habilidade de *ver* como as coisas são em nós.

Ser capaz de dizer como as coisas são em nós (falando subjetivamente) não é ter *acesso* a algo, é ser capaz de *dar expressão* a algo. Quando alguém diz ter uma dor de cabeça, o que tem é dor, não acesso a uma dor. É verdade que outros podem dar atributos psicológicos a uma pessoa apenas com base no que ela diz e faz, ao passo que a pessoa, pode confessar como as coisas estão com ela sem observar seu próprio comportamento. Obviamente, pode-se relatar suas dores e confessar seus pensamentos – todavia não porque havia observado algo *in foro interno*. Dizer o que se pensa não é descrever seus pensamentos, e uma descrição da dor de alguém não repousa na observação. Supomos de forma errada que nossa fala sincera tem um *status* privilegiado porque repousa em um *acesso* privilegiado. Seu *status* de autoridade não é derivado da descrição de observações de um *peepshow* privado. A fala sincera do sujeito é uma expressão ou manifestação de seu pensamento ou experiência. Seu *status* especial é gramatical, não epistêmico – o agente não é *uma autoridade* em suas dores e pensamentos como ele poderia sê-lo em algo que vira e estudara. Antes, suas proferições são *critérios* lógicos (não indutivos) sobre como as coisas são para ele, e sua sinceridade, nos casos em que o autoengano pode ser excluído, garante a verdade.

A introspecção não é uma forma de *percepção interna*. Não é uma faculdade por meio da qual discernimos o que é alegadamente não detectável por outras, a saber, o que está em nossa mente. Vemos coisas *em* nosso olho da mente, não *com* nosso olho da mente. Em um sentido, introspecção é uma forma de *reflexão*, não uma forma de observação. A pessoa introspectiva é aquela que reflete sobre si mesma, sobre suas emoções e motivos, sobre suas atitudes e humores. Introspecção é uma forma de pensamento autorreflexivo. É uma rota para o autoconhecimento e a autocompreensão. Em outro sentido, introspecção é matéria de *atenção* a seus humores e emoções, sensações e sentimentos. Pode-se estar atento às suas dores ao longo do dia, e anotá-las por razões médicas. Pode-se estar ciente da deterioração de sua paixão por Margarida – não se fica mais tão excitado com a perspectiva de sua chegada e se torna menos encantado diante de sua tagarelice. Assim, pode-se registrar seus sentimentos no seu diário, mas não se *percebe* sua dor ou paixão.

Há tal coisa como autoconhecimento, mas dizer que eu tenho uma dor de cabeça, que estou pensando nisso ou naquilo, que o barulho está me irritando e que quero uma bebida não é exibi-lo. O oráculo de Delfos não estava instruindo Sócrates a prestar atenção a seu fluxo de consciência. A criança que adquire e começa a exercer o talento linguístico que a habilita a dar expressão e relatar como as coisas são com ela não está aprendendo ainda a conhecer a si mesma. Autoconhecimento envolve conhecer seus traços de caráter, disposições e talentos, forças e fraquezas; conhecer o que lhe move e por que, quais são seus comprometimentos mais fundamentais, quais são suas atitudes e por que as mantém. Pode-se chegar a conhecer tudo isso de várias maneiras; por exemplo, sendo-lhe contado por outros, dando-se conta da natureza de seu comportamento anterior, refletindo sobre quais razões que se tinha em várias ocasiões e vendo os padrões nos quais elas falham, notando o grau de autocontrole a que se pode atingir. Algumas das fontes de autoconhecimento podem não estar disponíveis aos outros – por exemplo, a memória daquilo que se ia dizer, mas não se disse; do que se sentiu, mas não se demonstrou; do que se pensou, mas foi mantido para si. Mas, em primeiro lugar, é precisamente aqui que se é falível e aberto ao autoengano e, em segundo lugar, nada há de intrinsecamente privado acerca de tais dados – se alguém os conta a outros, estes também virão a conhecê-los.

A mente cartesiana é uma aberração. Ela foi oferecida como uma representação da natureza humana e dos princípios que guiam as explicações do pensamento, sentimento e ação humanos mais correta que a aristotélica, da qual tomou o lugar. Na realidade, ela não o é. E impingiu-nos um arcabouço inteiramente inadequado para a representação da natureza humana.

250 P. M. S. Hacker

3. A NATUREZA DA MENTE

Estamos tentando entender a estrutura de um fragmento de nosso esquema conceitual. Falar de nós mesmos como possuidores de uma mente é um aspecto crucial de nosso discurso acerca dos seres humanos. A língua inglesa* é rica em frases que incorporam a palavra *mind*.[24] Isso está longe de ser universal (muitas linguagens, mesmo línguas intimamente aparentadas, como o alemão, não têm uma palavra que corresponda precisamente a *mind*). Mas nossas expressões são as flores naturalmente cultivadas pelo gênio da língua inglesa que recobrem o terreno que tentamos escrutinar. Há muito o que aprender dela.

Uma vantagem de proceder assim é que nos capacita a resistir, ao menos *pro tempore*, à tentação de responder à questão filosófica "O que é a mente?", dando-lhe uma definição. "A mente", sendo uma frase nominal, é normalmente interpretada como "que tipo de *entidade* é a mente?". Os filósofos discutem então se esta é uma substância imaterial em interação causal com o cérebro, se é um feixe de percepções causalmente conectadas ao corpo humano, se é de fato o cérebro ou um feixe de impressões mnemonicamente conectadas e idênticas a estados do cérebro. Mas "que tipo de entidade é a mente?" é uma questão tão perniciosa quanto "que tipo de entidade é um número?". Ela incita a espécie errada de expectativas e envia-nos por caminhos errados antes que tenhamos uma chance de obter nossa colheita. Assim, o *primeiro* passo é examinar o uso do substantivo *mind*.[25]

A palavra inglesa *mind* é derivada etimologicamente das expressões indo-germânicas: *mynd* (ME), *gimunt* (OHG), *gamunds* (Oteut), *manun* (OE), que estavam primariamente associadas à memória, ao pensamento, à opinião e à intenção. O uso contemporâneo, em sua acepção mais comum, não se livrou de suas origens.

1. *Memoria. To hold something in mind* (ter algo na lembrança) é reter algo na memória; *to keep something in mind* (ter algo presente) assegura que não se negligenciará a algo. *To bear something in mind* (lembrar-se de algo) é lembrar de alguma coisa, de sorte que se

---

* N. de T.: Em passagens deste capítulo, bem como de capítulos subsequentes, o autor analisa a ocorrência de uma palavra relevante (neste, a palavra *mind*; no seguinte, *body* e, por fim, no último, a palavra *person*) em expressões, muitas das quais são idiotismos e, portanto, impossíveis de ser vertidas ao português por expressões nas quais ocorra a palavra equivalente em nosso idioma àquela inglesa que interessa à analise. E, como o próprio autor reconhece o caráter paroquial da análise, optou-se por não adaptar tais análises e, pelo contrário, considerá-las como versando sobre as palavras e expressões inglesas.

possa levá-la em consideração. *To call or to bring something to mind* (chamar ou trazer algo à lembrança) é recordar-se de alguma coisa. *Something to be, go, pass or slip out of mind* (algo fugir, estar fora, sair, escapar da memória) é esquecer-se de algo. *To cast one's mind back to an incident* (puxar pela memória um incidente) é tentar lembrar algo acerca de um ocorrido. *Someone who is absent-minded* (alguém que está com a cabeça longe) é alguém esquecido ou desatento.

2. *Pensamento. To have a thought cross one's mind* (alguém ter um pensamento que passa pela cabeça) é algo que lhe ocorre. Ao procurar pensar em algo, *ideas come to mind* (ideias vêm à mente), *flash through one's mind"* ideias brilham na mente ("a luminosa velocidade do pensamento") ou *lurk, just out of reach, at the back of one's mind* (escondem-se, totalmente fora do alcance, no fundo da mente). *To turn one's mind to something* (voltar a mente para algo) é começar a pensar em alguma coisa. *To have something on one's mind* (ter algo na cabeça) é estar pensando em alguma coisa ou estar preocupado com isso. *To have a load taken off one's mind* (ter um peso retirado da consciência) é ser poupado de ansiosamente pensar em algo. *One's mind is in turmoil* (a cabeça está um redemoinho) é quando não se sabe em que pensar ou o que fazer. *One's mind wanders* (a mente de alguém vagueia) é quando alguém não consegue se concentrar. *One's mind goes blank* (a mente de alguém dá um branco) é quando alguém constata a si mesmo perdido e não sabe o que dizer. Diz-se que uma pessoa tem *an original cast of mind* (uma mente original) se ela demonstra originalidade no pensamento, no discurso ou na ação.

3. *Opinião. To know one's mind* (conhecer-se) é ter formada a sua opinião e *to tell one's mind* (dizer sua opinião) é expressa-lá. *To be of one mind with another* (não ser senão um com alguém) é concordar na opinião ou no julgamento. *To speak one's mind* (falar francamente) ou *to let someone know one's mind* (dar a conhecer sua opinião) é contar sobre o que se opina. *To give someone a piece of one's mind* (ralhar com alguém) é contar a uma pessoa duramente o que se pensa dela.

4. *Intenção. To be minded or to have it in mind* (ter em mente fazer algo) é estar inclinado ou pretender fazer alguma coisa. *To have half a mind* (estar meio decidido a fazer) é estar tentado a fazer algo, e *to be in two minds* (estar indeciso) é oscilar entre alternativas. *To make up one's mind* (resolver-se) é decidir e *to change one's mind* (mudar de opinião) é reverter sua decisão ou julgamento. *To have a mind of one's own* (ter ideias próprias) é ser independente no julgamento e na vontade.

A língua inglesa se ramifica em direções ulteriores. No nível mais geral, a mente está associada a faculdades intelectuais: diz-se que uma pessoa tem uma mente poderosa, ágil, sutil ou errática se ela for talentosa, rápida e engenhosa na solução de problemas, ou se suas soluções, planos e projetos demonstram sutileza e perspicácia. Portanto, também está vinculada a virtudes e vícios intelectuais apropriados: uma pessoa tem uma mente tenaz, ociosa, vigorosa, judiciosa ou indecisa segundo o modo como lida com problemas que requeiram reflexão e conforme o resultado típico de suas reflexões. Uma pessoa tem uma mente sadia se preserva suas faculdades racionais, e está *out of mind* (fora de si) se pensa, propõe ou faz coisas que sejam irracionais. E não está em *his right mind* (com a cabeça no lugar) se estiver perturbada, e *has lost his mind* (perdeu a razão) se estiver privada de suas faculdades racionais. Outros usos esmaecem em outras direções: falamos de pessoas terem a mente estreita ou não, a mente pequena ou limitada, a mente suja ou a mente como uma navalha; demonstrarem *presence of mind* (presença de espírito) ou *lacking peace of mind* (carecendo de paz de espírito). É impressionante que *não* dizemos[*] que uma pessoa tem uma mente *sábia* (e talvez não uma mente *inteligente* nem *engenhosa*) – reservamos isso para a própria pessoa. É ela, não sua mente, que é sábia.

O *segundo* passo é derivar alguma moral desses lembretes da expressão idiomática linguística. Em primeiro lugar, cada um desses usos, como fica evidente pelos exemplos mencionados, pode facilmente ser parafraseado sem a palavra "mente". Tudo o que se faz necessário é um correspondente predicado psicológico aplicável ao ser humano. Nesse sentido, a referência à mente é eliminável sem perdas. A fala acerca da mente, podemos dizer, é apenas uma conveniente *façon de parler*,[**] uma maneira oblíqua de falar acerca das faculdades humanas e seu exercício. Obviamente, isso não significa que a mente seja uma ficção. Não significa que seres humanos não tenham mentes próprias – o que seria verdadeiro apenas se eles fossem patologicamente indecisos. Tampouco quer dizer que as pessoas sejam desprovidas de mentes – o que seria verdadeiro apenas se elas fossem estúpidas e desprovidas de pensamento. Seria inteiramente errado sugerir que "mentes devam ser canceladas e contabilizadas como uma perda intelectual".[26] O que é verdade (e talvez o que era pretendido) é que a *concepção filosófica* da mente como uma substância imaterial é incoerente. É igualmente errôneo sugerir que nossas mentes "sejam pretensas entidades", que a agência da mente "não seja uma genuína agência... mas uma agência que pretendemos que exista e

---

[*] N. de T.: Nós, falantes do português, dizemos "mente engenhosa", "mente sagaz", "mente sábia".

[**] N. de T.: No original, em francês: uma maneira de falar.

por cujas qualidades pretendamos explicar o comportamento".[27] É verdade que a mente não é nenhum agente (a respeito do qual se dirá mais daqui a pouco), mas não *pretendemos* que nossa mente seja um agente mais do que pretendemos que nosso caráter seja um agente; e não *pretendemos* que nossa mente seja uma entidade mais que pretendemos que nossas habilidades sejam entidades. Alternativamente, em uma reflexão superficial sobre a mente, somos facilmente desencaminhados pela linguagem ao pensar que a mente é uma parte de um ser humano, que é uma substância imaterial – a pessoa ou o *Self*, e estamos prontos a atribuir agência à mente assim concebida. Isso *é* uma confusão conceitual, mas nosso discurso rico e elaborado acerca da mente não é, de modo algum, semelhante ao nosso discurso (e pretensão) acerca do Papai Noel. Repetindo, dizer que nosso discurso ordinário sobre a mente é uma mera *façon de parler*, ou que é uma *construção lógica*, não é dizer que não há mentes. Pelo contrário, é dizer que há, salvo que não são espécies de coisas. Pode-se dizer (adaptando uma frase de Wittgenstein) que a mente não é um *nada*, mas não é também uma *alguma coisa*. Deve-se observar, contudo, que a proposição segundo a qual os seres humanos têm mentes é, na melhor das hipóteses, uma proposição meramente gramatical: ou seja, uma regra de uso de palavras sob a aparência desencaminhadora de uma descrição de como as coisas são. O que significa é que se A é um ser humano, então *faz sentido* perguntar *what sort of mind* (qual tipo de mente) ele tem (sutil ou obtusa, judiciosa ou frívola), *whether he has anything in his mind* (se tem algo na cabeça) ou *whether he has made up his mind* (se já tomou uma decisão), e assim por diante.

Em segundo lugar, é obvio que nas várias expressões idiomáticas não se está falando de uma e a mesma coisa, chamada "a mente". Quando dizemos que alguém *changed his mind* (mudou de opinião), que tem *a dirty mind* (uma mente suja) e que *has turned his mind* (voltou sua atenção) para certa questão, não indicamos que há uma coisa, a mente, que tenha sido mudada, que seja suja, que tenha sido dirigida.[28] Estamos de fato falando de exatamente a mesma coisa – *a saber, o ser humano* – e de caso a caso, de frase a frase, estamos dizendo diferentes coisas *do* ser humano.

Em terceiro lugar, é evidente que a questão sobre se a mente é idêntica ao cérebro, sob uma interpretação, torna-se transparentemente absurda, uma vez que a mente não é uma espécie de entidade que pode ser idêntica a qualquer coisa. A questão é, consequentemente, transformada em uma diferente: atributos psicológicos podem ser identificados a estados, processos ou eventos neuronais no cérebro. Não discutirei a questão aqui com a minúcia que esta merece, mas é apropriado assinalar alguns pontos gerais.

1. Estados neuronais, corticais, são estados do cérebro; estados mentais são estados do ser humano; mas a identidade de um estado é logicamente dependente da identidade da entidade da qual aquele

é um estado. Assim, um estado do ser humano não pode ser idêntico ao estado do cérebro de um ser humano. O cérebro pode estar em estado de esclerose – mas o ser humano, não.* O ser humano pode estar em um estado de euforia, mas o cérebro, não.

2. Estar em um estado neuronal não pode ter as consequências que tem a posse de certos atributos mentais. Se alguém crê que algo seja assim, então ele está certo ou errado; mas seu estar em tal e qual estado neuronal não pode ser certo nem errado. Não se pode dizer "creio que *p*, mas não é o caso que *p*". Porém, se crer em *p* fosse um estado do cérebro, então estaria perfeitamente em ordem dizer "creio que *p* (ou seja, meu cérebro está em tal e qual estado), mas não *p*", ou "creio que *p*, mas se é ou não o caso que *p* é, para mim, uma questão em aberto". Se ter a intenção de V-r fosse um estado cerebral, então, poder-se-ia dizer de maneira inteligível: "Tenho a intenção de V-r, mas a possibilidade de V-r está afastada"; mas não se pode.

3. A noção de estado cerebral é deixada inteiramente opaca. Somente o neocórtex humano contém dez bilhões de neurônios, cada um dos quais com até dez mil sinapses, em constante mudança e dinâmica interação. Ninguém sabe o que vale como uma descrição apropriada de um estado cerebral, quanto mais um estado cerebral que seja idêntico à pessoa ter um dado atributo mental. Ninguém apresentou critérios de identidade para tais estados cerebrais. Com efeito, o conceito de uma descrição de um estado cerebral, tal como utilizado pelos filósofos contemporâneos, é um reminiscente da noção de descrição do estado do universo a que recorriam com similar entusiasmo e comparável vacuidade os membros do Círculo de Viena nos anos de 1930.

4. Identificar tipos de estados cerebrais (assumindo que tenhamos dado critérios de identidade para eles) a tipos de estados mentais está excluído, seja por conta de diferenças individuais significativas, seja por conta das diferenças neuronais entre espécies. A chamada identidade de espécime (*token identity*), contudo, é apenas uma hipótese não verificável de inteligibilidade duvidosa.

Em quarto lugar, o próprio domínio distinto de expressões idiomáticas pertinentes à mente sugere que não é porque temos mentes que predicados psicológicos se aplicam a nós, mas antes porque um subconjunto de predicados psicológicos um tanto quanto específicos se aplica a nós é que se pode

---

* N. de T.: Embora seja comum dizer, em português, que *alguém* está esclerosado, são os tecidos cerebrais que se tornam esclerosados.

dizer que temos mentes. Que peixes possam ver e ouvir, que pássaros possam temer um gato, que gatos queiram apanhar um pássaro, ou seja tudo o que Descartes negava, não mostra que ele estivesse errado ao negar que tivessem mentes.

Em quinto lugar, se dizemos que um ser humano tem uma mente F, não se segue, em geral, que ele seja F – precisamos examinar cada predicado por ele mesmo. Se alguém tem uma mente judiciosa, então ele é judicioso. Se tiver uma mente decidida, então é alguém decidido. Mas, se tem uma mente ociosa, não se segue que ele seja ocioso; se tem uma mente ágil, não se segue que ele seja ágil.

Em sexto lugar, embora falemos que alguém tenha uma mente rápida, ágil, original, ou lenta, ociosa e embotada, é um erro categorial supor, como Reid (e outros) fizeram, que a mente é "aquilo no qual [o homem] pensa, imagina, raciocina, quer".[29] Atribuímos aos seres humanos mentes ágeis, erráticas, imaginativas, mas não falamos, em geral, na mente como se fosse um agente, embora às vezes falemos dela como se fosse um paciente. Não é minha mente que pensa, imagina, raciocina ou quer, sou eu. Por outro lado, minha mente (cabeça)* pode ficar vazia, em torvelinho, ou vaguear – mas esses não são atos nem atividade da mente (cabeça). Não é minha mente que *make up its mind* (resolve) ou decide, que *changes its mind* (muda de opinião) ou reverte a decisão, que tem *half a mind* (está dividida) ou inclinada a algo – sou eu, um ser humano. Não é a mente que sente dor, percebe, conhece, é consciente disso e daquilo, sente-se feliz ou angustiada, deseja isso ou pretende aquilo. Foi uma confusão cartesiana atribuir todo o domínio dos atributos psicológicos à mente. Essa incoerência é multiplicada pelos materialistas atuais, que identificam a mente com o cérebro, e atribuem a mesma gama de predicados ao cérebro.

O que é, então, a mente? Se uma definição visa a fornecer uma regra para o uso corrente de uma palavra, então não há uma definição útil de "a mente", embora possamos explicar o que significa cada expressão idiomática, uma a uma. Mas se não podemos definir "mente" de maneira proveitosa *nesse* sentido de "definição", podemos perguntar o que deve ser verdadeiro de uma criatura para se dizer que ela tem uma mente. É evidente que, acima de tudo, são os seres humanos que são sujeitos dessa série de expressões idiomáticas. Algumas vezes, estendemos a expressão idiomática bizarra para um animal, como ocorre quando dizemos que um cavalo ou um cachorro não quer fazer o que queremos que ele faça *has a mind of its own* (tem ideias próprias); e descrevemos um animal que hesita ao se confrontar com alternativas como tendo finalmente *made up his mind* (se decidido). Mas isso, ainda que não

---

* N. de T.: Na língua portuguesa castiça, antes que a mente, é a cabeça que fica vazia, em torvelinho ou vagueia.

seja antropomorfização crua, é apenas uma extensão natural da linguagem, a partir de nosso próprio caso – uma maneira idiomática de dizer que o animal é teimoso ou que optou por A em vez de B. O que ocorre, então, com os seres humanos que os inclina a recorrer à panóplia da linguagem da mente? Escrutinar o espectro de expressões idiomáticas inglesas características fornece resultados interessantes. Como vimos, elas se agrupam em torno de formas do pensamento, da opinião, da recordação e da vontade que são possíveis apenas para os usuários de linguagem, pois a vasta maioria das expressões idiomáticas para a mente são relacionadas ao intelecto e à vontade, a seu exercício, aos traços e às disposições que exemplificam tais faculdades.

Uma vez tendo ficado claro isso, torna-se evidente que o domínio das expressões idiomáticas da mente coincide, *grosso modo*, não com o da mente cartesiana, mas com aquele da *psique* racional aristotélica, conforme mostra a Lista 8.3 a seguir. A exposição aristotélica profunda da *psique* estava preocupada em demarcar o animado do inanimado, em classificar o animado em categorias (muito gerais), segundo as classes de poderes que caracterizam os seres vivos e, portanto, com as formas de explicação de seus comportamentos distintivos. A *psique* é "o ato de um corpo que tem vida".[30] O ato (*enteléquia*) de uma substância são aquelas coisas que ela é ou ela está fazendo em um dado momento. Entre os seus atos estão seus poderes passivos e ativos. O poder não exercido (seja o poder disposicional, *hexeis*, sejam habilidades, *dunameis*) de uma coisa viva são atos primeiros. Esses poderes de um organismo são exercidos em suas operações vitais; o exercício é o ato segundo (*energeia*). Assim, pode-se dizer que a *psique* é "o ato primeiro de um corpo natural que tem órgãos" (DA, 412b, 4-6), pois,os órgãos de um organismo lhe conferem a possibilidade de exercer as funções vitais apropriadas à espécie de ser vivo

LISTA 8. 3
Uma concepção aristotélica da mente

Não é substância.

Não é idêntica ao corpo humano nem é distinta do corpo humano; ou seja, a questão sobre ser o mesmo ou ser diferente não faz sentido.

Não é uma parte de um ser humano.

Informa o organismo vivo, mas não está "incorporada" nele.

Possuir uma mente é ter uma série de poderes do intelecto e da vontade.

Os poderes distintivos da mente são todos ligados à *aptidão* em responder a razões.

Exclui sensação, percepção, fantasia e apetite.

Não é um agente.

Não está em relação causal com o corpo.

Não é um sujeito de atributos, atos ou atividades psicológicas.

Não é essencialmente privada.

Não é essencialmente transparente.

O intelecto e a vontade e suas atuações no pensamento e na ação não são essencialmente indubitáveis para o sujeito.

que ele é. A questão sobre se a *psique* e o corpo são uma coisa ou duas, Aristóteles ensinou, é sem sentido, como a questão sobre se a cera e a impressão feita nela são uma ou duas coisas (DA, 412b, 6-7). A *psique* não é uma *parte* do ser vivo mais que o poder de ver é uma parte do olho. Tampouco a *psique* é um "agente interno", uma substância imaterial que é o sujeito da experiência e o que dá origem à ação, animando o corpo, mas independente dele, como é a mente cartesiana. Ter uma *psique* não é possuir algo ou estar relacionado a algo – é ser capaz de fazer certa gama de coisas características dos seres vivos. Portanto, Aristóteles, diferentemente de Descartes, não atribuiu à *psique* o exercício de poderes distintos do ser do qual ela é a *psique*: "Dizer que a *psique* está raivosa é como se fosse dizer que a *psique* tece ou constrói, pois é certamente melhor não dizer que a *psique* se apieda, aprende ou pensa, mas que o homem faz essas coisas com sua *psique*" (DA 408b, 12-15) – fazer algo com sua *psique* é aparentado a fazer algo com seus talentos. A *psique* não tem partes como o corpo tem órgãos, mas apenas como uma habilidade ou uma faculdade pode ser distinta de outra. Distinguimos habilidades pelo seu exercício ou por sua manifestação. A razão é distinta da imaginação, visto que fazer inferências é distinto de aventar novas possibilidades. A visão é distinta do olfato porque discernir cores é distinto de discernir fragrâncias.

Nossos conceitos e concepções de coisas vivas são inteiramente diferentes de nossos conceitos e concepções do inanimado. Nossas explicações das atividades características de coisas vivas são totalmente diferentes de nossas explicações das atividades do inanimado. Todos os seres vivos têm um ciclo de vida característico. Formas vegetais de vida possuem o poder de crescer, tomando de seu ambiente a nutrição que metabolizam para manter suas vidas. Assim, a matéria de que são constituídas está constantemente mudando e sendo substituída; suas identidades são independentes da identidade de suas matérias constituintes. Elas possuem os poderes de reprodução. Iguais a todas as formas de vida, são vulneráveis a doenças, feridas, decadência e morte. Dadas as condições apropriadas, podem florescer. Possuem a série de poderes distintivos que Aristóteles caracterizou como *psique* vegetal. (Um resíduo dessa classificação ainda se manifesta em nosso discurso, ao dizer que uma pessoa está reduzida, por ferimento ou doença, a um "estado vegetativo".) Animais, além de possuírem uma *psique* vegetativa, possuem uma *psique* *sensitiva*. Eles possuem os poderes da sensação e percepção e de locomoção – são automoventes.[31] O poder de percepção mais universal e fundamental, essencial para a vida do animal, é o tato, e, depois dele, o paladar. O que quer que tenha desenvolvido poderes de sensação e de percepção também sente dor e prazer e pode ter prazer ou dor ao perceber. Sentir dor e prazer também é demonstrado nas manifestações de desejo e aversão (que são também as raízes das paixões). Assim, ter uma *psique* sensitiva é ser capaz de perceber, sentir, querer e mover, que estão sistematicamente entretecidos e são poderes interdependentes. O que é distintivo da humanidade é a *psique* racional – a

258 P. M. S. Hacker

habilidade de raciocinar e de agir por razões. Ter uma mente é ter um intelecto e uma vontade racional. É ser capaz de raciocinar, compreender coisas, assim como oferecer razões para pensar, sentir e agir. É ser capaz de deliberar, decidir ou escolher o que fazer ou no que crer, e modificar seus sentimentos e atitudes à luz de razões. Esses poderes complexos e de longo alcance são corolários ou decorrências de sermos usuários de linguagem.

NOTAS

1. Veja-se Wittgenstein, *The Big Typescript*, p. 434, obra na qual atribui o *insight* a Paul Ernst. Veja-se também Nietzsche, *O Viajante e sua Sombra*, § 11: "Há uma mitologia filosófica velada na linguagem". A mitologia repousa nas *formas de representação*: representamos a mente como uma *entidade*, o corpo como algo que *possuímos*, o conhecimento como uma *aquisição*, a memória como um *depósito*, o entendimento como *ato* ou uma *atividade*.

2. Locke, *Essay Concerning Human Understanding*, II, xxvii, 15. Com isso, ele se compromete com a questionável ideia da relatividade da identidade, uma vez que, consequentemente, A pode ser a mesma pessoa que B, mas um ser humano diferente.

3. Platão, *Fédon*, 114d-116a.

4. J. P. Sartre, *L'Être et Le Néant*, III, ii, 3.

5. Descartes, *Meditações*, II.

6. Descartes, *Treatise on Man* (AT XI, 131), em *Philosophical Writings*, ed. e trad. por J. Cottingham, R. Stoohhof e D. Murdoch (Cambridge University Press, Cambridge, 1985), v. 1, p. 101. [Tradução brasileira publicada como apêndice em MARQUES, Jordino, *Descartes e sua Concepção de Homem*, São Paulo: Edições Loyola, 1993.]

7. *Anima mea non est ego*.

8. "Cartesiano", isto é, um retrato galtoniano, pois seria injusto atribuir esse erro ao próprio Descartes, sem qualificações. "Consciência" era um termo novo no cenário do pensamento europeu e seu uso inicial diferia do nosso, estando associado ao conhecimento do qual se é inteirado. (Para uma história da palavra, veja-se C. S. Lewis, *Studies on Words* [Cambridge University Press, Cambridge, 1960], cap. 8). O erro de Descartes não era tanto que não distinguisse, como nós, a consciência intransitiva (estar acordado em oposição a dormindo ou inconsciente) da consciência transitiva (estar consciente de alguma coisa ou de outrem), ou que não observasse (como devemos) que os objetos da consciência transitiva – do que se está consciente – estendem-se bem além dos limites de nossos próprios atributos psicológicos. Era sua identificação da mente com a consciência (estreitamente concebida e erroneamente compreendida), sua associação da consciência ao privado e sua concepção do privado como um domínio ao qual o sujeito tem acesso privilegiado e infalível e que resulta em um conhecimento indubitável.

9. Em anos recentes, tem havido muita discussão sobre se meros animais podem crer em coisas. Mas isso é meter os pés pelas mãos. Devemos começar refletindo se eles podem ser ditos entender coisas. Então a questão sobre se eles podem ser ditos

Natureza humana **259**

crer nisso ou naquilo ou, melhor, *pensar* que as coisas são de tal e tal modo, pode ser tratada de maneira muito mais fácil.

10. Retificar seus erros não é o mesmo que *corrigir* suas crenças, ainda que, ao retificarem seus erros, eles não creiam ou não pensem mais no que previamente criam ou pensavam. Davidson argumentou que apenas uma criatura que "compreende a possibilidade de estar errado" pode crer em alguma coisa, e isso requer a apreensão da diferença entre crença verdadeira e falsa, a qual, por sua vez, requer a posse do conceito de crença ("Thought and Talk", reimpresso em *Truth and Interpretation* [Clarendon Press, Oxford, 1984], p. 170). Isso é confundir o poder de corrigir erros, que se manifesta no comportamento, com o poder de reconsiderar e corrigir uma crença. Ajustar o comportamento à percepção pode envolver retificação da má percepção e/ou retificação de um erro, por exemplo, ao pensar que o gato ainda está na árvore para a qual pulou. Não envolve, no caso do cachorro, corrigir refletidamente sua *crença*, mas seu *comportamento*. O comportamento corrigido é o critério para não mais crer ou pensar no que se cria ou pensava (para uma visão diferente, veja-se J. R. Searle, "Animal Minds", *Midwest Studies in Philosophy*, 19 [1994]).

11. "Uma aranha realiza operações que se parecem com aquelas do tecelão, e uma abelha envergonha muitos arquitetos na construção de seus compartimentos. Mas o que distingue o pior arquiteto da melhor abelha é que o arquiteto ergue a sua estrutura na imaginação antes de erigi-la na realidade" (Karl Marx, *Das Kapital,* cap. 7, seç. 1).

12. Na verdade, nem todos os animais podem reconhecer uma imagem. Poucos animais podem reconhecer uma imagem como uma imagem – se um gato passa as patas sobre a imagem de um rato, ele não está tentando apagar a imagem.

13. Para uma elaboração dessa concepção wittgensteiniana do papel e do estatuto da matemática, veja-se G. P. Baker e P. M. S. Hacker, *Wittgenstein – Rules, Grammar and Necessity* (Blackwell, Oxford, 1985), p. 263-348.

14. Muitos filósofos estão inclinados a atribuir conceitos (ou "protoconceitos") aos animais. Isso é desaconselhável. Obviamente, animais possuem habilidades de reconhecimento e poderes discriminativos de ordem elevada, o que não é suficiente para a posse de algum conceito e nem mesmo necessário para alguns conceitos. Isso é necessário para a posse do conceito de vermelho, mas o ser ao qual a posse desse conceito pode ser atribuída deve aprender que vermelho é uma cor; que se aplica a objetos extensos, mas não a sons ou odores; que, se algo for vermelho em toda a superfície, ele não pode ser simultaneamente verde em toda a superfície; que vermelho é mais escuro que rosa, e mais similar a laranja que a amarelo, e assim por diante. Em resumo, ele deve aprender a articulação lógica do conceito, isto é, o uso governado por regras de uma palavra que o expressa. Certamente, a posse de um conceito é uma habilidade complexa que admite graus. A mera habilidade de reconhecer seria suficiente para atribuir um domínio mínimo do conceito? Isso é matéria de decisão, mas há pouco a ser dito para decidir em favor da proposta. Seria separar o conceito de posse do conceito do feixe de habilidades ao qual ele é normalmente associado de maneira útil e seria separar o conceito de um conceito de suas conexões com os conceitos de aplicação e má aplicação, uso, mau uso e abuso, subsunção, extensão, reposição e substituição.

260 P. M. S. Hacker

15. Veja-se A. J. P. Kenny, *The Metaphysics of Mind* (Clarendon Press, Oxford, 1989), capítulos 1 e 2.
16. Descartes, *Princípios de Filosofia*, I, 9.
17. Sustenta-se, às vezes, que nossa ignorância acerca da consciência pode ser "o maior obstáculo em aberto [para] a compreensão científica do universo" (veja D. Chalmers, *The Conscious Mind* [Oxford University Press, Oxford, 1996], p. xi).
18. T. H. Huxley, *Lessons in Elementary Physiology* (1866), p. 193. É marcante e significativo que essa observação confusa continue a ser citada simpaticamente até hoje por filósofos, psicólogos e neurocientistas. Para um comentário sobre ela, veja-se M. R. Bennett e P. M. S. Hacker, *Philosophical Foundations of Neuroscience* (Blackwell, Oxford, 2003), p. 302-7.
19. Para uma discussão detalhada da consciência, veja-se M. R. Bennett e P. M. S. Hacker, *Philosophical Foundations of Neuroscience*, capítulos 9 a 12. O mistério correntemente associado à consciência é o produto do emaranhamento conceitual.
20. Desconsidero, aqui, as complicações produzidas pela limitação cartesiana dos "pensamentos" perceptuais ao *parecer* perceber. Isso é uma confusão adicional e uma das que se tornaram correntes na filosofia recente através da restauração da teoria causal da percepção por Grice e Strawson. Parecer perceber não é um constituinte necessário do perceber mais que tentar V-r é um constituinte necessário do V-r ou parecer recordar o é do recordar.
21. Esse é um relato wittgensteiniano radical (veja-se *Philosophical Investigations*, § 246). Eu o defendi de críticas em "Of Knowledge and of Knowing that Someone is in Pain", em A. Pichler e S. Säätelä (Eds.), *Wittgenstein: The Philosopher and his Works* (The Wittgenstein Archives at the University of Bergen, Bergen, 2005), p. 123-56.
22. Locke, *Essay Concerning Human Understanding*, II, xxvii, 9. Veja-se também W. James: "A palavra introspecção dificilmente precisa ser definida – ela significa, obviamente, o olhar em sua própria mente e relatar o que lá se descobre. *Todo mundo concorda que descobrimos lá estados de consciência*" (*Principles of Psychology*, vol. 1, p. 185).
23. "A sensação externa e a sensação interna são as únicas passagens do conhecimento para o entendimento que encontro. Apenas essas, pelo que posso descobrir, são as janelas pelas quais a luz entra nesse *quarto escuro*. Pois, creio eu, o *entendimento* não é muito diferente de uma câmara completamente vedada à luz, com apenas algumas pequenas aberturas deixadas para que entrem semelhanças visíveis externas ou ideias de coisas fora de nós; se as figuras chegassem a tal quarto e lá permanecessem, dispostas ordenadamente, de sorte a serem encontradas quando fosse a ocasião, seria muito semelhante ao entendimento do homem no tocante a todos os objetos da visão e às suas ideias (Locke, *Essay*, II, xi, 17).
24. Nos parágrafos seguintes, fiz livre uso de escritos meus anteriores. Veja-se P. M. S. Hacker, *Wittgenstein: Meaning and Mind* (Blackwell, Oxford, 1990), parte 1: *The Essays*, cap. IV: "Men, Minds and Machines", e M. R. Bennett e P. M. S. Hacker, *Philosophical Foundations of Neuroscience*, cap. 3, seç. 3.10. Veja-se também J. M. F. Hunter, "The Concept 'Mind'", *Philosophy*, 61 (1986), p. 439-51; A. J. P. Kenny, "The Geography of Mind", reimpresso em *Essays on the Aristotelian Tradition* (Clarendon Press, Oxford, 2001); B. Rundle, *Mind in Action* (Clarendon Press, Oxford, 1997), cap. 2, seç. 1; R. Squires, "On One's Mind", *Philosophical Quarterly*, 20 (1970), p. 347-56.

Natureza humana **261**

25. Não seria isso deprimentemente paroquial? Não mais que nossa questão acerca da natureza da mente – a qual é relevantemente diferente das questões acerca da natureza da alma, *Geist* ou *Seele* ou da *psique* ou da *nephesh* (*ruach* ou *neshama*). Essas questões devem ser respondidas pela investigação conceitual, e o único meio de examinar conceitos é investigar os usos das palavras e frases que expressam esses conceitos. Obviamente, uma investigação (por ex., de *nephesh*) pode frequentemente lançar luz sobre outra (por ex., em *mind*), seja por similaridade, seja por contraste.
26. Squires, "On One's Mind", p. 355.
27. Hunter, "The Concept 'Mind'", p. 442, 444.
28. Rundle, *Mind in Actions*, p. 26.
29. Thomas Reid, *Essays on the Intellectual Powers of Man* (Edinburgh University Press, Edinburgh, 2002), p. 20 (compare-se com Mill, que sustentava ser a mente "o misterioso algo que pensa e sente"). Mas não há "alguma coisa" em nós, nenhuma parte de um ser humano, que pensa e sente mais do que há uma parte de um avião que voa.
30. Aristotle, *De Anima* 412ª20; outras referências no texto, assinaladas por DA, são a essa obra.
31. Evidentemente, plantas podem se voltar em direção ao Sol e envolverem suas gavinhas em torno de qualquer coisa sobre a qual possam crescer. Não é claro se isso vale como manifestação do poder de automovimento. Mas seja lá como for, a classificação aristotélica visa apenas a oferecer uma visão de conjunto.

9

O *SELF* E O CORPO

1. O SURGIMENTO DO *SELF* DOS FILÓSOFOS

Os registros da palavra *self* remontam ao século X e, como veremos, teve uma multiplicidade de usos respeitáveis. Contudo, apenas no final do século XVII ela adquiriu o uso filosófico específico de nomear uma entidade privada dentro de cada ser humano. O primeiro uso nessa acepção, que o *Oxford English Dictionary* registra, foi feito pelo poeta Thomas Traherne em 1674: "*A secret self I had enclos'd within / That was not bounded with my clothes or skin*".* Em 1690, Locke deu a essa noção um cenário mais amplo no qual atuar:

> Cada um é, para si mesmo, aquilo que ele chama *self*... Pois... a consciência sempre acompanha o pensar e é o que faz cada um ser o que chama *self*; e, destarte, distingue a si mesmo de todos os outros seres pensantes... é pela consciência de seus pensamentos e ações presentes que é *self* para o seu *self* agora, e assim será o mesmo *self* conquanto a mesma consciência pode se estender a ações passadas ou do porvir.[1]

Diferentemente de Descartes, Locke não pensava que ele fosse uma *substância* pensante, mas apenas que o *self,* ao qual ele é idêntico, está *anexado* a uma substância que pode mudar sem mudar o *self*. Pois, se "tenho a mesma consciência" de que fiz tal e tal no passado como tenho de estar escrevendo agora, "não poderia duvidar que eu [que escrevo isso agora, que vi o Tâmisa transbordar]...** era o mesmo *self*, ponha o *self* na substância que lhe aprou-

---

* N. de T.: "*Um eu mesmo secreto encerrado no interior que não era limitado por minhas roupas ou pele.*"
** N. de T.: O nosso autor, ao citar a passagem, omite também o trecho que colocamos entre colchetes, importante para dar maior inteligibilidade ao texto, em particular, para pôr às claras a comparação entre possibilidades de duvidar.

ver, mais do que posso duvidar que eu que escrevo isso, sou o mesmo *meu self* agora enquanto escrevo (quer eu consista ou não da mesma substância, material ou imaterial) assim como era ontem.[2] O *self*, assim compreendido, parece ser aquilo a que se faz referência por meio do pronome de primeira pessoa. Em 1711, o pronome de primeira pessoa fez brotar um artigo definido,[3] e Shaftesbury justificadamente se preocupava com os critérios de identidade de seu alegado referente: a questão é "o que é o 'nós' ou o 'eu'?" e "se o 'eu' desse instante é o mesmo que aquele de qualquer instante precedente ou posterior".[4] Chegou-se a *reductio ad absurdum* quando Hume observou que esse *sujeito* mais íntimo da experiência não é nem mesmo um *objeto* da experiência. "Quando penetro mais intimamente naquilo que chamo *eumesmo*, esbarro em uma ou outra percepção particular... nunca posso me pegar em um momento sem uma percepção e nunca observo algo senão uma percepção".[5] Ele negava que estivéssemos "a cada momento conscientes intimamente do que chamamos nosso *Self*". O único *objeto* que satisfaria a especificação reclamada, argumentava ele, seria uma *impressão* constante e invariável que daria lugar à ideia do *Self*. Mas não há uma tal impressão.[6] Portanto, concluía que aquilo que é chamado "o *Self*" não é "nada senão um feixe ou coleção de diferentes percepções que sucedem umas às outras com inconcebível rapidez e estão em fluxo e movimento perpétuos". A unidade desse feixe consiste em nada mais que uma conexão causal e mnemônica.

O relato de Hume marca o impasse entre racionalismo e empirismo, como é evidente pela reação de Reid à "teoria do feixe" de Hume. "O que quer que esse *Self* possa ser, ele é algo que pensa e delibera, resolve, age e sofre. Eu não sou pensamento, eu não sou ação, eu não sou sentimento; eu sou algo que pensa, age e sofre".[7] Mas, constrangido pelo arcabouço erroneamente concebido do debate, a sua objeção fracassa, pois a única alternativa ao feixe sem sujeito de Hume parece ser um vago cartesianismo: "Meus pensamentos, ações e sentimentos mudam a cada momento – eles não têm uma existência continuada, mas sucessiva; mas o *Self* ou o eu, ao qual pertencem, é permanente e mantém a mesma relação com todos os pensamentos, ações e sentimentos sucessivos, os quais eu chamo de meus" (ibid). É verdade que o sujeito da experiência não é o conjunto dos modos da experiência. O que é desesperadamente confuso é supor que o sujeito da experiência é uma entidade *dentro* de um ser humano.

Kant deu um passo a mais. Defendeu que a psicologia racional confundia a unidade da experiência com a experiência da unidade. Os cartesianos erroneamente tomavam a ausência de referência a um objeto complexo – um variado que pode ser subsumido à categoria da substância – pela presença da referência a um objeto simples, o ego cartesiano. Kant não abandonou o modelo perceptivo do sentido interno, mas ele via que, com essas restrições, a possibilidade de atribuir representações ao *Self* é um traço puramente formal da experiência conceitualizada. Não faz sentido *procurar* no sentido inter-

264 P. M. S. Hacker

no, como Hume pretendia fazer, um sujeito da experiência. Antes, qualquer representação da qual se é consciente deve ser tal que se possa atribuí-la a si mesmo – o "eu penso" deve ser *capaz* de acompanhar todas as minhas representações.[8] Mas aqui o pronome de primeira pessoa, defendia Kant, é puramente formal e não se refere a uma substância mental, interna, que poderia ser um objeto de familiaridade. Não obstante, Kant não negava que há um *Self* empírico. Esse *Self* empírico, afirmava ele, é meramente eu mesmo tal como apareço para mim, não eu mesmo tal como sou em mim mesmo. O último é supostamente uma entidade noumenal, que deve ser tanto incognoscível (uma vez que é noumenal) e também o sujeito conhecido da lei moral, o possuidor da vontade que é boa ou má. Os mistérios do idealismo transcendental grassaram entre os idealistas alemães pós-kantianos, conduzindo a excessos tais como: *O que* eu era antes de atingir a autoconsciência?... Eu não existia de modo algum, pois não era um eu. O eu existe apenas uma vez que este é consciente de si mesmo... *O Self pressupõe a si mesmo*, e, em virtude dessa mera autoafirmação, existe".[9]

A concepção do *Self* ou "o eu" que emergiu da tradição cartesiana e lockeana provou ser sedutoramente misteriosa. Apesar dos absurdos humeanos e das obscuridades kantianas às quais ela conduziu, ainda exerce um apelo profundo. Um filósofo recente escreveu que a percepção do *Self*

> advém a qualquer ser humano normal, sob alguma forma, na infância. A constatação precoce do fato de seus pensamentos serem inobserváveis por outros, a experiência do sentido profundo no qual se está só em sua mente – esses estão entre os mais profundos fatos acerca da natureza da vida humana e fundamentam a percepção do *Self* mental. Talvez seja mais frequentemente vívido quando se está sozinho e pensando, mas pode ser igualmente vívido em um ambiente cheio de pessoas. Conecta-se a um sentimento que quase todos tiveram intensamente em algum momento – o sentimento de que o corpo é apenas um veículo ou um barco para a coisa mental que verdadeiramente ou mais essencialmente se é.[10]

Essa percepção do *Self*, dito em impressionantes termos tomados de Reid, é a percepção "que cada pessoa tem de si mesma como sendo especificamente uma presença mental; um alguém mental; uma coisa mental singular que é um sujeito consciente de experiência, que tem certo caráter ou personalidade e que é, em algum sentido, distinto de todas as suas experiências, pensamentos, etc., particulares.

O *Self*, tal como compreendido na tradição, tem muitas facetas. Da perspectiva lógica, é o sujeito de estados de consciência e de experiências conscientes sucessivas. Compreendido epistemologicamente, o *Self* é uma entidade intrinsecamente *privada* – algo *dentro* do ser humano, que cada um de nós *tem*, ao qual apenas ele tem acesso e com o qual apenas ele está verdadeiramente familiarizado. A autoconsciência é, então, concebida por ser a consciência desse *Self* e de seus estados. Confusamente, o *Self* é também suposto ser o que cada pessoa *é*, ou pelo menos o que é essencialmente, ou ainda em última instância. Assim compreendido, o *Self* é aquilo que é *mais fundamental* sobre o ser humano, pois a mente cartesiana não era o presuntivo coração e núcleo da personalidade – nem o coração da cebola que Peer Gynt* procurara na busca metafórica por seu verdadeiro *Self*. Está aqui também o tão admirável ideal da *sinceridade*, da ausência de dissimulação, fingimento, pretensão e engano:

> *To thine own self be true*
> *And it doth follow, as the night the day*
> *Thou canst not then be false to any man***

E confunde-se com um ideal inteiramente diferente de *autenticidade*: ser verdadeiro, não para si mesmo, mas para o oculto *Self*:

> *Go through the sad probation all again*
> *To see if we will now at last be true*
> *To our only true, deep buried selves*
> *Being one with which we are one with the whole world.**** [11]

Como veremos, essas várias facetas não são coerentes entre si. Isso não é surpreendente, pois a noção filosófica do *Self* é incoerente. Ela é o produto da armadilha dos filósofos na teia da gramática, de concepções lógico-ontológicas errôneas, más compreensões da epistemologia da autoconsciência e do autoconhecimento.

2. A ILUSÃO DO *SELF* DOS FILÓSOFOS

Que algo está distorcido é evidente. Uma pessoa não pode tanto *ser* como *ter* um *Self*, pois não se pode ser algo que se tem, não importa se é uma mente, um corpo ou uma identidade. Se o *Self* é algo – ou melhor, alguma

---

* N. de T.: Personagem da peça homônima de Henrik Ibsen e inspirada na vida de um fazendeiro norueguês, Peder Günt.

** N. de T.: *"Para teu próprio Self ser verdadeiro/e seguir, como a noite o dia,/não pode ser falso com ninguém."*

*** N. de T.: *"Passemos pelas tristes provações novamente/para ver se seremos por fim verdadeiros/aos nossos únicos, verdadeiros, profundamente arraigados selves/por sermos um com ele, somos um com o mundo inteiro."*

266 P. M. S. Hacker

coisa – *dentro* de um ser humano, então ele não pode ser idêntico ao seu *Self*, uma vez que o ser humano não pode ser idêntico a uma de suas partes constitutivas. Falamos no ser humano enquanto pessoa, enquanto tendo uma mente, tendo uma alma e enquanto tendo um *Self*, além de ter um corpo. Deveríamos ficar preocupados com a superlotação do navio, ou que haja uma contagem repetida no manifesto.[12]

A palavra *Self* surgiu originalmente como um *pronome e um adjetivo pronominal*, aparentado ao latim *ipse*, cuja função era enfatizar a identidade da expressão nominal associada. Em inglês arcaico *"se selfa man pe"* significa "o *próprio* homem que" ou "o *mesmo* homem que". O uso para enfatizar uma expressão nominal persistiu até o século XIX (como em *Thys is the thing selfe that is in debate*[*] (Sir Thomas More, 1532); *If a man do perform any praiseworthy action, the self deed will sufficiently commend him* ("Se um homem executa uma ação meritória, o próprio feito o recomenda suficientemente.") (J. Guilim, 1610), e *I confess to a satisfaction in the self art of preaching* ("Eu confesso satisfação na própria arte de pregar.") (Lowel, 1848). Esse uso foi gradualmente superado pelo pronome enfático *itself*. Relacionado a isso, havia o uso do *self* com um pronome pessoal no nominativo, como em *Ic sylf, He sylfa* (1000), que ocorria ainda no século XVII (por exemplo, *Self did I see a swain not long ago* ("Eu mesmo vi um campônio não faz tempo.") (B. Fletcher, 1633), mas que foi substituído pelos pronomes reflexivos *myself, himself, herself*, etc. Ao ocorrer com um genitivo possessivo, ele significava "próprio", como em *"er self visage* ("Sua própria face.") (Thomas Cromwell, 1539). Como um *adjetivo*, *self* tem um uso igualmente venerável, que persistiu até o início do século XVII, para significar "mesmo". Como em *He was that self knyght that the kiss had taken of her* ("Ele era aquele mesmo cavalheiro que lhe tomara um beijo.") (Caxton, 1489) ou *"of this selfe blood that first gaue life to you* ("Desse mesmo sangue que primeiro lhe deu a vida.") (Shakespeare, 1588). *One self* foi usado, do século XV ao século XVII, para significar "um e o mesmo", como em *good and beautiful be after a sorte one self thing* ("O bom e o belo são de certa forma uma e a mesma coisa.") (T. Hoby, 1561). Esse uso sobrevive na frase *the selfsame so-and-so* ("Um e o mesmo fulano."). O uso de *self* como *substantivo* originou-se no inglês intermediário[**] quando *self*, precedido de um pronome possessivo, como em *pi self, his self, oure awn self*, começou a ser tomado como um substantivo neutro que governa a genitivo precedente ao invés de um adjetivo pronominal

---

[*] N. de T.: "Essa é a própria coisa que está em discussão." Como a passagem trata de contar uma história paroquial da língua inglesa, preservou-se os termos historiados no original, bem como os exemplos oferecidos.

[**] N. de T.: O inglês falado no período entre a invasão normanda (1066) e meados do século XV.

que concorda com ele. Disso evoluíram usos tais como *your dear self*, *her sweet self* e, por extensão, *my other self*.*

Até agora, examinamos aqueles usos dessas aparentemente inofensivas quatro letras que significam identidade e funcionam para enfatizá-la ou para indicar a reflexividade pronominal, assinalando seu deslocamento natural para a forma nominal independente, para significar "pessoa". Uma faceta um tanto diferente de seu desenvolvimento é relativamente tardia. Por volta do século XVIII, pôde-se ver o surgimento pleno do uso de *self* para significar o que uma pessoa é em um momento específico, portanto, sua natureza, o caráter, a constituição física ou a aparência, considerada como diferente em momentos diferentes. Assim, falamos de *nosso self anterior*, de nosso *self posterior*, de ser novamente ou de procurar nosso *antigo self*, após uma doença. Simultaneamente ao surgimento desse uso diacrônico, o termo foi estendido para significar um conjunto de características *sincrônicas* que podem ser concebidas como constituindo uma de várias personalidades conflitantes em um ser humano; por exemplo, *The noblest Digladiation is in the Theater of our selves* (o mais nobre combate está no teatro de nossos egos") (Sir Thomas Browne, 1682); *Every man may, yea, ought to love himself; not his sinful self, but his natural self: especially his spiritual self, the new nature within him* ("Todo homem pode, pois, dever amar a si mesmo, não o seu *self* pecaminoso, mas seu *self* natural, especialmente seu *self* espiritual, a nova natureza nele") (Burkitt, 1703); ou *Whatever your lowest self, and not your best self, may like* (O que quer que seu mais amado *self*, e não o seu melhor *self*, possa gostar) (MacDonald, 1866). Não está senão a um passo disso distinguir a noção de seu *self*, compreendido como a preocupação com seus interesses, ou seja, como aquilo em si mesmo que é egoísta e interesseiro, como em *But self will still predominate* ("mas a vontade própria ainda predomina") (F. Burney, 1782) ou *She's better than I am– there's less o'self in her, and pride* ("Ela é melhor que eu, há menos egoísmo e orgulho) (G. Eliot, 1859). É, pois, um passo coordenado falar do verdadeiro *Self* de uma pessoa, que pode ser aquilo que é *melhor* ou, alternativamente, *mais fundamental* nela mesma. Esses, infelizmente, não são de modo algum o mesmo, conforme mostra a Tabela 9.1 para uma visão de conjunto da evolução do *self*.

Observamos que devemos primariamente a Locke o uso especial, por parte dos filósofos, de *self* para indicar uma entidade no ser humano – o verdadeiro sujeito dos atributos psicológicos ou a coleção de pensamentos coconscientes que inerem a uma substância, ou o feixe de percepções sem sujeito conectadas por causação e memória que constitui a pessoa real. Essa é uma compreensão equivocada da *mente*, por um lado, e da *pessoa*, por outro, que clama a ser erradicada.

---

* N. de T.: Respectivamente, "o seu querido ego", "o doce ego dela" e "meu alter ego".

268 P. M. S. Hacker

TABELA 9.1
A evolução de *Self*

Parte da fala	Uso/exemplo	Evolui para/exemplo
Pronome e adjetivo pronominal	Aparentado a *ipse*, como em *se selfa man þe; the thing selfe*, enfatizando um substantivo	*itself, the thing itself, the very..., the same...*
Com pronome pessoal	*Ic sylf, he sylfa, self did I*	Pronomes reflexivos *myself, himself, herself*
Com genitivo possessivo	*her self visage*	*own*
Adjetivo	*the self knyght that* *this self blood that* *One self thing*	*same* *the self same thing*
Substantivo precedido por um pronome possessivo	*Þi self, his self, oure awnself*	*your dear self, her sweet self, my other self*
Substantivo precedido por um adjetivo temporal	Para significar a natureza, a aparência de uma pessoa ou o seu caráter considerados diacronicamente	*my former self, one's later self, his old self*
Substantivo precedido por um adjetivo como *higher*, *lower*, *sinful*, *spiritual* ou um quantificador	Para significar características sincrônicas representadas como homúnculo estabelecido em aspectos da personalidade	*the higher self* *the natural self, the best self, many selves*
Substantivo precedido pelo adjetivo *true*	Para significar traços de caráter mais essenciais, fundamentais ou melhores de uma pessoa	*his true self*
Substantivo com um artigo definido ou um quantificador	O cuidado consigo próprio ou com seus interesses, os aspectos interesseiros da personalidade	*the self predominates, there is too much self in his writings*
Como um nome pseudossortal	Uso filosófico para indicar o portador alegadamente real de atributos psicológicos em uma pessoa que permanece idêntica ao longo do tempo.	*the same self, the self, my self;* também *the I* e seu primo latino, *the Ego*

É perfeitamente verdadeiro que uma criança que pensa pode não apenas se dar conta mas ficar confusa pelo fato de outros não poderem perceber seus pensamentos – mas é improvável, a menos que seja precoce, que se dê conta que tampouco ela pode perceber seus pensamentos – ela os *tem*, mas não os percebe, e ela pode partilhá-los com outros, se lhe aprouver. Ela pode, também, chegar a pensar que, portanto, está "sozinha em sua cabeça" – mas isso, longe de ser a experiência de uma verdade profunda, é a manifestação de uma profunda confusão,[13] pois um ser humano não está "sozinho em sua cabeça", visto que não está nela, e não está sozinho, embora possa estar solitário. (Seu sentimento de solidão seria aliviado se sentisse que havia mais alguém em sua cabeça?). O que é verdade é que o ser humano pode pensar e sofrer tormentos psicológicos, sem contar a outro o que pensa, sem partilhar seu sofrimento. Isso é, em verdade, um fato da vida humana, mas "fundamenta a percepção do *self* mental" apenas se for interpretado de maneira equivocada. Novamente, é verdade que, em situações um tanto quanto especiais, estamos prontos a recorrer à imagem do corpo como um veículo ou um barco para nós mesmos – falamos então em "forçar nosso corpo adiante", em nosso corpo "decepcionar-nos". Ou em "deixar nosso corpo encontrar seu ritmo". Pode-se ter atitudes frente a seu próprio corpo, atitudes de complexidade considerável, variando de amor e orgulho a desprezo, vergonha, descaso ou desapego. A conclusão, contudo, de que o corpo é meramente um veículo para "a coisa mental que é aquilo que *realmente*, ou mais *essencialmente*, se é" é uma concepção errônea radical (conforme explicaremos nas seções 3 e 4 a seguir). Um ser humano não é *realmente* uma coisa mental, mas mais *essencialmente* um ser animado espaçotemporal contínuo de certa espécie, ainda que possa manter seus pensamentos para si mesmo, que possa viver sua vida na insaciável ânsia de amor e ter uma percepção difusa de solidão.

O *Self* lockeano fora introduzido como um aperfeiçoamento da doutrina cartesiana. Locke evitou a identificação cartesiana da mente, e, portanto, do referente do "eu" em "eu penso", a uma substância espiritual e propôs, o que Descartes não fizera, um critério diacrônico de identidade da mente ou *Self*. Longe, porém, de alcançar maior clareza, isso apenas turvou águas que já eram obscuras. A mente cartesiana era concebida como sendo essencialmente privada, diretamente acessível apenas à pessoa. A mente lockeana e a concepção aberrante de um *Self* que se engendrava mantiveram essa associação com a privacidade essencial, mas a mente, *propriamente concebida*, não é essencialmente privada. Não há nada essencialmente privado acerca dos poderes racionais dos seres humanos, embora o exercício de alguns deles, às vezes, possa não ser manifesto e, em alguns casos, ser escondido. Não precisamos sempre mostrar o que estamos pensando, mas, frequentemente, é evidente que se está – pois podemos estar pensando alto ou visivelmente mergulhados no pensamento. Não é necessário que revelemos sempre no que estamos pensando, mas nada há de *essencialmente* privado em pensamentos que não expressamos, pois *podemos* expressá-los – e, se o fizermos, eles serão partilhados com os outros. De maneira similar, nem sempre se demonstra os seus sentimentos, e, algumas vezes, estes são intencionalmente ocultados. Mas *pode-se* mostrar, e frequentemente *não se pode evitar* mostrar a raiva, o amor ou o medo abafado. Se o que se passa em nossas mentes fosse essencialmente privado, não precisaríamos nos dar tanto trabalho para ocultá-lo dos outros quando não queremos que saibam o que pensamos ou sentimos.

A associação do *Self* ao essencialmente privado é bem distinta da associação do *Self* ao que é essencial em um ser humano. Falamos do verdadeiro *Self* de uma pessoa como aquilo que é mais verdadeiro nela, seus traços de caráter mais essenciais e seus comprometimentos mais fundamentais. Isso é perfeitamente lícito, conquanto seja mantido separado das noções prévias e não seja reificado. Obviamente, nada há de epistemicamente privado acerca de um verdadeiro *Self* assim concebido. Conhecer quais são seus traços e comprometimentos mais fundamentais é o fruto do esforço penoso em busca de autoconhecimento. Outros podem, no entanto, conhecer mais acerca do verdadeiro *Self* de alguém do que ele próprio conhece. Essa concepção do *Self*, ainda que seja análoga, é distinta de ainda uma outra. O verdadeiro *Self* de alguém é, às vezes, compreendido como sendo o seu *melhor Self*, aqueles traços de caráter e comprometimentos que expõem o melhor de si. Essa também é uma noção legítima, conquanto não seja nem reificada, nem confundida com suas rivais, nem fundida a elas.

A noção dos filósofos de um *Self* como um sujeito "interno" da experiência, acessível apenas a si próprio, o referente do pronome de primeira pessoa e do que alguém fala ao falar de si mesmo é uma aberração. *Uma* fonte da confusão brota da inserção de um espaço ilícito nos pronomes reflexivos *myself* (me, mim), *yourself* (te, ti), *ourselves* (nós),[*] gerando as expressões *my self* (meu *self*), *your self* (teu *self*) e *our selves* (nossos *selves*), e tomar a palavra *self* como um substantivo que designa uma entidade. Então, aparentemente, devemos investigar que espécie de coisa um *Self* é. Mas a questão é sem sentido. É como se, ao notar que podemos fazer coisas em prol de Pedro ou em prol de João e que podemos pedir a outros que façam coisas em nosso prol, perguntássemos: "O que é um prol?". Isso é manifestamente absurdo, ainda que o espaço entre a forma nominal possessiva ou entre o pronome e a palavra "prol" *seja* lícita. Falar de mim (*myself*) não é falar de um *Self* que tenho, mas simplesmente falar do ser humano que sou. Dizer que eu estava pensando em mim (*myself*) não é dizer que estava pensando em meu *Self*, mas que estava pensando em mim (*of me*), *esse* ser humano familiar a minha família e a meus amigos.

Uma segunda fonte de confusão é a suposição cartesiana de que se pode duvidar da existência de seu corpo, mas não daquele que pensa e duvida. Parece, então, como se o pronome de primeira pessoa "eu" em "eu penso" nomeia, ou se refere, àquela entidade – o eu ou ego, que é a mente ou o *Self*. O pronome "eu" é concebido então como uma expressão referencial que se refere não ao ser humano que a emprega, mas a algo nele, sua mente ou

---

[*] N. de T.: Evidentemente, essa não é uma fonte de confusão para os falantes do português, visto que dos pronomes reflexivos castiços do idioma (me, te, se, si consigo, nós, vós, se, si, consigo) apenas os das terceiras pessoas são formados por composição; e, nesse sentido, nosso autor deveria nos considerar como abençoados porque poupados de tal fonte de confusão. Mas, atualmente malditos, porque importamos do inglês o *Self*.

Self. Em alguns relatos, sustenta-se que o "eu" tem um duplo uso, para fazer referência algumas vezes ao corpo (como em "eu tenho 1,80cm") e outras, à mente ou ao *Self*.[14] O pronome de primeira pessoa, contudo, é inequívoco. É uma expressão referencial degenerada (assim como um ponto é um caso degenerado de uma seção cônica ou uma tautologia, um caso degenerado de uma proposição com sentido). Assim como uma tautologia é uma proposição sem sentido, assim também "eu", na boca daquele que o usa, não tem (e deve não ter) conteúdo cognitivo ("Quem eu quero dizer com 'eu'? – eu quero dizer eu, eu mesmo"). Sua imunidade ao fracasso referencial e à identificação equivocada (salvo nos casos de se identificar em uma fotografia) não são marcas de ser uma expressão super-referencial, mas de ser um caso-limite de um caso ordinário.[15] Longe de ser uma seta mágica que sempre atinge seu alvo, é mais semelhante a uma flecha encravada na parede em torno da qual pode-se sempre desenhar uma mosca. É mais próximo de "aqui" e "agora" que de "lá" ou "então" e muito dessemelhante de "ele" ou "ela". Pode-se dizer que é parecido a um ponto de origem de um sistema dêitico e, nessa medida, diferente dos pontos em um gráfico. Seu papel primário é indexar uma enunciação. Comumente, é usado para falar de si sem, no entanto, identificar-se – antes, usá-lo habilita a audiência a identificar o sujeito da predicação. Diferentemente de "ele" ou "ela", "isso" ou "aquilo", ele não possui um uso anafórico. Uma vez que se pode dizer que é usado para fazer referência, ele certamente não se refere a um *Self*. O fato de poder ser usado em um solilóquio silencioso não deve nos persuadir de que ele então faz referência ao *Self*, apenas que se está então pensando em si.

Uma terceira fonte de má compreensão é a concepção errônea de Locke sobre a introspecção e a autoconsciência. Se se pensa a introspecção como uma percepção interna, então parece ser como se aquilo do qual se é consciente fossem os atributos do sujeito interno da consciência – o *Self*. A consciência do *Self* surge então como consciência – ou seja, *reflexão e deliberação sobre* – dos atributos, traços de caráter, tendências e história *de si* mesmo.

Uma quarta fonte de ilusão está intimamente relacionada a esta. Há uma assimetria entre atribuições de muitos atributos psicológicos na primeira e na terceira pessoas. Para descobrir se outrem está com dor, contente ou triste, está pensando, está pretendendo agir, deve-se olhar para ver. A atribuição a outros repousa em critérios comportamentais que consistem naquilo que outra pessoa faz e diz. Mas, em caso próprio, não se observa o próprio comportamento a fim de descobrir se se está com dor, e não se tem que perceber o que se diz antes de poder dizer o que se pensa. Isso engendra a ilusão de que o sujeito próprio dos predicados psicológicos não é o ser humano observável, mas alguma outra entidade – o *Self* – nele, que é indiretamente observada, no caso dos outros, e ao qual se tem um acesso introspectivo privilegiado, no caso de si próprio.

3. O CORPO

A natureza da mente tem sido discutida obsessivamente desde Descartes e examinada em detalhe por filósofos analíticos do século XX. No entanto, é surpreendente descobrir quão pouca atenção foi dada, na tradição analítica, aos modos como pensamos e falamos acerca de nossos próprios corpos.[16] Foi assumido, com algumas exceções dignas de nota, que o conceito de corpo humano é inteiramente não problemático.[17] Filósofos, traídos pela concepção cartesiana da mente, acharam difícil ver como adequar suas mentes (compreendidas como o domínio da consciência) à concepção (ou má concepção) científica geral da natureza, mas não encontraram nada minimamente problemático em seus corpos. Supunham ser apenas um objeto físico entre outros. Esse pensamento repousa na extensa sombra lançada por Descartes:

> O primeiro pensamento que vinha à mente era o de que tinha um rosto, mãos, braços e toda a estrutura mecânica de membros que pode ser vista em um cadáver, e que eu chamava de corpo... por um corpo, eu entendo o quer que tenha determinado formato e uma localização determinável e pode ocupar um espaço de sorte a excluir qualquer outro corpo; pode ser percebido pelo toque, visão, pela audição, pelo paladar ou pelo olfato, e pode ser movido de diferentes maneiras, não por si mesmo, mas pelo que quer que entre em contato com ele. Pois, a meu juízo, o poder de automover-se, tal como o poder de sentir ou pensar, era totalmente estranho à natureza de um corpo.[18]

Como já foi observado, Descartes, diferentemente de Aristóteles, pensava o corpo como um físico, antes que como um biólogo. A vida, a seu ver, não é categorialmente diferente da natureza inanimada, é somente mais complexa, e os princípios de explicação aplicáveis aos seres vivos (excetuando-se o homem) não são diferentes dos princípios explicativos necessários para explicar a mera matéria. Poucas passagens poderiam, sob o verniz da obviedade, ser mais desencaminhadoras que esta que se acabou de citar. A "estrutura mecânica" – a anatomia do corpo humano – pode, de fato, ser vista em um cadáver, mas não a fisiologia, não a atividade frenética de bilhões de células vivas que mantêm o equilíbrio dinâmico entre o organismo e seu ambiente, nem a ação infindável dos órgãos internos que capacitam o animal vivo a funcionar e se engajar em suas formas peculiares de comportamento. O poder de automovimento é negado aos corpos e, portanto, segundo Descartes, aos animais – cujo automovimento aparente não seria menos "mecânico" que o crescimento das plantas ou os movimentos dos planetas. O automovimento genuíno, pensava Descartes, encontra-se apenas no homem e é como se fosse uma forma de telecinesia – o poder de causar movimentos do corpo pela mente. Mas quando *nós* contrastamos mente e matéria, quando admitimos o triunfo da mente sobre a matéria, não estamos falando de um poder da mente de mover a matéria; estamos considerando a resistência heróica de um ser humano à exaustão é à dor (que atribuímos ao *corpo*) – o triunfo da vontade sobre o sofrimento *físico*.

Tenho um corpo tal e tal, da mesma forma tenho uma mente tal ou tal. Sou meu corpo? Certamente não mais do que sou minha mente. Sou uma terceira coisa? O corpo de um ser humano vivo é o mesmo que o corpo que abandona ao morrer, que lega para a ciência ou deseja que seja cremado? Mesmo *o quê*? Não é o mesmo *cadáver*, uma vez que o corpo de um ser humano vivo não é um cadáver. Não é o mesmo *corpo vivo,* visto que o corpo vivo não deve ser cremado. O mesmo corpo? Isso depende do que é significado exatamente por "corpo" e se "um corpo de uma pessoa" é um termo classificatório de cobertura para tais enunciados de identidade.

NN tem uma cabeça, dois braços e duas pernas. Esse corpo tem uma cabeça, dois braços e duas pernas? Somos inclinados a dizer: "Obviamente sim!". Porém, talvez devamos ir mais devagar. Se NN foi à guerra e perdeu sua perna esquerda nas praias da Normandia, pode-se dizer dele: "Pobre camarada, perdeu sua perna esquerda na guerra". Pode-se dizer: "Pobre camarada, seu corpo perdeu *sua* perna esquerda na guerra"? Se NN morre, podemos dizer ao agente funerário: "O corpo dele tem apenas uma perna, *ele* perdeu sua perna esquerda nas praias da Normandia (e não "*o corpo* perdeu sua perna esquerda nas praias da Normandia"). Posso ter os olhos de minha mãe e o nariz de meu pai. Posso ter o nariz de meu corpo? Meu corpo *tem* um nariz? Presumivelmente apenas se ele tiver uma face? Podemos falar da face de meu corpo? – bem, certamente não é *falso* que ele tenha uma face, mas não é *obviamente* verdadeiro. (E se o que devemos dizer é indeterminado, *isso também é um dado importante*.) NN tem um uma mente rápida e uma alma nobre. Teria o seu corpo uma mente rápida e uma alma nobre? O que o corpo de uma pessoa faria com uma mente? Ou com uma alma? A floresta através da qual devemos encontrar o caminho é cerrada. Inicialmente, generalizemos a perplexidade.

O que é *ter* um corpo? O que deve ser verdadeiro de um ser para ele ser dito que *tem um corpo*? – afinal de contas, árvores e plantas certamente não têm corpos.* Meu corpo não pode pensar ou falar, não pode andar ou correr; assim, quais atributos o corpo de um ser humano *pode* ter? Temos dois braços e duas pernas. Essas são *partes* do ser humano, do organismo humano. Por extensão, também se denominam partes do corpo que se diz que um ser humano tem. Falamos de nós mesmos como tendo um corpo e estamos prontos a pensar, por analogia a ter braços e pernas, que o corpo que temos é igualmente uma parte de nós – a parte material, a outra parte sendo a mente. Esse é um movimento natural do pensamento, mas, em filosofia, o que é natural

---

* N. de T.: Talvez seja certo que plantas e árvores não tenham um *body*, mas a língua portuguesa autoriza o uso do termo "corpo" também para árvores.

é errar. Assim, devemos investigar como a mente que um ser humano tem se relaciona ao corpo que ele possui.

Estamos tentando entender um pequeno mas importante segmento de nosso esquema conceitual. Primariamente importante porque é a fonte de tantas e tão importantes confusões. Estamos lidando com maneiras antigas de pensar e falar que estão profundamente imersas em nossa linguagem.[19] Elas só podem ser esclarecidas pelo exame cuidadoso de usos familiares de "o corpo de A", "meu corpo" e frases relacionadas, e pelo escrutínio das expressões idiomáticas peculiares de *ter* um corpo e membros que correm em comparação a *ter* uma *mente*. A expressão idiomática é um pântano na selva da gramática, no qual muitos filósofos se afundaram.

A palavra *body* ("corpo")* tem muitos usos diferentes em inglês, conforme mostra a Figura 9.1 a seguir. No seu uso mais geral, um *body* (corpo) é simplesmente algo material espaçotemporal contínuo. Diferenciando *bodies* (corpos) móveis, sólidos de coisas tais como um *body* de ar frio, um *body* grande de terra e um *body* de água, *a body* (um corpo) significa um objeto material (como na lei de Newton: "um corpo permanece em estado de re-

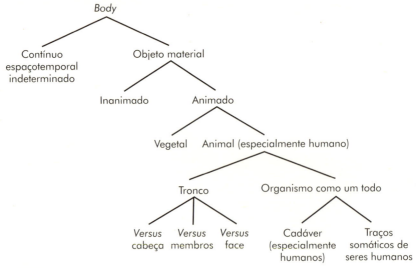

FIGURA 9.1
Usos de *body*.

---

* N. de T.: Como não se trata de uma análise da linguagem (se é que há uma tal entidade), mas de usos e costumes de uma determinada língua e, ademais, a palavra "corpo" na língua portuguesa não tem exatamente os mesmo usos que a palavra *body* na língua inglesa, como o leitor perceberá a seguir, aqui se optou por não traduzi-la.

pouso ou movimento uniforme... "). Nesse sentido, seres humanos *são bodies* (corpos), do mesmo modo como as plantas e os outros animais. São diferenciados dos corpos (meramente) materiais inanimados em virtude de serem vivos. Isso marca uma diferença qualitativa (como enfatizou Aristóteles, e Descartes negou) que deixou sua marca em nosso esquema conceitual – não porque nossos remotos ancestrais fossem muito sábios, mas porque as reações humanas primitivas ao que é vivo enquanto oposto ao morto, e ao que é vivo enquanto oposto ao inanimado, são profundamente muito diferentes.

O organismo humano é o corpo animado que um ser humano é. Claramente, um ser humano não *tem* o organismo que ele *é*. Assim, o corpo – o organismo – que ele é não é o corpo que ele tem. O organismo humano tem partes: cabeça, tronco e membros, que são partes do ser humano.

Deve-se notar que também usamos o termo *body* (corpo) para fazer referência ao tronco ou ao volume principal de um ser vivo.[20] Esse uso deriva sua significação de um ou outro de três contrastes diferentes:

1. com os apêndices, partes, membros;
2. com a cabeça, como ocorre quando falamos que alguém tem uma cabeça pequena em um corpo atarracado ou quando alguém é condenado a ter a sua cabeça separada de seu corpo;
3. com a face ou os traços, como ocorre quando observamos que Margarida tem uma face desinteressante, mas um belo corpo.

Um uso inteiramente diferente é aquele empregado para fazer referência a um cadáver, como ocorre quando dizemos que o corpo do monarca morto repousa com grande pompa, que o corpo de NN está na outra sala ou que o campo de batalha estava coberto de corpos de soldados mortos. Diversos traços interessantes estão presentes nesse uso. Em primeiro lugar, é digno de nota que no hebraico antigo, e igualmente no grego homérico, o termo para corpo (*guf*, que então não se distinguia de *gufa*, e *soma*, respectivamente) era restrito ao que hoje chamamos "o cadáver",[21] e nenhuma palavra era usada para falar do corpo que um homem vivo tem. Em segundo, é impressionante que nem todas as línguas modernas empregam a mesma palavra para se referir seja ao corpo que uma pessoa tem, seja ao corpo que ela abandona. No alemão, por exemplo, usa-se *Leib* (um cognato de *Leben*)* ou *Körper* (derivado

---

* N. de T.: Que significa vida. Talvez valha a pena observar que nosso uso em português de "corpo" para designar o cadáver seja consignado no dicionário *Houaiss* como um eufemismo; com efeito, não é improvável que o emprego do termo cadáver produza certo desconforto e seja preferível uma palavra que marque mesmo "a indesejada das gentes", para tomarmos uma expressão de Manuel Bandeira. E o emprego da expressão "corpo vivo" soa como um pleonasmo em português.

do latim *corpus*) para significar o corpo vivo e *Leiche* para significar o cadáver. Em terceiro lugar, não é claro quais criaturas se poderia dizer que deixam um cadáver ao morrerem. Certamente, uma árvore ou uma planta morta não é o cadáver ou o corpo de uma árvore ou de uma planta. As sardinhas que compramos na peixaria não são os cadáveres das sardinhas. Um cavalo morto ou uma vaca morta podem ser carcaças, mas talvez não cadáveres (novamente, se o uso aqui é indeterminado, isso é um dado importante). Em quarto, é o ser humano, o homem mortal, não o seu corpo que morre. Leônidas morreu lutando valentemente em Termópolis. Foi ele, e não seu corpo, que foi morto. O que foi deixado no campo assolado foi seu cadáver – seus *restos*.[22] Cleópatra matou-*se*, mas é duvidoso que se possa dizer, de maneira convincente, que o belo corpo que tinha se *tornou* então um cadáver. Tampouco se pode dizer que o corpo atraente que ela *tinha* está morto – ela está morta, e o que restou foi seu cadáver (e ninguém diria que é o corpo que ela tinha). Em quinto lugar, estamos inclinados a dar nosso assentimento a asserções como "quando eu morrer, não mais existirei, mas meu corpo perdurará por algum tempo" e, talvez, mesmo a "quando eu morrer, meu corpo cessará de ser eu e não mais existirei".[23] Mas, como veremos, não se pode dizer do corpo que tenho quando vivo seja eu, e que o corpo que deixo para trás – isto é, meu cadáver – não seja o corpo vivo (o contínuo espaçotemporal vivo) que eu sou. Um corpo vivo não é o mesmo *algo* que um cadáver – nenhum classificador subsume ambos. Obviamente, pode-se dizer que eles sejam o mesmo "contínuo espaçotemporal" – mas isso não é um classificador. O cadáver é um ser humano morto e um ser humano morto é tão ser humano quanto uma nota falsificada de cem é uma nota de cem reais.[24]

O uso mais comum e mais relevante para nossas preocupações significa o físico ou a figura de um ser humano, a aparência, a condição de saúde ou a forma física. Comumente, usado assim, "corpo" é acompanhado por um adjetivo modificador, como em "um corpo elástico, saudável, frágil, aleijado, atlético, forte, musculoso, belo, atraente, provocante, sensual". Frequentemente, é usado para traçar um contraste com a mente da pessoa, como ocorre quando dizemos: "Seu corpo está fragilizado, mas sua mente está ativa como sempre" (isto é, está fisicamente frágil, mas mentalmente alerta) ou quando rapazes, paquerando uma jovem mulher atraente na praia, dizem: "Olhem o seu corpo" (isto é, olhem a sua figura) e quando observamos: "Ela tem um corpo forte" (isto é, um físico forte). É esse uso que precisamos examinar. (Há muitos outros, mas não são tão relevantes para nossas preocupações agora).

Que extensão de coisas pode ser atribuída ao *meu* corpo ou ao corpo de NN? O que o corpo de uma pessoa pode *ser*? Pode ser totalmente bronzeado, ser branco por falta de exposição ao Sol, ou vermelho por exposição excessiva. Pode ser pintado de azul (como os corpos dos antigos bretões), brilhante de óleo (como os corpos dos antigos gregos no ginásio), ou estar coberto de pó, lama ou sangue. Pode estar severamente lacerado ou coberto de picadas de mosquitos. Pode estar tenso ou relaxado, forte ou fraco, em boa forma ou fora de forma, musculoso e duro ou gordo e flácido. Pode estar paralisado ou incontrolavelmente agitado, em estado de choque. E pode ser bonito ou feio, gracioso ou desajeitado, esguio ou atarracado. E pode estar coberto, nu ou exposto.

Se o corpo de uma pessoa estiver completamente bronzeado, então a pessoa está completamente bronzeada. Se alguém tem um corpo forte, duramente marcado por cicatrizes, então ele é fisicamente forte e duramente marcado por cicatrizes. E se o corpo de alguém está fora de forma, então a pessoa está fora de forma. É tentador concluir que qualquer coisa verdadeira do corpo de uma pessoa é também verdadeira da pessoa. Isso é geralmente verdadeiro, mas devemos observar as exceções. Se o corpo de Margarida é belo (se ela possui um belo corpo), não se segue que ela seja bela – pois podemos continuar: "mas ela tem um rosto feio" (veja-se p. 277). Pode-se admirar seu corpo sem admirá-la (ela pode ser uma pessoa apavorante). Um homem pode dizer: "Estou interessado em seu corpo, mas não em sua mente", contudo, a alternativa civilizada de estar interessado em seu corpo não é estar interessado em sua mente, mas estar interessado nela.

É digno de nota que nossa forma de falar acerca de nosso corpo permita descrevê-lo, bem como nossas partes (membros, cabeça e torso), como *sensitivos*. Minha perna pode comichar, minha mão estendida pode pulsar e meu corpo pode doer totalmente. Foi um severo erro de Descartes supor que o corpo humano é uma "máquina" biológica insensível. Foi um erro traçar a fronteira da mente e do corpo entre sensibilidade (e outras formas de pensamento cartesiano) e matéria insensível. Nós, sabiamente mais aristotélicos, atribuímos a sensação no corpo que um ser humano tem não menos que ao ser humano – é um aspecto da *psique* sensitiva. Sensações localizadas, tais como comichões, dores e cócegas, estão localizadas no corpo, embora não à maneira que pinos e ossos estão (ao passo que feridas no coração e "dores"* do coração apenas metaforicamente estão desse modo). Especificamos suas localizações corporais ao identificar tais sensações e apontamos para o lugar da dor, cócegas ou comichão, se nos perguntam onde dói, coça ou comicha. Aliviamos a sensação, pensamos ou cuidamos da parte do corpo que dói, esfregamos a parte que coça ou comicha. Sensações corpóreas tipicamente têm uma causa física. O seu *locus* é, tipicamente, mas não necessariamente, o lugar da sensação. Portanto, contrastamos corretamente dores *físicas* a dores do pesar, da agonia e outras formas de sofrimento mental que não têm uma localização somática.[25]

Sensações, portanto, estão no corpo. Quais são as relações entre a sensitividade de meu corpo e as sensações que tenho? Se todo o meu corpo dói, eu

---

* N. de R.: No original, *heartaches*: angústia, mágoa, desgosto afetivo.

sinto dor em todo corpo; se minhas costas doem, então tenho dor nas costas, e se minha mão dói, então tenho uma dor na mão. Mas minhas costas não *têm* dor nas costas, e minha mão não *tem* uma dor, muito menos uma dor *nela*. Se eu feri minha mão, então eu me feri – mas a minha mão não *se* fere sozinha. Meu corpo pode estar atormentado pela dor, e posso morder meus lábios para parar de gritar – mas não é meu corpo que grita, mesmo se grito inadvertidamente.

O que mais *não pode* ser dito do corpo vivo de uma pessoa? O corpo de uma pessoa não é o sujeito de atos voluntários e de predicados intencionais. Meu corpo pode tremer ou ser paralisado, mas ele não se move, ele não caminha, pula ou corre. Não é o sujeito de predicados perceptuais, cognitivos, cogitativos ou afetivos. O corpo de um ser humano não vê ou escuta, conhece, crê ou pensa, sente-se alegre ou irado. Pode pingar de suor, mas não pode chorar. Pode estar fora de forma, mas não pode se exercitar. Uma vez que o corpo de uma pessoa é logicamente excluído de ser o sujeito de tais atributos distintivos, estamos inclinados a pensar que algo *outro* que não o corpo, e *dele distinto*, deve ser o sujeito, a saber, a mente. É *o ser humano*, contudo, que é o sujeito da experiência e o agente da ação. Qual *é*, então, a relação entre o ser humano e o corpo de um ser humano?

4. A RELAÇÃO ENTRE SERES HUMANOS E SEUS CORPOS

Foi sugerido que uma pessoa humana é *constituída* de seu corpo. Uma versão dessa concepção é uma transformação mais ou menos consciente do hilemorfismo aristotélico (a *psique* sendo a forma do corpo vivo).[26] A pessoa humana, foi sugerido, está para a carne e o sangue de que é constituída assim como a *psique* está para o corpo vivo. Reconhecidamente, a pessoa humana parece competir com o corpo vivo (o organismo) pela mesma matéria constitutiva (a carne e o sangue), e, certamente, duas coisas diferentes não podem estar no mesmo lugar, ao mesmo tempo. Essa objeção é descartada em razão de, embora duas coisas da *mesma espécie* não possam ocupar o mesmo espaço, coisas de *espécies diferentes*, tais como pessoas humanas e corpos humanos, podem.

Isso está fora de foco. O organismo humano consiste de carne e sangue (isto é, tem uma constituição orgânica que pode ser diversamente descrita, em termos de partes ou em termos de materiais, e os materiais, por sua vez, podem ser descritos em diversos níveis de análise). Mas o organismo humano – o animal individual da espécie *homo sapiens* – é o ser humano. O ser humano – a pessoa humana (acerca da qual mais será dito no Capítulo 10) – não é a forma do corpo humano *nesse* sentido, ele *é* esse organismo que tem os distintos poderes que constituem ser uma pessoa. Mais ainda, a *psique* está para o corpo vivo como os poderes de uma substância animada estão para a substância, mas isso não é como o ser humano ou a pessoa está para o organismo que ela é, muito menos para o corpo que tem.[27]

Uma compreensão constitutiva diferente já foi ensaiada. A relação entre o ser humano e seu corpo, como foi sugerido, é a mesma que existe entre uma estátua, digamos o *David* de Michelangelo, e o bloco de mármore que a constitui.[28] Mas uma estátua não é constituída por um *pedaço de mármore* nem é um *pedaço* de mármore, não mais que um bolo é constituído por um pedaço de bolo ou é um pedaço de bolo, ou um carro é constituído por um pedaço de metal ou é uma peça de metal. Em inglês, *piece* é um dos partitivos atípicos mais gerais. Ele se aplica a substantivos não contáveis concretos e abstratos (como em *a piece of news* ("um pouco de novidades") e *a piece of bread* (um pedaço de pão), em contraste a partitivos típicos (específicos de tipos), tais como "grão", "barra", "gota", "pão", "bloco", "fatia", "lasca", "tira". Uma escrivaninha não é um pedaço de madeira, embora consista de pedaços de madeira, e também pode ter sido feita de pedaços de madeira. O *David* foi feito a partir de um grande pedaço de mármore já trabalhado e abandonado por Agostino di Duccio. É *feito de*, consiste de *mármore* (mais de uma tonelada de mármore), mas não consiste de uma *peça de mármore*. Tampouco é constituído por uma peça de mármore, não mais que o *Balzac* de Rodin é formado por um *bloco* de bronze ou o monumento de Leonardo Sforza é formado por um *torrão* de argila. Uma pessoa humana não consiste de um *pedaço* de carne. Ela é feita de carne e sangue, mas não é feita a partir de carne e sangue, e não é *constituída* por seu corpo.

Uma concepção inteiramente diferente é a veicular. Alguém ser tentado a alegar: "Meu corpo é o veículo de minha agência no mundo".[29] É tentador dizer que meu corpo é o corpo cujos braços se levantam quando ergo meus braços, cujas pernas se movem quando ando, e que é o corpo com cujos olhos eu vejo ao abrir meus olhos.[30] Deve-se resistir à tentação, por duas razões. Primeiro, a minha relação com meu corpo não é a de um motorista com seu carro (meu carro é, de fato, o carro cujas rodas dianteiras se viram para a esquerda ou para a direita, quando giro o volante). Ao girar o volante, o motorista faz com que este vire; mas, ao erguer o seu braço, ele não o faz subir, ou causa sua subida (conforme se viu no Capítulo 7). Ao girar o volante com suas mãos, o motorista provoca a mudança da rota do carro; mas, ao erguer seu braço, ele não provoca a subida de seu braço. Uma pessoa pode controlar seu corpo sob certos aspectos, mas não como um motorista controla o seu carro. Tampouco ele está no seu corpo como o motorista está em seu carro – mas não porque esteja "mais intimamente mesclado a ele".

Segundo, embora seja verdadeiro que veja com meus olhos e caminhe com minhas pernas, está longe de ser óbvio que possamos falar de meu ver *com meus olhos do corpo* e caminhar com *minhas pernas do corpo*. Minha cabeça, torso e membros são partes de mim – do ser humano que eu sou. Tenho um corpo e meus membros são partes de meu corpo. Mas meu corpo não *tem* um corpo. Ele *tem* cabeça, membros e torso? Embora a mereologia[*] do corpo humano seja homóloga à do corpo que ele tem, é o ser humano que *tem* braços e pernas – ou seja, *grosso modo*, não estendemos essa forma de representação possessiva muito peculiar do ser humano para o corpo que este tem. Minha perna pode estar contundida, mas não diríamos que a perna de meu corpo está contundida. Posso sofrer de meningite, mas não diríamos que o cérebro de meu corpo sofre de meningite. Essas são construções verbais às quais não se *emprestou nenhum uso* – e é melhor deixar desse modo. Poderíamos usá-las? Certamente – se mudarmos uma grande parcela da gramática circundante. Mas então as palavras não teriam mais o mesmo significado.

Podemos tentar esclarecer a relação entre um ser humano e seu corpo referindo-nos à dependência da experiência perceptual de fatos acerca do corpo. Se alguém de algum modo vê algo, isso depende dos seus olhos estarem abertos. O que é visível para alguém, costuma-se dizer, depende de onde seu corpo está localizado, da direção para a qual sua cabeça está voltada e como seus glóbulos oculares estão orientados. Tais fatos, dos quais a experiência depende, podem ser tidos como uma explicação sobre por que a "posse" de um corpo peculiar deve ser atribuída à *mesma* coisa a que são atribuídos os estados de consciência. Eles podem ser tidos como "uma explicação sobre por que um corpo peculiar deve ser falado como estando em uma relação especial – chamada 'ser possuído por' – com essa coisa", essa pessoa humana. Diz-se que eles explicam

> por que um sujeito de experiência deve ter uma consideração toda especial por um corpo, por que devemos pensá-lo como único e talvez mais importante que qualquer outro... deles se pode, até mesmo, dizer que explicam por que, dado que irei falar de um corpo como *meu*, devo falar *deste* corpo como meu.[31]

Essa passagem está sutilmente errada. Podemos conceder (com deliberadamente outro fraseado) que a experiência visual que um ser humano tem depende de onde ele esteja, do estado de seus olhos e da direção para a qual esteja olhando. Tais verdades *não* explicam, contudo, por que "um corpo peculiar" deve ser falado "como estando em uma relação especial – chamada 'ser possuído por'" – com esse ser humano. O corpo que um ser humano *tem* não é um corpo que ele *possui* literalmente, não mais que o seu aniversário, sua esposa e a mente que tem sejam coisas que ele *possua*. Pode-se ter uma casa, um ingresso para a ópera ou o direito autoral. Esses

---

[*] N. de T.: Teoria das relações parte-todo, que recebeu, nas mãos do lógico polonês Stanislaw Lešniewski, a sua primeira formulação formal rigorosa.

podem ser vendidos ou distribuídos – e, uma vez tendo-lhos vendido ou dado, eles não são mais propriedades suas, mas pertencem a outrem. Pode-se vender seu corpo – mas isso não o deixará sem corpo. (De maneira semelhante, quando Fausto vende sua alma ao demônio, ele não fica sem alma.) Vender seu corpo é vender serviços sexuais; isso deixa a pessoa privada de certas liberdades, não de um corpo. Ter um corpo não seria semelhante a ter dois braços e duas pernas? Não; pois eu posso perder um braço ou uma perna, mas não posso perder meu corpo. (Obviamente, alguém pode achar meu corpo – mas não precisa devolvê-lo. E se eu perder minha razão,* não há nenhum motivo para procurá-la na seção de achados e perdidos.) Não se poderia dizer que a relação entre o ser humano e seu corpo é de propriedade, mas, diferentemente das relações comezinhas de propriedade, a posse de um corpo é *inalienável*? Não; algo pode ser possuído de maneira inalienável apenas se *faz sentido* ser alienado.

É errado sugerir que as várias formas de dependência da experiência de um ser humano sobre sua localização, orientação e condição de seus órgãos sensórios "explicam por que um sujeito de experiência deve escolher um corpo dentre outros, talvez dar-lhe um nome honrado e atribuir-lhe todas as características que tem" (ibid.). Pois, certamente, um sujeito de experiência (conceitualizada) não "escolhe um corpo dentre outros" e o chama de seu próprio. Não se tem escolha, e nem *se poderia ter* escolha, no que chamar de "meu corpo". Mais ainda, nada poderia explicar "por que, dado que irei falar de um corpo como *meu*, devo falar *deste* corpo como meu". Como falante do português,** empregarei a *frase* portuguesa "meu corpo"; falo de meu corpo como doendo, demonstrando a idade, em forma ou fora de forma; mas não falo de "um corpo dentre outros" como meu. Se digo "meu corpo todo dói", ninguém poderia perguntar: "Qual corpo é o seu?". É tentador alegar que "aquele a que chamamos de nosso corpo é, pelo menos, um corpo, um corpo material; pode ser pinçado dentre outros, identificado segundo critérios físicos ordinários e descrito em termos físicos ordinários".[32] Mas isso é desencaminhador. "Qual corpo é meu corpo?" tem pouco uso. Casos pouco relevantes à parte, seu único uso é gramatical: ou seja, perguntar o que "meu corpo" significa. "Esse ☞ (apontando reflexivamente) é meu corpo" não tem *nenhum* uso em *selecionar meu corpo dentre outros*.[33] O corpo material, o contínuo espaçotemporal animado feito de carne e sangue, que *pode* ser escolhido (por outros), identificado e descrito em "termos físicos", *sou eu*. Mas eu não chamo

---

* N. de T.: No original, *lose my mind* (literalmente, perder minha mente), que significa enlouquecer; a construção mais próxima a essa em português é "perder a razão".

** N. de T.: Aqui nos pareceu mais adequado que a voz do autor desse lugar à do tradutor, pois quem é falante do português é o tradutor.

aquilo que eu *sou* de "meu corpo". Eu *sou* um corpo, mas eu não *me tenho*, não *tenho* o corpo que *sou*. Às vezes, falamos de nós mesmos como estando *incorporados*, mas falamos erroneamente assim. Está apenas a um passo dessa figura de linguagem pensar em nós mesmos como *residindo* em nosso corpo. Seria muito menos desencaminhador pensar em nós mesmos, com Aristóteles, não como incorporados, mas como animados (*empsuchos*) – dotados com os poderes que caracterizam a humanidade.

Vimos que a mente não é uma espécie de entidade e que nossa fala ordinária acerca da mente não é mais que uma abstração de nossa fala acerca do ser humano, acerca de suas habilidades intelectuais, mnemônicas e volitivas e dos exercícios de tais habilidades. Temos e exercemos uma série de poderes cognitivos, cogitativos e volitivos, que manifestamos em nosso comportamento. Como agentes dessa espécie, diz-se que *temos uma mente*. Igualmente, temos uma variedade de determinações corpóreas[34] – um *físico*, uma *figura*, *aparência* física, somos suscetíveis à *sensação*, temos graus de forma física (habilidade de engajar-se em *atividades físicas*) e *saúde*. Sendo assim tais agentes, com uma mente que se manifesta nas atividades e reações corpóreas, também se diz que *temos um corpo*, e podemos ser descritos como um corpo *tal e tal* (poderoso, musculoso, pequeno, gracioso). Descrevemo-nos assim quando queremos focalizar tais atributos e manifestar nossas *atitudes* em face deles. Podemos ser orgulhosos de nosso corpo (se ele estiver em forma e for belo) ou envergonhados dele (se for gordo, flácido e feio), admirar a beleza dos corpos dos jovens e ficar chocado com os corpos mutilados dos feridos. Podemos estar confortáveis com nosso corpo ou pouco à vontade com ele (por exemplo, se estivermos patologicamente obcecados por nossa aparência física e condição). Sendo criaturas autoconscientes, muito preocupadas com a atração sexual e comumente dados a graus de hipocondria, não é surpreendente que pensemos muito em nossa atração e condição físicas e em nossa aparência estética.

Obviamente, no sentido em que "um corpo" é um contínuo espaçotemporal material, então, seres humanos são corpos – embora esse seja um uso quase técnico de "corpo", e não algo que possa ser dito de maneira não desencaminhadora ou inofensiva no discurso extrafilosófico. Contínuos espaçotemporais materiais podem ser inanimados ou animados. Aqueles que são animados são organismos de diferentes graus de complexidade biológica. Seres humanos são organismos altamente complexos e, nesse sentido, são também corpos. Ser um corpo nesse sentido, ser um organismo, implica ser um corpo no sentido mais geral. Falamos de nós mesmos ainda como *tendo* um corpo saudável, idoso, fraco ou forte. Certamente, apenas uma criatura que é um corpo no sentido anterior pode então ser dita que *tem* um corpo. A questão controversa é: o que há de ser verdadeiro em uma criatura que é um contínuo espaçotemporal material para ela ser dita que tem um tal e tal corpo? A resposta mais coerente é: apenas se for possível dizer que tem uma tal e tal mente. Sem dúvida, algumas vezes estendemos a expressão idiomática a outros animais, por analogia conosco. Podemos bem dizer que o pobre corpo de um cavalo ferido está terrivelmente lacerado, assim como podemos dizer de um cavalo teimoso que *has a mind of its own*** (tem ideias próprias), o qual se recusa a fazer o que queremos que faça. Tais usos são extensões inofensivas, mas mostram um pouco da rica teia de conexões no caso paradigmático. Podemos dizer também que a expressão idiomática *"ter um corpo"* é uma marca formal da vida sensitiva avançada que, ao morrer, deixa um cadáver. Não é coincidência que as atitudes humanas frente à morte sejam singulares, e que o tratamento dos cadáveres esteja envolvido em um ritual.

Assim, falar de nosso corpo não é uma forma menos derivada, ou parasitária, de nossa fala sobre o ser humano como um todo do que falar de nossa mente. Dizemos de outrem: "Ela tem um corpo belo (atlético, desajeitado, elegante, troncudo), rosto doce (azedo, atrativo, expressivo, provocante), uma mente vívida (embotada, inquisitiva, rápida, lenta) e um coração amável (suave, duro, quebrado)". Até pararmos para pensar nisso, não ocorreria a ninguém que estamos fazendo outra coisa que não seja falar de um só ser humano – especificando uma variedade de diferentes estilos que nossa complexa espécie pode exemplificar em uma variedade de modos complexos. Mas, tal como Agostinho, uma vez que alguém nos pergunte, uma vez que tenhamos parado para pensar, vemo-nos emaranhados em uma teia de palavras.

Qual é, então, a relação entre a mente e o corpo? O problema mente--corpo *é* insolúvel, pois é um resíduo desesperadamente confuso da tradição platônica/agostiniana/cartesiana. Ele não pode ser resolvido, mas apenas *dissolvido*. A mente não é uma entidade que poderia estar em uma *relação* com algo. Como vimos, todo discurso acerca da mente que um ser humano tem e de suas características é um discurso acerca dos poderes intelectuais e volitivos que ele tem e de seus exercícios. O corpo que um ser humano *é*, o organismo vivo, tem e exerce essas habilidades volitivas e intelectuais distintivas a que nos referimos, ao falarmos das mentes das pessoas. Mas o corpo que se diz que um ser humano *tem*, quando falamos de seres humanos como tendo corpos belos ou atléticos, não é a espécie de coisa que poderia ser dita que possua habilidades intelectuais e volitivas. Falamos desse modo do corpo de seres humanos quando focalizamos características corpóreas que o ser humano em questão tem. Essas características, o próprio espectro distintivo de traços corpóreos de um ser humano e que atribuímos ao corpo que ele tem, não são as espécies de coisas que poderiam determinar sua mente, vir à mente, ou mudar sua mente.

---

* N. de T.: literalmente "Tem uma mente própria."

284 P. M. S. Hacker

A mente que um ser humano tem e o corpo que ele tem não são as espécies de coisas que podem estar em *alguma* relação umas com as outras, no sentido em que João e Pedro (ou Londres e Paris, ou um homem e sua propriedade) podem estar em várias relações um com o outro. A aparente relação é comparável à "relação" entre o significado de uma palavra e os fonemas pelos quais a palavra pode ser analisada – ambos sendo abstrações da palavra significativa em uso. A palavra portuguesa "gato" *tem* um significado (significa o quadrúpede carnívoro *Felix domesticus*), mas não está em uma *relação* com seu significado mais do que eu estou em uma *relação* com minha mente. A série de fonemas g-a-t-o não tem um significado, nem está em uma relação com um significado – é uma abstração dos foneticistas do significado pleno de uma palavra do português. Novamente, pode-se comparar a questão sobre como minha mente está relacionada a meu corpo com a questão a respeito de como o valor de uma nota de R$ 10 está relacionada à sua cor. Aqui também podemos explicar que a nota de R$ 10 é vermelha e que tem um valor de dez reais, mas a cor vermelha não está em nenhuma *relação* com o valor de dez reais. Vermelho não *tem* valor (monetário), o valor de dez reais não tem cor e a nota ela própria não está em nenhuma *relação*, seja como o seu valor, seja com sua cor. Assim, também, meu corpo não tem uma mente (o que meu corpo faria com uma mente?). Mais ainda, tampouco este está em relação com minha mente; *eu* tenho uma mente e um corpo, mas "ter", aqui, não significa uma relação.

NOTAS

1. Locke, *Essay Concerning Human Understanding*, II, xxvii, 9 ss.
2. Ibid., II, xxvii, 16.
3. Um artigo indefinido, como em "um outro Eu" (isto é, um segundo *Self*, um bom amigo) foi registrado em 1579. O uso com o artigo definido data de 1599, mas aparentemente não se tornou comum até a corrupção filosófica do século XVIII.
4. Shaftesbury, *Characteristics of Men, Manners, Opinions, Times* (Cambridge University Press, Cambridge, 1999), p. 420.
5. Hume, *Treatise of Human Nature*, I, iv, 6.
6. Obviamente, ele não tinha familiaridade com o tinido. Mas sofrer de uma doença não é ser assim abençoado com um conhecimento em primeira mão do *Self*.
7. T. Reid, *Essays on the Intellectual Powers of Man*, Essay III, cap. IV.
8. O nível de generalidade no qual Kant opera mascara o caráter questionável do raciocínio. Se ter uma dor é uma representação, ela não pode ser acompanhada por "eu penso", embora atribuamos a dor a nós mesmos.
9. J. G. Fichte, *The Science of Knowledge* (Cambridge University Press, Cambridge, 1982), p. 97 ss. (originalmente publicado em 1794/5)
10. Galen Strawson, "The Self", reimp. em R. Martin e J. Barresi (Eds.), *Personal Identity* (Blackwell, Oxford, 2003), p. 338.
11. Matthew Arnold, "Empédocles on Etna".

Natureza humana **285**

12. Para uma discussão esclarecedora desses temas, veja-se A. J. P. Kenny, *The Self*, Aquinas Lecture, 1988 (Marquette University Press, Milwaukee, 1988).

13. Que crianças inteligentes estejam sujeitas a intrigas filosóficas, e prontas a formular questões filosóficas, é familiar. Estão também aptas, como se poderia esperar, à confusão filosófica profunda, as quais elas normalmente não resolvem, mas que, com o passar do tempo, esquecem. Tolstoi conta que, quando criança, "imaginei que além de mim mesmo ninguém e nada mais existia no universo, que os objetos de modo algum eram objetos, mas apenas imagens, que apareciam somente quando prestava atenção nelas, e, assim que parava de pensar nelas, essas imagens imediatamente desapareciam... Havia momentos em que, sob a influência dessa *ideia fixa*, atingia um tal estado de insanidade que às vezes olhava rapidamente em torno esperando apanhar o nada, inconsciente de onde eu não estava" (*Childhood, Boyhood and Youth* [Oxford University Press, Oxford, 1930], p. 197). Longe de ser a visão de uma verdade eterna, isso demonstra, assim como a ideia de estar solitário em sua mente, a vulnerabilidade a uma falácia perene.

14. Muito foi feito da distinção que Wittgenstein traça no *Blue Book* entre o uso de "eu" como sujeito (como em "eu tenho dor") e seu uso como objeto (como em "eu quebrei o meu braço"), o último invocando alegadamente reconhecimento de uma pessoa e sujeito à identificação errada. Mas a distinção estava errada (e Wittgenstein nunca mais a mencionou novamente). Eu posso me enganar se é o meu braço ou o seu que está quebrado, ou, em circunstâncias excepcionais, se *este* braço é o meu ou o seu. Mas, mesmo em tais casos, quando digo "eu quebrei meu braço", não me *identifico erroneamente* ou erroneamente me tomo por você. Antes, eu tomo erroneamente meu braço pelo seu, erroneamente atribuo a mim algo que é atribuível a você.

15. Veja-se G. E. M. Anscombe, "The First Person", em S. Guttenplan (Ed.), *Mind and the Language* (Oxford University Press, Oxford, 1975) e A. J. P. Kenny, "The First Person", reimpresso em seu *The Legacy of Wittgenstein* (Blackwell, Oxford, 1984). Para uma visão de conjunto das ideias de Wittgenstein sobre esse tema, veja-se P. M. S. Hacker, "I and Myself", em *Wittgenstein – Meaning and Mind* (Blackwell, Oxford, 1990), e, para uma elaboração ulterior, veja-se H. -J. Glock e P. M. S. Hacker, "Reference and the First-Person Pronoun", *Language and Communication,* 16 (1996).

16. Filósofos continentais não negligenciaram o corpo humano; por exemplo, Max Scheler, *Zur Phänomenologie und Theorie der Sympathiegefühle und von Liebe und Hass* (Niemayer, Halle, 1913); Jean-Paul Sartre, *Being and Nothingness* (Methuen, Londres, 1957), parte 3; e Maurice Merleau-Ponty *The Phenomenology of Perception* (Routledge e Keagan Paul, Londres, 1962).

17. A exceção mais útil que observei foi em D. C. Long, The Philosophical Concept of the Human Body", *Philosophical Review*, 73 (1964), e "The Bodies of Persons", *Journal of Philosophy*, 71 (1974); J. Cooke, "Human Beings" em P. Winch (Ed.), *Studies in the Philosophy of Wittgenstein* (Routledge e Keagan Paul, Londres, 1969).

18. Descartes, *Meditations*, 2 (AT, VII, 26).

19. Há muitas imagens verbais que sobrevivem na língua inglesa, relacionadas ao corpo, que são ainda mais velhas e que caracterizam diferentes linguagens, modernas e antigas. Frases como "*it made my blood boils*" ("fez o meu sangue ferver"), "*in the marrow of may bones*" ("nos meus ossos"), *on my head be it* ("estar sobre minha cabeça"), *my face burned with shame* ("minha face queimou-se de vergonha"), *to get it off one's*

286 P. M. S. Hacker

chest ("abrir o peito") e *"not to breathe a word"* remontam às brumas da pré-história. Veja-se R. B Onians, *The Origin of European Thought* (Cambridge University Press, Cambridge, 1951)

20. Também, evidentemente, para a parte principal de coisas inanimadas, como ocorre quando nos referimos ao corpo (a nave) de uma igreja em contraste com as laterais ou os transeptos, ou ao corpo de um documento em contraste com o preâmbulo ou os apêndices.

21. Impressionantemente, *"corpse"* (*"cors"*, *"corps"*), igual ao latim *corpus*, originalmente podia significar tanto o corpo vivo como os restos morais (*"dede corps"* [1385] não era um pleonasmo).

22. Não dizemos do barco que transporta o caixão de Winston Churchill que ele "está conduzindo Sir Winston Churchill em sua última viagem"? Não escrevemos do cortejo normando, que abre caminho no meio das brumas da Normandia trazendo de volta à Inglaterra o cadáver fétido de Henrique I, que "Henrique I está voltando para casa"? Não dizemos "Nelson está enterrado em St. Paul"? – Sim, dizemos; a questão que dá lugar a dúvidas é o que é significado por isso. Churchill já fizera sua última viagem e Henrique I nunca mais retornaria para casa – isso é assumido como entendido, mas o *pathos* adicionado por tal fraseado é manifesto. O que está enterrado em St. Paul são os corpos – cadáveres – de grandes e gloriosos mortos. Eles próprios não mais existem. Um animal morto não é um animal? Certamente, podemos dizer que o coelho que você está comendo agora é um e o mesmo animal que o coelho que você viu e no qual atirou ontem; esse não é um enunciado de identidade? Podemos também dizer que a carne de cervo que você está comendo agora é um e o mesmo animal que o cervo que você viu e no qual atirou ontem? "(Animal) morto" não é uma fase classificativa. "Infância", "meninice", "juventude", "maturidade", "senilidade" são fases através das quais qualquer ser humano deve naturalmente passar, se viver suficientemente. Estar morto não é uma fase da vida humana, mas seu término. Quando morro, não me torno um cadáver – eu deixo de existir, deixando para trás meu cadáver – meus restos. O adjetivo "morto" funciona, sob certos aspectos, como "simulacro" ou "falsificação". Um cavalo morto não é um cavalo mais que um falso Picasso é um Picasso.

23. Kenny, *The Self,* p. 24.

24. Certamente, há suficiente flexibilidade na nossa forma de representação para providenciar alguma *licença* para fazer referência ao cadáver – ao corpo morto – como uma pessoa humana, especialmente logo após a morte – como ocorre quando alguém descobre o corpo morto de um camarada no campo de batalha e exclama: "Oh não! É N. Ele levou um tiro".

25. É digno de nota que, quando corpo e alma são contrastados, vulnerabilidades e suscetibilidades adicionais, outras que meras sensações, são então comumente atribuídas ao corpo – à carne. Pois luxúria, avareza e gula, desejos intensos e vícios – as "paixões inferiores" ou apetites – são frequentemente (especialmente nas culturas cristãs) associadas ao corpo, na divisão entre corpo e alma. Consequentemente, quando a alma é contrastada ao corpo ou à carne, está sendo traçada uma distinção inteiramente diferente daquela entre mente e corpo, quer essa última distinção seja construída em termos cartesianos, quer segundo as linhas descritas neste livro.

26. Veja-se David Wiggins, *Identity and Spatio-Temporal Continuity* (Blackwell, Oxford, 1967), p. 47-9, no qual tal visão constitutiva aristotélica é avançada. Uma variante

Natureza humana **287**

foi proposta em *Sameness and Substance* (Blackwell, Oxford, 1980), p. 164. Aqui, ele caracteriza o corpo de uma pessoa como aquilo que *realiza* a pessoa enquanto ela estiver viva e que será abandonado quando esta morrer. As duas concepções foram abandonadas em *Sameness and Substance Renewed* (Cambridge University Press, 2001). A heróica odisseia de Wiggins é altamente instrutiva.

27. É digno de nota que se possa rapidamente gerar paradoxos se afirmarmos sermos feitos de carne e sangue, e também que nosso corpo é feito de carne e sangue, pois enquanto eu *sou* o organismo vivo que é feito de carne e sangue, eu não o *tenho*. Mas é fácil ver como podemos irrefletidamente escorregar ladeira abaixo. O choque pode ser evitado restringindo-se a atribuição de constituição orgânica a si mesmo – ao organismo vivo.

De maneira similar, nós (especialmente os filósofos) estamos prontos a dizer coisas tais como "meu corpo pesa *n* quilos" e "meu corpo tem *n* metros de altura". Normalmente, não se pode objetar a isso, uma vez que não significa nada mais, nada menos, que "eu peso *n* quilos" e "eu tenho *n* metros de altura", mas pode ser também usado para gerar paradoxos. Se tenho *n* metros de altura e peso *n* quilos, e meu corpo também tem *n* metros de altura e pesa *n* quilos, haveria dois objetos físicos aqui, ocupando o mesmo espaço? – a questão está certamente deslocada. "Meu corpo", sugerimos, não é mais que uma *façon de parler* – uma maneira de falar de minhas características corpóreas, não uma maneira de fazer referência a uma entidade física em que habito. Pode-se comparar, sob certos aspectos, com "a meu favor (*my sake*)". Se você V-r a meu favor, então você V-rá por mim. Você, então, V-rá a favor de uma coisa ou de duas? Aqui, a questão está patentemente deslocada. O que devemos fazer, então, com a frase "o corpo que tenho"? O corpo que tenho é tão pesado, alto, gordo como é o corpo que sou? Ele ocupa o mesmo espaço que o corpo que sou? A frase "o corpo que tenho" pode ser comparada, de maneira esclarecedora, com a frase bastarda *"the sake I have"* ("o objetivo que tenho"). Se você faz algo a meu favor (*for my sake*), mas não faz o mesmo em favor de A (*for A's sake*), é porque meu intento (*my sake*) é mais valioso que o de A? A frase *"the sake I have"* ("o objetivo que tenho") é manifestamente um *nonsense*. A frase "o corpo que tenho" não é; porém, se malconcebida, pode conduzir ao *nonsense*.

28. L. R. Baker, *Persons and Bodies – A Constitution View* (Cambridge University Press, Cambridge, 2000). Veja-se também S.. Shoemaker, *Personal Identity: A Materialist's Account* (Blackwell, Oxford, 1984), p. 113, o qual mantém que uma estátua de bronze consiste de um "pedaço de bronze" e que a *quantidade* de bronze do qual ela é composta é uma *entidade*. Isso é um erro. "Um pedaço" é um partitivo que designa um *particular* (como "grão", "pepita", "fatia", "lasca") e artefatos não *consistem* das partições particularizadas da matéria da qual são feitos. Assim, por exemplo, meu anel de ouro não consiste de três pequenas pepitas, quatro lascas e cinco grãos de ouro, ainda que eles possam ter sido fundidos a fim de produzir os *n* gramas de ouro do qual meu anel realmente consiste. Artefatos podem, com efeito, ser tipicamente ditos consistirem do material constitutivo identificado por partitivos que designam *quantidades*, tais como "um grama (de especiaria)", "um litro de água", "uma mão cheia de arroz". Essas não são, porém, coisas ou "entidades", mas quantidades.

29. R. G. Swinburne, *Personal Identity* (Blackwell, Oxford, 1984), p. 22.

30. Veja-se P. M. S. Hacker, "Strawson's Concept of a Person", *Proceedings of the Aristotelian Society*, 102 (2001), p. 30 ss., no qual sucumbi a esta tentação.
31. P. F. Strawson, *Individuals* (Methuen, Londres, 1959), p. 93.
32. Ibidem, p. 89.
33. Pode ser também usado retoricamente em circunstâncias carregadas, por exemplo, sexuais, ou para declarar a liberdade de se fazer algo como bem aprouver, por exemplo, fazer-se ser tatuado.
34. Não determinações físicas (se por "física" entendermos atinente à física) – esse é o caminho cartesiano para nenhures.

10

A PESSOA

1. O SURGIMENTO DO CONCEITO

O conceito de pessoa é central em nosso pensamento acerca de nós mesmos, de nossa natureza e de nossas relações morais e legais. Que os seres humanos sejam pessoas não é uma tautologia trivial, mas uma asserção fundamental acerca de nosso *status* moral e de nossa singularidade na ordem da natureza. Kant escreveu que "*uma pessoa* é um sujeito cujas ações podem lhe ser imputadas. Portanto, personalidade moral não é senão a liberdade de um ser racional sob leis morais". E acrescentou: "Ao passo que a personalidade psicológica é apenas a habilidade de ser consciente de sua identidade em diferentes condições de sua existência".[1] Autoconsciência e consciência de sua identidade diacrônica, a seu ver, são pré-condições do ser pessoa, mas não são condições suficientes. No sistema da natureza, dizia ele,

> um ser humano é um ser de pouca importância e partilha com o resto dos animais, enquanto criatura da terra, um valor ordinário. Ainda que um ser humano tenha, por seu entendimento, algo mais que eles e possa pôr fim a si mesmo, isso lhe dá apenas um valor *extrínseco*, por sua utilidade... Mas um ser humano, considerado como uma *pessoa*, ou seja, como um sujeito de uma razão prática moral, eleva-se acima de qualquer preço; pois como pessoa não se lhe pode atribuir valor apenas como um meio para fins de outros, mas como um fim em si mesmo, ou seja, possui uma *dignidade* (um valor absoluto interno) pelo qual exige *respeito* para com ele de todos os outros seres racionais do mundo.[2]

Nenhum filósofo deu mais ênfase ao caráter *ético* do conceito de pessoa e à sua ligação essencial com o conceito de *liberdade* (portanto, *razão*) e *responsabilidade* e teve maior influência na atribuição de tal papel axial ao conceito de pessoa assim concebido na caracterização de nosso esquema conceitual.

Nem sempre foi assim. O conceito de pessoa originou-se da palavra *persona* – a máscara (em grego, *prosōpon*) usada por um ator no mundo antigo para significar o papel que estava representando,[3] donde foi naturalmente estendido para o papel que um ser humano tinha na vida. Nos escritos dos estóicos, a ideia de *persona* era associada à moralidade, não através da noção do homem como possuidor dos poderes da razão prática, mas antes pelo papel social – o que viria a ser conhecido posteriormente como a ética de "minha posição e seus deveres". Epicteto insistiu que "desempenhar bem o papel (*prosōpon*) designado é nossa tarefa, mas escolher o papel é tarefa de outrem". Impressões similares são expressas por Cícero no *De Officciis*, obra na qual compara os personagens dramáticos criados pelos escritores ao personagem (papel, *persona*) que a natureza designou a cada um de nós.[4]

A associação de *persona* à noção de um papel espalhou-se pelas cortes legais, pois o acusador e o defensor estão, analogamente aos atores no palco, desempenhando papéis claramente definidos, e "*persona*" passou a ser usada para eles. A expressão foi rapidamente estendida para compreender seres humanos em outras relações legais características, em particular, *qua* detentores de *ius* (termo comumente traduzido como "um direito").[5] Desse modo, nas *Institutes I*, §8, é observado que "todo direito do qual tratamos pertence a pessoas, a coisas ou a causas", e o §9 acrescenta "e, com efeito, a mais alta divisão jurídica de pessoas (*Et quidem summa divisio de iure personarum*) é esta, que todos os homens são ou homens livres ou escravos". Aqui "pessoa" está em contraste com coisas e estende a noção original de *papel* para significar *ser humano* em geral. (Empregada assim, a proposição kantiana anterior, "seres humanos são pessoas", seria uma tautologia trivial).[6] No entanto, o direito romano rapidamente se desenvolveu de sorte a excluir escravos da categoria de pessoas. Os tradutores das *Institutes* de Justiniano caracterizam os escravos como *aprosōpos*, e das codificações de Justiniano em diante, apenas o homem legalmente qualificado é uma pessoa. Escravos eram caracterizados como coisas e uma pessoa era definida como um homem com *status* civil (*Persona est homo statu civili praeditus*).

Complicações ulteriores foram geradas pela labuta cristã com a Santíssima Trindade. Teólogos gregos caracterizaram Pai, Filho e Espírito Santo como três *hypostases* com uma *ousia* (natureza ou essência) divina. A tradução latina disso gerou sérias dificuldades, uma vez que *hypostasis* ("fundação" ou "estar sob") é literalmente traduzida por *substantia*, que é usada também para traduzir *ousia*. Tertuliano, no *Adversus Praxeas*, sugeriu que a Santíssima Trindade consistia de três *pessoas* em uma substância, e observava que usava esse termo com o propósito de distinguir Pai, Filho e Espírito Santo, não para separá-los ("*Personae, non substantiae nomine, ad distinctionem non ad divisionem*").[7] Era acerca dessa doutrina que, posteriormente, Agostinho observou de forma cândida no *De Trinitate*: "Dizemos 'três pessoas' não porque isso expresse exatamente o que queremos dizer, mas porque devemos dizer algo".

Boécio, no século VI, definiu "pessoa" como "uma substância individual de natureza racional".[8] Isso separava o conceito de pessoa daquele de papel e o associava à série de capacidades que Aristóteles havia enfatizado como dis-

Natureza humana **291**

tintiva dos seres humanos de outros animais. O nexo conceitual foi adotado (e modificado) por Tomás de Aquino e transmitido à filosofia moderna.

Na filosofia da era moderna, o conceito de pessoa foi o *locus* de muita confusão. O que é precisamente uma pessoa? Como a pessoa está relacionada ao ser humano que ela é? Como a pessoa está relacionada à mente e ao corpo que se diz que um ser humano tem? A confusão não é surpreendente. Por um lado, o debate tradicional estava entrelaçado a compromissos religiosos de inteligibilidade questionável, concernentes à sobrevivência após a morte. Por outro lado, a família dos conceitos de pessoa, corpo, mente e alma foi, e de muitos modos permanece, sendo desconcertantemente fluida. *Person* ("pessoa") pode ser usada para falar da personalidade de um ser humano, como em *He is not the same person as he used to be* ("Ele não é mais a mesma pessoa que costumava ser"). Pode também ser usada para fazer referência a características corporais de um ser humano, especialmente no que diz respeito à aparência e à maneira de se vestir, como em *a fair person* ("uma pessoa distinta"), *comely of person* ("uma graça de pessoa"), *a pale, thin person of a man* ("um magro e pálido espectro de homem") ou em *in disregard of one's person and dress* ("sem levar em conta a aparência ou as vestimentas"). Empregada assim, aproxima-se de "corpo". Inversamente, *body* ("corpo") pode também significar pessoa, como em *a better body neyuer drunk wine*[*] ("uma boa pessoa jamais bebe vinho") (1340); *every noble body ought soner chese deth thene to do... thing that sholde be ayenst their honour* (1475); *the foolish bodyes say in their hertes: Tush there is no God* ("O toló diz em seu coração: Deus não existe");[**] e, ainda tardiamente, em 1771, *The countess was a good sort of body* ("a condessa era uma boa pessoa"). Tudo o que permanece desse uso no inglês contemporâneo (em contraste com o inglês escocês) é *somebody* ("alguém"), *anybody* ("qualquer um"), *everybody* (todos) e *nobody* ("ninguém"). Para multiplicar a confusão, a alma, assim como o corpo, é apresentada como algo que uma pessoa tem; mas a palavra *soul* ("alma") também pode significar vivos ou pessoas – como em *The number of British slain in 11 years was 112.000 souls* (1672) ("o numero de britânicos assassinados foi de 112.000 almas em 11 anos"), *We have now pretty accurately ascertain'd the Number of Souls... existing in England* (1724) ("agora confirmamos bem acuradamente o número de almas... que existem na Inglaterra"), e *poor soul* ("pobre alma") ou *a merry old soul*.[***] Por último, *mind* ("mente"), que significa igualmente algo que uma pessoa é apresentada como tendo, pode também significar indivíduo[****] racional, como em *The best*

---

[*] N. de T.: Frase do inglês intermediário, que ocorre na obra *Cursor Mundi*.

[**] N. de T.: *Salmos*, 14:1.

[***] N. de T.: Tradução literal, que não faz muito sentido em português, "uma velha alma alegre"; a expressão *old soul* é usada para designar aquela personalidade precocemente envelhecida.

[****] N. de T.: No original, *people*, normalmente traduzido também por pessoa.

292 P. M. S. Hacker

minds [the most intellectually gifted people] in Britain were gathered at Oxford ("as melhores mentes [os indivíduos mais bem-dotados intelectualmente] na Grã-Bretanha foram reunidos em Oxford") ou *Two minds [thinking people] are better than one* ("duas mentes [indivíduos pensantes] é melhor que uma única").

As fontes de confusão, no entanto, estendem-se mais profundamente. Elas também são encontradas na gramática das predicações psicológicas em primeira pessoa e na assimetria dessas com as atribuições em terceira pessoa, pois a atribuição de predicados psicológicos em terceira pessoa repousa em critérios comportamentais, mas os enunciados em primeira pessoa, não. Assim, somos propensos a confundir a ausência de critérios comportamentais "externos" com a presença de critérios mentais "internos", aos quais o sujeito, aparentemente, tem acesso privilegiado. A confusão é ainda mais exacerbada pelo conhecimento de curiosas experiências, tais como experiências de "estar fora do corpo", e multiplicada pela doutrina religiosa e promessas de uma vida depois da morte, que encorajam a identificação errônea da pessoa com a mente ou a alma.

2. UMA TRINDADE NÃO SAGRADA: DESCARTES, LOCKE E HUME

A fluidez da linguagem na qual as questões são formuladas é suficientemente desconcertante. O debate entre os filósofos modernos proeminentes amplia a confusão, pois as dificuldades com as quais ainda estamos lutando são descendentes diretas das reflexões dos séculos XVII e XVIII, as quais só podem ser resolvidas se identificarmos as confusões ancestrais e as erradicarmos. Isso torna instrutivo examinar os contornos desse debate.

Como vimos, Descartes dispôs o cenário ao alegar que o ser humano não é um *ens per se*, mas a união de duas coisas unilaterais, uma mente e um corpo. O *Self* (o ego, a *res cogitans*), no entanto, era concebido como uma substância unitária – uma coisa única unilateral, cuja essência é o pensamento ou a consciência.[9] As dificuldades associadas à concepção cartesiana são diversas. As duas primeiras dirigem-se para a inteligibilidade da ideia de uma substância imaterial e seus atributos.

1. Existem critérios (evidência *constitutiva*, não *indutiva*) para conferir atributos psicológicos a seres humanos. Eles consistem do que pessoas fazem e dizem nas situações de suas vidas. Se alguém se machuca e grita ou se contorce, dizemos que ele está com dor; se alguém olha através da janela e diz "vai chover", dizemos que ele pensa que vai chover. Se alguém fica branco e treme face ao perigo, dizemos que ele está com medo; e assim por diante.[10] Se atributos psicológicos são

atribuíveis a substâncias imateriais, podemos formular as questões: com quais bases faz sentido conferir um dado atributo psicológico a uma substância imaterial? Como tornar inteligível, para nós mesmos, o que significa uma substância imaterial estar pensando, temendo, tendo esperança, imaginando alguma coisa ou outra? O que faz de um dado atributo um atributo *desta* substância imaterial? E se nenhuma resposta satisfatória surge, isso lança dúvida sobre a inteligibilidade da ideia de uma tal substância imaterial.

As substâncias imateriais, segundo Descartes, não se *comportam*. Elas pensam, julgam, querem – o que não são formas de comportamento (corpóreo). Embora sejam tidas como *causas* do comportamento de seus corpos associado a esses atos mentais, o nexo provante, que garantiria a outros lhes conferirem atributos mentais, tem que ser *indutivo, analógico,* ou uma *inferência pela melhor explicação*, antes que constitutivo (por critérios), pois a concepção cartesiana da mente e do corpo sustenta não haver nenhuma conexão *conceitual* entre "o interno" e "o externo". Mente e corpo são duas entidades independentes que meramente estão em uma relação causal (externa) recíproca.

Os fundamentos indutivos, analógicos ou outros fundamentos não constitutivos para conferir atributos mentais a outros pressupõem identificações não indutivas, pois todos apelam para a correlação entre o interno e o externo, no caso de si mesmos, como uma base para a inferência indutiva, analógica ou explanatória dos atributos mentais de outros a partir de seus comportamentos. Isso requer a identificação independente de seus próprios atributos mentais e do comportamento que é alegadamente descoberto na experiência como estando correlacionado regularmente a eles.

A identificação do comportamento, tanto no caso próprio como no de outros, é aparentemente não problemática. Contudo "o interno", segundo essa concepção, não pertence ao domínio público. Aparentemente, apenas o sujeito tem acesso a ele. Assim, qualquer correlação indutiva de interno e do externo cabe ao sujeito estabelecer no caso de si próprio. Apenas quando isso estiver estabelecido é possível ir adiante e considerar a atribuição de predicados psicológicos a outros. Consequentemente, o cartesiano deve *propor alguma base* para a autoatribuição de tais predicados. Evitando, por enquanto, qualquer preocupação com a natureza sua natureza (consciência, introspecção, sentido interno, etc.), essa autoatribuição exigiria, por sua vez, algum meio de atribuir um significado para, e de explicar o significado de, predicados psicológicos *independentemente de qualquer nexo conceitual com manifestações comportamentais*. Para tomar a si próprio como estando com dor, pensando nisso ou naquilo, julgando ou querendo, deve-se possuir os conceitos de dor, de pensar, etc. Não pode haver, contudo, tais meios de se atribuir ou explicar o significado desses predicados, mesmo em caso próprio

294 P. M. S. Hacker

e para propósitos subjetivos próprios, pois a definição ostensiva privada de predicados mentais, por referência a amostras definitórias, supostamente privadas e situadas na memória, é inconsistente.[11] É incoerente supor que conceitos tais como *dor*, *pensar* e *querer* possam ser definidos por referência a amostras mnemônicas, à maneira como os significados de predicados de cor ou de comprimento são explicados por definição ostensiva pública, empregando-se cartões de cores ou réguas. Portanto, imagens da memória não podem satisfazer as condições requeridas para algo ser uma amostra, uma vez que não pode haver nenhum critério de identidade para a amostra supostamente mental. Desse modo, uma imagem mnemônica não executa nenhum papel nas regras para o uso de predicados mentais. Mais ainda, uma imagem mental não pode funcionar como um objeto de comparação, da maneira como amostras podem e funcionam, pois não há tal coisa como *comparar* – a imagem mnemônica – com aquilo que pode ser uma amostra a fim de determinar a identidade ou conteúdo da experiência presente. Não se pode justapor a memória da dor (ou de pensar, ver, etc.) ao que se tem na perna (ou com o que se está fazendo ou experienciando) para determinar se esse último é uma dor (ou é pensar ou é ver), à maneira como se pode justapor uma amostra de azul ultramarinho à cortina para determinar se a cortina é azul ultramarinho, ou uma régua a um pedaço de barbante para determinar se o barbante tem 15 centímetros de comprimento.

Obviamente, de modo contrário ao dualista, podemos atribuir-nos uma peculiar gama de predicados psicológicos sem nenhum fundamento ou critério. Não dizemos que estamos com dor ou que pensamos com base na observação de nosso comportamento; mas também não dizemos isso com base na *observação* interna, nem na *comparação com uma amostra mnemônica*. Antes, temos dor e dizemos isso. Pensamos e dizemos que estamos pensando. Só podemos agir assim, porém, se tivermos dominado os critérios comportamentais, públicos, constitutivos para aplicar tais predicados a outros. A autoatribuição sem fundamentos de predicados psicológicos e a atribuição por critérios a outros são duas faces da mesma moeda, dois aspectos da técnica de usar esses predicados familiares. Seus significados não são dados por uma definição ostensiva privada e não são aplicados, seja a si mesmo, seja a outros, na base da comparação com uma amostra privada.

2. Oficialmente, a identidade da mente é exatamente a identidade continuada de uma e a mesma substância imaterial. Porém, nenhum critério de identidade para substâncias imateriais nos foi dado. Dessa forma, parece não haver maneira de distinguir entre uma substância imaterial pensando todos os meus pensamentos em um dado momento e milhares de tais substâncias imateriais pensando exatamente os mesmos pensamentos. A dificuldade não é epistêmica, mas lógica. Nada foi arrumado para determinar o que *valeria* como

uma substância tal em oposição a milhares. A natureza problemática da identidade sincrônica da mente é espelhada na perplexidade em face da identidade diacrônica. Assim, se a substância da qual os pensamentos cartesianos inerem é a mesma substância ou não a cada dia, pareceu a Locke, isso não tem grande importância no que diz respeito ao senso de identidade própria ao longo do tempo, desde que os pensamentos – a variedade dos modos de consciência – permaneçam conectados de maneira apropriada, e que isso é incoerente.

3. A incoerência atinente à mente (o ego ou *Self*) está em correspondência com a incoerência, observada no capítulo anterior, atinente ao corpo que se diz que um ser humano tem, casada à negação, não assegurada, de que eu – uma pessoa humana – *sou* um corpo, ou seja, um contínuo material espaçotemporal animado. O corpo que somos é, por assim dizer, fundido ao corpo que temos, o qual é concebido como uma peça *insensível* da maquinaria biológica, animada, durante nossa vida, pela presença da pessoa nele *incorporada*. A pessoa, no entanto, é de fato identificada com a mente ou alma. Mas, como vimos, em um sentido de "corpo", um ser humano é um corpo e é um organismo vivo (que não é algo que um ser humano *tem*). Em outro sentido, falar do corpo que um ser humano *tem* não é mais que uma maneira de falar de uma série de atributos do ser humano, incluindo *sensações* corpóreas (porquanto sejam atribuídas por meio de verbos).

4. Tendo bifurcado os seres humanos em duas substâncias unidas, os cartesianos tinham que explicar como elas interagem. Sabidamente, Descartes sustentava ser a glândula pineal (hoje conhecida como corpo pineal, visto não ser uma glândula) o *locus* desta interação. Todavia, se há um mistério em como uma substância material pode interagir com o corpo, ele não é atenuado pela sustentação de que esta faz isso ao interagir com a glândula pineal ou com qualquer outra parte corporal. Esse problema, como Descartes admitiu para a princesa Elizabeth da Boêmia, parece insuperável. No entanto, é impressionante que, até meados do século XX, neurocientistas continuassem a especular acerca do *locus* e do modo de interação da mente com o cérebro.[12]

Há claramente o compromisso com o pensamento segundo o qual todos os predicados predicáveis de seres humanos podem ser divididos em duas classes fundamentais: predicados da mente, que significam o domínio de modos da consciência, e predicados do corpo, que signifcam o domínio dos atributos físicos da matéria insensível.[13] Nas linguagens naturais, há numerosos predicados que não podem ser consignados a nenhum destes, tais

296 P. M. S. Hacker

como "cumprimentou", "alertou", "sentou-se cansado", "caminhou apressadamente". Contudo, isso é apenas porque eles devem ser analisados, em uma "linguagem metafisicamente perspícua", em predicados mentais pertencentes ao conhecimento, crença, percepção e volição do agente (pensamentos cartesianos) e predicados corpóreos atinentes a movimentos físicos causados pela mente. Esse programa de análise nunca foi levado a cabo. Tampouco pode sê-lo, uma vez que envolve uma compreensão equivocada do uso de predicados de cognição, cogitação e volição. As ações voluntárias não são movimentos corporais causados por um ato de volição da mente, e fazer alguma coisa com entendimento não é acompanhar uma ação com uma atividade simultânea de entendimento. Há uma incoerência similar quando entram em cena predicados tais como "estou em dívida", "é o genro de", "é o presidente", "marcou um gol". Tais ações e relações não são analisáveis em termos de atos mentais e movimentos corporais, mas em termos de sujeitos normativos – pessoas –, suas relações e seus poderes normativos sob normas constitutivas de ação.

Correspondendo a esse relato dicotômico dos predicados predicáveis dos seres humanos, há a alegação, igualmente inaceitável, de que o pronome de primeira pessoa é sistematicamente ambíguo, referindo-se, algumas vezes, ao corpo que uma pessoa tem e outras, à pessoa – ou seja, a mente que alegadamente ela é. Mais ainda, quando o predicado é alegadamente "misto" (como em "sentou cansadamente"), então, mantém-se que há uma *dupla* referência, pois o que se quer dizer é que eu – a mente ou pessoa que eu sou – estava cansado e que eu – o corpo que tenho – sentei-me. Mas esse relato da semântica do pronome de primeira pessoa é extremamente implausível. Não há nenhuma evidência gramatical que sugira tal ambiguidade no uso de "eu". Nossas referências comuns ao nosso corpo e nossas predicações em relação a este são malconcebidas. O fato de existirem algumas sentenças nas quais "minha mente" pode ser substituída por "eu", tal como em "minha mente está confusa", não mostra que "eu" e "minha mente" são correferenciais mais do que o fato da expressão "meu favor" poder ser substituída por "por mim", como em "faça em meu favor", mostra que "por mim" e "meu favor" são correferenciais. Semelhantemente, o fato de "eu estou todo dolorido" ser equivalente a "meu corpo está todo dolorido" não mostra que "eu", na primeira sentença, refere-se a meu corpo, não mais do que a equivalência de "minha conta bancária está no vermelho" a "eu estou no vermelho" mostra que "eu", na última sentença, refere-se à minha conta bancária. Quer o pronome de primeira pessoa seja frutiferamente considerado uma expressão referencial ou um caso degenerado de expressão referencial (veja-se p. 271), quer não, é evidente que ele nunca se *refere* à mente de uma pessoa *ou* ao seu corpo.

O próprio Descartes de modo algum discutiu explicitamente a identidade pessoal, mas Locke herdou os problemas implícitos no dualismo cartesiano e lutou poderosamente contra eles. Por interiorizar o problema da identidade diacrônica de uma pessoa e sugerir que o critério de identidade de uma pessoa repousa na continuidade da memória, ele legou uma teia de dificuldades interrelacionadas na qual os filósofos ainda estão enredados. Segundo Locke, uma pessoa é "um ser inteligente pensante, que tem razão e reflexão e pode considerar a si próprio como si mesmo, a mesma coisa pensante em diferentes momentos e lugares". Assim, para valer como pessoa, uma criatura tem que ter ou ser capaz de ter uma noção de sua própria identidade no tempo. Qual o motivo dessa consciência de identidade?

> Uma vez que a consciência sempre acompanha o pensamento, e é isso o que faz com que cada um seja aquilo que se chama de *Self* e, portanto, distingue ele mesmo de todas as outras coisas pensantes, apenas nisso consiste a *identidade pessoal*, isto é, ser o mesmo ser racional. Na medida em que essa consciência pode ser retrocedida até qualquer ação ou pensamento passado, até aí vai a identidade daquela *pessoa*; é o mesmo *Self* agora que aquele de então: a ação foi feita pelo mesmo *Self* presente, que agora reflete sobre esta".[14]

Ele afirmava, corretamente, que o conceito de uma pessoa era forense e, mais ainda (correta ou incorretamente) que uma condição da responsabilidade pela ação passada é alguém ser consciente dela, recordar-se de ter feito a ação.

Tendo herdado a identificação cartesiana de uma pessoa com uma mente, e tendo concebido a substância em geral como não sendo mais que um suporte não qualificado de qualidades, Locke não via nenhum papel para a identidade da substância na identificação de si mesmo como a pessoa que, no passado, fez isso ou aquilo. Era necessária alguma substância, afirmava ele, uma vez que a consciência, inclusive a consciência das experiências passadas, deve *inerir* em algo outro – mas obviamente não *na mesma* substância. Locke declarava que a conexão mnemônica é tudo o que é necessário para a identidade do meu *Self* com a pessoa que fez isso ou aquilo no passado. Se posso me lembrar de estar pegando um salmão em uma certa ocasião, então eu sou aquela mesma pessoa que pegou o salmão naquele instante. Locke, porém, aceitando a identidade relativa, desconectou *ser a mesma pessoa* não apenas de *ser a mesma substância* como também de *ser o mesmo ser humano*. A identidade do mesmo ser humano consiste na identidade da mesma criatura viva. A identidade de uma pessoa, pelo contrário, consiste na existência de séries de recordações apropriadamente conectadas. Em princípio, estas duas podem vir separadas – é concebível, segundo Locke, que alguém acorde "no corpo de um sapateiro" – com todas as suas recordações normais. Examinaremos esses casos intrigantes a seguir.

Supor que as experiências de uma pessoa devam "inerir em" uma substância é perfeitamente correto (embora expresso de forma pobre – é um ponto de lógica, não de superfísica, e o uso da frase "inerir em" é um convite à confusão). Sugerir, contudo, que a substância que "em mim pensa" (como Locke formula o ponto) pode mudar independentemente de minha identidade continuada é incoerente. Essa incoerência brota do fracasso de Locke em compreender a categoria lógico-gramatical de substância (veja-se p. 66). A confusão é ainda multiplicada por supor que o ser humano é distinto tanto da pessoa quanto da substância que "nele pensa". A única verdade do tema em pauta é que *pessoa* não é um conceito de substância. Não se segue que a entidade que se qualifica como pessoa não seja uma substância individual de certa espécie – tal como um ser humano.

A interiorização dos critérios de identidade pessoal foi um erro. Nossa primeira questão deve ser perfeitamente geral, a saber: "O que é para A ser a mesma pessoa que B?". Isso é um pedido de esclarecimento do conceito de pessoa e das condições constitutivas de identidade associadas. A segunda questão deve ser formulada em terceira pessoa, a saber: "Quais são os critérios *de prova* que empregamos para determinar se A é a mesma pessoa que B?". Isso reclama o esclarecimento a respeito de *como discernimos* se A é a mesma pessoa que B. Tal esclarecimento se faz necessário *antes* da investigação do caso em primeira pessoa, pois os juízos mnemônicos em primeira pessoa da forma "eu sou a pessoa que V-u em tal e tal ocasião" não envolvem a identificação de uma pessoa. "Eu V*" normalmente é um enunciado da memória que não repousa sobre fundamentos de prova.

A memória não é fonte de conhecimento, mas de retenção de conhecimento possuído. Pode-se dizer que me lembro de ter quebrado a perna em algum momento do passado se, e apenas se, quebrei a perna então e não me esqueci que a quebrei. Consequentemente, a memória não é *meu critério* para determinar se eu sou a mesma pessoa que o rapazinho que quebrou a perna. Se me recordo de ter quebrado a perna na ocasião relevante, então não necessito de provas de ter feito isso – eu já sei. "Eu me lembro..." não responde à questão: "como você sabe?"; ela a rechaça. Para dizer que me lembro de ter V-do, não preciso fazer nenhum juízo de identidade. É, de fato, dizer que eu V* anteriormente e sabia que estava V-ndo e ainda sei que V* (não esqueci meu V-r).[15] Não faz alusão a um meio de descobrir que eu sou idêntico ao V-dor, mas é uma declaração de que não me é necessário descobrir. Obviamente, há muitos episódios do início da vida de uma pessoa que ela pode, com efeito, descobrir, mas isso é precisamente o que ela não desvenda pela memória, embora a descoberta possa forçar a memória. Igualmente, que A se lembre de V-r mostra-*nos* que A é, de fato, a mesma pessoa que..., ou seja, a declaração da memória é um critério de *prova* da identidade pessoal no *caso em terceira pessoa*; não é, contudo, uma condição necessária, e sua validação como *correta* requer que seja estabelecido que o ser humano estava no lugar apropriado no tempo apropriado para fazer ou ter a experiência da qual ele confessa se recordar de ter feito ou experimentado.

Natureza humana **299**

A concepção de Locke foi legitimamente criticada por Butler, o qual observou que "a consciência da identidade pessoal pressupõe e, portanto, não pode constituir a identidade pessoal, não mais que o conhecimento, em qualquer outro caso, pode constituir a verdade que ele pressupõe.[16] Ao relembrar que no ano passado eu V*, o que eu lembro é *meu* V-r. O que agora sei, porque eu então sabia, é que *eu* V*. Minha recordação, com efeito, pressupõe que eu, que não esqueci meu V-r, sou a mesma pessoa que V-u.

A suposição de que a identidade de uma pessoa, "o ser o mesmo ser racional", *consiste* na memória da ação e do pensamento passados continua a lançar confusão na reflexão filosófica. É a fonte da ideia neolockeana contemporânea, segundo a qual o determinante da identidade pessoal é a "continuidade psicológica". Isso é duplamente confuso. Em primeiro lugar, não é verdade que a continuidade psicológica, corretamente entendida, seja necessária para a identidade da pessoa no tempo, pois seria um erro sugerir que um amnésico não é a mesma pessoa após o infortúnio que destruiu sua memória precedente. Ele pode ter, de fato, pouca noção de quem é e do que é – ou seja, *pouca noção de sua própria identidade* –, mas disso não se segue que seja uma pessoa diferente daquela que teve o acidente. Em segundo lugar, a própria ideia de continuidade psicológica é incoerente, se separada da ideia de substância – em nosso caso, o ser humano vivo – cujas características psicológicas perduram.

O segundo ponto requer alguma elaboração. A memória é conhecimento retido. O que é conhecido (no caso lockeano em questão) é conhecido por uma pessoa. O conhecimento é uma série difusa de habilidades. Lembrar-se do previamente conhecido é reter a habilidade cognitiva anteriormente adquirida. A memória pessoal ou da experiência é conhecimento retido do que alguém fez ou do que lhe ocorreu. Sem dúvida, é um traço importante, e de fato constitutivo, das pessoas humanas que seus sentimentos da própria identidade voltem-se em larga medida para a posse de uma "autobiografia em primeira mão". Um ser humano normal pode recordar não apenas, por exemplo, de ter apanhado um salmão em seu décimo segundo aniversário (pode ter se esquecido e então se reapropriado), mas pode recordar capturando-o (o *seu* apanhá-lo) naquela ocasião. E se uma pessoa recorda ter pescado um salmão em seu décimo segundo aniversário, então ela é, de fato, exatamente a mesma pessoa que o jovem pescador triunfante. Isso é parte do que é significado por "continuidade psicológica" e pressupõe condições independentes e constitutivas da identidade pessoal.

A memória, sendo a retenção de uma habilidade complexa (por exemplo, responder tais e tais questões, corrigir tais e tais asserções erradas, aduzir tais e tais justificações), não é algo que faça sentido *transferir*. Posso lhe contar *o que* eu sei, e então você também o saberá. Eu não posso, contudo, transferir o *meu conhecer*, não porque seja muito difícil, mas porque não há tal coisa – é um fraseado sem sentido. Portanto, foi um equívoco de Locke asserir que:

> Aquilo ao qual a *consciência* dessa coisa presente pensante pode se unir faz a própria e mesma *pessoa* e é um *Self* com ela, e com nada mais; e assim atribui a si mesma, e possui, todas as ações dessa coisa como suas próprias, até o ponto em que alcança a consciência e não mais além.[17]

A consciência (isto é, conhecer, lembrar, perceber, etc.) não pode se unir a nada, não mais que o comprimento e o peso podem. Portanto, ela também não pode se separar de alguma coisa e se juntar a outra. Assim, também, a consciência, a lembrança, etc., não podem ser *transferidas* de um ser humano para outro. Atributos ou qualidades não são bagagens transferíveis – apenas partilháveis (e, se eu partilho meu conhecimento com outra pessoa, eu não o perco).

Os conhecimentos ou as rememorações de uma pessoa não podem ser transferidos do cérebro ou do corpo de um ser humano para o de outro. Sendo habilidades, elas não são encontradas *em*, nem são possuídas *por* cérebros ou corpos que seres humanos têm, mas, sim, encontradas em ou possuídas por seres humanos. O cérebro pode ser, de fato, o veículo de nossas habilidades cognitivas, mas uma habilidade não é redutível ao seu veículo. Pode-se fantasiar que, ao transferir *bits* de um cérebro para outro cérebro, pode-se transferir recordações e, ao transferir todos os supostos engramas no cérebro de A ao de B, poder-se-ia transferir todas as recordações de A ao cérebro do outro – de sorte que A gozaria agora de "continuidade psicológica" com B. Isso é apenas ficção científica (do que se dirá mais a seguir). O que poderia resultar não é que B seria A, mas que B pareceria recordar ter feito o que A fez.[18]

A discussão de Locke contém elementos que devem ser levados em conta em qualquer elucidação do conceito de uma pessoa, a saber: substância, animal vivo de certa espécie, autoconsciência, memória de experiências, sentimento de sua própria identidade e sujeição ao louvor e à censura. Mas, laborando na sombra de Descartes, por um lado, e, por outro, naquela do cristianismo, ao interiorizar uma questão que requer exteriorização, e estando irremediavelmente confuso no que toca aos conceitos de substância e atributo, Locke conjugou as peças de maneira incoerente.

Hume herdou as incoerências de Locke e levou-as até suas absurdas consequências, ao mesmo tempo em que corretamente rejeitava a confusa noção de substância tomada de Locke (veja-se p. 66). Seu famoso capítulo "Da Identidade Pessoal", no *Treatise*, é notável por absolutamente não tocar realmente no conceito de uma pessoa ou na identidade de pessoas. Ocupa-se apenas das intrigas concernentes à unidade da experiência e dos critérios constitutivos, supostamente internos, da identidade diacrônica de um sujeito da experiência.

Hume negou que estejamos "sempre conscientes em nosso íntimo do que chamamos de nosso SELF" – ou seja, uma entidade simples imaterial que é o sujeito de nossas experiências. O único objeto que se aproximaria dessa especificação, argumentava ele, seria uma *impressão* constante e invariável, a qual daria lugar à *ideia do Self*. Insistia ele, contudo, que não há tal impressão constante, pois "quando penetro mais intimamente naquilo a que chamo de mim mesmo (*myself*), tropeço sempre em uma ou outra percepção particular... eu nunca posso apanhar *a mim mesmo* em algum momento sem uma percepção e nunca posso observar nada senão a percepção".[19] Portanto, concluiu que aquilo que é chamado de "o *Self*" não é "nada senão um feixe ou coleção de diferentes percepções que sucedem umas às outras com uma inconcebível rapidez e que estão em fluxo e movimento perpétuos".

No entanto, tendo abandonado a concepção de um sujeito interior de experiência (uma substância imaterial que é o *Self*), e o próprio conceito de uma substância na qual pode-se dizer que atributos inerem e, consequentemente, concebendo impressões e ideias como existências distintas, Hume encontrou-se diante do problema de descobrir um princípio de unidade que determina uma série de experiências como as experiências que são *suas*. A conexão causal e as semelhanças, as quais ele concebeu como constitutivas da memória (ou seja, entre uma impressão original e a ideia subsequente que é a sua cópia), pareciam ser as únicas colas disponíveis para juntar o feixe de experiências. Porém, tais princípios só podem ser pensados como unificadores de um conjunto variado se faz sentido para os constituintes desse mesmo variado *não* estarem assim unidos. Causação e semelhança não podem prover nenhuma *conexão genuína* (isto é, lógica) entre existências distintas (como Hume pensava que impressões e ideias eram). Mas que as "percepções" que eu tenho são *minhas* é uma conexão genuína (lógico-gramatical), e não uma conexão empírica. Não faz sentido querelar se a experiência que fruo agora é genuinamente minha ou talvez de algum outro *a fortiori*, *descobrir* se é minha detectando se ela mantém relações mnemônicas ou causais com minhas experiências prévias. Portanto, Hume candidamente confessa o fracasso no Apêndice do *Treatise*: "Todas as minhas esperanças se esvanecem, quando cabe explicar os princípios que unem nossas sucessivas percepções em nosso pensamento ou consciência. Não posso descobrir nenhuma teoria que me satisfaça nesse tema".

Hume estava certo ao rejeitar a confusa concepção lockeana da substância como suporte de qualidades, mas errado em abandonar esse conceito categorial crucial. Ele estava certo ao sustentar que não há tal coisa como um *Self* que seja o sujeito de experiência e que se poderia encontrar na introspecção, mas estava errado ao supor que isso mostra que não há nenhum sujeito substancial da experiência – o qual é, afinal de contas, o ser humano vivo. Estava confuso ao tratar experiências (impressões e ideias) como "existências independentes", uma vez que não pode haver experiências que não sejam experiências de alguém, não mais do que possa haver qualidades que nada qualificam. Era incoerente perguntar o que dá unidade *às séries de experiências que tenho*, em virtude das quais elas são *minhas*, e necessariamente fútil procurar por um princípio de unidade na experiência. Tivesse ele levantado a questão da unidade sincrônica da experiência (por exemplo, de simultaneamente ver a vista da janela, ouvir o que você está dizendo, sentir frio e ter uma dor de cabeça), o caráter absurdo de sua tentativa de resposta poderia ter-lhe sido óbvio, pois minhas experiências contemporâneas não podem ser, obviamente, *minhas* experiências em virtude de estarem relacionadas pela semelhança (ou memória). Ao se concentrar exclusivamente na unidade diacrônica, o caráter absurdo de sua questão foi ocultado da visão. É absurdo, contudo, procurar por um princípio da unidade que se aplique ao campo das experiências que se *tem* a fim de diferenciar essas experiências que são suas daquelas que não o são, pois as experiências que eu *tenho* não podem ser senão *minhas* experiências. É logicamente impossível para mim que eu tenha uma experiência que não seja minha, uma vez que "minha experiência" $=_{df}$ "a experiência que tenho". Assim, não há tarefa a ser desempenhada por um princípio de unidade ou um princípio de diferença. Uma vez que faz sentido perguntar o que faz de minha experiência presente *minha* experiência, então a única resposta é que esta é a experiência que *meu* comportamento exibe – *se* escolho manifestar minha experiência ou se eu não posso senão mostrá-la (como no caso de uma dor severa). Mas, obviamente, *eu* não assumo ou confesso minhas experiências como minhas à guisa de fundamento no que quer que seja. Antes, outros podem atribuir tais experiências a mim enquanto fundamento no que digo ou faço.

A incoerência da tradição cartesiano-empirista foi brilhantemente criticada, mas não satisfatoriamente remediada, por Kant, ainda que, como foi observado, ele tenha conferido ao conceito de pessoa um papel central na sua filosofia moral. Como William James viria a observar posteriormente, em seu longo debate acerca da identidade pessoal, "portanto, as uvas azedas que esses pais da filosofia comeram incomodam-nos terrivelmente".[20]

3. MUDANDO CORPOS E TROCANDO CÉREBROS: CASOS INTRIGANTES E FALSAS PISTAS

Desde tempos imemoriais, os seres humanos fantasiaram acerca de metempsicose, a transmigração de almas. Uma variante da ideia é patente na suposição de Locke da inteligibilidade do príncipe acordar "no corpo" de um sapateiro, tendo preservado todas as suas memórias. Esse pensamento ganhou livre curso na ficção, tanto no *Vice Versa*, de Thomas Anstey, como no conto "*O Experimento do Keinplatz*", de Arthur Conan Doyle, e de forma mais extremada nos contos de fada, tais como "*A Bela e a Fera*", e na ficção surrealista, tal como em "*Metamorfose*", de Franz Kafka, em que Gregor Samsa se descobre no corpo de um inseto gigante.* Supõe-se que tais fantasias ilustrem a transferência da mente de um corpo para outro. Divertidas ou aterrorizantes como possam ser tais ficções, é duvidoso que elas façam sentido. Tal como as gravuras de Escher, não é fácil ver onde se radica a incoerência. Isso é parte do atrativo. *Nesse* sentido de "imaginável", a possibilidade de imaginar não é um critério de possibilidade lógica. Se o conto faz sentido, deve ser submetido a um escrutínio cuidadoso, assim como as gravuras de Escher o pedem. Identificar a incoerência no primeiro caso é muito mais difícil que neste último.

No sentido em que seres humanos *são* corpos, pois, é claro que uma pessoa humana não pode *mudar* de corpo mais do que pode um cavalo, uma árvore, um gato ou um cachorro. A atribuição de propriedades ao corpo *de* um ser humano vivo, como vimos, é meramente uma maneira alternativa de descrever as propriedades corporais da pessoa humana. No sentido em que seres humanos *têm* corpos, portanto, falar do corpo que um ser humano tem é uma *façon de parler*, atrás da qual estão os atributos corpóreos de uma pessoa humana. Portanto, há um sentido trivial no qual um ser humano pode mudar seu corpo. Se seu corpo estiver gordo, ele pode fazer dieta e perder peso – terá então um corpo magro. Se seu corpo estiver desajeitado e seu nariz horrível, então ele pode fazer uma cirurgia plástica e sair da cirurgia com corpo formoso e um rosto atrativo. Assim, nesse sentido, seres humanos *podem* mudar seus corpos – ou seja, mudar da condição de ter um corpo gordo e flácido para ter um corpo em forma e atlético.

Obviamente não era isso o que se queria dizer. A mente de alguém não poderia ser transferida para o organismo de outrem? Isso não envolveria mudar o seu corpo? Eu posso impingir a outro a mesma dor que tenho. Se tenho dor de estômago por comer ostras estragadas, e dou a você as mesmas ostras para comer e você fica então com uma dor de estômago que descreve nos mesmos termos com os quais descrevo a minha, então você tem a mesma dor que eu.[21] Eu posso lhe "ofertar" meus pensamentos e crenças, contando-lhe o que penso e creio e dar-lhe boas razões para pensar e crer igualmente. Assim, se você for razoável, terá os mesmos pensamentos e crenças, mas isso,

---

*N. de R.: No original *beetle*, que pode ser traduzido tanto por besouro quanto por inseto semelhante a este. Na história de F. Kafka, no entanto, jamais se especificou que inseto seria aquele em que Gregor Samsa se transformou. No Brasil, a tradução de Modesto Carone mantém o termo "inseto". Há que se dizer, porém, que o original em alemão não fala em "acordar transformado em um inseto" e sim que o personagem já se acha naquela condição, "metamorfoseado": "*Als Gregor Samsa eines Morgens aus untuhigen Träumen erwachte, fand er sich inseinem Bett zu einem ungeheueren Ungeziefer werwandelt.*" (*Die Verwandlung*, Kafka, Franz. Schoken Verlag Berlin, 1935; 1958).

não importa o quão abrangente seja, não envolve nada que possa ser descrito como "mudar corpos". Primeiramente, fornecer a outra pessoa a dor que tenho não significa que eu cesse de ter a mesma dor mais do que persuadir outrem a pensar o que penso significa deixar de pensar assim. Mesmo que eu deixasse de ter a dor que tinha, ao me assegurar que você tem a mesma dor, ou se deixasse de pensar aquilo que lhe persuadia a pensar, não se seguiria disso que você gradualmente fosse se tornando eu – não importa o quanto de muitos atributos mentais ou modos de minha consciência você adquira *nesse* sentido. Significaria apenas que você estava se tornando mais semelhante a mim. Todavia, a identidade numérica não é um caso-limite de similaridade. Nem mesmo o meu *Doppelgänger*[*] psicológico sou eu.

Obviamente, quando filósofos falam assim de transferir pensamentos ou memórias de uma pessoa para outra, eles não querem dizer transferir o que é pensado ou recordado. Antes, entretêm a fantasia de transferir o pensar ou o rememorar. Porém, não faz sentido falar de transferir *meu* pensar que *p*, *minha* expectativa que *q* ou o *meu* ter uma dor de cabeça – compreendidos como eventos, processos ou estados, pois, compreendidos assim, esses itens são *singulares dependentes*. O evento de eu sentir uma pontada, em oposição à pontada que eu sinto (a sensação), é dependente de modo identificável de mim, ou seja, da mudança na substância que é constitutiva do evento em questão. O evento de outra pessoa sentir a mesma pontada é um evento diferente, pois é uma pessoa diferente que sofre a mudança. Não se pode transferir as experiências de uma pessoa mais do que se pode *transferir* o riso ou os gestos de uma pessoa – embora, certamente, uma pessoa pode ter o sorriso de sua mãe ou os gestos de seu pai.

Por que a mente de uma pessoa não pode ser transferida para o corpo de outra pessoa? – afinal de contas, Locke, Anstey e Conan Doyle imaginaram isso. A mente, eu defendi, não é uma entidade de espécie alguma, mas uma série de poderes distintos e seus exercícios. Assim, não é a espécie de coisa que poderia *migrar* ou ser *transferida* de uma substância para outra, tal como um anexo; tampouco os traços de caráter, tendências e disposições de pensar, sentir e comportar-se, que caracterizam o ser humano individual, são coisas dessa espécie. *É* possível transformar elementos químicos, mas, contrariando os alquimistas antigos, não se pode, *logicamente*, converter chumbo em ouro, fazendo com que o amarelo de uma quantidade de enxofre e o brilho do latão migrem para uma barra de chumbo. O único sentido no qual minha mente, compreendida como meus atributos mentais, pode ser "transferida" é *qua* universais. Ou seja, podemos fazer com que outrem tenha qualquer um dos atributos psicológicos que temos (posso, sem dificuldade, fazê-lo crer em algo

---

[*] N. de T.: Em português, costumamos empregar a expressão latina *alter ego*, em vez da expressão alemã a que o autor deu preferência.

no qual creio, que você tenha a mesma dor que eu tenho e assim por diante). E talvez se possa fantasiar acerca de fazer com que outrem tenha *todos* os seus atributos psicológicos (talvez à custa da destruição de seu próprio cérebro). Mas se isso fosse (remotamente) inteligível, então não haveria razões para não haver "transferências" múltiplas – não para outro ser humano, mas para qualquer número de seres humanos. Porém, se uma transferência múltipla é logicamente possível, então a identidade está fora de questão.[22]

Da mesma forma, o corpo que tenho não é uma entidade que habito nem que *ocupo*.[23] Falar do corpo que tenho é falar de um certo domínio de minhas características corpóreas, e características não são "habitáveis" – certamente, não por mentes, que não são habitantes nem ocupantes. Os traços do corpo que tenho são *meus* traços corporais – traços *do corpo que eu sou.* Não posso, contudo, *habitar* o que *sou*. Tampouco posso mudar o corpo que sou, salvo no sentido inócuo mencionado anteriormente. O pensamento de se "habitar" o corpo que se tem emerge do fracasso em compreender a natureza lógica da expressão idiomática *ter um corpo.* Se alguém pensa a si mesmo como *habitando seu corpo*, torna-se difícil resistir à tentação de supor que se está em uma relação causal direta com seu corpo. Embora alguém possa ser a causa *indireta* de seus traços corporais (por exemplo, o corpo de alguém pode ser gordo porque este é autoindulgente, ou atlético, porque se exercita; a perna de alguém pode doer porque este tropeçou, e o corpo de alguém pode estar com queimaduras solares porque este passou muito tempo na praia), no entanto, este não pode ser a causa *direta* dos atributos de seu corpo. Pode-se fazer com que o corpo de alguém fique coberto de suor ou com bom preparo físico – mas fazer com que algo seja o caso é sempre matéria de causação indireta. Pode-se fazer com que o braço de alguém se mova, mas não se faz isso movendo o membro com sua outra mão ou pressionando-o contra a parede e retrocedendo, permitindo com que se erga. Erguer o braço não é causar a sua subida (veja-se p. 163-7). Se, ademais, confunde-se o corpo que se é com o corpo que se tem – ou seja, confunde-se as duas formas diferentes de descrição –, pode-se também pensar que se está em relação direta como o corpo que se é. Porém, isso também é confuso, pois não sou a causa do meu fazer o que faço. Posso mover-me, mas, ao fazer isso, não causo o movimento do corpo que sou – ou seja, de mim mesmo. Obviamente, posso me obrigar a fazer coisas que não quero fazer – mas isso significa determinação frente à fraqueza, relutância e aversão, e não se trata de causar alguma coisa.

A maioria das fantasias filosóficas dos primórdios do século XX diferiam de suas formas ancestrais, tanto filosóficas quanto ficcionais. Talvez incoativamente consciente da incoerência de "transferir" memórias e mentes, talvez convencida de que a ficção *científica* é melhor que a ficção e mais impressionada pelos homens de jaleco branco que por Deus, a fantasia evoluiu para cérebros transplantados, hemisférios cerebrais e outros pedaços e partes do tecido cortical.[24] Isso parece assegurar uma base material firme, causal, para a transferência de memórias e outras características compreendidas na "consciência" de Locke, pois era essa base material que conspicuamente estava ausente dos contos até então considerados.[25] A transferência de hemisférios foi proposta, como zombaria, por Jonathan Swift, em *As viagens de Gulliver* (Parte III, "Viagem a Balnibarbi"). Na última metade do século XX, filósofos empreenderam tanto sérios esforços especulando sobre transferências de cérebros e hemisferotomias quanto se diz que os medievais empreenderam em especulações sobre quantos anjos podem dançar na cabeça de uma agulha e com um pouco menos de propósito. Como isso aparece?

A ideia de uma substância imaterial perdeu a preferência entre os filósofos. Enquanto Descartes concebia a pessoa como idêntica à mente, agora se tornou comum identificar a pessoa a seu cérebro. A dependência de todas as funções características dos seres humanos para com o cérebro levou muitos a suporem que a mente *é* o cérebro ou que está para o cérebro assim como o *software* está para o *hardware* de um computador. Podemos perder nossas pernas e permanecermos a mesma pessoa, perder nossos braços e permanecermos a mesma pessoa – a única coisa que não podemos perder é o cérebro (o caso-limite de um ser humano mutilado). Ou assim parece. Se o cérebro sobrevive, devidamente nutrido, em uma cuba, certamente a pessoa sobrevive, ou assim se argumentou. Não somos cérebros em uma cuba, era concedido, embora pudéssemos sê-lo, mas somos, de fato, *cérebros em um crânio*. Filósofos, cientistas cognitivos e neurocientistas cognitivos prosseguiram, atribuindo ao cérebro uma ampla gama de predicados psicológicos, como, por exemplo: pensar, crer, computar, calcular, perceber, recordar, querer, decidir. Assim, antigas fantasias acerca da transferência de mentes ou almas de um corpo a outro assumiram um viés materialista. Certamente, argumentava-se, podemos imaginar o transplante de cérebros de um crânio para outro, e se o paciente acordar após a operação com todas as suas recordações e traços de caráter intactos, então é a mesma pessoa antiga em um corpo diferente.

Transplantes de cérebros são biologicamente impossíveis. Concedamos isso, uma vez que não são *logicamente* impossíveis. Não obstante, a ficção científica não mostra que, se o cérebro de A é transplantado no crânio descerebrado de B, então, a pessoa resultante, chamemo-lo de Aby, seja realmente A. Isso seria verdadeiro apenas se uma pessoa fosse um cérebro incorporado (inserido em um crânio), mas o cérebro é uma parte do ser humano – um órgão, não um organismo. Não faz sentido aplicar predicados psicológicos, tais como "pensa", "recorda", "percebe", "imagina", "quer", "decide", "sente-se feliz" e assim por diante, ao cérebro. É um erro aplicar predicados que significam atributos do animal vivo como um todo às suas partes – uma falácia mereológica.[26] Do mesmo modo como é um erro aplicar a propriedade de *ser pontual* ao *fusée* de um relógio de mesa do século XVIII, ou a propriedade de voar ao motor de um avião, assim também é um erro atribuir ao cérebro de uma pessoa a propriedade de *pensar que está chovendo* ou de *decidir-se a pe-*

gar um guarda-chuva. Como se observou no Capítulo 8, Aristóteles escreveu: "Dizer que a *psique* está colérica é como se alguém dissesse que a *psique* tece ou constrói, pois, certamente, é melhor não dizer que a *psique* se compadece, aprende ou pensa, mas sim que o homem faz essas coisas com a sua *psique*". Esse *insight* foi ecoado por Wittgenstein nas *Investigações*, §281: "Apenas de um ser humano e do que se assemelha (comporta-se semelhantemente) a um ser humano pode-se dizer: ele tem sensação, vê, é cego, ouve, é surdo, é consciente, é inconsciente". São os seres humanos, não os seus cérebros, que têm dor de estômago, é o ser humano que põe seu olho no buraco da fechadura para ver o que há em um quarto trancado, que assesta seu ouvido para escutar melhor, que fareja para sentir o cheiro – não são os seus cérebros. Foi Leonardo, não o seu cérebro, quem pintou com tão intensos pensamento e concentração. Era Mozart, não o seu cérebro, quem tocava o piano com tanto sentimento. São os seres humanos no curso de suas vidas que manifestam seus poderes no que fazem e dizem, que exibem seus traços de caráter em seus comportamentos. Não faz sentido conferir tais atributos aos cérebros, pois cérebros não são animais, e nada há que cérebros possam fazer que lhes assegure conferir tais atributos.

O que é verdade é que seres humanos não teriam os poderes que possuem, senão pelo funcionamento normal de seus cérebros. Não se segue disso que o cérebro seja o genuíno possuidor desses poderes. Não poderíamos andar, salvo pelo funcionamento normal de nosso cérebro, mas o cérebro não é o genuíno caminhante. Nem é o genuíno pensador. Magritte poderia bem ter pintado um cérebro em um pedestal e lhe dado o título de *Le Penseur* –, mas isso teria sido um gracejo. Pessoas humanas não são cérebros inseridos em um crânio (elas pesam mais de 4 Kg e são mais altas que 25 cm). Contra Descartes, não somos idênticos às nossas mentes – mas também não somos idênticos aos nossos cérebros. Substituir a mente cartesiana pelo cérebro em nada remedia as profundas incoerências conceituais no cartesianismo – apenas as oculta sob a aparência enganosa da neurociência equivocadamente concebida.

Não poderíamos coerentemente imaginar um cérebro vivo em uma cuba, conectado a vários componentes eletrônicos, vendo o que se passa ao redor no laboratório por meio de olhos prostéticos e respondendo a nossas questões por meio de uma voz computadorizada? Talvez – mas então não seria o cérebro que vê, que reflete antes de falar e fala ajuizadamente. Seria o ser complexo formado do cérebro vivo de um ser humano morto e a maquinaria eletrônica à qual está conectado – um cerebróide. Se alguém remover o córtex de A, deixando seu tálamo, seus gânglios basais, cerebelo e a haste cerebral intactos, então A estará em um estado vegetativo irreversível. Se alguém remover o cérebro de A de seu crânio, então A estará morto – como é evidente se examinarmos os restos mortais de A na mesa de operações. Suponha-se que alguém, miraculosamente, inserisse o cérebro de A no crânio

308 P. M. S. Hacker

de B, e que, quando Aby despertasse, ele afirmasse que seu nome era 'A', que se recordava de ter feito uma variedade de coisas (que sabemos que A fizera), que tem vários planos (que sabemos que A tinha). Isso não mostra que Aby é A? Não – não mais do que se B tivesse sido hipnotizado para esquecer tudo acerca de sua própria vida e tivesse lhe sido dito que é o sujeito da biografia que sabemos ser a de A. Mas, suponha-se que Aby também pareça reconhecer todas as pessoas que A conhecia, e sabe o caminho de quase todos os lugares que A frequentava – isso não mostraria que Aby é de fato A? Se você acordar amanhã e parecer reconhecer todas as pessoas e lugares que eu conheço, se parecer recordar de tudo o que recordo – isso faria de você eu? O transplante de tecidos cerebrais é, por assim dizer, uma pista falsa – somos tão mesmerizados pela falsa ciência que seguimos um falso caminho.[27]

O que é verdadeiro é que nosso conceito de pessoa é confeccionado para criaturas semelhantes a nós. Podemos imaginar coerentemente todos os tipos de circunstâncias nas quais não saberíamos mais o que dizer. O fenômeno Jekyll e Hyde pode tornar-se comum. Casos de personalidade múltipla, sem conexão mnemônica entre as diferentes personalidades, podem tornar-se ubíquos. Pares de seres humanos podem achar que, como se parecem, alternam de personalidades e recordações a cada dia. "Portfólios mnemônicos" (ou seja, o que é recordado, não o recordar-se dele) podem ser transferíveis de um ser humano para outro com o apertar de um botão. E assim por diante. Nosso conceito de uma pessoa não seria muito útil para tais criaturas, mas o que tudo isso mostra é que o conceito de uma pessoa, tal como todos os nossos conceitos, é útil apenas contra um pano de fundo de constâncias.

Há algumas lições de moral metodológicas a serem tiradas desses contos de confusão filosófica, resultantes da prestigitação da ficção científica. Na neurociência, a investigação de lesões cerebrais responsáveis por danos catastróficos nas faculdades humanas em diversos graus é um dos métodos primários para investigar o cérebro e suas atividades. Colapsos lançam luz sobre o caso normal. O interminável debate na filosofia anglófona tardia do século XX sobre transplantes de cérebro e identidade pessoal laborou em uma séria ilusão. Era assumido que, em investigações *conceituais*, seria possível lançar luz sobre um conceito problemático examinando-se os casos nos quais a aplicação do conceito torna-se questionável. Mas isso é um erro. Não podemos esclarecer o uso normal de uma palavra, e iluminar o conceito por ela expresso, olhando para seu uso anormal – sua aplicação problemática e contenciosa a casos extremos que nunca antes ocorreram. O máximo que podemos esperar descobrir são diferentes condições do colapso, se formos suficientemente afortunados e não ficarmos confusos. No caso extremo, nem as condições para aplicar o predicado, nem as condições para evitá-lo estão satisfeitas. Assim, por exemplo, nos casos chamados de visão cega, não se pode nem dizer que o paciente vê, nem que ele não vê.[28] Isso não esclarece o conceito de visão, mas apenas descreve as condições sob as quais este desmorona.

Da mesma forma, os debates acerca de transplantes de cérebros envolviam a consulta extensiva ao que viaja sob o nome de "intuição". Pede-se que consideremos diversas circunstâncias empiricamente impossíveis de transplantes cerebrais e que consultemos nossas intuições sobre se o indivíduo resultante é idêntico à pessoa de cujo corpo o cérebro fora removido. Este poderia ser transplantado ao crânio de seu irmão gêmeo ou àquele de um homem de sua idade, ou ao corpo do imperador da China, ou ao corpo de uma mulher, um garoto ou uma garota – e consultando nossas intuições sobre se a pessoa resultante é idêntica à pessoa de quem o cérebro foi tomado, deveríamos obter dados valiosos que esclareceriam a natureza da identidade pessoal.

Está longe de ser óbvio o que se supõe que "intuições" sejam. São simplesmente pressentimentos? Ou palpites? E por que pressentimentos acerca da verdade seriam de algum valor em filosofia? Por que palpites acerca de como aplicar uma regra a circunstâncias para as quais ela não foi designada supostamente lançariam luzes na sua aplicação a casos para os quais ela *foi* designada? Uma coisa é determinar se alguém dominou um conceito, pedindo-lhe que decida a respeito de sua aplicabilidade a casos (logicamente possíveis) normais; outra coisa inteiramente diferente é tentar determinar se um caso problemático é de fato logicamente possível, pedindo a alguém que dominou o conceito que decida a respeito de sua aplicabilidade em tais casos anormais, imaginários, consultando a sua intuição.

Luzes podem ser lançadas sobre um conceito pelo exame cuidadoso do correto uso da palavra que expressa esse conceito, nas condições normais de sua aplicação – mas não pela consulta aos pressentimentos acerca da verdade ou falsidade de sua aplicação em casos anormais. Não há espaço para a intuição na determinação de um conceito, e o juízo de um falante competente acerca do uso correto de uma palavra nas circunstâncias normais não é pressentimento nem palpite, não mais que o juízo de um jogador de xadrez competente acerca das regras do xadrez o é – ele *sabe* como o jogo é jogado. Se, em cenários anormais, tais como as fantasias de ficção científica, não sabemos se uma expressão (por exemplo, a "mesma pessoa que") se aplica ou não, isso não é matéria de ignorância que possa ser remediada pela consulta às intuições de alguém. Isso é, em si mesmo, um *resultado* – a saber, que as regras de uso da expressão não vão tão longe. O que se faz necessário, então, é uma legislação arrazoada – o que para a ficção científica é despropositado –, e não uma elucidação conceitual.

4. O CONCEITO DE PESSOA

O debate dos séculos XVII e XVIII forneceu o arcabouço no qual o conceito de pessoa foi discutido por muitos filósofos, inclusive filósofos analíticos, até a Segunda Guerra Mundial e depois dela.[29] Esse arcabouço era radicalmente falho e continua a estar na raiz de extensas confusões, algumas das quais acabaram de ser mencionadas. Para evitar essas incoerências, deve-se começar novamente antes de tentar tecer os fios esgarçados da tradição cartesiano-empirista em um outro tapete já surrado. Informados pelo nosso exame prévio dos conceitos da mente e do corpo que os seres humanos têm, e agora bem-avisados das armadilhas que estão no caminho, iniciaremos recordando alguns lugares comuns.

Os seres humanos são as únicas pessoas que conhecemos ou que provavelmente viremos a conhecer. O nosso conceito de pessoa evoluiu acima de tudo como um conceito aplicável a seres humanos – seres sociais que são membros de uma comunidade moral. É suficientemente claro que não é um conceito pertencente às ciências físicas, que se ocupam da matéria em movimento, mas isso não significa que ele pertença à ciência das substâncias imateriais. Não é um conceito que encontra lugar nas ciências biológicas que estudam o comportamento dos animais em geral. Ele pertence às ciências morais – ao estudo do homem como um ser moral, social e cultural, e está em casa no nosso discurso cotidiano acerca de nós mesmos e de nossos camaradas seres humanos.

Os seres humanos são organismos vivos de um dado tipo. Somos usuários de linguagem, criadores de cultura, criaturas autoconscientes que têm uma mente e um corpo. O último, um modo peculiar de autocaracterização, como foi dito, não é mais que uma maneira de falar, por um lado, de atributos distintivos do intelecto, da vontade e da afeição, decorrentes de ser um animal que usa a linguagem, e, por outro, de características corporais atinentes à aparência, ao físico, à saúde, à sensação. Não somos duas coisas unilaterais, como Descartes sugeriu. Porém, não somos como uma coisa de dois lados, como uma moeda de um real. Somos multifacetados, como gemas lapidadas – parcialmente opacas e fendidas por falhas. Por sermos criaturas automoventes e dotadas de poderes bidirecionais cognitivos e volitivos, podemos voluntariamente agir, encetar a ação e engajar-nos em atividades. Não poderíamos ser pensadores, a menos que fossemos também fazedores; não poderíamos ser observadores, a menos que fossemos também experimentadores; não poderíamos ser expectadores da cena que se passa, a menos que fossemos atores na peça que se desenrola.[30]

Por sermos racionais, podemos raciocinar e agir por razões. Assim, temos intenções, planos e projetos que perseguimos. Por ter uma linguagem, nossos poderes cognitivos nos dotam da habilidade de reter formas complexas de conhecimento que podemos adquirir e que de fato adquirimos. Isso inclui memória pessoal ou da experiência. Assim, possuímos como se fosse uma autobiografia – podemos narrar nossa vida tal como a recordamos. Cada ser humano traça uma rota única através do mundo, e a combinação de dotes genéticos, aptidões variáveis de reagir à experiência individual e memória dão a cada ser humano uma *personalidade* – com uma combinação única de traços de caráter, tendências comportamentais, uma consciência de um passado singular (atinente tanto à vida interior como à vida exterior) e de projetos. Nossa consciência do passado incorpora tipicamente uma consciência de nosso grupo social e familiar e da forma de vida que contribui para a geração de nossa identidade social, desempenhando um papel crucial na concepção de nós mesmos. Temos, assim, uma percepção (mais fraca ou mais forte) de nossa própria identidade, que pode ser mais ou menos individualista ou mais ou menos tribal.

Por sermos animados, temos necessidades e um bem. Por sermos racionais, podemos agir pela razão de que algo é benéfico ou deletério para nós mesmos ou para outros. Sendo sociais, amadurecemos em uma comunidade ligada por normas de conduta e por valores comuns. Por sermos capazes de raciocinar sobre o que é correto e bom, podemos julgar normas e valores partilhados como razoáveis ou desarrazoáveis, genuínos ou pervertidos. Assim, temos, ou somos capazes de ter, conhecimento do bem e do mal. Somos capazes de sermos bons ou maus. Somos pessoas, portadores de deveres e de obrigações, de direitos e poderes normativos relacionados. Porque internalizamos normas de conduta e podemos exercer nosso poder de raciocinar acerca do correto e do bem, possuímos (normalmente) uma consciência. Um corolário disso é que estamos sujeitos a emoções morais de autoestima, tais como culpa, vergonha e remorso, bem como emoções referentes aos outros, tais como ressentimento e indignação. Somos responsáveis por nossos feitos. Uma condição da responsabilidade é a possibilidade de explicação e autocompreensão em termos racionais – ou seja, por referência a categorias de explicação pelo dar razões.

O conceito de uma pessoa não é um conceito substancial, como é o conceito de ser humano. Peter Strawson disse que este é um "conceito primitivo".[31] Uma vez que isso significa que ele não é analisável como a combinação de um sujeito de predicados de estados de consciência (predicados-P) e um sujeito diferente de predicados corporais (predicados-M)* – ou seja, de uma mente e um corpo assim concebidos –, então, certamente, o conceito é primitivo, pois é uma e a mesma coisa que é o sujeito das duas espécies de predicados. Evidentemente, porém, predicados-P são atribuíveis a uma grande parte do reino animal, a uma grande gama de substâncias diferentes (elefantes, macacos, chimpanzés, gatos, cachorros, etc.), nenhuma das quais, salvo os seres humanos, são pessoas. Assim, pode-se adicionar que

---

* N. de T.: Terminologia introduzida por Strawson na obra *Individuals*. Os predicados-M são aqueles que podem ser atribuídos com inteira propriedade também aos corpos meramente materiais, ao passo que os predicados-P seriam todos os demais predicados que podem ser atribuídos a pessoas.

312 P. M. S. Hacker

pessoas, ao contrário de outros membros desenvolvidos do reino animal, são não apenas sujeitos aos quais predicados-P e predicados-M podem ser atribuídos, mas também são autoatribuidores de predicados-P (e predicados-M). De modo que são criaturas autoconscientes, usuárias de linguagem. Isso é verdade (naturalmente, de pessoas desenvolvidas e não prejudicadas) – mas, então, o mesmo se dá com muitas outras características do ser humano que decorrem do domínio da linguagem. E é duvidoso se a capacidade de usar em primeira pessoa predicados-P pode ser separada de numerosos outros poderes característicos das pessoas, discutidos. Mais ainda, a divisão dicotômica dos predicados em predicados-P e predicados-M é manifestamente cartesiana. Muitos predicados atribuíveis a plantas não podem ser atribuídos aos objetos inanimados (por exemplo, amadurecimento, florescimentos, produção de sementes, morte) e outros não podem ser aplicados nem aos animais (por exemplo, crescimento no solo ácido, ter frutos no outono, ter flores cor-de-rosa). Muitas classes de predicados aplicáveis a animais são inaplicáveis a plantas (perceber, sentir dor ou prazer, ter desejos, correr rapidamente) e outras são inaplicáveis a qualquer pessoa conhecida (por exemplo, ter oito tentáculos, pôr uma ninhada de cinco ovos, ter plumagem verde brilhante, hibernar, ter gatinhos). A classe de predicados aplicável unicamente a pessoas humanas se estende muito além do domínios de predicados psicológicos, e muitas das subclasses de predicados psicológicos que seres humanos aplicam a si próprios sem critérios são aplicáveis a outros animais com base em critérios similares àqueles aplicados a outros seres humanos. É verdade que estes são sujeitos de predicados-P e de predicados-M e com exclusividade são os autoatribuidores de tais predicados. Contudo, talvez seja mais esclarecedor dizer, como Aristóteles, que somos os únicos possuidores de uma *psique racional,* além dos poderes da *psique* sensitiva que partilhamos com outros animais e da *psique* vegetativa que partilhamos com outras coisas vivas.

Embora não conheçamos outras pessoas que não os seres humanos, o uso não restringe a aplicação desse termo categorial apenas a eles. Se houver outras criaturas que possuam a extensão apropriada de poderes racionais dependentes da linguagem, implantados em uma natureza animal apropriada, então elas também serão pessoas. Ser uma pessoa não é ser um animal de certa espécie, mas, antes, ser um animal de uma ou outra espécie com certos tipos de habilidades.[32] A natureza de uma pessoa é radicada na animalidade, porém transformada pela posse de intelecto e vontade. Assim, o conceito de pessoa qualifica o conceito substantivo de um animal de tal e tal espécie, marcando o indivíduo da espécie relevante como possuidor (ou sendo de uma natureza tal que normalmente possui) de uma extensão peculiar de poderes, uma personalidade e o *status* de um ser moral.[33]

É um ponto controverso se é inteligível a ideia de uma pessoa mecânica, artificial. A ficção científica está repleta de andróides. Porém, nem tudo o que é imaginável, nesse sentido, é logicamente possível. A questão se volta não para a artificialidade, mas para a biologia. Se espécies avançadas de vida podem ser produzidas artificialmente então, em princípio, nada há de *logicamente* distorcido com a noção de animais manufaturados com os dotes necessários para ser ou se tornar pessoas. A ideia de andróides, contudo, é muito mais problemática. Tais seres imaginários não são meramente manufaturados, são máquinas. Assim, presumivelmente, eles não crescem ou passam por fases da vida – não conhecem infância, juventude, maturidade ou velhice. Eles não comem nem bebem, e não podem ter prazer ao comer ou beber. Não salivam nem digerem, não urinam nem excretam dejetos. Não inalam nem exalam, não prendem a respiração nem respiram, não podem arfar de excitação nem de espanto. Como não se reproduzem, presumivelmente não possuem natureza sexual nem impulso; portanto, também não têm luxuria nem desfrutam de relações sexuais. Em que sentido são, de fato, masculinos ou femininos? Faltos de pais e privados de impulsos e poderes procriadores, têm eles uma capacidade de amar? Andróides podem de algum modo sentir paixões? Em que sentido, se há algum, eles são criaturas sociais por natureza, pertencentes a uma comunidade moral? Isso depende da narração de seus autores e de sua coerência – a qual raramente é elaborada de forma adequada. Se a fantasia é divertida, importa pouco se esta faz ou não sentido. Afastamo-nos muito dos limites de aplicação do nosso conceito de pessoa. É patente que pouco importa o que digamos, uma vez que as regras para o uso da palavra "pessoa" não se estende a tais casos. Se algum caso assim surgisse, teríamos que modificar as regras à luz de considerações lógicas, práticas e éticas. Porém, não precisamos; tais casos não surgem.

Argumentei que Locke estava errado ao supor que memória da experiência própria é uma condição necessária para a identidade pessoal (uma vez que a amnésia não exclui a identidade continuada). Uma vez que o conceito de pessoa esteja ligado àquele de um ser racional possuidor de intelecto e vontade, a memória em geral e a memória da experiência em particular estão entre as faculdades com as quais tal ser é dotado, a menos que seja prejudicado. Locke confundiu esse traço constitutivo com uma condição necessária da identidade pessoal, o que este não é.[34] Apenas se uma criatura puder reter o conhecimento adquirido ela pode agir em razão das coisas terem sido como previamente aprendera que eram. E apenas se tal criatura puder rememorar seus fazeres e empreendimentos ela pode aprender com sua própria experiência, acumular provas em primeira mão, raciocinar a partir de sua experiência passada para antecipar eventos futuros e agir pela razão que as coisas previamente foram assim e assim. Sem a memória da experiência, não teríamos nenhuma autobiografia genuína para contar, mas, no máximo, apenas conhecimento factual e de segunda mão acerca de nosso passado. Seríamos como vítimas de afasia grave que são obrigadas a aprender sobre suas vidas

314 P. M. S. Hacker

por meio de registros e de narrações feitas por outros e (de um dia para outro) nunca podem se lembrar de os terem aprendido. Não poderíamos gozar de relações pessoais íntimas que dependem de experiências partilhadas recordadas, de reciprocidades e dívidas de reciprocidades. A memória da experiência é matéria sem fim – assim que um evento é recordado na reminiscência partilhada, outro emerge, às vezes em deleite e alegria, às vezes em embaraço e vergonha. Experiências recordadas partilhadas são constitutivas da vida em comum. Aqueles com os quais partilhamos as experiências que recordamos são, em um sentido profundo, uma parte de nossas vidas. O *senso de identidade* de uma pessoa depende de seu recordar de uma parte substancial de sua autobiografia. Não é apenas normal, mas a *norma* para uma pessoa ter um senso de sua própria identidade e uma autobiografia mais ou menos substancial.

Esta é a norma pela qual pessoas humanas não mudam completamente suas aparências e maneiras características de se expressarem, de gesticularem, de impostarem a voz e sua entonação. Esta é a norma pela qual pessoas humanas têm uma personalidade característica determinada, que se manifesta na ação e reação, que reconhecidamente perdura através da mudança. Esta é a norma pela qual seres humanos possuem poderes racionais de pensamento e ação, têm emoções que são, em maior ou menor grau determinadas por razões e, em maior ou menor grau, acessíveis à razão. Por serem criaturas naturalmente sociais, por terem nascido em famílias e crescido sob a direção dos pais, os seres humanos existem em uma teia de relações e compromissos sociais e morais. Tudo isso, e muito mais, é platitude familiar – mas é platitude que precisa ser mantida em mente na reflexão sobre o conceito de pessoa. Essas regularidades complexas e essas características emaranhadas da humanidade são o pano de fundo contra o qual identificamos pessoas humanas. Esses traços fornecem os fundamentos característicos para reidentificar pessoas humanas, como fazemos, com base em sua aparência, sua voz, seu comportamento e suas recordações. Esses persistentes normais são parte do que confere escopo ao conceito de pessoa, que evoluiu a fim de atender nossas necessidades.

Os desvios dessas normas são anormalidades na vida humana. Podem afligir um ser humano desde o seu nascimento, podem ser consequências de um acidente e podem ser as amargas fraquezas da senilidade. Aqueles afligidos por isso são seres humanos incompletos, talvez irreparavelmente prejudicados, (podem estar em estado vegetativo permanente, mas não são vegetais). Faltam-lhes habilidades normais, que pessoas humanas possuem, habilidades características da espécie (aos repolhos, pelo contrário, nada lhes falta e não são prejudicados). Nosso conceito de pessoa é suficientemente complexo, multifacetado e flexível para acomodar esses temidos desvios da norma.

NOTAS

1. Kant, *The Metaphysics of Moral*, 6, 224. O seu adendo pode ser dirigido contra Christian Wolff que, em um espírito lockeano, escrevera: "Uma vez que designamos como pessoa uma coisa que é consciente de ter sido antes a mesma coisa nesse ou naquele estado, animais não são pessoas. Por outro lado, uma vez que seres humanos são conscientes de terem sido antes os mesmos nesse ou naquele estado, eles são pessoas (*Rational Thoughts on God, the World and the Soul of Man* [1725], §924).
2. Ibidem 6, 434 ss.
3. As observações históricas que se seguem são debitadas a Adolf Trendelenburg, "A Contribution to the History of the Word Person", trabalho redigido em 1870 e publicado postumamente no *Kantstudien* (1907) e em uma tradução inglesa no *The Monist*, 20 (1910), p. 336-63.
4. Cícero, *De Officciis*, I – xxviii; cap. xxxi.
5. Muito mais tarde, o conceito de pessoa jurídica foi estendido para criar a noção de uma "pessoa artificial" na lei, tal como uma corporação ou outra instituição que seja portadora de direitos e deveres legais e tenha responsabilidades jurídicas. Esse conceito estendido de pessoa não será discutido aqui.
6. É digno de nota que esse uso geral existe no inglês atual, em fraseados como "*a young person*" ("uma pessoa jovem"), significando um homem ou uma mulher jovem, e nos usos pejorativos "*a person in trade*" ("homem de negócios") ou "*a sort of secretary person down at the works*" ("uma espécie de secretário pessoal ou alguém que se dedica aos trabalhos de secretariado") (*OED*).
7. Isso gerou sérios embaraços adicionais, uma vez que, traduzido novamente para o grego, envolveu a palavra *prosōpon* (máscara ou papel), atribuindo à Trindade três *papéis* desempenhados por uma *natureza*, consequentemente, negando hereticamente a individualidade separada do Pai, do Filho e do Espírito Santo.
8. Boethius, *Liber de persona et duabus naturis contra Eutychen et Nestorium*, cap. 2.
9. É digno de nota que Descartes de modo algum recorre ao termo "pessoa", mas fala de "o eu", de mente ou da alma que ele é.
10. Obviamente, tais critérios de prova são falíveis. Em *algumas* circunstâncias, alguém pode estar simulando ou representando, mas o que é possível em alguns momentos, ou em algumas circunstâncias, não é possível todo o tempo ou em todas as circunstâncias.
11. Veja-se Wittgenstein, *Philosophical Investigations* (Blackwell, Oxford, 1953), §§ 243-315. Para uma elaboração detalhada dos seus argumentos acerca da linguagem privada, veja-se P. M. S. Hacker, *Wittgenstein: Meaning and Mind* (Blackwell, Oxford, 1990).
12. Assim, por exemplo, o grande Charles Sherrington e seus renomados pupilos John Eccles e Wilder Penfield estavam todos comprometidos com a interação causal mente-cérebro. Eccles falava da "conexão cérebro" e sustentava que as células piramidais do córtex motor são um ponto de interação; seu amigo filósofo Karl Popper sustentava que o "*Self* toca o cérebro, como um pianista toca piano ou um motorista toca os controles do carro" (K. R. Popper e J. C. Eccles, *The Self and its Brain* (Springer Verlag, Berlin, 1977), p. 494 ss.; cf. p. 362). Para uma discussão detalhada, veja-se M. R. Bennett and P. M. S. Hacker, *Philosophical Foundations of*

316 P. M. S. Hacker

Neuroscience (Blackwell, Oxford, 2003), cap. 2.

13. As sensações localizadas são, consequentemente, consignadas à mente como sujeito; sustenta-se que suas localizações físicas estejam uniformemente no cérebro e suas localizações fenomenais sejam concebidas como um "como se", que parece assegurado pelos fenômenos das dores em membros-fantasmas (veja-se Descartes, *Principles of Philosophy,* I, 46, 67 e especialmente IV, 196). Um ponto de vista comparável a esse é atualmente defendido por J. R. Searle, que sustenta que dores que estão no corpo representam aquelas no cérebro.

14. Locke, *Essay Concerning Human Understanding,* II, xxvii, 9.

15. No caso de atributos psicológicos, que são tais que não faz sentido dizer que o sujeito sabe ou ignora que as coisas estão assim com ele, lembrar que se V-u, por exemplo, que sentiu dor, significa ter sentido dor e saber agora que sentiu dor porque sentira dor (não porque sabia que sentia).

16. "Butler, *Analogy of Religion,* 1ª. Dissertação.

17. Locke, *Essay,* II, xxvii, 17. Ele ainda acrescentou, em um erro muito revelador, que, "se pela separação desse dedo mindinho, essa consciência acompanhasse o dedo mindinho e deixasse o resto do corpo, é evidente que o dedo mindinho seria a *pessoa, a mesma pessoa;* e o *Self,* então, nada teria a ver com o resto do corpo". Um dedo mindinho não é um candidato a ser uma pessoa, e a consciência não pode "acompanhá-lo" mais do que pode acompanhar uma mesa, nem, como veremos, ela pode acompanhar o cérebro.

18. Neolockeanos introduzem, nesse ponto, a noção de "quase-memória". Para a refutação dessa concepção, veja-se D. Wiggins, *Sameness and Substance Renewed* (Cambridge University Press, Cambridge, 2001), cap. 7.

19. Hume, *Treatise of Human Nature,* I, iv, 6.

20. W. James, *Principles of Psychology,* vol. 1, p. 366.

21. É verdade que a sua dor de estômago está em seu corpo e a minha, no meu, mas isso não é razão para pensar que você tem uma dor de estômago diferente da minha. Diferentes pessoas podem ter a mesma dor, se a dor tem as mesmas qualidades fenomenais, a mesma intensidade e a mesma localização. Mas o que denominamos "mesma localização" (de dores) é precisamente a localização em partes *correspondentes* de seus respectivos corpos (ou devemos dizer que apenas gêmeos siameses com dor no ponto de junção podem ter a mesma dor?), O sujeito da dor não determina a identidade da dor. Assim, *ser tida* por *A* não é uma propriedade distintiva da sensação que possa diferenciá-la da sensação de *B.* De maneira similar, *ser possuída por essa cortina* não diferencia a cor marrom dessa cortina da cor marrom daquela outra. O sujeito de tais atributos não é uma marca distintiva dos atributos.

Tampouco ajudaria tentar diferenciar as sensações das pessoas em termos de tipos e espécimes. Argumentou-se que sua dor é um espécime diferente de dor que a minha, assim como a primeira ocorrência da palavra "dor" nessa sentença é um espécime diferente dessa palavra que a segunda ocorrência. Mas isso é um erro. A distinção de Peirce entre palavras-tipos e palavras-espécime depende de convenções ortográficas (e, ademais, é maldefinida). O critério para duas inscrições em uma dada língua serem diferentes espécimes da mesma palavra-tipo é que sejam formadas pelas mesmas letras. A distinção tipo-espécime não pode ser estendida a dores, não mais do que pode ser estendida a cores. Se há um par de cortinas marrons, então há duas cortinas exatamente da mesma cor, não dois espécimes

Natureza humana **317**

do mesmo tipo. Pode-se dizer que as duas cortinas são qualitativamente idênticas, embora numericamente distintas, mas não se pode dizer isso de suas cores. De maneira similar, se duas pessoas têm uma dor de cabeça lacerante na têmpora esquerda, que ambos sinceramente descrevem exatamente do mesmo modo, eles têm a mesma dor, os dois – nem numericamente, nem qualitativamente a mesma, mas apenas a mesma.

22. Veja-se de Wiggin, "Only *a* and *b* rule" em *Sameness and Substance Renewed*, p. 96 ss.

23. Compare-se com C. M. Korsgaard, "Personal Identity and the Unity of Agency: a Kantian Reply to Parfit", *Philosophy and Public Affairs*, 18 (1989), p. 126: "E, como as coisas estão, é *qua* o ocupante desse corpo particular que tenho uma vida, tenho relações em curso, concretizo ambições e levo a cabo planos. Na medida em que ocupo esse corpo e vivo essa vida, sou esse agente racional, o mesmo agente racional.

24. Samuel Clarke, em *A Third Defence of an Argument made use of in a Letter to Mr. Dodwell to prove the Immateriality and Natural Immortality of the Soul*, reimpresso em *The Works of Samuel Clarke, D. D.* (publicado originalmente em 1738 e reimpresso por Garland Press, Nova York, 1978), vol. 3, p. 825-53, imaginou Deus transplantando a consciência de uma pessoa em outra, ou imprimindo em mil mentes humanas a mesma consciência que encontro em minha própria mente – tudo sem transplantes cerebrais. Ele não estava impressionado pela ideia e não ficaria mais impressionado pela ideias dos cientistas de transplante cerebral.

25. Um estímulo adicional para essas fantasias foi dado pela descrição incorreta feita por neurocientistas sobre os resultados da comissurotomia. As anormalidades envolvidas pareciam sugerir que cada metade do cérebro possuía uma mente própria. Essa descrição falha foi repetida por filósofos e estimulou o pensamento dos transplantes de hemisférios que produziriam dois "descendentes" de uma dada pessoa. Em Bennett e Hacker, *Philosophical Foundantions of Neuroscience*, p. 388-92, mostra-se que Sperry e Gazzaniga descreviam erroneamente os dados e a descrição correta é, então, apresentada.

26. Para uma elaboração do ponto, veja-se Bennett e Hacker, *Philosophical Foundations of Neuroscience*, cap. 3, e A. J. P. Kenny, "The Homunculus Fallacy", reimpresso em *The Legacy of Wittgenstein* (Blackwell, Oxford, 1984).

27. Mesmo que as fantasias dos transplantes cerebrais não mostrem que a pessoa seja idêntica ao cérebro no corpo humano, a possibilidade inversa de transplantes radicais de órgãos não mostraria isso? Não poderíamos imaginar a substituição progressiva de todos os órgãos de um ser humano, *salvo* de seu cérebro? E ela não permaneceria a mesma pessoa através de todo o processo? Talvez sim – mas isso não mostra que a pessoa seja idêntica ao cérebro em seu corpo. Pois os órgãos exitosamente transplantados tornam-*se* seus órgãos, tornam-se partes dele, não menos que seu cérebro.

28. Veja-se J. Hyman, "Visual Experience and Blindsight", em J. Hyman (Ed.), *Investigating Psychology* (Routledge e Keagan Paul, Londres, 1991).

29. Veja-se R. Carnap, *The Logical Structure of the World* (1928), trad. R. A. George (Routledge e Keagan Paul, Londres, 1967), Parte 4; H. P. Grice, "Personal Identity", *Mind*, 50 (1941), p. 330-50, A. J. Ayer, *The Problem of Knowledge* (Penguin Books, Harmondsworth, 1956), cap. 5. O que rompeu esse arcabouço foi a discussão de Peter Strawson sobre o conceito de pessoa em *Individuals* (Methuen, Londres, 1959), cap. 3.

318 P. M. S. Hacker

30. Veja-se S. Hampshire, *Thought and Action* (Chatto e Windus, Londres, 1959), para um desenvolvimento esclarecedor desse *insight*.
31. Strawson, *Individuals*, p. 101 ss.
32. Desconsidero, aqui, o caso fantasioso de um cerebróide com uma origem animal e um futuro cérebro-mecânico. Não é importante, pois é uma pessoa apenas em sentido derivado e não lança mais luzes sobre nosso conceito de pessoa que a reflexão acerca dos anjos.
33. Essa concepção é, às vezes, caracterizada como "animalismo", porém de maneira descaminhadora. A identidade de uma pessoa depende da *espécie* de animal que a pessoa em questão é, pois "pessoa" é uma qualificação de um substantivo substancial. Somos *pessoas humanas* e as únicas pessoas que provavelmente viremos a conhecer são pessoas humanas. Nossa identidade como pessoas depende de nossa identidade como *indivíduos* da espécie *ser humano*. Se um "ismo" deve ser emprestado, o apropriado e inteiramente não surpreendente é "humanismo".
34. Veja-se Wiggins, *Sameness and Substance Renewed,* cap. 7.

ÍNDICE

Ação intencional, 151-152, 217, 222
Ação, 134-167, 216-220
   A distância, 81-82
   Básica, 160-161
   Como causação agentiva de movimento, 160-167
   Consequência da, 151-152, 218-219
   De uma máquina, 137
   Encetar, 137, 147-148, 153
   Horizonte da, 127-128, 147-148
   Inanimada, 134-141
   Reflexa, 153
   Teorias causais da, 230-235
Acesso privilegiado, 19-20, 248-249
Agência, 133-167
   Animada, 142, 146-148
   Humana, 147-148, 151-154
   Impeditiva/supressiva, 134-135, 150-151
   Inanimada, 133-141, 148-152
   Volitiva, 142-144, 146-149
Agente,
   Humano, 73-74, 78-80, 86-90, 151-152, 160-167
   Inanimado, 83-86, 88-90, 134-139
Agir em outra coisa, 78-80, 86-90, 92-94, 134-136, 149-151
Agir por uma razão, *ver* razões
   e explicação,
Agostinho, 34-35, 154, 290
aition, 70-71, 189
Alma, 34-36, 239-240
"Alma", uso de, 277-278, 291-292
   Contrastada ao corpo, 277-278
   Venda da, 280-281
Analítico/sintético, 29-30
Andróides, 312-313
Animais, 15, 141-149, 176-179, 184-185, 209-210, 240-245
   Comparadas com humanos, *ver* humanos
   Comparadas com máquinas, 194
   E máquinas, 194
   E mente, 255
   E propósito, 171-172, 176, 185-186, 194
   E quereres, 141

   E razão, 209-210
   E reprodução, 184-185
   Habilidades cognitivas de, 241
   Posse de conceitos por animais, 243-244
Animalismo, 312
Anscombe, G. E. M., 73, 172-173, 271
Anstey, F., 302-304
Apetite, 26, 29-30
Aprendizagem, 124, 226-227
Aprendizagem infantil, 19
A *priori*, 29-34
Aquino, T., 34-36, 191-192, 209-210, 239-240, 291-292
Aristóteles, 34-37, 39, 53-54, 56, 59-60, 64-65, 84-86, 107-108, 112, 171-172, 174-176, 179, 182-184, 193, 197, 209-210, 272-275, 291-292
   E as quatro causas, 189-192, 211
   Sobre a *psique*, 34, 256-258, 278-279, 281-282, 307, 312
   Sobre propósito, 174-176, 178, 182-183
   Sobre substância, 43-47, 62-66
   Sobre teleologia, 187-192
Armstrong, D. M., 114-115
Arnold, M., 265-266
Arte, obras de, 179
Artefatos, 53-55, 59-60
   Bondade do, 179, 185-187
   E desígnio, 180, 185-186, 191-192
   Necessidade de, 138-139
   Partes de, 57
   Propósito/função, 172-173, 175-176, 179
   Qua substâncias, 46, 62-63
Artefatos de animais, 188
Atitudes Proposicionais, 214-215
Ativo/passivo, 137, 147-148, 150-151
Ato, 129-130, 134, 137, 147-148, 153, 165
   Mental, 118-119
   Resultado do, 83-84, 150-151
Austen, J., 125
Austin, J. L., 96
Austin, J., 154
Autoconhecimento, 249
Autoconsciência, 16-17, 241, 245, 264-265

320 Índice

Ayer, A. J., 309-310
Ayers, M., 110-111

Bacon, F., 34-35, 193
Baier, K., 182
Bain, A., 155
Baker, G. P., 243-244
Baker, L. R., 279
Barco de Teseu, 55-56
Benéfico, 139-140, 174-175, 182-183, 186-187,
    196-197
Bennett, J., 71
Bennett, M. R., 121-122, 126-127, 246, 250, 295,
    305-307
Bentham, J., 154
Ben-Yami, H., 51-52
Berkeley, G.,37, 66, 73
    Sobre a causação, 73
    Sobre a substância, 36-37, 65-66
Blackburn, S., 173
Blackemore, C., 194
Boécio, 290
Bolzano, B., 29-31
Bondade instrumental, 179
Bondade médica, 184-185
Boorse, C., 173
Broad, C. D., 196
Brown, D. G., 136-137
Burman, F., 193
Butler, J., 298-299

Cadáver, 274-277, 282-283
Camera obscura, 248-249
Características de desejabilidade, 226-227
Caráter, 145-146
Caráter, traços, 128-129
Carnap, R., 29-30, 32, 37-38, 197, 309-310
Cartesiana, concepção da mente, 35-39, 52-53, 246,
    271-272, 292-297
Causa,
    Como condição necessária/suficiente, 71-72, 78,
      80-83
Causa, 70-71
Causação, 70-98
    Agentiva, *ver* causação de agente
    E condições, 71-72, 82-83, 95
    E conexão necessária, 71, 74
    E contiguidade espacial, 78, 80-81
    E estados, 95
    E eventos, *ver* causação de evento
    e fatos, 95
    E prioridade temporal, 78-80
    E propriedades, 95
    E regularidade, 78-82
    Motivacional, 70-71, 90
    Observabilidade de, 71, 78-80, 88,
    retrógrada, 198
    Substância, 83-94, 96-97, 163-164
    Ver também Berkeley, Collingwood, Davidson,
      Hume, Kant, Mill, von Wright, todos sobre
      causação

Causação de agente, 73, 107-108, 81-94, 150-151,
    163-164
Causação por evento, 76-78, 83-84, 91-98
Causas e causadores, 84-85
Cerebróide, 307, 312
Chalmers, D., 245-246
Chomsky, N., 112
Cícero, M. Túlio, 44, 289-290
Ciência, 58, 60-61
    Livre de valores, 197
    Unidade da, 34-35, 60-61, 197
Cinestésica, sensação, 154
Clarke, S., 305-306
Classificação, 46, 49-50, 59-62
Collingwood, R., sobre causação, 73, 90
Collins, A. W., 232-234
    Comparados a eventos, 79
Comportamentalismo, 19-20, 36-37, 196, 198
    Lógico, 37-38
    Ontológico, 36-37
Comportamento, descrições alternativas do,
    219-220
    Explicação do, 215-230
Conan Doyle, A., 302-304
Conceitos, 28-29, 243-244
    Teórico/não teórico, 19
Conceitos de substâncias com fases, 50-51
Concepção aristotélica da mente, 256-257
Condições habilitantes, 105-106
Conexão necessária, 74-77
Confissões, 19, 294
Conhecer como, 121-122
Conhecimento animal, 142, 241
Conhecimento, 119-120, 142
Consciência, 16-17, 35-36, 240-241, 245-249, 300
Convenções, 32
Cooke, J., 271-272
Corpo, 240-241, 269, 271-284, 295, 302-303
    Habitar o, 278-279, 305
    Ter um corpo, 240-241, 272-284, 295, 305
    Ver também seres humanos e seus corpos,
    "corpo", usos do, 273-277, 291-292
Corpos, mudança, 302-310
Crença, 207-208, 214-215, 241-242, 232-234
    Crença em animais, 241-242
Crito, 34

Darwin, C., 174-175, 195-197
Darwinismo, 59-60
Davidson, 241-242
    Sobre agência, 137, 151-152
    Sobre causação, 73
    Sobre teorias causais da ação, 230-232
Dawkins, R., 194
Day, Doris, 33-34
Definição ostensiva privada, 293
Degeneração, 116-117
Descartes, R., 34-39, 154, 172-173, 192, 209-210,
    239-240, 245, 256-257, 271-275, 292-297,
    305-307, 310-311
    sobre a mente, 52-53, 239-240, 245-250,
      271-272, 292-297

Índice **321**

sobre causas, 193-194
sobre consciência, 240-241, 245-249
sobre dualismo, *ver* dualismo cartesiano,
sobre metafísica, 34-37, 245
Sobre o corpo, 272
sobre pensamento, 35-36, 245-246
sobre substância, 52-53, 64-67, 85-86
Desejo, 207-208
Horizonte de, 243-244
Desígnio, 174-175, 179, 188, 191-194
Diderot, D., 36-37
Dilthey, W., 172-173
Disposição,
E ser disposto a, 130-131
Humana, 106-107, 118-119, 128-131
Natural, 105-106
Dissecção, 47-49
Dor, 141, 147, 277-278, 298-299, 303
Critério de identidade da, 303
Dualismo cartesiano, 35-36, 38-39, 245-250
Dualismo cérebro-corpo, 246
Dualismo, *ver também* dualismo cartesiano
Ducasse, C. J., 83-84
Dupré, J., 55-56, 61-62
Dureza, 148-149
Durkheim, É., 180-181

Eccles, J., 295
Educação, 124, 182-183
Efeito acordeão, 151-152
Eficácia causal do mental, 198-199
Elizabeth, princesa da Boêmia, 295
Emoção, 16, 243-244
Encetar a ação, *ver* ação, encetar,
Entendimento, 119-120
Entendimento/explicação (*Verstehen/Erklären*),
172-173
Erguer/subir o braço, 154, 160-164, 166, 305
Ernst, P., 239
Escher, M., 302-303
Espécies naturais, 57-61
Espécies, 44, 46, 184-185
Essência real, 57-61
Essência, 191-192
Estado cerebral, 198-199, 253
Estado disposicional, 125
"Eu", *ver* primeira pessoa, pronome de
Evans-Pritchard, E. E., 180-181
Eventos, 76-81, 83-84, 92-95
Comparados a objetos materiais,
Ver objetos materiais comparados a eventos,
Evolução, 195-196
Exemplo, 57-59, 294
Explicação pelo motivo, 170-171, 223
Explicação teleológica, 170-199, 212-213, 220-221
Redução de, 173, 197-199
Explicação, 60-61, 170-173, 175-176, 189-192,
193-199
Da ação, variedades da, 220-225
Da inação, 224
Do comportamento humano, 211, 215-230
Idiográfica, 170-171

Intencionalista, 166
Motivacional, *ver* explanção por motivo,
Nomotética, 170-171
Por inclinação, 222
Por razões do agente, 19-20, 198-199
Por redescrição, 221
Por regularidade, 221
Teleológica, 170-199, 212-213, 220-221

Factividade, 211-214
Faculdade sensível, 16, 147
Faculdades perceptuais, 16, 122-123
Fato, 213-214
Fazer as coisas acontecerem, 73-74, 78-80, 81-82,
84-88, 91-92, 152
Fazeres, 134-137, 161-162
Animados, 134, 153
Inanimados, 106-107, 148-149, 152
Feinberg, J., 151-152
Felicidade, 182-183
Fichte, J. G., 263-264
Filosofia, 24-25, 85-87, 130-131
e lexicografia, 27-30
Intuições em, *ver* intuições em filosofia,
Florescer, 143-144, 182
Força gravitacional, 81-82
Frege, G., 29-31, 51-52, 74-75
Função, 171-185, 189-191
Funcionalismo, 38-39
Em sociologia, 180-181

Galilei, G., 192
Gasking, D. A. T., 73, 83-84
Gassendi, P., 271
Gazzaniga, M., 305-306
Glock, H. -J., 85-86
Goethe, W. von, 85-86
Gramática, 22-23
Gramatical, investigação, 20-25
Gramatical, proposição, *ver* proposição gramatical
Gramatical, verdade, *ver* verdade gramatical
Grice, H. P., 30-31, 208-209, 211, 246-247

Habilidade, 106-107, 120-124, 126-127
Hábito, 128-130
Hacker, P. M. S., 49-50, 58, 121-122, 126-127,
156-157, 232-234, 243-244, 246-248, 250,
271, 279, 294-295, 307
Hahn, H., 197
Hamilton, Sir William, 108-109
Hampshire, S., 302-303, 310-311
Harré, R., 71-72
Hart, H. L. A., 73, 96-97
Harvey, W., 174, 190-191
Heidegger, M., 39
Helmholtz. H. von, 155
Hermenêutica, 225-230
Hobbes, T., 36-37
Holbach, P. -H. T. De, 36-37
Holt, E., 197
Homo loquens, 242-243
Honoré, A. M., 73, 96-97

322 Índice

Hull, C. L., 198
Humana, agência, *ver* agência humana
Humanas, faculdades, *ver* faculdades humanas, 15-18
Humanos, quereres, *ver* quereres humanos
Hume, D., 73, 110-112, 154-155
    Sobre causação, 71, 74-84, 88, 94-95
    Sobre identidade pessoal, 300-303
    Sobre necessidade, 74
    Sobre o *Self*, 263-264
    Sobre substância, 36-37, 65-66, 85-86
Hunter, J. M. F., 250, 252
Husserl, E., 20-21
Huxley, T. H., 246
Hymen, J., 152, 160-161, 308-309

Identidade pessoal, *ver* pessoal, identidade
Imaginação, 241-242
Impossibilidade,
    Conceitual, 22-23
    Lógica, 22-23, 103-104
Inação, explicação da, *ver* explicação da inação
Inclinação, 222
Inconsciente, 247-248
Ingredientes, 113-114
Instituições sociais, 180-182
Intenção, 217, 226-227, 250-251
Intencionalidade, 16
Interferindo "no curso da natureza", 152, 166
Introspecção, 19-20, 247-249, 271
Intuições em filosofia, 308-309
INUS, Condição, 73, 78
Investigação conceitual, 23-30, 308
Involuntariedade, 151-152, 158-160, 163-164
Irracionalidade, 206-208
Issacson, D., 31-32

James, W., 155, 247-248, 302-303
Justificação, 211
Justiniano, 290

Kafka, F., 302-303
Kant, I., 27-31, 130-131, 289
    Sobre causação, 71, 85-86
    Sobre o *Self*, 263-264, 302-303
    Sobre substância, 65-66
    Sobre teleologia, 195, 196
Kenny, A. J. P., 31-32, 110-111, 113-115, 170-173,
    180, 189, 221, 223, 245, 250, 265-266,
    271, 276, 307
Kepler, J.,192
Kitcher, P., 173, 195-196
Kleist, H. von, 27-28
Korsgaard, C, 305
Künne, W., 96

La Mettrie, J. O. de, 36-37, 194
Leibniz, G. W., 194
Linguagem,
    Aprendizagem da, 123, 225-226
    Mitologia na, *ver* mitologia na linguagem
    Posse da, 242-245

Linguagem, usuários, 209-210, 242-245, 257-258
Locke, J., 58, 73-74, 107-108, 112, 154, 246-249
    Acerca da identidade pessoal, 36-37, 239,
        295-304, 312-313,
    Acerca da substância, 36-37, 64-67, 85-86,
        94-95
    Acerca do *Self,* 262, 267-269
Long, D. C., 271-272

Mach, E., 155
MacIntyre, A., 209-210
Mackie, J. L., 73, 78, 198-199
Madden, E. H., 71-72
Magritte, R., 307
Malinowski, B., 180-181
Máquinas, 194
Marx, K., 241-242
Matemática, 25, 31-32, 243-244
Matéria, 52-53
Material, quantidades específicas de, 48-49
Material, *ver* substância *qua* material
Materialismo de estados centrais, 37-38
Mayr, E., 35-36
Mellor, D. H., 96
Memória, 248-249, 298-300, 312-313
Mentais, estados, 231-232, 253
Mente, 35-36, 52-53, 239-241, 250-258, 281-282
    Como agente, 252, 255
    Como construção lógica, 252
    Identidade da, 294
    Privacidade da, 19-20, 269
    Transferência de, 304
    Transparência da, 247-248
Mente/Corpo,
    Interação, 35-36, 295
    Relação, 239-240, 283-284
Merleau-Ponty, M., 271-272
Merton, R. K., 180-181
Metafísica, 20-25
Mill, J. S., 154, 255
    Compreensão da causação, 71-72, 78
"Mind", uso de, 250-251, 291-292
Mistérios, 26
Mitologia na linguagem, 239
Modo de operação, 88, 136-137, 160-161, 164
Moliére, 112
Monismo anômalo, 37-38
Movimento, 153, 162, 164, 219-220, 305
    Animado, 153, 165, 219-220
    Causação do, 157-158, 160-161
Mudança, 64-65
    Acidental, 45-46, 49-50
    Essencial, 45, 49-50

Nagel, E., 197-198
Necessidade causal, 74-77
Necessidade *de re*, 20-21, 71, 74-75
Necessidade natural, 71-72, 74-75
Necessidades, 138-146, 182
    Absolutas, 143, 185-186
    Animadas, 140-141

Índice **323**

Animais, 141, 145-146
De órgãos e faculdades, 143-144
E quereres, 141, 144-147
Inanimadas, 138-141
Relativas, 143
Socialmente mínimas, 143
Neurath, O., 197
Newton, I., 31-32, 81-82, 188, 195-196, 273-275
Nietzsche, F., 39, 239
Normas de representação, 20-23

O bem de grupo sociais, 182-183, 187-188
O bem de um ser, 143-144, 173-175, 182-184, 186-187
O bem do homem, 182-184
Objetos materiais, 21-22
Ocasiões, 106-107, 139-140
Olho, 56, 195-196
Omissão, 117-118, 224
Onians, R. B., 273-275
Operação, modo de, *ver* modo de operação
Opinião, 250-251
Oportunidade, 106-107, 117-118, 126-127, 139-140
Órgãos
Bom estado dos, 184-188
Função dos, 173, 175-179, 187-188, 198
Saúde dos, 184-185

Paixões, 124
Paley, W., 195-196
Partes substanciais, 56
Pears, D. F., 230-232
Peirce, C. S., 303
Penfield, W., 295
Pensamento, 16, 250-251
Horizonte de, 16, 241-243
Percepção, 119-120, 147, 216, 246-247, 257-258
Perceptual, faculdade, *ver* faculdades perceptuais,
"Person", uso de, 291-292
Persona, 289-290
Pessoa, 18, 36-37, 289-314
História do conceito de, 289-290
Pessoal, identidade, 296-314
Plantas, 140-141, 183-184, 257-258
Platão, 33-34, 44, 59-60, 207-208, 239-240
Plotino, 34-35, 239-240
"Pode", uso de, 103-105
Poder causal, 70-71, 73-74, 86-92, 96-97, 106-107
Poder, 73-74, 102-131
Ativo, 73-74, 106-109, 124
Causal, 70-71, 86-92, 96-97, 102-103, 106-107
Ceticismo acerca do, 110-111
Critério de posse de, 112-113
De resistência, 108-109
E estado, 109-110
E sua realização, 109-114
Hedônico, 142
Humano, 116-128
Inanimado, 104-109, 126-127
Mono/bidirecional, 73-74, 117-121, 147-148
Passivo, 73-74, 107-110, 116-117, 124-128
Perceptibilidade de, 111

Primeira/segunda ordem, 115-116
Reducionismo do, 111, 114-115
Reificação do, 112
Veículo do, 113-116, 126
Volitivo, 117-121, 126-127
Popper, K., 295
Posse de conceitos, 243-244
Possibilidade lógica, *ver* Possibilidade
Possibilidade, 102-105
Prazer, 141-142, 147
Predicados-P/-M, 311-312
Prichard, H., 154
Primeira e terceira pessoas, assimetria, 271-272
Primeira pessoa, autoridade de, 248-249
Primeira pessoa, pronome de, 269-270, 295-296
Proposições causais, analíticas, 74
Proposições,
Conceituais, 29-34
Da representação do mundo, 30-31
Gramaticais, 22-23, 29-34
Matemáticas, 15
Propósito, 147, 171-172, 176-182, 189-191,
214-215, 217, 234
E axiologia, 174-175, 182-187
E desígnio, 174-175, 191-192, 195
Sem desígnio, 188, 195-196
Propriedades, 46, 50-51, 55-56, 58
Psique, *ver* Aristóteles sobre a *psique*
Putnam, H., 58

Qualidades, existência das, 64
Querer, 141-144, 207-208, 225-226, 233-235
Quereres, 144-147, 185-186
Animal, 145-146
E crenças, 145-146, 231-235
E necessidades, *ver* necessidades e quereres,
Horizonte dos, 146-147
Humanos, 143-147
Quine, W. V. O., 29-32

Raciocínio, 16-17, 206, 209-210, 225-227
Racionalidade, 16-17, 19-20, 206-210, 226-227
Razão, dar, 209-210, 227-230
Razão, faculdade da, 16, 206-209
Razoabilidade, 208-209
Razões, 16-17, 206, 209-216, 218-219, 225-230
Atributivas, 211-213, 225-226
Como combinação de crença e desejo, 231-232
E autoridade da primeira pessoa, 226-230
E causas, 45, 230
E explicação, 211-213, 220-222, 225-234
E justificação, 211
E ontologia, 213-214
Factividade das, 211-212
Indeterminação constitutiva das, 229-230
Redução das, 198-199, 230-232
Retrospectivas/prospectivas, 170-171, 223
Reação, 153, 157-158
Reciprocidade causal, 108-109
Regularidade, explicação da ação humana,
ver explicação por regularidade,

324 Índice

Reid, T., 73-74, 108-109, 155, 255, 263
Relações causais, 74-75, 77-85
Reprodução, 183-184
Res cogitans, 36-37, 39
Resultado, *ver* ato, resultado do,
Revogabilidade, 210-213
Revolução cognitivista, 37-38
Rickert, H., 170-171
Rundle, B., 74, 76-77, 82-83, 118-119, 145-146, 165, 214-215, 221, 250, 220-221
Russell, B., 51-52, 155, 214-215
Ryle, G., 37-38, 156, 157-158

Sartre, J. P., 96, 241-242, 295
Saúde, 125, 143
Scheler, M., 271-272
Schopenhauer, A., 83-84, 158-160
Schwartz, T., 143-144, 182
Searle, J., 96, 241-242, 295
Self, 262-272, 300-301
"Self", origens/evolução, 265-268
Sensação, 277-278, 295-296
Sentimentos, 207-208
Seres humanos, 15-18, 49-50
 Comparados a animais, 16, 209-210, 240-241, 245
 Concepções de, 33-39
 E seus corpos, 278-284
 E seus poderes, 116-128, 152-167
 Marcas dos, 240-245, 310-311
 Qua pessoas, 309-318
 Qua usuários de linguagem, 242-245
Shaftesbury, terceiro conde de, 263
Sherrington, C., 37-38, 295
Shoemaker, S., 279
Significado, 28-29, 58
Soames, S., 37-38
Sócrates, 34, 43-44, 50-52, 79, 239-240, 249
Sperry, R. W., 305-306
Spinoza, B., 65-66, 74, 85-86
Squires, R., 84-85, 250, 252
Strawson, G., 71, 264-265
Strawson, P. F., 71, 264-265
Substância, 42-67, 77, 85-86, 94-95, 116-117, 297-298
 Causação, *ver* causação de substância
 Critério para contar, 51-52
 E suas partes, 56
 Existência de, 64
 Nomes, 44-46
 Partes de substâncias, *ver* partes substanciais,
 Primária, 43, 44, 50-51, 62-63, 65-66, 88-89
 Qua coisa, 42-47, 59-62, 84-87, 105-106
 Qua material, 47-50, 57-62, 84-85, 88-89, 105-106
 Secundária, 21-22, 43
Substantivos,
 Concretos massivos, 47, 61-62
 Contáveis, 45, 51-52
 Não contáveis, 47
 Pseudomassivos, 47

Sujeito volitivo, 161-162
Summum bonum, 182-183
Suscetibilidade, 108-109, 125, 127-128
Swift, J., 305-306
Swinburne, R., 279

Teleologia, 170-199
 E causalidade, 173-175, 187-199
Teleonomia, 170-171, 177-179, 188, 191-192
Temperamento, 128-129
Tendência, 126-128
Teoria, 19, 24-25
Teoria da vontade pela inervação, 155
Teoria do querer ideomotora, 154-156
Teorias causais da ação, *ver* ação, teoria causal da,
Tertuliano, 290
Tipo/espécime, 303
Tolstoi, L., 267-268
Traherne, T., 262
Transplante de cérebro, 300, 305-310
Trendelenburg, A., 289-290
Trindade, doutrina da, 290
Tyrell, Sir Walter, 151-152

Vantagem, 182-183
Verbos causativos, 87-89, 135-136, 149-150, 219-220
Verdade,
 A priori, 30-31
 Conceitual, 29-34
 Gramatical, 29-34
Verdades analíticas, 32
Verdades necessárias, 21-24
Viena, Círculo de, 32, 60-61, 172-173, 197, 230
Virtudes, 129-130, 182-183
Visão cega, 308-309
Volições, 154-161
Voluntariedade, 118-119, 147-148, 154-161, 217
von Wright, G.H., 122-123, 129-130, 143-144, 150-151, 172-173, 179, 182-183, 185-186, 221, 227-228
 Sobre causação, 73, 83-84, 91
Vontade, 152
 Atos da, 154

Watson. J., 36-37
White, A. R., 102, 120-123, 126, 137-139, 160-161, 216, 218-219, 221, 223
Wiggins, D., 43, 64-65, 278, 300, 305
Winch, P., 172-173
Windelband, W., 170-171
Wittgenstein, L., 22-24, 31-32, 39, 85-86, 109-110, 141, 156-162, 172-173, 227-228, 235-239, 243-244, 253, 271, 294, 307
Wolff, C., 289
Woodfield, A., 196, 197
Wright, L., 173, 174
Wundt, W., 155

Zenge, Wilhelmine von, 27-28